中国非洲研究院文库·学术著作系列

# 多维视野中的
# 尼日利亚民主化研究

DEMOCRATIZATION IN NIGERIA
FROM A MULTIDIMENSIONAL PERSPECTIVE

李文刚 ◎ 著

社会科学文献出版社

# "中国非洲研究院文库"
# 编委会名单

**主　任**　蔡　昉

**编委会**　（按姓氏笔画排序）

　　　　　王　凤　　王启龙　　王林聪　　邢广程
　　　　　毕健康　　朱伟东　　安春英　　李安山
　　　　　李新烽　　杨宝荣　　吴传华　　余国庆
　　　　　张永宏　　张宇燕　　张忠祥　　张振克
　　　　　林毅夫　　罗建波　　周　弘　　赵剑英
　　　　　姚桂梅　　党争胜　　唐志超　　冀祥德

# 充分发挥智库作用　助力中非友好合作

——"中国非洲研究院文库"总序

当前,世界之变、时代之变、历史之变正以前所未有的方式展开。一方面,和平、发展、合作、共赢的历史潮流不可阻挡,人心所向、大势所趋决定了人类前途终归光明。另一方面,恃强凌弱、巧取豪夺、零和博弈等霸权霸道霸凌行径危害深重,和平赤字、发展赤字、安全赤字、治理赤字加重,人类社会面临前所未有的挑战。

作为世界上最大的发展中国家,中国始终是世界和平的建设者、国际秩序的维护者、全球发展的贡献者。非洲是发展中国家最集中的大陆,是维护世界和平、促进全球发展的重要力量之一。在世界又一次站在历史十字路口的关键时刻,中非双方比以往任何时候都更需要加强合作、共克时艰、携手前行,共同推动构建人类命运共同体。

中国和非洲都拥有悠久灿烂的古代文明,都曾走在世界文明的前列,是世界文明百花园的重要成员。中非双方虽相距万里,但文明交流互鉴的脚步从未停歇。进入21世纪,特别是中共十八大以来,中非文明交流互鉴迈入新阶段。中华文明和非洲文明都孕育和彰显出平等相待、相互尊重、和谐相处等重要理念,深化中非文明互鉴,增强对彼此历史和文明的理解认知,共同讲好中非友好合作故事,有利于为新时代中非友好合作行稳致远汲取历史养分、夯实思想根基。

中国式现代化,是中国共产党领导的社会主义现代化,既有各国现代化的共同特征，又有基于自己国情的中国特色。中国式现代化，深深植根于中华优秀传统文化，体现了科学社会主义的先进本质，借鉴吸收一切人类优秀文明成果，代表了人类文明进步的发展方向，展现了不同于西方现代化模式的新图景，是一种全新的人类文明形态。中国式现代化的新图景，为包括非洲国家在内的广大发展中国家发展提供了有益参考和借鉴。近年来，非洲在自主可持续发展、联合自强道路上取得了可喜进步，从西方人眼中"没有希望的大陆"变成了"充满希望的大陆"，成为"奔跑的雄狮"。非洲各国正在积极探索适合自身国情的发展道路，非洲人民正在为实现《2063年议程》与和平繁荣的"非洲梦"而努力奋斗。中国坚定支持非洲国家探索符合自身国情的发展道路，愿与非洲人民共享中国式现代化机遇，在中国全面建设社会主义现代化国家新征程上，以中国的新发展为非洲和世界提供发展新机遇。

中国与非洲传统友谊源远流长，中非历来是命运共同体。中国高度重视发展中非关系，2013年3月，习近平担任国家主席后首次出访就选择了非洲；2018年7月，习近平连任国家主席后首次出访仍然选择了非洲；截至2023年8月，习近平主席先后5次踏上非洲大陆，访问坦桑尼亚、南非、塞内加尔等8国，向世界表明中国对中非传统友谊倍加珍惜，对非洲和中非关系高度重视。在2018年中非合作论坛北京峰会上，习近平主席指出："中非早已结成休戚与共的命运共同体。我们愿同非洲人民心往一处想、劲往一处使，共筑更加紧密的中非命运共同体，为推动构建人类命运共同体树立典范。"2021年中非合作论坛第八届部长级会议上，习近平主席首次提出了"中非友好合作精神"，即"真诚友好、平等相待，互利共赢、共同发展，主持公道、捍卫正义，顺应时势、开放包容"。这是对中非友好合作丰富内涵的高度概括，是中非双方在争取民族独立和国家解放的历史进程中培育的宝贵财富，是中非双方在发展振兴和团结协作的伟大征程上形成的重要风范，体现了友好、平等、共赢、正义的鲜明特征，是新型国际关系的时代标杆。

随着中非合作蓬勃发展，西方社会对中非关系的关注度不断提高。一方面，震惊于中国在非洲影响力的快速上升；另一方面，忧虑于自身在非洲影响力的急速下降，西方国家不时泛起一些肆意抹黑、诋毁中非关系的奇谈怪论，如"新殖民主义论""资源争夺论""中国债务陷阱论"等，给中非关系的发展带来一定程度的干扰。在此背景下，学术界加强对非洲和中非关系的研究，及时推出相关研究成果，提升中非双方的国际话语权，展示中非务实合作的丰硕成果，客观积极地反映中非关系良好发展，向世界发出中国声音，显得日益紧迫和重要。

以习近平新时代中国特色社会主义思想为指导，中国社会科学院努力建设马克思主义理论阵地，发挥为党和国家决策服务的思想库作用，努力为构建中国特色哲学社会科学学科体系、学术体系、话语体系作出新的更大贡献，不断增强我国哲学社会科学的国际影响力。中国社会科学院西亚非洲研究所是遵照毛泽东主席指示成立的区域性研究机构，长期致力于非洲问题和中非关系研究，基础研究和应用研究双轮驱动，融合发展。

以西亚非洲研究所为主体、于2019年4月成立的中国非洲研究院，是习近平主席在中非合作论坛北京峰会上宣布的加强中非人文交流行动的重要举措。西亚非洲研究所及中国非洲研究院自成立以来，发表和出版了大量论文、研究报告和专著，为国家决策部门提供了大量咨询报告，在国内外的影响力不断扩大。遵照习近平主席致中国非洲研究院成立贺信精神，中国非洲研究院的宗旨是：汇聚中非学术智库资源，深化中非文明互鉴，加强中非治国理政和发展经验交流，为中非和中非同其他各方的合作集思广益、建言献策，为中非携手推进"一带一路"高质量发展、共同建设面向未来的中非全面战略合作伙伴关系、构筑更加紧密的中非命运共同体提供智力支持和人才支撑。

中国非洲研究院有四大功能：一是发挥交流平台作用，密切中非学术交往。办好三大讲坛、三大论坛、三大会议。三大讲坛包括"非洲讲坛""中国讲坛""大使讲坛"，三大论坛包括"非洲留学生论坛""中非学术翻译论坛""大航海时代与21世纪海上丝绸之路海峡两岸学术论坛"，三大会议包括"中非文明对话大会""《（新编）中国通史》和《非洲通史（多卷本）》

比较研究国际研讨会""中国非洲研究年会"。二是发挥研究基地作用，聚焦共建"一带一路"。开展中非合作研究，对中非共同关注的重大问题和热点问题进行跟踪研究，定期发布研究课题及其成果。三是发挥人才高地作用，培养高端专业人才。开展学历学位教育，实施中非学者互访项目，扶持青年学者，培养高端专业人才。四是发挥传播窗口作用，讲好中非友好故事。办好中国非洲研究院微信公众号，办好中国非洲研究院中英文网站，创办多语种《中国非洲学刊》。

为贯彻落实习近平主席的贺信精神，更好汇聚中非学术智库资源，团结非洲学者，引领中国非洲研究队伍提高学术水平和创新能力，推动相关非洲学科融合发展，推出精品力作，同时重视加强学术道德建设，中国非洲研究院面向全国非洲研究学界，坚持立足中国，放眼世界，特设"中国非洲研究院文库"。"中国非洲研究院文库"坚持精品导向，由相关部门领导与专家学者组成的编辑委员会遴选非洲研究及中非关系研究的相关成果，并统一组织出版。文库下设五大系列丛书："学术著作"系列重在推动学科建设和学科发展，反映非洲发展问题、发展道路及中非合作等某一学科领域的系统性专题研究或国别研究成果；"学术译丛"系列主要把非洲学者以及其他方学者有关非洲问题研究的学术著作翻译成中文出版，特别注重全面反映非洲本土学者的学术水平、学术观点和对自身发展问题的认识；"智库报告"系列以中非关系为研究主线，中非各领域合作、国别双边关系及中国与其他国际角色在非洲的互动关系为支撑，客观、准确、翔实地反映中非合作的现状，为新时代中非关系顺利发展提供对策建议；"研究论丛"系列集结中国专家学者研究非洲国际关系和非洲政治、经济、安全、社会发展等方面的重大问题，形成的一批创新性学术研究成果，具有基础性、系统性和标志性的特点；"年鉴"系列是连续出版的资料性文献，分中英文两种版本，设有"重要文献""热点聚焦""专题特稿""研究综述""新书选介""学刊简介""学术机构""学术动态""数据统计""年度大事"等栏目，系统汇集每年度非洲研究的新观点、新动态、新成果。

在中国非洲研究院成立这一新的历史起点上，期待中国的非洲研究和非洲的中国研究凝聚国内研究力量，联合非洲各国专家学者，开拓进取，勇于创新，不断推进我国的非洲研究、非洲的中国研究以及中非关系研究，从而更好地服务于中非高质量共建"一带一路"，助力新时代中非友好合作全面深入发展，推动构建更加紧密的中非命运共同体。

中国非洲研究院

2023 年 9 月

# 序　言

文刚的著作《多维视野中的尼日利亚民主化研究》终于要出版了。作为他博士学位论文的指导老师，我感到由衷的高兴，并向这位中青年学者表示真诚的祝贺。

从事非洲研究的学者都知道，尼日利亚是一个拥有2.16亿人口的大国，对其进行研究具有多方面的重要意义。首先，它是一个具有古老文明的国家。尼日利亚乔斯高原南部发现陶土人像的头部，以其为代表的地区文化后来被英国剑桥大学考古学家、英国牛津皮特利弗斯博物馆前馆长伯纳德·法格（Bernard Fagg）命名为"诺克文化"（Nok culture）。这里至少在公元前1500~公元前1200年已开始制作陶器，在公元前900年已可以生产复杂精美的陶土工艺品，这种文化持续到公元前400年。然而，由于长期流行的西方中心论和根深蒂固的殖民主义偏见，加上独立以来尼日利亚发展面临着各种困难，诺克文化至今仍未得到充分研究。其次，独立后的尼日利亚由于国情复杂，多次出现军人干政，在20世纪60~80年代先后发生6次军事政变，成为非洲国家中颇具代表性的国家。再次，它还是一个引领着非洲文化和时尚潮流的国家。1986年首位非洲黑人作家、尼日利亚的沃莱·索因卡获得诺贝尔文学奖，90年代崛起的诺莱坞电影可与好莱坞电影匹敌。我仍记得2000年与中国教育部官员一同访问赞比亚时，一位赞比亚教育部的年轻女士陪同我们坐车访问一些学校。我和她同坐一辆车，我夸奖她的穿着很时髦，她得意地笑着说："这是尼日利亚款式。"

尼日利亚的另一个特点是多民族，具有包括北部的豪萨-富拉尼族、西部的约鲁巴族和东部的伊博族在内的250多个民族。这一点引发了国际学术界的多方关注。文刚能够勇于挑起研究尼日利亚民族宗教问题与民主化之关联这一重担，实属不易。我对他的学术成长一直十分关注。他从1999年起几乎每年均有一篇或多篇关于尼日利亚的历史、政治、民族和宗教的论文在国内重要的学术刊物如《西亚非洲》《亚非纵横》《当代世界》《世界宗教文化》等上发表，先后发表了十几篇重量级的相关学术论文，如《论卡诺古城的历史变迁》（《西亚非洲》1999年第3期）、《尼日利亚民主化：特点及问题》（《西亚非洲》2006年第5期）、《浅析尼日利亚少数民族问题——以尼日尔河三角洲地区为中心》（《西亚非洲》2007年第7期）和《尼日利亚伊斯兰教什叶派初探》（《世界宗教文化》2017年第3期）等。这些重要的学术成果不仅使他成为中国唯一一位以尼日利亚国别研究为学术特长的中青年学者，也为他的这部学术著作的出版奠定了基础。《多维视野中的尼日利亚民主化研究》是中国学者第一部从历史角度认真研究民族和宗教与民主化进程互动的重要著作，是对中国非洲研究做出的重要贡献。

　　这部著作共有六章，除第一章谈尼日利亚民主化进程概论之外，分别论及尼日利亚的民族问题、尼日利亚的宗教问题、民族宗教问题与尼日利亚民族国家建构、民族宗教问题与尼日利亚政党和选举、民族宗教问题与尼日利亚民间社会。文刚在分析了诸多学者的研究后认为最值得探讨的问题有三个：尼日利亚独立以来60多年里民族宗教问题的演变及趋势是怎样的？它对尼日利亚民主化进程的影响如何？民族宗教问题是如何影响民主化进程的？他在著作中引用了诸多事实及相关专家的论述，并得出以下主要观点。第一，尼日利亚的民族宗教构成比较复杂，的确对民主化进程产生了深刻影响。这是因为民族宗教问题不仅涉及民族之间、宗教之间乃至宗教内部的矛盾，也涉及民族与国家的矛盾。不同民族、不同宗教之间的矛盾和冲突，既不利于民族关系与宗教关系的和谐，也不利于民族国家建构，导致国家缺乏凝聚力，不利于国家团结，不利于民众对政府的信任，也不利于国家合法性的建构。第二，民族宗教问题处理不好则不利于尼日利亚民族国家建构，从而不利于尼日利亚的民主化进程。地方民族主义、宗教矛盾以及国语问题使得尼日利亚国族意识建构缓慢、国家统一受到威胁，这些对民主化进程都产生了不利影响。没有和谐的宗教关系，就不会有和谐的民族关系，也就不会有统一的国族意识和文化。国语问题的政治化状况在短时期内不会得到彻底改变，同样也成为民族国家建构中的一大难题。第三，民族问题对政党和选举的影响主要表现在政党更多代表的是地方民族的利益，政治家依赖族体认同来动员民众，民众则按照族体界限来投票以寻求庇护和实惠。政党候选人在大选结果出现争议时往往不是以整个国家的利益为重，而是极力维护自己和本民族的利益。也须客观看待民族问题对尼日利亚民主化进程的影响。在特定条件和特定历史时期，民族问题可推动尼日利亚民主化进程。文刚还认为，用压制手段解决民族问题往往适得其反，会加大一些民族的离心力，国家凝聚力会受到影响。只有通过民主途径，民族问题才能得到较好的解决。他的这一观点至关重要，对其他国家处理民族问题具有借鉴意义。

　　文刚在本书"后记"中指出："有一点我应该自我肯定并将坚持下去，那就是选择尼日利亚作为本人的研究对象国。"实属难得。我们需要更多像文刚这样"一条黑道走到底"（刘贵今大使言）的学者，坚持数年，必有所得。

　　是为序。

李安山

2023年4月于海南五指山

# 目 录

绪 论 ………………………………………………………………… 1

**第一章 尼日利亚民主化进程概论** ……………………………… 42
 第一节 尼日利亚民主化进程述要 ……………………………… 42
 第二节 尼日利亚民主化进程的特点 …………………………… 52
 第三节 尼日利亚民主化进程的障碍 …………………………… 55
 第四节 民族宗教问题与民主化的关联 ………………………… 60
 结 语 ……………………………………………………………… 62

**第二章 尼日利亚的民族问题** …………………………………… 64
 第一节 尼日利亚的主要民族 …………………………………… 64
 第二节 尼日利亚民族问题的由来与演化 ……………………… 75
 第三节 尼日利亚民族问题治理的重要举措 …………………… 90
 第四节 尼日利亚当前热点民族问题 …………………………… 103
 结 语 ……………………………………………………………… 123

**第三章 尼日利亚的宗教问题** …………………………………… 126
 第一节 尼日利亚的宗教格局 …………………………………… 126
 第二节 尼日利亚宗教问题的由来与演化 ……………………… 136
 第三节 尼日利亚当前热点宗教问题解析 ……………………… 146
 第四节 境外宗教问题对尼日利亚的渗透 ……………………… 156
 结 语 ……………………………………………………………… 157

## 第四章 民族宗教问题与尼日利亚民族国家建构 …… 159
### 第一节 民族国家建构中的民族问题 …… 159
### 第二节 地方民族主义与尼日利亚民族国家建构 …… 162
### 第三节 宗教问题与尼日利亚民族国家建构 …… 182
### 第四节 语言问题与尼日利亚民族国家建构 …… 185
### 结 语 …… 193

## 第五章 民族宗教问题与尼日利亚政党和选举 …… 196
### 第一节 尼日利亚民族宗教问题与政党演化（1923~1966年）…… 196
### 第二节 "联邦特征"原则与1979年大选 …… 208
### 第三节 2003年大选中的民族宗教因素 …… 216
### 第四节 2007年、2011年大选中的民族宗教因素 …… 222
### 第五节 2015年大选的"变"与"不变" …… 225
### 第六节 2019年大选与政党政治走向 …… 235
### 第七节 2023年大选的新特点 …… 244
### 结 语 …… 248

## 第六章 民族宗教问题与尼日利亚民间社会 …… 250
### 第一节 民间社会与非洲民主化 …… 250
### 第二节 尼日利亚的民间社会 …… 254
### 第三节 民族宗教问题与民间社会（20世纪20年代至90年代）…… 267
### 第四节 地方民族组织与民主化进程（20世纪90年代以来）…… 277
### 结 语 …… 292

## 结 论 …… 294

## 参考文献 …… 304

## 后 记 …… 320

# 绪　论

## 一　选题背景

对非洲大国尼日利亚研究的兴趣可以说是伴随笔者对非洲问题的学习和研究的步伐逐步增长起来的。1995年9月，笔者考入南开大学历史系，师从中国非洲史学界的张象教授攻读世界近现代史方向的硕士研究生学位。张先生的研究专长是非洲近现代史，故包括笔者在内的多位同门自然而然地将硕士学位论文的题目确定在了非洲历史研究领域。当时，笔者对非洲这块大陆的了解非常有限，除了在大学本科时学习了非洲的简明历史外，对其他领域知之甚少。在张先生的指导下，笔者逐步将研究国别确定为西非大国尼日利亚，当时的主要想法是尼日利亚是有影响力的地区大国，官方语言是英语，写论文的时候资料比较好搜集。

张先生当时承担了一个课题"非洲城市化研究"，当时已有的案例主要集中在沿海城市。为丰富对非洲内陆城市的研究，张先生建议笔者选尼日利亚的一个内陆城市做研究，故硕士学位论文便以《论卡诺古城的历史变迁》为题，首次涉及尼日利亚的民族宗教问题。卡诺（Kano）是尼日利亚北方重镇，为卡诺州首府，是伊斯兰世界宗教文化中心之一，也是尼日利亚民族宗教问题频发的热点地区之一。1997年10月，在张象先生引荐下，笔者参加了中国非洲史研究会在北戴河召开的第六届年会暨非洲现代化问题学术讨论会，其间见到不少笔者后来在中国社会科学院西亚非洲研究所的同事、中国非洲学界的前辈和师长。后来笔者了解到，不少参会的师长在非洲民族宗教

· 1 ·

问题研究方面已颇有建树,如中国社会科学院民族研究所的葛公尚先生、北京大学亚非研究所的陆庭恩教授等。在同他们的短暂交谈中,笔者深感非洲民族宗教问题的重要性和学术价值,但当时更多的是从写硕士学位论文希望能得到诸位老师的点拨的角度来考虑的。中国非洲史研究会北戴河年会还干了一件在中国非洲学界值得称颂的大事,令笔者印象深刻。当时,陆庭恩、宁骚等17名教授联名写信,指出非洲研究的重要性及中国非洲研究的艰难处境,希望国家支持中国的非洲研究。令人高兴的是,这份"请愿书"很快获得了最高层的批示。① 中国的非洲研究获得了发展的大好时机,当前学界非洲研究如火如荼,中国非洲史研究会可谓功不可没。事实上,中国非洲史研究会一直是中国非洲研究的中坚力量。

  1998年7月,笔者从南开大学历史系毕业后,如愿以偿地进入中国社会科学院西亚非洲研究所做非洲问题研究。笔者要特别感谢西亚非洲研究所的杨立华研究员,是她鼓励笔者继续跟踪尼日利亚研究。杨老师是南非问题研究专家,她对非洲大国研究的重要性以及国内学术界较为普遍的重宏观、轻微观的研究现状了如指掌。在她的提携下,笔者一方面抓紧储备自己的非洲知识,另一方面坚持将尼日利亚作为自己的重点研究国别。经过多年积累,尼日利亚民族宗教问题逐步成为自己一个小小的研究特色。

  中国社会科学院是为党中央和国家决策服务的思想库,西亚非洲研究所作为国际问题研究的专业学术机构,对人才的素养要求很高。笔者是学历史出身的,很快就感受到自己在理论方面的欠缺和知识方面的不足。在单位领导的大力支持下,2001年笔者考取了北京大学国际关系学院国际政治专业的博士研究生,在陆庭恩教授、李安山教授的悉心指导下,自己的专业理论知识有了明显的提高。特别是陆老师开设的"当代民族与民主问题"课程、李老师的著作《非洲民族主义研究》② 都对笔者有较大的影响。将"尼日利亚民族问题与民主化进程研究"选为博士学位论文的题目便成为顺理成章的事情。

---

① 《中国非洲史研究会三十年》编委会:《中国非洲史研究会三十年》,内部刊印,2011。
② 李安山:《非洲民族主义研究》,中国国际广播出版社,2004。

# 绪　论

本书《多维视野中的尼日利亚民主化研究》是笔者在博士学位论文《尼日利亚民族问题与民主化进程研究》（北京大学国际关系学院，2007年5月）的基础上不断扩充、更新、修改而来的。需要说明的是，博士学位论文题目中的"民族问题"在许多情况下与"宗教问题"是密不可分的，这在尼日利亚国别个案研究中表现得尤为明显。笔者在博士学位论文中也部分涉及"宗教问题与民主化进程"这一主题，但当时限于篇幅和精力，对尼日利亚的宗教问题没有系统地展开论述，这不能不说是一个小小的遗憾。在中国社会科学院西亚非洲研究所的大力资助下，特别是中国社会科学院"登峰战略"重点学科"非洲宗教文化"项目启动以来，非洲宗教研究日益受到重视。笔者能在这部著作里继续深入探讨尼日利亚的宗教问题，对多年研究的尼日利亚民族宗教问题进行一个阶段性总结，不失为一件非常有意义的事情。

## 二　研究意义

"民主"（democracy）一词从诞生到现在已有2500多年的历史，虽然人们对它的探讨仍在继续，但时至今日，越来越多的人已认识到，民主不再是一种时髦的话语或虚无缥缈的东西，而是世界各国，尤其是包括广大非洲国家在内的第三世界发展中国家面临的一项重要而艰巨的任务。无数位政治家和理论家为我们描绘了关于民主的种种景象。美国政治学家罗伯特·达尔（Robert Dahl）在解释为什么要实行民主时，还给我们概括了民主的十大令人向往的结果，其中包括避免暴政、基本的权利、普遍的自由、自主的决定、道德的自主、人性的培养、保护基本的个人利益、政治平等，现代民主还会导致追求和平和繁荣。[①] 然而，在现实中，民主是一个非常复杂的问题。一方面，人们因意识形态、价值观、文化背景、社会发展阶段等的不同对民主的认识会有所不同；另一方面，民主具有一定的普遍性，在形式和内容上具有相同或相似的地方。我们在考察非洲国家的民主化问题时也要特别关注民主的这些特征。

---

[①]〔美〕罗伯特·达尔：《论民主》，李伯光、林猛译，商务印书馆，1999，第52~68页。

影响一个国家民主化进程的因素有很多，众多著名学者如罗伯特·达尔、塞缪尔·亨廷顿（Samuel P. Huntington）、西摩·李普塞（Seymour M. Lipset）以及拉里·戴蒙德（Larry Diamond）等都在其论著中对该问题从不同角度进行过论述，其中不乏直接或间接提到民族问题的。[①] 就尼日利亚而言，复杂的民族宗教构成及民族宗教问题对政治、经济、社会、文化、外交等方面的影响早就引起了一些学者的兴趣。事实上，民族宗教构成、民族宗教问题的确是了解尼日利亚的钥匙，几乎每一本关于尼日利亚的学术著作都是先从介绍这方面的情况入手的。可以说，民族宗教状况是一个国家最大、最重要、最基本的国情之一，这对多民族、多宗教国家尤为如此。因此，我们可以认为，尼日利亚民族宗教问题与民主化进程之间有密切关联性。在非洲的政治民主化浪潮中，民族宗教问题仍是一个较为突出的问题。[②] 笔者认为，本书从民族宗教问题入手，对尼日利亚民主化进程进行个案研究，不仅可以帮助我们把握那些民族问题、宗教问题较为突出的非洲国家民主化进程的一些特点，也有助于我们认识民族问题、宗教问题影响民主化进程的一般规律。

冷战结束后，世界范围内的民族问题日益突出，在一些国家中，民族冲突频发，暴力流血事件时有发生。有关政府和国际社会无不对此表示高度关切，力图控制和解决长期困扰它们的这些难题。对国内外学术界而言，民族问题研究无疑是一个既古老又充满活力并让学者们无法回避的重要课题。追溯其根源，评估其影响，探索其出路成为学者们关注的重点。

毫无疑问，民族问题的重要性已得到世界各国政府及学者的普遍认同。民族问题对一个国家的生存和发展、社会和政治稳定、经济发展、国防巩固乃至国际关系都可能产生比较大的影响。这种观点已经并正在被无数事例所印证。典型的例子主要发生在英国的北爱尔兰、西班牙的巴斯克、加拿大的魁北克、塞浦路斯、斯里兰卡、印度尼西亚的亚齐，以及土耳其、伊朗、伊

---

[①] 〔美〕罗伯特·达尔：《论民主》，李伯光、林猛译，商务印书馆，1999；Larry Diamond, *Class, Ethnicity and Democracy in Nigeria: The Failure of the First Republic*, Hong Kong: Macmillan Publishers (China) Ltd., 1988; Harvey Clickman, ed., *Ethnic Conflict and Democratization in Africa*, Atlanta: The African Studies Association Press, 1995.

[②] 李安山：《非洲民族主义研究》，中国国际广播出版社，2004，第321页。

拉克这三国的库尔德人聚居区。在非洲，自20世纪60年代中期以来，一些国家爆发了与民族问题密切相关的暴力冲突甚至内战。这些国家包括阿尔及利亚、布隆迪、乍得、刚果（布）、刚果民主共和国（原扎伊尔）、科特迪瓦、厄立特里亚、埃塞俄比亚、几内亚比绍、利比里亚、马里、毛里塔尼亚、摩洛哥、尼日尔、尼日利亚、卢旺达、塞内加尔、塞拉利昂、索马里、南非、苏丹、乌干达和津巴布韦。①

非洲国家的民族问题甚至引发了全世界的广泛关注。但需要指出的是，这并不是说非洲的民族问题就比其他大洲的情况严重。北京大学李安山教授认为，非洲国家的民族问题之所以引起全世界的广泛关注，是因为全世界习惯将非洲看作一个整体，个别国家的民族矛盾引发过较大冲突或民族仇杀，以及一些非洲国家的民族冲突的背后往往有大国干涉的因素。② 由于非洲国家数目众多，各国民族构成也比较复杂，对非洲国家的情况要具体国家具体分析，不能以偏概全。事实上，在非洲国家中，由民族矛盾引发政权危机的并不多，但西非（如尼日利亚）和大湖地区的几个国家（如卢旺达和布隆迪）存在着较为严重的民族冲突。③ 随着全球化的发展，国际大环境对多民族国家民族问题的影响日益加深。现代化大众传媒体系，特别是互联网自媒体的流行，使任何一个多民族国家的民族问题都有可能在极短时间内成为国际社会关注的焦点。如何正确认识和处理复杂的民族问题是许多多民族国家和国际社会共同面临的一个重大而紧迫的问题。

促使笔者选择从民族宗教问题的视角研究尼日利亚民主化进程这一命题的原因，不仅仅在于笔者对于民族宗教问题、民主化问题的浓厚兴趣，还在于以下两方面的考虑。

其一，民族政治学理论的支撑。在全球范围内民族问题较为突出的今天，作为民族学和政治学的交叉学科，民族政治学的重要性日益得到人们的

---

① L. Adele Jinadu, *Explaining and Managing Ethnic Conflict in Africa: Towards a Cultural Theory of Democracy*, CASS Occasional Monograph, No. 15, Port Harcourt: Centre for Advanced Social Science, 2005, p. 4.
② 李安山：《非洲民族主义研究》，中国国际广播出版社，2004，第5页。
③ 李安山：《非洲民族主义研究》，中国国际广播出版社，2004，第5页。

普遍认同。民族问题对政治发展的影响已成为这门学科的一项重要研究内容。① 事实上，马克思主义经典作家在论述社会发展和政治革命时，常常将民族和民族问题放在非常重要的地位。列宁曾指出："政治是民族之间、阶级之间等等的关系。"② 北京大学教授宁骚在其重要著作《民族与国家——民族关系与民族政策的国际比较》中阐述列宁的这一重要命题时指出，该论断界定了政治学三个学科的研究对象，其中民族国家内部的民族关系构成民族政治学（ethnopolitics 或 ethnic politics）的研究对象。③ 该书为笔者的研究提供了理论指导和分析框架。与国际学术界的研究相比，中国的民族政治学研究起步较晚，但自20世纪90年代以来也取得了丰硕成果。④ 中国学者对加拿大、英国和印度等国的族裔问题及其治理已有非常深入的研究⑤，但鲜有对尼日利亚民族宗教问题及其治理的系统性研究，笔者希望在这方面做些基础性的研究。

其二，试图解答笔者的几个疑惑。尼日利亚在西非乃至整个非洲都算得上一个有影响力的大国，人口众多，资源丰富，素有"非洲巨人"之称，但在独立后的半个多世纪里，政局动荡、政变频仍，军人长期把持政权，政权更迭频繁。1999年5月恢复的民主政治虽在2003年有争议的大选后得以延续至今，但民族宗教问题对民主化进程的影响仍不时显现。自1960年10月1日脱离英国殖民统治、获得独立以来，尼日利亚由政变或选举造成的政权更迭已不下十

---

① 宁骚：《民族与国家——民族关系与民族政策的国际比较》，北京大学出版社，1995，"前言"。
② 《列宁全集》第47卷，人民出版社，1990，第522页。
③ 宁骚认为，列宁该论断其他两方面的含义为：民族与国家的关系，构成国际关系学的研究对象；帝国主义与殖民地、半殖民地的关系，构成民族运动的研究对象。参见宁骚《民族与国家——民族关系与民族政策的国际比较》，北京大学出版社，1995，"前言"。
④ 相关重要论著包括：周星《民族政治学》，中国社会科学出版社，1993；宁骚《民族与国家——民族关系与民族政策的国际比较》，北京大学出版社，1995；周平《民族政治学导论》，中国社会科学出版社，2001；于春洋《民族政治发展导论》，社会科学文献出版社，2013；贺琳凯主编《民族政治与边疆治理》，云南大学出版社，2017；周平《民族政治学二十三讲》，中央编译出版社，2017。
⑤ 参见周少青《民族政治学：加拿大的族裔问题及其治理研究》，中国社会科学出版社，2018；王树英《民族政治学：印度的族裔问题及其治理研究》，中国社会科学出版社，2018；刘泓、朱伦《民族政治学：英国的族裔问题及其治理研究》，中国社会科学出版社，2017。

次。经济上,尼日利亚的 GDP 在 2014 年超过南非,成为非洲第一大经济体,却处于最不发达国家行列,贫富悬殊令人触目惊心。尼日利亚甚至被称为"捧着金饭碗的乞丐""世界贫困之都"。尼日利亚民主化进程为什么会一波三折、命运多舛呢?复杂的民族宗教问题是其中的原因吗?如果是,它具体是如何影响尼日利亚民主化进程的呢?其影响的趋势又是怎样的呢?

从以上简要介绍来看,本书具有重要的理论意义。本书的现实意义主要有以下几点。

其一,本书从尼日利亚民族宗教问题研究入手,深入分析该国错综复杂的民族宗教问题及其原因、演变、趋势和出路,有助于我们进一步理解相关重大问题,更好地认识民族宗教问题的重要性、长期性、复杂性、敏感性和国际性。

其二,尼日利亚是非洲一个有影响力的大国,也是一个潜在强国,非常值得研究。民族宗教问题在尼日利亚较为突出,不理解该问题,就无法理解这个国家。同时,尼日利亚民主化进程问题因其扑朔迷离也引发诸多学者的研究兴趣。当然,民族宗教问题与民主化进程的关系问题,无疑是一个具有挑战性的命题。

其三,国内学术界与国际学术界在该命题上的差距,也是促使笔者选择该命题的一个原因。从下文梳理的研究现状来看,国际学术界对这一命题的研究已比较深入,出版了多部专著,而国内的研究则要薄弱得多。笔者希望,本书能运用中国的民族政治学理论,对这一在学术界仍引发学者浓厚研究兴趣的命题做出自己的判断,为中国的非洲研究做出微薄贡献。

其四,研究该命题对发展中国同尼日利亚的友好合作关系有一定的积极意义。正如曾任尼日利亚驻华大使的维克托·恩瓦奥齐奇·戚本杜(Victor Nwaozichi Chibundu)在其著作《尼日利亚同中国的外交关系:1960~1999》中所言,"尼日利亚同中国有很多共同点",主要表现在历史、宗教、人口、资源和两国的地区或国际的影响力方面。[①] 笔者认为还应当指出,两国都是

---

① 〔尼日利亚〕维克托·恩瓦奥齐奇·戚本杜:《尼日利亚同中国的外交关系:1960~1999》,张世华、张琳译,世界知识出版社,2002,第 12 页。

多民族国家；中国正在探索一条适合自己发展的道路，这涉及对民族宗教问题的认识和处理。中国的经验能否作为尼日利亚的借鉴？当然，尽管两国有很多的共同点，各自的国情仍存在很大差异。但作为学术研究，笔者还是希望对该命题进行适当的思考，以使自己的研究有助于促进两国友好合作关系的发展。此外，尼日利亚于2018年签署了参与"一带一路"建设的相关文件。深入了解尼日利亚的国情，规避民族宗教问题带来的风险和挑战，加强两国的人文交流和民心相通，对于中国和尼日利亚推动共建"一带一路"高质量发展尤为重要。

## 三 重要概念

鉴于本书探讨的主题和国内外学术界已有的研究成果，笔者并不打算对"民主""民主化""民族""民族问题""宗教问题"等概念的界定做过多理论探讨。但是，为了避免不必要的误解或混乱，介绍学术界的几种主要观点，特别是国内学术界在非洲问题研究上的观点并表明自己的看法，还是很有必要的。

### （一）民主和民主化

美国政治学家拉里·戴蒙德在阐述"民主"的概念时指出，"民主"概念的混乱已到了非常严重的程度，以至于有学者找出了550多种"分支类型"的民主。[①] 可见，从"民主"这一概念诞生起，无数位理论家就从不同角度对其内涵展开了探索，时至今日，这种探索也没有结束。在这些人当中，奥地利经济学家和社会学家约瑟夫·熊彼特（Joseph Schumpeter）和美国政治学家罗伯特·达尔因分别提出了民主的基本定义和"多元政治"（polyarchy）的概念而最具影响力。

1942年，熊彼特在其开创性著作《资本主义、社会主义和民主主义》一书中将民主定义为："民主方法是为了达到政治决定的一种制度上的安排，在

---

① 〔美〕拉里·戴蒙德：《第三波过去了吗？》，载刘军宁编《民主与民主化》，商务印书馆，1999，第392页。

## 绪 论

这种安排中,某些人通过竞取人民选票而得到作出决定的权力。"① 熊彼特的民主理论概括了现代西方自由民主制度的许多重要特征,到了20世纪70年代,这一定义被普遍采纳。亨廷顿等学者都赞同竞争性的选举是民主的本质,但不是民主的全部。达尔则提出"多元政治"的概念,认为民主不仅要求广泛的政治竞争和参与,也要求实质性的自由(包括言论、新闻自由)和多元主义,以便让人们能够形成并有效地表达他们的政治偏好。② 戴蒙德将熊彼特对民主所下的最低限度的定义称为"选举民主"(electoral democracy),并提出了与之相对应的"自由民主"(liberal democracy)的概念,因为在他和其他一些学者看来,一些实行了选举民主的国家,在保护公民权利和自由方面却无所建树,还算不上真正的民主国家。他所提倡的自由民主,除选举民主所要求的定期的、自由的、公平的竞争性选举和普选权之外,还包括限制行政权力、遵守法制、保护公民基本权利和自由等的一系列制度。③ 此外,戴蒙德在《21世纪初的民主化状况》一文中指出了困扰全球许多重要新兴民主国家的三大问题,即他所说的"治理的三重危机"(triple crisis of governance):"①缺乏责任和法治,表现为腐败盛行、走私、可耻的暴行、权力个人化和践踏人权;②不能和平而全面地处理地方和民族纷争;③经济危机或停滞——这部分是由于没能执行经济自由化改革和没能提高政府官僚机构的诚信、能力和专业技能水平。"④ 只有解决了以上这些问题的政府,才能算得上一个民主政府。

20世纪后半叶的政治民主化浪潮也没有遗忘非洲,非洲国家因此经历了独立以来最为深刻的政治变革。⑤ 学术界对此也展开了热烈的探讨,并有一

---

① 〔美〕熊彼特:《资本主义、社会主义和民主主义》,绛枫译,商务印书馆,1979,第337页。
② Robert Dahl, *Polyarchy: Participation and Opposition*, New Haven: Yale University Press, 1971, p. 3.
③ 拉里·戴蒙德对"自由民主"的详细阐述,参见《第三波过去了吗?》,载刘军宁编《民主与民主化》,商务印书馆,1999,第395~396页。
④ Larry Diamond, "The State of Democratization at the Beginning of the 21st Century," *The Whitehead Journal of Diplomacy and International Relations*, Winter/Spring 2005, p. 14.
⑤ 关于非洲政治民主化浪潮的概况,参见徐济明、谈世中主编《当代非洲政治变革》,经济科学出版社,1998;国内学者对非洲民主化进程的研究,参见贺文萍《非洲国家民主化进程研究》,时事出版社,2005;张宏明《非洲政治民主化历程和实践反思——兼论非洲民族政治实践与西方民主化理论的反差》,《西亚非洲》2020年第6期。

大批综合性和个案研究成果问世，丰富了对全球民主化浪潮的研究。许多著作从新的视角，如新闻媒体、通信技术、互联网、司法机构以及联合国与非洲民主化的关系入手，拓宽和深化了对非洲民主化的研究。[①]

综合学者们的观点并结合自己的认识，笔者认为民主是一种政治制度，其要义有二：其一，民主的核心是公民通过定期、公开、公平、竞争性和有意义的选举来选择国家政权的主要领导人；其二，经由选举产生的政府必须是一个尊重法律、负责任、廉洁、透明、可信、保护公民权利和自由的政府。简单来说，民主化指的就是一个国家从不民主走向民主的过程。[②]

值得注意的是，民主化首先是把自由民主变成社会现实的过程。[③] 现代政治民主化更多关注的是，国家的治理以法治为基础，政权的更迭靠选票决定，政府的决定要对人民负责。用联合国前秘书长布特罗斯·布特罗斯－加利（Boutros Boutros-Ghali）的话来说就是："民主化是造就一个更加开放、更具参与性和更少威权的社会的过程。……从拉丁美洲到非洲、欧洲和亚洲的许多地方，许多威权政权已让位于民主力量、日趋对人民负责的政府和日趋开放的社会。"[④]

拉里·戴蒙德认为，民主巩固面临三大任务：民主的深化、政治制度化及执政的良好业绩。[⑤] 胡安·林茨（Juan J. Linz）和阿尔弗雷德·斯特潘（Alfred Stepan）认为，民主的巩固必须满足三个基本条件："首先，在一个现代的政治体中，除非国家存在，否则不可能有自由而权威的选举，不可能有对合法暴力的垄断，也不可能通过法治对公民权利进行有效的保护；其次，一直要到民主的转型期到达终点，才可能考虑民主的巩固。民主转型期

---

[①] 国际学术界对非洲民主化研究的概况，参见李安山《非洲民主化概述》，《西亚非洲》2000年第4期。

[②] 亨廷顿用"威权主义"（authoritarianism）一词来指称所有不民主的体制，具体类型包括一党体制、极权体制、个人独裁、军人政权以及类似的政权。参见〔美〕塞缪尔·亨廷顿《第三波——20世纪后期民主化浪潮》，刘军宁译，上海三联书店，1998，第11页。

[③] 刘军宁编《民主与民主化》，商务印书馆，1999，第14页。

[④] 〔埃及〕布特罗斯·布特罗斯－加利：《联合国与民主化》，载刘军宁编《民主与民主化》，商务印书馆，1999，第305页。

[⑤] Larry Diamond, *Developing Democracy toward Consolidation*, Baltimore: Johns Hopkins University Press, 1999, pp. 73-77.

绪 论

的完成，它的必要条件（但绝非充分条件）是举行了自由、竞争的选举；最后，除非统治者以民主的方式治理，否则这一政体绝不能称作民主政体。"①

（二）"民族"还是"部族"？

就笔者所知，在中国学术界中，特别是在非洲研究界中，还没有哪几个概念像"民族""部族"这样引发长时期的热烈讨论，且仍是仁者见仁，智者见智。毫无疑问，这的确是一个非常有趣的学术现象。早在1982年5~6月，中国非洲史研究会、中国非洲问题研究会、中国世界民族研究会和中央民族学院（中央民族大学的前身）等学术团体和高校在北京连续两次举行关于非洲民族形成问题的学术讨论会。长期以来，在涉及"非洲人们共同体"及相关问题的著述（包括译著、译文）和新闻报道中，使用频率最高的词大概非"部族"、"部族冲突"及"部族主义"等概念莫属了。时至今日，学术界对此问题仍众说纷纭，在论述像尼日利亚这样的非洲多民族（multi-ethnic）国家的情形时尤为如此。②有的学者在同一部著作，甚至在同一个段落中交替使用"民族"和"（大）部族"这两个概念，这不仅造成概念上的混乱，影响了对自己观点的阐述，还令读者感到无所适从。

20世纪80年代初，我国著名民族学家牙含章（1916~1989）先生在探讨非洲民族形成问题时就指出，在探讨非洲民族情况时出现的"民族""部族"之分，在概念上会产生矛盾，在理论上也会陷于混乱。③1998年，李安山在《西亚非洲》上发表了一篇重要文章——《论中国非洲学研究中的"部族"问题》。该文指出，"部族"一词因翻译上的错误而含义不清，国际

---

① 〔美〕胡安·林茨、阿尔弗雷德·斯特潘：《走向巩固的民主制》，载〔日〕猪口孝、〔英〕爱德华·纽曼、〔美〕约翰·基恩编《变动中的民主》，林猛等译，吉林人民出版社，1999，第56~57页。

② 相关研究可参见顾章义《评非洲"部族"说——兼评斯大林的民族定义》，《中央民族学院学报》1983年第4期；吴秉真《关于非洲部族问题的探讨》，《西亚非洲》1986年第5期；葛公尚《非洲民族主义与部族主义探析》，《西亚非洲》1994年第5期；张宏明《论黑非洲国家的部族问题和部族主义的历史渊源》，《西亚非洲》1995年第5期；吴增田《黑非洲部族问题研究综述》，《西亚非洲》1996年第5期；李安山《论中国非洲学研究中的"部族"问题》，《西亚非洲》1998年第4期。

③ 参见牙含章《马克思主义民族理论与非洲民族形成问题》，《西亚非洲》1983年第1期，第12~15页。

· 11 ·

学术界已基本摈弃了这一概念（英文为tribe），非洲人也不喜欢这一带有歧视性的概念，中国学者对此概念的理解与史书中的含义差异极大，因此主张用"民族"或"××人""××族"来称呼非洲人们共同体。[①] 笔者同意这一观点，并在本书中采用这种提法，但在引述别人观点时，则尊重原作者的提法，不做概念上的改动。

那么，什么是民族呢？在给"民族"下定义之前，我们首先应当清楚这一点，即"民族"一词不仅是中文里使用非常广泛的一个概念，而且是一个多义词。从国内学术界的大量研究成果来看，这一概念有广义和狭义之分。"广义的民族"指与国家紧密相连的民族，有学者称之为"国族"，相当于英文里的nation，如"中华民族""法兰西民族"等；"狭义的民族"指国族的组成部分，如组成"中华民族"的56个民族，也有学者称之为"族体"或"族群"，相当于英文里的ethnic group。此外，英文里的ethnic community，ethnicity, ethno, nationality, people等词虽都可以被译成中文的"民族"，但含义不尽相同，有学者专门撰文对上述一些英文的区别及译法展开过论述[②]。此处不再一一赘述。

关于民族的定义，国内学术界基本采用的是斯大林1913年在《马克思主义与民族问题》一文中所给出的定义，即"民族是人们在历史上形成的一个有共同语言、共同地域、共同经济生活以及表现在共同文化上的共同心理素质的稳定的共同体"[③]。对斯大林民族定义的讨论，学术界从来没有停止过。宁骚在辨析这一定义时指出，除了通常提到的共同语言、共同地域、共同经济生活和共同心理素质四大特征外，人们还应注意民族的历史性和稳定性这两大特征。[④]

---

[①] 关于李安山的详细论述，参见《论中国非洲学研究中的"部族"问题》，《西亚非洲》1998年第4期，第57~65页。对该问题的进一步论述还可参见李安山《非洲民族主义研究》的第六章"部落、'部族'与'部族主义'"（中国国际广播出版社，2004，第195~219页）。

[②] 如郝时远《Ethnos（民族）和Ethnic group（族群）的早期含义与应用》，《民族研究》2002年第4期，第1~10页。

[③] 斯大林：《马克思主义和民族问题》，载《斯大林选集》（上卷），人民出版社，1979，第64页。

[④] 宁骚：《民族与国家——民族关系与民族政策的国际比较》，北京大学出版社，1995，第16~20页。

中国是各族人民共同缔造的统一的多民族国家。中国共产党历来高度重视民族问题，经过长期探索和实践，形成了关于民族问题的基本理论和政策。民族是在一定的历史发展阶段形成的稳定的人们共同体。一般来说，民族在历史渊源、生产方式、语言、文化、风俗习惯以及心理认同等方面具有共同的特征。在有的民族的形成和发展的过程中，宗教起着重要作用。① 史学家程人乾认为，民族作为一种自然和社会历史发展的产物，不仅有自然方面的血缘、地缘、语言、经济联系等"客体"因素，还有属于社会历史范畴的宗教、文化、传统、自我认同等"主体"意识的因素。因而，民族是客观和主观双重因素结合的产物，其中宗教与民族又有紧密的关联。②

（三）民族问题

民族问题是民族理论的基本概念之一，但对于什么是民族问题，国内学术界存在较大分歧，比较流行的观点大致有以下几种。

观点一：民族问题就是从民族形成、发展到消亡的过程中，不同民族在政治、经济、文化、语言、生活方式和风俗习惯等领域发生的矛盾和问题。③

观点二：民族问题不仅指民族之间的矛盾，也指民族关系本身。④

观点三：民族问题不仅指民族之间的关系，也包括民族内部关系和民族自身的发展。⑤

观点四：民族问题有狭义和广义之分，前者指从民族产生、发展到消亡的各个阶段，不同民族之间在社会生活各个领域发生的矛盾和问题；后者指除狭义外，民族问题还包括民族自身的发展以及民族和阶级、国家之间的关系问题。⑥

---

① 《中共中央 国务院关于进一步加强民族工作加快少数民族和民族地区经济社会发展的决定》，中华人民共和国国家民族事务委员会网站，http://www.seac.gov.cn/seac/zcfg/201208/1071806.shtml。
② 程人乾：《程人乾史学文集：续编》，新华出版社，2017，第29页。
③ 参见金炳镐《民族理论通论》，中央民族大学出版社，1994，第167~168页。
④ 如陈永龄主编《民族词典》，上海辞书出版社，1987，第348页。
⑤ 参见彭英明《再论民族问题的含义》，《民族研究》1993年第1期。
⑥ 罗庶长主编《马克思主义民族理论》，中共中央党校出版社，1990，第71页。

观点五：民族问题指国内的少数民族问题。持这一观点的专家学者只是极少数。[①] 当然，民族问题总是和少数民族有关，和民族之间的矛盾有关。但这种观点并不全面。[②]

观点六：王希恩认为，对"民族问题"等概念的使用，在日常生活中并不规范，"民族问题"是指涉及民族生存、发展及各种相互利益的社会矛盾。其要点包括："民族问题"是一种社会矛盾，因为"问题"就是矛盾，或者只有发生矛盾才会产生问题，有矛盾、有问题才需要解决；"民族问题"是影响到民族整体状况的矛盾；"民族问题"涉及的社会矛盾包括民族之间的，也包括各民族内部及民族与其他社会群体或社会单元之间的。[③] 20 世纪的中国民族问题主要包括国外列强和各种敌对势力与中国民族的矛盾、国内民族之间的矛盾、少数民族的发展问题、民族分裂主义问题、解决民族问题的理论政策问题、民族主义和民族凝聚力问题等。[④] 当代世界的主要民族问题包括民族分离主义（导致国家解体的民族分离和个别民族脱离国家的民族分离）、排外和民族仇杀、原住民运动、泛民族主义运动。[⑤] 在当今世界，民族问题具有普遍性、长期性、复杂性、国际性和重要性。[⑥]

笔者认为，民族问题指在多民族国家中，由于种种原因而形成的民族之间的矛盾和问题。需要说明的是，按照宁骚对民族问题的分类，少数民族问题的一个亚型是少数民族与国家之间的矛盾和冲突。[⑦] 受这一观点的启发，笔者认为，民族问题不仅涉及民族之间的矛盾和问题，也包括民族与国家和其他群体之间的矛盾和问题。之所以强调这一点，是因为这种现象在尼日利

---

[①] 罗树杰、徐杰舜主编《民族理论和民族政策教程》，民族出版社，2005，第 67 页。
[②] 王希恩主编《20 世纪的中国民族问题》，中国社会科学出版社，2012，第 1 页。
[③] 王希恩主编《当代中国民族问题解析》，民族出版社，2002，第 8~9 页。
[④] 王希恩主编《20 世纪的中国民族问题》，中国社会科学出版社，2012，第 2 页。
[⑤] 王希恩：《民族过程与国家》，甘肃人民出版社，1998，第 214~234 页。
[⑥] 《中共中央 国务院关于进一步加强民族工作加快少数民族和民族地区经济社会发展的决定》，中华人民共和国国家民族事务委员会网站，http://www.seac.gov.cn/seac/zcfg/201208/1071806.shtml。
[⑦] 宁骚：《民族与国家——民族关系与民族政策的国际比较》，北京大学出版社，1995，第 349~350 页。

## 绪 论

亚很突出,我们从后文的论述中可以看出。

### (四)宗教问题

宗教问题是一个既古老又在当今世界仍具有重要影响力的话题。人类社会是一个多元宗教的社会,各民族有自己的传统宗教,后来又出现了跨民族的全球性宗教,如基督教、伊斯兰教、佛教等。不同宗教存在于同一个星球,同一个国家,由于种种原因会产生一定的矛盾甚至冲突,宗教问题从古至今深刻影响着我们这个世界。关于宗教问题,主要有以下观点。

观点一:宗教是人类社会发展到一定阶段的历史现象,有它发生、发展和消亡的过程。宗教信仰、宗教感情,以及同这种信仰和感情相适应的宗教仪式和宗教组织,都是社会的历史的产物。宗教问题从来就不是孤立存在的,它总是同政治、经济、文化、民族等方面历史和现实的矛盾相交错,具有特殊复杂性。宗教常常与现实的国际斗争和冲突相交织,是国际关系和世界政治中的一个重要因素。[1]

观点二:宗教问题通常是指不同宗教之间、宗教的不同教派之间以及宗教与社会生活各方面的关系问题。宗教问题从来不是孤立存在的,它总是与社会的政治、经济、文化、民族等问题密切相关,是整个社会问题的组成部分。宗教问题因涉及群众关系、阶级关系、民族关系、国际关系等,具有特殊的复杂性。宗教问题已经渗透到民族国家的许多领域,与国家的政治、经济、文化、军事及外交密切地交织在一起,关系重大。[2]

观点三:由宗教内部的矛盾、宗教与宗教之间的矛盾、宗教与社会生活各方面的矛盾引发的宗教问题,也是当今世界必须面对的一道难题。[3]

笔者认为,尼日利亚的宗教问题主要就是伊斯兰教与基督教之间的矛盾、伊斯兰教内部各派别之间的矛盾,以及这些矛盾在反映到政治发展进程中后所引发的各种问题。

---

[1] 叶小文:《关于中国特色社会主义宗教理论的几个问题》,《世界宗教文化》2016年第4期,第2页。
[2] 毛欣娟主编《国家安全基本问题研究》,中国人民公安大学出版社,2017,第124页。
[3] 张宏伟:《政治学原理》,东北大学出版社,2017,第123页。

学术探讨永无止境，以上对本书重要概念的界定可能还不完备，但基本上能够准确表达笔者的观点，对于本书中所涉及的其他重要概念，在后文中再做阐述。

## 四 文献综述

尼日利亚是非洲的重要国家，拥有成为一个有影响力大国和强国所需的各种人文和自然资源。然而，仅仅是根深蒂固的民族宗教问题就足以让这个"非洲巨人"在迈向民族国家建构和可持续发展的道路上步履蹒跚，成为"跛足巨人"。民族问题和宗教问题是了解这个国家不可或缺的两把钥匙，国内外学术界历来非常重视这一点。本书主要概述国外学术界对民族宗教问题的研究成果，同时简要介绍国内学术界的研究，并就加强中国的非洲民族宗教问题研究谈一些自己的粗浅想法。

（一）民族问题研究现状述评

1. 研究概况

国内外学术界对尼日利亚民族问题的研究主要涉及民族的数量、规模、结构、分类、政治、社会、历史、宗教等内容，成果多集中在三大主体民族（豪萨－富拉尼族、约鲁巴族和伊博族）和一些少数民族上。[1] 一般认为，尼日利亚民族的数量约为250个。但长期以来，学术界对此有不同看法。有

---

[1] K. M. Buchanan and J. C. Pugh, *Land and Peoples of Nigeria*, London: University of London Press, 1955; Daryll Forde, *The Yoruba-Speaking Peoples of South-Western Nigeria*, London: International African Institute, 1951; Daryll Forde and G. I. Jones, *The Ibo and Ibibio-Speaking Peoples of South-Eastern Nigeria*, London: International African Institute, 1950; W. F. S. Miles, *Hausaland Divided: Colonialism and Independence in Nigeria and Niger*, Ithaca: Cornell University Press, 1994; Frank A. Salamone, *The Hausa of Nigeria*, Lanham: University Press of America, 2010; Peter P. Ekeh, ed., *History of the Urhobo People of Niger Delta*, Buffalo: Urhobo Historical Society, 2007; Toyin Falola and Ann Genova, eds., *Yoruba Identity and Power Politics*, Rochester: University of Rochester Press, 2006; The Diagram Group, *Peoples of Africa: Peoples of West Africa*, England: Diagram Visual Information Ltd., 1997; Marcellina Ulunma Okehie-Offoha, Matthew N. O. Sdiku, eds., *Ethnic and Cultural Diversity in Nigeria*, Trenton: Africa World Press, 1996.

些学者的观点基本接近,有些学者估计的数量则差距较大。① 之所以出现这种情况,除民族识别和数量统计问题本身的复杂性之外,大致有以下几点原因:采用的标准不同;一些民族经常改变他们的名称,以去除历史上对他们的歧视性称呼②;民族聚合或分化趋势的影响。

相比之下,学术界对尼日利亚的民族结构看法较为一致,认为尼日利亚的民族构成虽极复杂,但通常可分为主体民族和少数民族两大类,少数民族又可进一步分为人数较多的少数民族和人数较少的少数民族。③ 值得注意的是,一些学者指出,少数民族地位在尼日利亚不仅是一个数量问题,还是一个政治问题。彼得·埃科(Peter Ekeh)认为,人口少的民族并不必然与"少数民族"身份画等号。在殖民统治时期,特别是在与民主化相关的、充满族体色彩的选举政治中,少数民族地位与人口少及相关的选举联系在了一起。④ 埃格萨·欧萨费(Eghosa Osaghae)等学者将尼日利亚的少数民族定义为:有别于该国三大主体民族,在语言、文化、地域和历史上具有鲜明特征,由于其数量劣势及历史原因,在尼日利亚联邦及组成机构中,在政治、社会和经济上居从属地位的诸群体。⑤

尼日利亚民族问题研究的经典性著作当数詹姆斯·科尔曼(James S. Coleman)的《尼日利亚:民族主义背景》⑥。科尔曼较为详尽地介绍了尼

---

① James S. Coleman, *Nigeria: Background to Nationalism*, Berkeley and Los Angeles: University of California Press, 1958, p. 5; Toyin Falola, *The History of Nigeria*, Westport: Greenwood Press, 1999, p. 5; Toyin Falola, *Cultures and Customs of Nigeria*, Westport: Greenwood Press, 2001, p. 4; Okwudiba Nnoli, *Ethnicity and Development in Nigeria*, Farnham: Ashgate Publishing Limited, 1995, pp. 27 - 28.

② Frank A. Salemone, "Ethnicity and Nigeria since the End of Civil War," *Dialectical Anthropology*, Vol. 22, 1997, p. 309.

③ Ukoha Ukiwo, "On the Ethnicity in Nigeria," Working Paper No. 12, Centre for Research on Inequality, Human Security and Ethnicity, University of Oxford, June 2005.

④ Peter Ekeh, "Political Minorities and Historically-Dominat Minorities in Nigeria's History and Politics", in Oyeleye Oyediran, ed., *Governance and Development in Nigeria: Essays in Honour of Professor Billy J. Dudley*, Ibadan: Agbo Areo Publishers, 1996.

⑤ Eghosa E. Osaghae, "Managing Multiple Minority Problems in a Divided Society: The Nigerian Experiences," *The Journal of Modern African Studies*, Vol. 36, No. 1, 1998, pp. 3 - 4.

⑥ James S. Coleman, *Nigeria: Background to Nationalism*, Berkeley and Los Angeles: University of California Press, 1958.

日利亚主要民族的情况，细致地分析了在争取独立的斗争中各地区（与三大主体民族的地理分布大致吻合）之间的矛盾及其影响。这部著作为我们理解尼日利亚独立后复杂的民族问题提供了丰富的背景知识。尼日利亚民族独立运动期间三位重量级人物的自传或论文集，如北区艾哈马杜·贝洛（Ahmadu Bello）的《我的一生》[1]、东区纳姆迪·阿齐克韦（Nnamdi Azikiwe）的《我的历险：一部自传》[2]和《齐克：纳姆迪·阿齐克韦演讲选集》[3]以及西区奥巴费米·阿沃勒沃（Obafemi Awolowo）的《阿沃：奥巴费米·阿沃勒沃酋长自传》和《尼日利亚的自由之路》[4]，给我们提供了了解三大主体民族的社会、经济、文化及政治主张的真实素材。值得注意的是，上述著作的出版年代均比较早，我们还应注意各族体的动态发展，因为族体在地理分布上虽然有相当的稳定性，但也有不小的流动性。约鲁巴人、伊博人迁徙到北方豪萨人的地区，豪萨人迁徙到约鲁巴人的城镇，这不仅是地域上的迁移，而且都有一定的深层次含义。

关于尼日利亚民族问题的产生原因，克劳德·阿克（Claude Ake）、保罗·吕贝克（Paul Lubeck）等学者都认为，其根源可追溯到英国殖民主义者分而治之的"间接统治"政策及其影响。[5]对于民族独立运动时期的民族问

---

[1] Ahmadu Bello, *My Life*, Cambridge: Cambridge University Press, 1962.
[2] Nnamdi Azikiwe, *My Odyssey: An Autobiography*, London: C. Hurst, 1970.
[3] Nnamdi Azikiwe, *Zik: A Selection from the Speeches of Nnamdi Azikiwe*, Cambridge: Cambridge University Press, 1961.
[4] Obafemi Awolowo, *Awo: The Autobiography of Chief Obafemi Awolowo*, Cambridge: Cambridge University Press, 1960; *Path to Nigerian Freedom*, London: Faber and Faber, 1947.
[5] Claude Ake, "What's the Problem of Ethnicity in Africa," *Transformation*, Vol. 22, 1983, p. 2; James S. Coleman, *Nigeria: Background to Nationalism*, Berkeley and Los Angeles: University of California Press, 1958, p. 194; G. Olusanya, "The Historical Basis of Nigerian Unity: An Analysis," *The Journal of Business and Social Studies*, Vol. 3, No. 1, 1970, pp. 11 – 15; Paul Lubeck, *Islam and Urban Labor in Northern Nigeria: The Making of a Muslim Working Class*, Cambridge: Cambridge University Press, 1986, p. 34; Godfrey N. Uzoigwe, "Assessing the History of Ethnic-Religious Relations," in Ernest E. Uwazie, Isaac O. Albert and Godfrey N. Uzoigwe, eds., *Inter-Ethnic and Religious Conflict Resolution in Nigeria*, New York: Lexington Books, 1999, p. 8.

题，有学者称之为"地方民族主义"或"亚民族主义"①，这从三大主体民族代言人的著作中可见一斑。贝洛、阿齐克韦和阿沃勒沃对自己民族以及未来尼日利亚国家民族前途的认识分歧严重，这不仅影响了尼日利亚的独立进程，还深刻影响了独立后尼日利亚的发展道路。三人的主要思想，至今在尼日利亚也不乏追随者。概言之，尼日利亚独立后的民族冲突大多是由在州或联邦一级争夺国家的政权、资源的控制权引起的。尼日利亚民族问题发生后，在许多情况下会升级为暴力冲突，造成大量人员伤亡和严重财产损失。这种状况是由多种原因造成的：尼日利亚长时期由军人执政，缺乏通过法律途径解决民族冲突的机制，警察和军队往往卷入暴力冲突，小武器走私比较严重。因此，国家往往动用军队镇压暴力冲突，而不是寻求和平对话途径。另外，尼日利亚的族际冲突很少以纯粹的形式存在。例如，尼日利亚北部的冲突，往往包含伊斯兰教、基督教、非洲传统宗教之间的纷争。此外，尼日利亚全国各地区间发展的不平衡、各族体发展的不平衡都会引发或加深族际矛盾和冲突。②

少数民族问题是尼日利亚民族问题的一个重要方面。欧萨费认为，在关于尼日利亚少数民族问题的已有研究成果中，有些为了追求概念上的统一，将少数民族问题过于简单化。③ 20世纪90年代以来，少数民族问题在尼日利亚较为突出，引发多方关注。少数民族聚居的尼日尔河三角洲地区是尼日利亚石油资源分布的主要地区，却是全国最为贫困、最为动荡的地区，不时发生少数民族组织与尼日利亚政府和跨国石油公司之间的冲突。这与联邦政府控制石油资源与石油收入的分配权以及少数民族权益被忽视不无关系。约翰·埃乔博瓦（John Ejobowah）用民族政治学的观点对此提出了自己的看法。他认为，尼日利亚的多重民族构成使得中央、地方处于并存的局面，这

---

① Ali A. Mazrui and Michael Tidy, *Nationalism and New States in Africa*, London: Heinemann, 1984, p. 92.
② Eghosa E. Osaghae, "Regulating Conflicts in Nigeria," *Peace Review*, Vol. 14, No. 2, 2002, p. 218.
③ Eghosa E. Osaghae, "Managing Multiple Minority Problems in a Divided Society: The Nigerian Experiences," *The Journal of Modern African Studies*, Vol. 36, No. 1, 1998, pp. 1–24.

就要求分享权限，包括分享对矿产资源的权利。① 近年来，尼日尔河三角洲地区的少数民族问题已引起尼日利亚学术界的广泛关注。设在哈科特港（Port Harcourt）的尼日利亚高等社会科学中心（Centre for Advanced Social Science, CASS）曾组织过多次学术讨论，一些尼日利亚学者就尼日尔河三角洲地区面临的由石油开采造成的生态环境危机、被边缘化的少数民族的发展问题、少数民族同尼日利亚政府及石油公司的冲突问题、尼日尔河三角洲冲突处理机制以及妇女问题等展开了较为深入的研究。②

尼日利亚为消除民族问题设计出了种种方案或措施，包括创建新州（state creation）、实行联邦制、成立全国青年服务队（National Youth Service Corp, NYSC）、建立联邦统一高等院校、各种形式的国家收入分配方案、增加地方政府辖区的数量、权力分享、多党民主制、重新确立联邦首都、召开数次宪法会议等。针对上述方案或措施出台的背景、效果、影响等，一些学者也展开了深入探讨，认为上述政策并没有完全奏效，有的还引发了新的问题。③ 亨利·阿拉佩基（Henry E. Alapiki）认为，建州计划打破了英国人基于地域－族体的联邦体制，在一定程度上削弱了三大区内的民族沙文主义，缓解了少数民族问题，但后来却引发越来越多的少数民族要求建立自己的州或地方政府辖区的问题，尽管这种现象有深刻的背景，但其对尼日利亚国家一

---

① John Boye Ejobowah, "Who Owns the Oil? The Politics of Ethnicity in Niger Delta, Nigeria," *African Today*, Vol. 47, No. 1, 2000, pp. 29 – 47.

② Peter I. Ozo-Eson and Ukoha Ukiwo, eds., *Challenges of the Niger Delta*, Port Harcourt: Centre for Advanced Social Science, 2001; Peter I. Ozo-Eson and Ukoha Ukiwo, eds., *The Niger Delta Development Commission: Towards a Development Blueprint*, Port Harcourt: Centre for Advanced Social Science, 2002; Centre for Advanced Social Science, "Enhancing the Capacity of Women Leaders of Community Organizations toward Peace Building in the Niger Delta Region, Nigeria," Port Harcourt, 2005.

③ Henry E. Alapiki, "State Creation in Nigeria: Failed Approaches to National Integration and Local Autonomy," *African Studies Review*, Vol. 48, No. 3, 2005, pp. 49 – 65; Rotimi T. Suberu, *Federalism and Ethnic Conflict in Nigeria*, Washington, D. C.: United States Institute of Peace, 2001; Otwin Marenin, "Implementing National Unity: Changes in National Consciousness Among Participants in the National Youth Service Corps of Nigeria," *The Journal of Ethnic Studies*, Vol. 17, No. 2, 1989, pp. 31 – 40.

体化的发展产生了不利的影响。① 奥特温·马雷宁（Otwin Marenin）在20世纪80年代后期进行的一次调查显示，大部分参加了全国青年服务队的大学生在接受调查时表示，他们对尼日利亚和同胞有了更多的了解，对能为国家服务感到光荣，但近一半的受访者表示，他们没有或几乎没有感觉到组成尼日利亚的各族体基本上是相似的。② 很显然，这与该计划出台的初衷有不小的差距，尼日利亚民族的相互了解、对尼日利亚国族的认同感还有待培育。

2. 民族问题与民主化研究

当尼日利亚第一共和国建立时，不少人对之期望很高，认为非洲最大的民主制国家建立了。但短短几年，第一共和国就垮台了。这不能不引起学者的关注，他们从不同角度研究了其中的原因，不乏从民族问题入手的。戴蒙德并没有特别注重政治文化、政治制度或民族冲突的影响，而是从阶级、民族、国家之间的相互关系的角度来论证，特别指出尼日利亚各地的精英阶层在争夺国家权力的斗争中，频频鼓动和利用地方民族主义，因为控制了权力就意味着可以囤积财富和巩固本民族的统治。③ 在考察第一共和国和第二共和国失败的原因时，戴蒙德非常明确地指出，不可否认，民族冲突是一个原因，但其不是直接影响到民主政治，而是通过影响社会和政治结构对民主政治产生影响。④ 约瑟夫·乌默仁（Joseph A. Umoren）对族体因素与权力、民族价值和民族歧视，以及相关的理论做了探讨，并把它放到全球视野中进行了审视。乌默仁还指出，族体因素是尼日利亚国家统一的一大障碍。⑤ 弗兰克·萨

---

① Henry E. Alapiki, "State Creation in Nigeria: Failed Approaches to National Integration and Local Autonomy," *African Studies Review*, Vol. 48, No. 3, 2005, pp. 49 – 65.

② Otwin Marenin, "Implementing National Unity: Changes in National Consciousness Among Participants in the National Youth Service Corps of Nigeria," *The Journal of Ethnic Studies*, Vol. 17, No. 2, 1989, pp. 31 – 40.

③ Larry Diamond, *Class, Ethnicity and Democracy in Nigeria: The Failure of the First Republic*, Hong Kong: Macmillan Publishers (China) Ltd., 1988.

④ Larry Diamond, "Nigeria: Pluralism, Statism, and the Struggle for Democracy," in Larry Diamond, Juan J. Linz, and Seymour Martin Lipset, eds., *Democracy in Developing Countries: Africa*, Boulder, CO: Lynne Rienner Publishers, 1988, pp. 33 – 91.

⑤ Joseph A. Umoren, *Democracy and Ethnic Diversity in Nigeria*, Lanham: University Press of America, 1996.

## 多维视野中的尼日利亚民主化研究

勒莫恩（Frank A. Salemone）认为，各个族体之间的利益之争，导致了暴动、政变与反政变，最终导致1967年内战爆发。内战之后，尼日利亚政治发展的一大趋势就是日益依赖族体性获得政治决定的权力，这反过来又扩大了民族分歧，强化了民族之间的差异。比夫拉战争（Biafra War）给尼日利亚的教训是沉重的，对民族国家建构是一个沉重打击。① 事实上，有些学者干脆将这场内战称作民族之间的战争。帕德·巴德鲁（Pade Badru）在其著作《帝国主义与尼日利亚的族体政治：1960~1996》中指出，在缺乏一种连贯的阶级意识形态的情况下，军政权或民间社会的统治精英们利用族体因素来巩固本阶级的统治。他希望出现一种体现更民主、更平等思想的意识形态来统一尼日利亚社会中所有被边缘化的阶层。在这种意识形态缺乏的情况下，巴德鲁预言尼日利亚将按照原先的族体界限分崩离析，甚至为另一场与比夫拉战争相比有过之而无不及的内战提供了条件。② 巴德鲁虽然可能言过其实，但民族分裂的危险始终存在，一些尼日利亚人主张按照族体界限来分割国家。艾克·乌都古（E. Ike Udogu）给我们分析了其中的缘由。乌都古认为，尼日利亚的经济基础（石油财富的分配方案）、产油区少数民族具有的被边缘化的挫败感以及联邦政府的一些政策，都加大了民族之间的裂痕。乌都古寄希望于倡导民族和睦的宪法、现代意义上的国家制度、政治文化以及现代教育制度来解决这一难题。③

奥库迪巴·诺利（Okwudiba Nnoli）是一位研究非洲（特别是尼日利亚）民族问题的重要学者，很早就开始关注民族问题对尼日利亚的影响。1978年，他出版了《尼日利亚的族体政治》一书，该书对"部落主义""族体性"等概念进行了辨析，考察了尼日利亚族体性的起源和演化，重点论述了族体性对尼日利亚政治的影响。④ 十多年后，诺利又推出了《族体性与尼日

---

① Frank A. Salemone, "Ethnicity and Nigeria since the End of Civil War," *Dialectical Anthropology*, Vol. 22, 1997, p. 321.
② Pade Badru, *Imperialism and Ethnic Politics in Nigeria: 1960 - 1996*, Trenton: Africa World Press, 1998.
③ E. Ike Udogu, "The Allurement of Ethnonationalism in Nigerian Politics: The Contemporary Debate," *Journal of Asian and African Studies*, Vol. XXIX, No. 3 - 4, 1994, pp. 159 - 171.
④ Okwudiba Nnoli, *Ethnic Politics in Nigeria*, Enugu: Fourth Dimension Publishers, 1978.

# 绪 论

利亚的发展》一书，该书对1900~1994年的尼日利亚的民族现象进行了深度解析。这部著作强调了族体性的动态特征及其与文化、政治、经济和社会发展的复杂联系，客观评价了族体性对尼日利亚民族国家发展的正反两方面的影响，并探讨了宗教与族体性、独裁与族体性的关系。诺利还认为，尼日利亚历届政府出台的解决民族问题的政策均存在重大缺陷，只有国家权力的分散和民主化才能消除民族冲突和族体性对国家发展的负面影响。①

从国外博士学位论文来看，族体性（ethnicity）问题与尼日利亚民主化的关系也是选题的一个热点。阿布·巴卡尔·巴（Abu Bakarr Bah）指出，同许多其他多民族国家一样，尼日利亚一直试图建立稳定的民主和民族国家，但族体性问题使得民主化和民族国家建构异常复杂，尼日利亚的民主化和民族国家建构进程纠缠在一起，其必须同时应对这两个问题。② 拉蒙特·德黑文·金（Lamont Dehaven King）分析了族体性在非洲历史研究中的应用方式，以及"部落"、"族体"、"国家"和"民族国家"这几个概念的关系，指出多民族国家是最主要的国家形态。③ 达格姆·德杰内（Dagem Dejene）分析了尼日利亚第一共和国和第二共和国政局动荡的根本原因，指出精英政治文化是政治冲突和政局动荡的主要因素之一。但在第一共和国时期，族体性是尼日利亚社会中最具分裂性的因素，是动员和组织地区政治支持最主要的工具，事实上也是通向全国政治的入场券。在第二共和国时期，族体性和地方主义虽不再是政治冲突的主要动因，但族体性仍是影响投票行为的最主要因素。④ 马丁斯·阿德昆勒·奥纳巴德约（Martins Adekunle Onabadejo）指出，绝大多数困扰尼日利亚的民族问题从根本上说源于"外来结构"，包括殖民地国家和继承下来的后殖民国家、西方教育体制、世界资本主义体系的

---

① Okwudiba Nnoli, *Ethnicity and Development in Nigeria*, Farnham: Ashgate Publishing Limited, 1995.
② Abu Bakarr Bah, *Breakdowns and Reconstitutions: Democracy, the Nation-State and Ethnicity in Nigeria*, Ph. D. Dissertation, New School University, 2003.
③ Lamont Dehaven King, *Ethnicity, the State and the Economy in Precolonial Northern Nigeria*, Ph. D. Dissertation, Temple University, 1996.
④ Dagem Dejene, *The Origin of Political Instability in Nigeria: The Case of the First and Second Republic*, Ph. D. Dissertation, The Ohio State University, 1988.

深刻影响，它们被随意地置于新"创立"的脆弱的社会之上，仅凭外来势力来维系。① 汤加·勒戈（Tunga Lergo）考察了族体性、地方主义及宗教对尼日利亚独立后的几次重要选举的影响，指出尼日利亚独立后面临的一个主要任务就是维护国家的统一，虽然历届政府采取了不少措施来消除地方民族主义及宗教对选举的影响，但这些因素在选举中仍不同程度地存在。②

（二）宗教问题研究概述

1. 研究概况

在尼日利亚，传统宗教与伊斯兰教和基督教这两大宗教基本上是和平共处的。因此，本书的宗教问题仅涉及伊斯兰教和基督教的矛盾和冲突及其对尼日利亚民族国家构建的影响。学术界对尼日利亚宗教问题的研究始于20世纪50年代。当时，一批具有民族主义思想的学者为了重建被西方殖民主义者歪曲了的非洲历史，担当起了阐释非洲传统宗教并改变人们对其不正确的看法和偏见的重任。研究的重点不是客观考察宗教的政治作用，而是指出非洲传统宗教并不是什么"原始宗教"、"异教"或"拜物教"，它不仅内涵丰富，而且与非洲民众的生活息息相关。③ 在这方面较有成绩的学者包括伊多武（E. B. Idowu）、姆比提（J. S. Mbiti）等。④ 20世纪六七十年代，学术界开始分别对尼日利亚的基督教和伊斯兰教展开研究。阿贾伊（J. F. Ade Ajayi）、阿扬德勒（E. A. Ayandele）、皮尔（J. D. Y. Peel）等学者对基督教在尼日利亚的传播、尼日利亚知识分子阶层的出现以及尼日利亚基督教本土化的研究⑤，

---

① Martins Adekunle Onabadejo, *Class and Ethnicity in a Changing Nigeria*, Ph. D. Dissertation, Temple University, 1987.
② Tunga Lergo, *Particularism in Voting Behavior in Nigeria: The Post-Independence Electorate*, Ph. D. Dissertation, The Florida State University, 1996.
③ Toyin Falola, *Violence in Nigeria*, Rochester: University of Rochester Press, 1998, pp. 5 – 6.
④ E. B. Idowu, *Olodumare: Gold in Yoruba Belief*, London: Longman, 1960; E. B. Idowu, *African Traditional Religion: A Definition*, New York: Orbis, 1975; J. S. Mbiti, *African Religions and Philosophy*, New York: Anchor, 1970.
⑤ J. F. Ade Ajayi, *Christian Mission in Nigeria, 1841 – 1891*, London: Longman, 1965; E. A. Ayandele, *The Missionary Impact on Modern Nigeria, 1842 – 1914*, London: Longman, 1966; F. K. Ekechi, *Missionary Enterprise and Rivalry in Igboland, 1857 – 1914*, London: Frank Cass, 1971; J. D. Y. Peel, *Aladura: A Religious Movement Among the Yoruba*, London: Oxford University Press, 1968.

# 绪 论

帕登（J. N. Paden）、莱斯特（M. Last）等人对伊斯兰教的传播、伊斯兰教对尼日利亚北部国家构建的巨大贡献、19世纪的圣战以及殖民统治时期的伊斯兰教迅速传播的研究①，均成为本领域的经典著作。

20世纪80年代以来，随着宗教在尼日利亚政治生活中的重要性日渐显现，学者们越来越关注伊斯兰教、基督教以及二者之间的关系对尼日利亚政治的影响，在学术界中已有多部著作问世。② 默里·莱斯特（Murray Last）指出，尽管尼日利亚穆斯林和基督徒之间爆发过多次冲突，甚至造成大量人员伤亡和巨额财产损失，但人们不应当被塞缪尔·亨廷顿等学者提出的"文明冲突论"所蒙蔽。尼日利亚的宗教暴力具有局地化的特征，而且是在特定条件下出现的。从总体上说，穆斯林和基督徒在尼日利亚和平共处已逾一个世纪，二者与传统信仰者也没有多少矛盾。此外，信仰者的身份转换并不鲜见，家庭成员拥有各自宗教信仰的现象也不奇怪。尼日利亚宗教冲突的热点地区集中在高原州的农村地区、乔斯以及卡杜纳和卡诺，但事实上各地区爆发冲突的原因差异很大，根本无法简单地用穆斯林和基督徒的矛盾来概括。因此，鼓吹所谓"文明冲突论"的人背后其实有一定的政治目的。③

皮尔的专著《基督教、伊斯兰教和奥里萨宗教：三大传统的比较与互动》④

---

① J. N. Paden, *Religion and Political Cultural in Kano*, Berkeley: University of California Press, 1973; M. Last, *The Sokoto Caliphate*, London: Longman, 1967; R. A. Adeleye, *Power and Diplomacy in Northern Nigeria, 1804 – 1906*, London: Longman, 1971; T. G. O. Gbadamosi, *The Growth of Islam Among the Yoruba, 1841 – 1908*, London: Longman, 1978.

② 参见 J. Olupona and Toyin Falola, eds., *Religion and Society in Nigeria: Historical and Sociological Perspectives*, Ibadan: Spectrum Books, 1991; M. H. Kukah, *Religion, Politics and Power in Northern Nigeria*, Ibadan: Spectrum Books, 1993; L. Rasmussen, *Christian-Muslim Relations in Africa*, London: British Academic Press, 1993; Pat Williams and Toyin Falola, *Religious Impact on the Nation State: The Nigerian Predicament*, Aldershot: Avebury, 1995; Matthew Hassan Kukah and Toyin Falola, *Religious Militancy and Self-Assertion: Islam and Politics in Nigeria*, Aldershot: Avebury, 1996; Toyin Falola, *Violence in Nigeria*, Rochester: University of Rochester Press, 1998。

③ Murray Last, "Muslims and Christians in Nigeria: An Economy of Political Panic," *The Round Table*, Vol. 96, Issue 392, 2007, pp. 605 – 616.

④ J. D. Y. Peel, *Christianity, Islam, and Orisa Religion: Three Traditions in Comparison and Interaction*, Oakland, California: University of California Press, 2016.

是一部研究西非尼日利亚约鲁巴地区三大宗教及其关系的重要著作。该著作内容非常丰富，包括对西非历史文化的比较、著名牧师的评述、西非宗教崇拜的不同模式、约鲁巴地区的伊斯兰教、约鲁巴地区基督教与伊斯兰教长达一个多世纪的相互影响、约鲁巴地区的三个宗教圈等。顺便指出，在非洲宗教文化问题上，肯尼亚著名学者阿里·马兹鲁伊（Ali A. Mazrui）教授有一个基本论断：土著文化、伊斯兰文化和西方文化是内涵丰富的非洲文化的三个重要来源，但有时它们之间的矛盾和冲突会成为社会和政治动荡的诱因。在这个三元框架内，伊斯兰教同基督教的关系呈现时而冲突、时而竞争、时而合作的特点。① 马兹鲁伊的观点较全面、客观地概括了非洲伊斯兰教和基督教的关系，对于我们理解像尼日利亚这样宗教多元化的非洲国家的宗教关系有一定的借鉴意义。

2. 宗教问题与政治

从宗教矛盾和冲突对民族国家建构的影响来看，尼日利亚伊斯兰教和基督教为我们提供了生动案例。众所周知，民族宗教问题往往交织在一起。在尼日利亚这样一个多民族、多文化、多宗教的国度里，这一现象表现得尤为突出。托因·法罗拉（Toyin Falola）的《尼日利亚的暴力》运用历史学、宗教学、社会学、政治学的方法对尼日利亚宗教冲突的原因、结果及解决冲突的方案进行了论证。② 法罗拉在同另一位学者合作的著作中，重点分析了伊斯兰教与尼日利亚政治的关系、宗教与民族国家建构、伊斯兰教与政治合法性以及穆斯林同基督徒的关系。该书认为，伊斯兰教作为一种宗教和政治力量，对当代尼日利亚具有重要影响，其代言人就是尼日利亚国内规模并不大的穆斯林精英阶层。在尼日利亚，穆斯林身份认同在20世纪50年代基本形成，此后被不断强化和操纵以攫取联邦权力。在伊斯兰教的政治化被证明非常有效后，宗教纷争自此不时上演。③ 威廉·迈尔斯（William Miles）在

---

① Ali A. Mazrui, "Christianity and Islam in Africa's Political Experience: Piety, Passion and Power," Center for Muslim-Christian Understanding, Georgetown University, March 1996.
② Toyin Falola, *Violence in Nigeria*, Rochester: University of Rochester Press, 1998.
③ Matthew Hassan Kukah and Toyin Falola, *Religious Militancy and Self-Assertion: Islam and Politics in Nigeria*, Aldershot: Avesurry, 1996.

## 绪　论

《穆斯林民族政治学与尼日利亚的总统选举》中重点论述了尼日利亚穆斯林民族政治学的实质、伊斯兰团体同尼日利亚政治的关系、尼日利亚伊斯兰多元主义的演化、尼日利亚伊斯兰教与政治的复杂性、穆斯林民族政治学同伊斯兰教神学政治学的区别。[①]

关于尼日利亚宗教政治化的问题，尼日利亚基督教协会给我们提供了一个典型案例。伊希尼伊·恩维雷姆（Iheanyi M. Enwerem）的论文《当代尼日利亚宗教的政治化：尼日利亚基督教协会的出现及其政治》从尼日利亚基督教协会的出现及其与政治的关系入手，论述了宗教现象在当代尼日利亚政治舞台上占据核心地位的原因。该文指出，宗教一旦被当作鼓动民众的一种工具，就会具有很大潜力，政治家能够轻易地利用宗教来达到自己的目的。[②] 在尼日利亚，穆斯林同基督徒围绕国家世俗化问题的辩论由来已久。虽然尼日利亚1979年、1999年宪法规定，尼日利亚是一个世俗国家，但信奉政教合一的穆斯林认为，这是基督徒控制他们的一个企图，几乎是英国殖民统治的延续。穆斯林还认为，政教分离会导致整个社会道德颓废，只有伊斯兰教法（"沙里亚"）才能遏制道德沦丧。尼日利亚北部穆斯林反对基督徒的情绪和行动在很大程度上受到逊尼派领导人和什叶派领导人的鼓动，其中的代表人物分别是20世纪80年代尼日利亚最为著名的伊斯兰教学者、已故的阿布巴卡尔·古米（Abubakar Gumi）和"尼日利亚伊斯兰运动"领导人易卜拉辛·阿尔－扎卡扎齐（Ibrahim al-Zakzaky）。[③]

关于伊斯兰教法的争论，许多学者都有论述。巴勒瓦（B. A. T. Balewa）追溯了尼日利亚伊斯兰教法的渊源、流派和习惯法的来源及其宗教和殖民统治时期的基础，并对关于伊斯兰教法是否应在尼日利亚宪法中有所反映的两种截然相反的观点进行了评论。他认为，考虑到尼日利亚的现状以及尼日利亚社会多民族、多宗教的本质，很有必要了解习惯法与沙里亚这两套法律体

---

[①] William Miles, "Muslim Ethnopolitics and Presidential Elections in Nigeria," *Journal of Muslim Minority Affairs*, Vol. 20, Issue 2, 2000, pp. 229 – 242.

[②] Iheanyi M. Enwerem, *The Politicization of Religion in Modern Nigeria: The Emergence and Politics of the Christian Association of Nigeria (CAN)*, Ph. D. Dissertation, York University (Canada), 1992.

[③] Toyin Falola, *Violence in Nigeria*, Rochester: University of Rochester Press, 1998, pp. 117 – 129.

系的真实情况,应当探索确保二者平等及和平共处的方法。① 2001~2002年,在尼日利亚北部伊斯兰教法纷争的高峰时期,乔斯大学(University of Jos)召开了"沙里亚之辩与尼日利亚北方穆斯林与基督徒身份的塑造"的国际会议,会后所编论文集《关于尼日利亚沙里亚的不同观点》②对研究这一主题很有参考价值。在尼日利亚1999年回归民主化轨道后,尼日利亚联邦1/3的州宣布要实行伊斯兰教法。约翰尼斯·哈尼什菲格(Johannes Harnischfeger)在《民主化与伊斯兰教法:尼日利亚沙里亚冲突》③中认为,在这样一个传统上实行世俗宪法的多宗教国家,此举将导致灾难性后果。正是由于一些穆斯林政治家坚持他们自己的宗教法律,穆斯林与基督徒才发生冲突。

约翰·帕顿(John N. Paden)指出,尼日利亚是伊斯兰世界中的一个重要国家,这一点往往没有被人们重视。尼日利亚是非洲第一人口大国,穆斯林与基督徒的数量几乎相当,在宗教间实现政治共处方面,尼日利亚可以提供独一无二的例证。此外,在西方与伊斯兰世界的沟通方面,尼日利亚还可以发挥桥梁的作用。④

奥卢费米·沃恩(Olufemi Vaughan)在其代表作《宗教与尼日利亚的形成》⑤一书中详细考察了基督教、伊斯兰教和非洲传统宗教如何为当代尼日利亚的建设提供基本的社会和意识形态框架。沃恩利用丰富的档案资料和大量学术著述,追溯了尼日利亚从19世纪初到现在的社会、宗教和政治历史。在19世纪,尼日利亚北部具有历史意义的索科托圣战和尼日利亚西南部的基督教传教运动为殖民地社会的民族-宗教分裂提供了条件。1960年尼日利

---

① B. A. T. Balewa, *Common Law and Sharia in Nigeria: An Unresolved Problem of Coexistence*, Enugu: Fourth Dimension Publishers, 2002.
② Philip Ostien, Jamila M. Nasir, Franz Kogelmann, eds., *Comparative Perspectives on Shari'ah in Nigeria*, Ibadan: Spectrum Books, 2005.
③ Johannes Harnischfeger, *Democratization and Islamic Law: The Sharia Conflict in Nigeria*, Frankfurt: Campus Verlag, 2008.
④ John N. Paden, *Faith and Politics in Nigeria: Nigeria as a Pivotal State in the Muslim World*, Washington, D. C.: United States Institute of Peace, 2008.
⑤ Olufemi Vaughan, *Religion and the Making of Nigeria*, Durham and London: Duke University Press, 2016.

# 绪 论

亚脱离英国独立后，基督徒和穆斯林之间的紧张关系在地区和宗教冲突中表现出来，这些冲突涉及伊斯兰教法的扩张、政治精英之间围绕国家权力的激烈竞争，以及"博科圣地"（Boko Haram）的崛起。这些冲突不仅仅是宗教信仰、民族和区域主义的冲突，它们还体现了建立在殖民统治下形成的宗教分裂基础上的结构性不平衡。

埃贝内泽·奥巴达雷（Ebenezer Obadare）的《五旬节共和国：尼日利亚的宗教与国家权力斗争》一书阐述了尼日利亚长久以来受到的宗教分歧困扰。自1999年恢复民主以来，紧张局势愈演愈烈，南方基督徒和北方穆斯林之间的分歧在尼日利亚的选举政治中发挥着核心作用，并在"博科圣地"发动的宗教战争中表现出来。该书从基督徒和穆斯林争夺霸权的视角描绘了尼日利亚第四共和国动荡的民主化进程，探索了宗教在社会秩序中发挥的关键作用。该书认为，五旬节信仰的兴起导致一股专注于夺取国家权力、改变国家状态和采取行动遣散民间社会的力量产生，进一步引发了穆斯林的复兴主义。宗教政治斗争已成为尼日利亚民主化进程的组成部分，并对理解其未来至关重要。[①]

（三）国内学术界研究概况

与国外学者的研究相比，国内学者对尼日利亚民族问题与民主化问题的研究则显得非常薄弱，许多研究仅仅是情况介绍，许多学者认识到了尼日利亚民族问题的重要性和典型性，但往往只是在论及整个非洲的情况时列举一下该国的例子，没有进行专门深入的分析研究。[②] 国内研究非洲问题的专业期刊《西亚非洲》在20世纪80年代初就"非洲民族和民族主义问题"进行过几次专门探讨，但多集中在一些概念的辨析上，对具体国别情况往往一带

---

[①] Ebenezer Obadare, *Pentecostal Republic: Religion and the Struggle for State Power in Nigeria*, London: Zed Books, 2018.

[②] 参见葛公尚、曹枫编译《西非民族概况》，中国社会科学院民族研究所，1984；王正龙《西非最大的民族豪萨族及其语言》，《西亚非洲》1984年第3期；黄泽全《尼日利亚的两大难题：民族和宗教矛盾》，《西亚非洲》1993年第3期；顾章义《非洲国家政局动荡中的民族问题》，《西亚非洲》1994年第6期；金涛、孙运来主编《世界民族关系概论》，中央民族大学出版社，1996，第314~321页；包茂宏《论非洲的族际冲突》，《世界民族》1998年第4期。

而过。为数不多的比较全面或深入的研究包括：张世华、王冶和李起陵的《尼日利亚部族问题探讨》(《西亚非洲》1982年第3期)，包茂宏的《部族矛盾和尼日利亚政局》(《世界民族研究会会刊》1994年第3期)，朱和双、李金莲的《尼日利亚独立以后的民族问题和民族政策》(《商丘师范学院学报》2005年第4期)，刘宇杰的《浅析尼日利亚八十年代后期以来的民族整合政策》和沈晓雷的《阿巴查的还政于民政策与尼日利亚的民主化》。刘宇杰的论文从宪政制度、行政区划制度和政党制度三个方面对尼日利亚20世纪80年代后期以来的民族整合进行了一定的分析和思考，认为国家权力分配失衡是尼日利亚民族冲突的政治动因，只有真正实现有效的中央集权和中央权力的各民族共享，才能消除民族冲突的政治动因。[①] 沈晓雷的论文指出，阿巴查的还政于民进程是在军政权的严格控制下进行的；作为解决地方民族主义的重要措施，分区轮流执政制度不失为制度选择的一种较好尝试，但这一制度本身的诸多问题与缺陷，注定其对尼日利亚民主化难以起到促进作用。[②]

刘鸿武教授等的《从部族社会到民族国家——尼日利亚国家发展史纲》是作者在尼日利亚实地考察的基础上撰写的，关于这个非洲大国政治发展问题的国内第一部专著。除了作者的亲身感受（这在中国的非洲研究中非常难得），其最大特点是从历史文化与民族发展的独特背景角度来梳理尼日利亚的政治发展史。该著作对尼日利亚政府为克服部族冲突做出的努力及其成效进行了比较全面和深入的评价，认为尼日利亚政治发展的核心主题就是克服部族主义，途径是：推行民族一体化政策，创建国民文化体系；实施统一的国民教育；实行统一的国家语言文字政策和以民族文学艺术促进统一的国民文化的形成。[③] 可以说，上述几方面都涉及了尼日利亚民族国家建构的核心内容。葛公尚对尼日利亚政府探索正确的民族与宗教政策做了较深

---

[①] 刘宇杰:《浅析尼日利亚八十年代后期以来的民族整合政策》，硕士学位论文，北京大学，2001年5月。

[②] 沈晓雷:《阿巴查的还政于民政策与尼日利亚的民主化》，硕士学位论文，北京大学，2005年6月。

[③] 刘鸿武等:《从部族社会到民族国家——尼日利亚国家发展史纲》，云南大学出版社，2000。

入的探讨。① 需要特别指出的是，许多学者在论述尼日利亚民族问题时，仅仅局限在三大主体民族之间的矛盾和冲突及其产生的影响上，很少涉及甚至完全忽略了尼日利亚少数民族问题。事实上，少数民族问题从尼日利亚这个国家诞生时起就存在，只是自 20 世纪 90 年代以来，这一问题才日益突出。②

国内学术界对尼日利亚宗教问题的研究相对较为薄弱，多集中在从历史角度看伊斯兰教在尼日利亚的传播、伊斯兰圣战的影响、伊斯兰对尼日利亚北部城市发展的影响上。③ 一些学者对尼日利亚宗教问题中的一些热点问题也展开过讨论。例如，王锁劳从发生在尼日利亚的阿米娜"石刑"案件谈起，对包括尼日利亚在内的受宗教激进主义影响较为突出的非洲国家的情况进行了分析。④ 张怀印则从这一引发多方关注的案件入手，对尼日利亚的伊斯兰刑法进行了剖析，有助于我们理解包括尼日利亚在内的一些非洲国家频频出现的伊斯兰教法争端。⑤ 关于宗教问题对尼日利亚民族国家建构的影响，国内学者涉及不多。笔者认为，宗教问题容易导致政局动荡、族际关系紧张，甚至国家解体的严重后果。只有正确认识和妥善处理宗教矛盾，才能促进和谐的宗教关系，促进民族国家构建。⑥

笔者的《尼日利亚伊斯兰教什叶派初探》一文对尼日利亚什叶派发展的历史脉络进行了梳理，并认为什叶派同尼日利亚政府、同逊尼派激进势力不

---

① 葛公尚：《尼日利亚"三足鼎立"族际关系探析》，载葛公尚主编《二十世纪世界民族问题报告》，民族出版社，2005，第 153~163 页。
② 尼日利亚（尤其是尼日尔河三角洲地区）少数民族问题自 20 世纪 90 年代以来日益突出的原因主要有以下几方面：其一，少数民族问题在尼日利亚的影响本身有一个由弱到强的过程；其二，少数民族问题日益与尼日利亚的石油经济联系在一起；其三，尼日利亚少数民族问题涉及的少数民族权利保护、环保及减贫等议题引发国际社会广泛关注；其四，经济全球化把更多国家同尼日利亚紧密联系在一起。这些国家从自身利益的考虑出发，也不得不更多关注尼日利亚少数民族问题。
③ 郭文豹：《伊斯兰教在尼日利亚政治生活中的地位》，《西亚非洲》1981 年第 6 期；李忠人：《论豪萨圣战与北尼日利亚的社会变迁》，《史林》1994 年第 3 期；李文刚：《论卡诺古城的历史变迁》，《西亚非洲》1999 年第 3 期。
④ 王锁劳：《黑非洲的伊斯兰：从阿米娜"石刑"谈起》，《世界知识》2003 年第 20 期。
⑤ 张怀印：《尼日利亚伊斯兰刑法述评——从阿米娜"石刑"案谈起》，《长春工业大学学报》（社会科学版）2007 年第 1 期。
⑥ 李文刚：《尼日利亚宗教问题对国家民族建构的不利影响》，《西亚非洲》2007 年第 11 期。

时爆发的冲突，给尼日利亚民族国家构建和国家治理设置了道道难题，已经并将长期成为影响尼日利亚对外关系的一个敏感话题。①笔者的《"一带一路"背景下尼日利亚宗教格局及宗教风险分析》一文认为，宗教极端主义泛滥、穆斯林和基督徒之间的矛盾、伊斯兰教派别纷争、境外宗教风险的影响和渗透等，都增加了尼日利亚宗教风险的多重性和复杂性。就此而言，需加强对尼日利亚宗教风险的研究，这将有助于在"一带一路"建设中及时规避其不利影响。②

近年来，随着尼日利亚宗教极端势力的盛行，特别是"博科圣地"恐怖组织的危害日益严重，国内学术界对"博科圣地"的研究出现一个小高潮，已刊发了多篇学术论文。③李维建在《解读"博科圣地"：宗教研究的视角》④中认为，"博科圣地"兼具宗教极端主义、恐怖主义和社会抗争的性质，恐怖主义和社会抗争也由此被涂上了浓厚的宗教色彩，以"博科圣地"为代表的下层民众在争取权益、进行社会抗争时，选择了宗教极端思想，自身成为"悲剧"，也玷污了伊斯兰教。笔者在《"博科圣地"的演变与尼日利亚反恐政策评析》一文中指出，"博科圣地"在尼日利亚北部的兴起和蔓延与伊斯兰主义在西非地区的历史积淀和现代勃兴密切相关。尼日利亚民生问题积重难返、国家治理薄弱和国际伊斯兰极端势力渗透等因素，催化了"博科圣地"的异变。布哈里总统上任后，尼日利亚应对"博科圣地"问题的举措取得了一些成效，但在改善北部落后与贫困、降低青年失业率、加强地区和国际反恐合作等方面仍任重道远。⑤

---

① 李文刚：《尼日利亚伊斯兰教什叶派初探》，《世界宗教文化》2017年第3期。
② 李文刚：《"一带一路"背景下尼日利亚宗教格局及宗教风险分析》，《世界宗教文化》2019年第2期。
③ 国内学术界关于"博科圣地"的研究主要包括：王一帆、陈刚《"博科圣地"恐怖组织的源起、恐怖活动特点和应对策略》，《新疆社会科学》2019年第1期；李文刚《"博科圣地"的演变与尼日利亚反恐政策评析》，《阿拉伯世界研究》2018年第4期；李维建《解读"博科圣地"：宗教研究的视角》，《西亚非洲》2015年第2期；刘鸿武、杨广生《尼日利亚"博科圣地"问题探析》，《西亚非洲》2013年第4期。
④ 李维建：《解读"博科圣地"：宗教研究的视角》，《西亚非洲》2015年第2期。
⑤ 李文刚：《"博科圣地"的演变与尼日利亚反恐政策评析》，《阿拉伯世界研究》2018年第4期。

## 绪　论

除"博科圣地"问题之外，近年来，尼日利亚中部地带（Middle Belt）的农牧民冲突影响较大，引发广泛关注。史静、周海金在《尼日利亚乔斯地区宗教与族群冲突探析》中认为，不同群体在分享政治权力和经济资源时受到的不平等对待是冲突的最主要原因。① 笔者认为，信奉伊斯兰教的富拉尼游牧民与信奉基督教的农民之间的暴力冲突，既有深刻的历史、地理、民族宗教背景，又与非洲萨赫勒及萨凡纳地带自然环境不断恶化同人口迅速增长、经济社会发展变迁之间的矛盾激发有关，更与东北部地区安全形势持续恶化、小武器泛滥、传统冲突调解机制弱化等因素不无关系。冲突的本质是农牧民为了各自的生存发展争夺土地等资源导致的发展问题。农牧民暴力冲突造成大量人员伤亡和财产损失，严重危害经济社会发展，掣肘民族国家构建和民主化进程，甚或对尼日利亚的整体民族宗教关系和国家统一大局造成灾难性后果。②

总之，国内学者对尼日利亚的宗教问题研究还没有给予足够重视，关于尼日利亚基督教的研究几乎是空白。值得注意的是，民族宗教问题的重要性、长期性、复杂性和敏感性要求中国学者不仅不能忽略这些领域，而且应努力去做好这方面的研究。这不仅有重要的理论意义，还有很强的现实意义。

综上，与国外学者的研究相比，国内学术界的研究比较单薄是不争的事实。但也应该看到，中国的非洲民族宗教研究起步较晚，且其中介绍局势的成分远远高于学术研究，从编译苏联、西方学者的著述开始，到现在应该说也取得了较大的成绩，特别是在综合性的研究方面。③ 中国的非洲民族宗教研究总体还是比较薄弱，除少数学者取得了较大成绩外，还谈不上建立自己的学科体系。这对中国的非洲研究是不利的，在国际非洲研究界争取中国话语权的努力也会被大打折扣。近年来，中国的非洲研究不断升温，中非关系研究更是锦上添花。在国家"走出去"战略的号召下，中国企业、人员赴非发展，"闯非洲"的越来越多，中国在非洲的国家利益也在日益扩大。但缺

---

① 史静、周海金：《尼日利亚乔斯地区宗教与族群冲突探析》，《国际论坛》2014年第4期。
② 李文刚：《尼日利亚农牧民冲突：超越民族宗教因素的解读》，《西亚非洲》2018年第3期。
③ 参见李文刚《非洲民族与宗教研究综述》，载中国社会科学院西亚非洲研究所编《中国的中东非洲研究（1949~2010）》，社会科学文献出版社，2011。

乏了解复杂非洲现实的两把钥匙——对非洲民族、非洲宗教的正确认识——值得高度重视。一些由民族宗教问题引发的冲突或动荡已影响到中国的国家利益，如尼日利亚已发生数起绑架中国工人的事件。加强非洲民族宗教问题研究对熟悉非洲的洲情和非洲国家的国情是很有必要的，对于我们与非洲国家顺利开展各项合作、及时规避风险意义重大。非洲民族宗教研究是典型的跨学科研究，过去非洲学界的传统很好，研究这一领域的专家学者虽分散在科研机构、高校等中，但一些学术团体，如中国非洲史研究会、中国世界民族学会（原中国世界民族研究会）、中国亚非学会、中国非洲问题研究会等发挥了桥梁作用，学术活动较活跃，学术成果较突出。今后，上述机构应继续发挥联络专家学者的重要作用，并组织会员多开展非洲民族宗教问题的专题研究。

## 五 研究方法

尼日利亚政治学家比利·达利（Billy Dudley）在其代表性著作《尼日利亚政府和政治导论》一书的开篇就指出，研究非洲政治的学生常常会遇到两个障碍：一是非洲政权、政府和政治制度的变化速度是如此之快，以至于对给定情况、事件或制度做出的描述很快就会过时；二是概念上的障碍，涉及在讨论非洲政治时所使用的概念和将复杂的观察资料加以概念化的方式。① 学者们考察尼日利亚的政治变革和民主化进程时的确也会遇到同样的障碍。为此，我们应当努力做到以下两点。其一，尼日利亚民主化进程的每一阶段都有自己的特点，因此本书所述及的尼日利亚民主化进程的特点只是一个粗略的印象，并不一定准确和全面。这些特点只能帮助我们把握较长一段时间内扑朔迷离的尼日利亚民主化进程的较为清楚的脉络。其二，我们在使用"民主""民族""民族国家"等重要概念时，一定要结合尼日利亚国家的实际情况。例如，2002 年"非洲晴雨表"所做的调查显示，如果使用"民主"一词，尼日利亚的穆斯林对民主的信念可能在非洲穆斯林中是最低的，但若将"民主"替换为"对自由选举和多党组成的政府的支持"，结果是尼日利

---

① Billy Dudley, *An Introduction to Nigerian Government and Politics*, London and Basingstoke: Macmillan Publishers Ltd., 1982, p. 13.

亚穆斯林同非穆斯林一样支持民主。① 如果我们只用"民主"的字眼，容易得出不准确的结论。又如，有学者指出，"少数民族"这一概念在尼日利亚不仅属于数量范畴，还属于政治范畴。

本书根据学术界关于民族问题、宗教问题、民主化问题的理论，联系尼日利亚民族宗教问题和民主化的实际，采取理论分析与个案研究相结合的方法。通过对尼日利亚民族宗教问题及其影响以及民主化进程中存在的问题的探讨，可以在感性上初步得出民族宗教问题对民主化进程有影响的结论。但其究竟是如何产生影响的呢？这正是本书要探讨的主题之一。从理论来说，本书试图找出民族宗教问题与民主化进程的关联性。从进一步的分析可以看出，就尼日利亚而言，民族宗教问题通过影响民族国家建构、政党与选举、经济发展、联邦制、民间社会等方面对民主化进程产生影响。在具体论证中，本书采用由局部到整体的方法，即先分别论证民族宗教问题对上述几个方面会产生怎样的影响，在每一个论述过程中注意运用历史分析方法，再综合评估民族宗教问题对尼日利亚民主化进程产生的影响。

民族政治学是一门对实证性要求很高的学科。由于条件所限，笔者虽在2007年在尼日利亚进行了实地考察，但这仅限于与拉各斯和阿布贾的一些学术机构和学者的交流，笔者未能深入社会调研。随着互联网技术的发展，我们可以快捷地看到尼日利亚当日的各大新闻报刊，了解最新信息，以使自己的研究与现实的联系更为紧密。此外，随着中国非洲研究界同非洲学术界的交往增多，我们也能越来越多地听到非洲学者的声音，甚至能有机会与他们进行面对面的交流，这对于促进中国的非洲研究大有裨益。

## 六 研究重点

从尼日利亚这个国家独立的那一刻起，特别是在比夫拉战争（1967～1970年）之后，国际学术界就开始对尼日利亚民族问题、宗教问题、民主

---

① "Islam, Democracy, and Public Opinion in Africa," Afrobarometer Briefing Paper No. 3, September 2002, http://www.afrobarometer.org. "非洲晴雨表"是一个独立的研究项目，主要研究非洲国家的社会、政治和经济气候，尤其是对非洲国家民众对民主、市场和民间社会的态度进行比较研究。

化问题等给予了很大的关注，相继出版了不少有分量的论著。这些论著有两大显著特点：一是学者们大多选择一个特定的时期进行论述，如拉里·戴蒙德对第一共和国时期尼日利亚族体性与民主化的研究以及他和另外几个学者对巴班吉达军政权时期还政于民计划的研究等①；二是重点对某一个问题进行阐述，如罗提米·苏贝鲁（Rotimi T. Suberu）对尼日利亚联邦制与民族冲突的研究，欧内斯特·乌瓦泽（Ernest E. Uwazie）等人对尼日利亚民族、宗教冲突解决办法的研究等②，而对民族宗教问题对民主化的影响进行综合研究的不多。当然，这与在特定时期尼日利亚民族宗教问题比较突出、影响比较深刻也有一定关系。

笔者认为，在关于民族宗教问题与尼日利亚民主化进程的命题中最值得探讨的问题有以下几个：尼日利亚独立以来60多年里民族宗教问题的演变及趋势是怎样的？它对尼日利亚民主化进程的影响如何？民族宗教问题是如何影响民主化进程的？之所以选择这三个问题，是因为一些人（当然，有时候也包括笔者）容易用片面、静止和笼统的眼光来看待这些问题。在一些学者的眼里，民族冲突、宗教冲突似乎一直是尼日利亚政治生活中的两大主题，似乎什么问题都可归因于这两大"毒瘤"。不可否认，这种观点有一定道理。但是，事物都处于发展变化之中。任何国家的民族宗教问题在不同的历史时期有着不同的内涵及原因。不注意这一点，相关论述的说服力就会大打折扣。因此，本书力图重点探讨上述三个问题，具体步骤如下。

首先，对尼日利亚民族宗教问题进行比较研究。因为民族宗教问题的复杂性是本书的论述主题，笔者虽不可能对尼日利亚民族宗教问题进行全面论述，但可以运用历史分析的方法，具体阶段具体分析，避免笼统、以偏概全的论述。这样，我们既可以较为准确地把握某一时期该国民族宗教问题的概

---

① Larry Diamond, *Class, Ethnicity and Democracy in Nigeria: The Failure of the First Republic*, Hong Kong: Macmillan Publishers (China) Ltd., 1988; Larry Diamond, Anthony Kirk-Greene, and Oyeleye Oyediran, eds., *Transition Without End: Nigerian Politics and Civil Society under Babangida*, Boulder, CO: Lynne Rienner Publishers, 1997.

② Rotimi T. Suberu, *Federalism and Ethnic Conflict in Nigeria*, Washington, D.C.: United States Institute of Peace, 2001; Ernest E. Uwazie, Isaac O. Albert and Godfrey N. Uzoigwe, eds., *Inter-Ethnic and Religious Conflict Resolution in Nigeria*, New York: Lexington Books, 1999.

况,也可以进行前后对比,找出其异同点,分析其原因,加深对相关问题的理解。

其次,客观评价民族宗教问题对尼日利亚民主化进程的影响。由于本书采取的论述方法,要做到这一点须特别细心。例如,在论述民族宗教问题对政党和选举的影响时,我们只有考察了各个历史时期的客观情况,才能了解民族宗教问题对尼日利亚政党影响的变化情况。笔者强调"变化"一词,是基于对问题进行动态考察的要求。又如,民族宗教问题对军队、军事政变的影响。这一问题在某个时期可能是主要因素,但在另一个时期,即使是在发生军事政变的时期,也可能是一个无足轻重的因素。笔者根据史实将其作为一个因素考虑,因为它确实给尼日利亚的民主制造成过严重威胁,甚至使民主制直接走向了死亡。

最后,本书还试图探索在民族宗教问题比较突出的多民族国家中,特别是在非洲国家中,民族宗教问题影响民主化进程的一般规律,为理解类似的研究命题提供借鉴。虽然各国的情况差别较大,但民族宗教问题作为人类社会中的一大现象,在世界各国普遍存在,民主化也是如此。无数学者的研究表明,除一定的分歧外,人们对这两个问题有很多相同或相似的认识,这就为我们总结规律性的东西提供了可能。就非洲而言,民族宗教问题影响民主化进程的一般规律可以帮助我们更好地认识肯尼亚、塞拉利昂、卢旺达、布隆迪和喀麦隆等国的类似命题。

## 七 结构安排

在结构安排上,本书大致可分为三大部分:第一部分即本书的绪论;第二部分是本书的重点,包括第一章至第六章,具体论述尼日利亚民族宗教问题对民主化进程的影响;第三部分是本书的结论。

具体来说,"绪论"介绍本书研究命题提出的背景及研究的意义,对"民族""民族问题""民主""民主化"等重要概念进行界定并回顾国内外学术界对该命题的研究状况。

第一章"尼日利亚民主化进程概论"首先对尼日利亚政治发展的历程做

简明扼要的梳理，涵盖从 1960 年尼日利亚从英国殖民统治中独立，一直到 2019 年总统选举的政治演进过程，使读者对尼日利亚独立以来，特别是 1960～1999 年跌宕起伏的政治发展历程有一个初步的印象。其次总结了尼日利亚民主化进程的若干特点，加深读者对尼日利亚政治进程的理解，并由此产生一个疑问：尼日利亚民主化进程何以如此命运多舛？这也是本书要重点研究的一个问题。再次简要分析了尼日利亚民主化进程面临的若干问题，初步回答了上述疑问。最后分析了民族问题、宗教问题与民主化进程的关联性，即民族宗教问题是通过何种路径对尼日利亚的民主化进程产生负面影响的。从谋篇布局的意义上讲，本章具有承上启下的功能。从第四章开始，本书将重点从民族宗教问题的视角来认识尼日利亚的民主化进程问题。

第二章"尼日利亚的民族问题"首先对尼日利亚民族的基本情况，包括数量、构成、分布、结构以及主要民族等，做一概述。尼日利亚是撒哈拉以南非洲民族状况最为复杂的国家之一，以上几个方面的论述就可以直观地得出这样的结论。本章特别指出了尼日利亚有三大主体民族和少数民族两大类别，而三大主体民族的地域分布与尼日利亚的宗教格局及南北上的历史分野有高度的关联性，少数民族的聚居区与尼日利亚的经济命脉息息相关。其次对尼日利亚民族问题的由来和演化做较为系统的梳理。在认识民族问题时，既要有历史的眼光，也需要有发展的眼光。从历史看，英国殖民主义者的政策为尼日利亚民族问题埋下了伏笔。从现实看，尼日利亚独立后的民族国家构建困难重重，各民族对国家的认同度不高，特别是在自身利益得不到保护、本民族地区得不到发展的情况下，民族问题会较为尖锐。再次对尼日利亚政府为解决民族问题实施的主要措施进行评述。笔者的一个基本观点是，虽然建州计划、"联邦特征"原则和全国青年服务队计划在执行过程中出现了这样或那样的问题，但尼日利亚历届政府对推行民族一体化进程的贡献是值得肯定的，因为这是历史发展的大趋势。最后用较大篇幅对尼日利亚当前热点民族问题中的农牧民冲突做了深入的探讨。原因有三：其一，农牧民冲突的历史由来已久，且在西非不少国家中都有表现，我们可以举一反三地认识其他国家的类似问题；其二，农牧民冲突的原因复杂，既有"天灾"，也有"人祸"的因素，但学术界的研究还比较少，值得加强研究；其三，农牧民冲突给尼日利亚造成了很大的危害，其影响甚至超过"博科圣地"问题，需要我们深入研究并提出对策建议。

第三章"尼日利亚的宗教问题"首先阐述了尼日利亚的三大宗教（传统宗教、伊斯兰教和基督教）的基本情况，包括内涵、特点、传播、发展和演化趋势，特别是伊斯兰教和基督教作为外来宗教在尼日利亚的本土化以及对尼日利亚社会的影响。其次分析了尼日利亚宗教问题的由来和演化，主要是伊斯兰教和基督教的矛盾和冲突。此外，伊斯兰教内部也有纷争，特别是以"尼日利亚伊斯兰运动"为代表的、作为少数派的什叶派问题，近年来日益成为尼日利亚宗教问题的一个不容忽视的方面。再次论述了宗教极端势力在尼日利亚的缘起和演化。宗教极端势力甚至是恐怖主义，打着宗教的旗号，违背尼日利亚社会和政治发展的现实，提出不切实际的主张，对广大的信教民众有很大的蛊惑性和欺骗性，危害不容小觑。最后讨论了尼日利亚当前的热点宗教问题，包括宗教极端势力和什叶派问题，特别是什叶派问题，国内学术界几乎无人涉及。笔者借此机会对其进行了较为深入的研究。

第四章"民族宗教问题与尼日利亚民族国家建构"首先论述尼日利亚民族问题所引发的地方民族主义特别是民族分离主义对尼日利亚民族国家建构的影响。从独立前夕起，尼日利亚就受到民族分离主义的影响，独立后还经历了实质性的民族分离运动，以致国家面临生死存亡的境地。内战维护了联邦的统一，但引发了关于民族分离的许多深层次的思考。时至今日，尼日利亚民族国家建构尚未完成，民族分离的威胁依然存在。其次是从宗教问题以及围绕何种本土语言作为官方语言的争端层面论述这两个领域中的矛盾作为尼日利亚民族一体化进程中的难题将长期存在。

第五章"民族宗教问题与尼日利亚政党和选举"主要论述民族宗教问题对政党和选举的影响。本章所探讨的通过选举产生的文官政府和通过政变上台的军政府从形式来说，对民主化进程的意义是截然相反的，前者是民主的表现形式，后者则是民主的反面。但通过分析可以发现，文官政府中的一些弊端或问题，如腐败、地方民族主义等对民主化进程产生了负面影响；而军政府的某些做法对尼日利亚民主化进程在客观上却产生了比较积极的影响，比较突出的是1979年宪法中的"联邦特征"原则。该原则虽在一定程度上减轻了地方民族主义对政党和选举的负面影响，但从1979年和2003年总统选举来看，政治家利用地方民族主义动员民众的情况仍然存在，选民按照族体和宗教界限投票的模式依然比较清晰，候选人在大选结果出现争议时往往不是以整个国家的利益为重，而是极力维护自己和本民族的利益，他们的一些做法与民主所要求的协商、包容、遵守法律的精神相悖。此外，也不排除在今后的选举中出现地方民族主义进一步高涨的可能性。

第六章"民族宗教问题与尼日利亚民间社会"考察民族宗教问题在渗透到尼日利亚民间社会后，使其发生变异，在一定程度上或在一定时期内对民主化进程造成不利影响。只有克服民族宗教问题对民间社会的影响，尼日利亚民主才能走上健康、可持续发展的道路。本章依次对民间社会与非洲民主化的关系、尼日利亚的民间社会基本情况、民族宗教问题对民间社会的影响进行了阐述，继而重点研究尼日尔河三角洲地区的民间社会对尼日利亚民主化的影响。民族宗教问题渗透到民间社会领域，导致大量地方民族组织出现，一些组织对民主化产生不利影响。20世纪90年代以来，民族宗教问题对尼日利亚民间社会的影响比较复杂，其既可对民主化进程产生不利影响，亦可推进民主化进程，因而要客观看待其对民主化进程的影响，不能一概而论。

需要指出的是，本书主体部分的这些章节，既可以被看成独立的章节，每一章均较为完整地论述了一个主题，亦是本书主题的有机组成部分，即从民族宗教视角研究民主化进程。最后是本书的结论部分。通过研究，本书得出的结论如下。①对民族宗教构成比较复杂、民族宗教问题比较突出的多民族、多宗教国家尼日利亚而言，民族宗教问题的确会对民主化进程产生深刻影响，主要表现在民族宗教问题对民族国家建构、政党和选举以及民间社会等方面的影响上。这也是多民族、多宗教国家中民族宗教问题影响民主化进程的一般规律。②要客观看待民族宗教问题对尼日利亚民主化进程的影响：一方面，从总体看，民族宗教问题对尼日利亚民主化进程产生了不利影响；

另一方面,在特定条件下和在特定历史时期,民族宗教问题推动了尼日利亚民主化的发展,因而对民主化进程产生了有利影响。③民族宗教问题对尼日利亚民主化进程的负面影响总体上在减弱,但不排除在特定时期出现反复甚至扩大的可能。④民族宗教问题与民主化进程之间的关系是双向的,民主化进程的发展离不开民族宗教问题的解决,而民族宗教问题的解决也有赖于民主化进程的深化和发展。

# 第一章 尼日利亚民主化进程概论

非洲国家独立半个多世纪以来,一直在艰难探索适合自身的发展道路,已在诸多方面取得共识,推动多党民主化进程就是其中之一。目前,非洲除少数几个国家外,基本上实行的是多党民主制,定期举行公开、公平、透明和竞争性的选举是这一体制的重要保证和前提条件。由于非洲政治欠发达及内外多种复杂因素的制约,许多非洲国家历史上曾深陷"逢选必乱""逢选易乱"的魔咒,这不仅危害国家政局的稳定和经济社会发展的大局,亦严重损害了自身的国际形象。随着多党民主制在非洲大陆落地生根,非洲国家、区域组织以及国际社会为推动非洲民主化的发展倾注了不少精力,也取得了一些积极的进展。与此同时,学术界也从不同角度对非洲国家的民主化进程进行了持续不断的观察和研究。非洲大国尼日利亚的民主化进程以其扑朔迷离的轨迹引发众多学者和政治家的浓厚研究兴趣。尼日利亚的民主化进程遭受了很多挫折,但其迈向持久民主的艰难步伐一直没有停止,即使是在旷日持久的军人执政时期,尼日利亚民众也不乏对民主的热情和斗争的勇气。尼日利亚民主化进程所面临的重大挑战虽自这个国家 1960 年独立后就一直存在,但在这些挑战中出现的新情况需要其用新的视角去审视,用新的方式去应对。只有这样,尼日利亚才能早日跨入现代新兴民主国家的行列。

## 第一节 尼日利亚民主化进程述要

从 1960 年独立到 2020 年,尼日利亚民主化进程经历了从时断时续到逐

第一章　尼日利亚民主化进程概论

渐趋稳的变化，而且民主早已不再是一种时髦的话语或虚无缥缈的东西，而是成为尼日利亚政治发展中的一项重要内容。即使是在尼日利亚北部，亦即亨廷顿所说的最不容易产生民主的伊斯兰教文化圈，广大穆斯林对"自由选举和多党组成的政府"的期盼和支持也是热切而积极的。[①] 概括来讲，尼日利亚的民主化进程可以分为两个大的阶段。第一阶段是从20世纪60年代初独立到90年代末，也就是从第一共和国的建立到第四共和国建立的前夕。值得注意的是，虽然该阶段的起始和结束都是以"共和国"为关键词，主角却是与民主体制相悖的军政府。第二阶段是从1999年第四共和国建立到现在，民主制度平稳发展，一个显著标志是政权能够在文官政府之间平稳交接。

## 一　跌宕起伏四十载（1960~1999年）

民主制度是伴随第一共和国（1960~1966年）[②]的建立而被引入尼日利亚的。当时的民主框架主要是由英国殖民主义者设计并搭建起来的，在很大程度上成为北、西、东三区政治精英争夺国家政权的工具。在1966年的第二次选举之后，尼日利亚的民主试验几乎失败了。民主化危机的根源在于政治精英将国家一级的权力争夺演绎为三个占主导地位的"民族权力集团"的精英之间的较量，这突出体现在政党制度的配置上。

1966年1月15日，乔库马·卡杜纳·恩泽古（Chukwuma Kaduna Nzeogwu）少校和其他五个少校在政变中推翻了尼日利亚总理阿布巴卡尔·塔法瓦·巴勒瓦（Abubakar Tafawa Balewa）。在1月的政变中，巴勒瓦总理以及北区和西区的总理被杀害。此外，其他多名高级政治家和政府成员也在北区和西区

---

[①] "Islam, Democracy, and Public Opinion in Africa," Afrobarometer Briefing Paper No. 3, September 2002, http://www.afrobarometer.org.

[②] 严格来说，尼日利亚第一共和国始于1963年10月。1960年至1963年没有被列入第一共和国时期，主要有两个方面的原因。首先，英国女王当时是尼日利亚国家的名义首脑。其次，喀麦隆的大部分地区仍然是尼日利亚的一部分。尼日利亚1960年宪法规定进行全民投票，以确定这一部分是否在1963年后继续作为该国的一部分存在。1963年宪法取消了这两个方面的相关条款，实际上使尼日利亚成为一个共和国。但根据习惯，1960年10月至1966年的这段时期在尼日利亚历史上被称作"第一共和国"时期。参见 Martin P. Mathews, ed., *Nigeria: Current Issues and Historical Background*, New York: Nova Science Publishers, Inc., 2002, p. 86。

被杀害。这场政变被认为是伊博人发动的政变,因为仅少数伊博领导人被杀害,政变由两名伊博军官即恩泽古少校和伊菲亚朱纳少校领导。巴勒瓦总理、艾哈马杜·贝洛及其妻子被杀害,北区遭受了巨大损失。阿吉伊－伊龙西(Aguiyi-Ironsi)少将是伊博军官,他没有参加政变,在政变失败后被推举为新的联邦军政府首脑。

巴勒瓦和贝洛的被害身亡被认为是对北区的一种侮辱和严重挑衅。这种情绪不仅弥漫在尼日利亚军队中,在尼日利亚北部城市和村庄中也是如此。很快,伊博人就成为被打击的目标。阿吉伊－伊龙西本人在1966年7月的政变中被推翻和谋杀,北方少数民族安加族的亚库布·戈翁(Yakubu Gowon)少将被推举为军政府首脑。随着伊博人在尼日利亚北部不断被谋杀,伊博人开始逃离北部地区。奥杜梅古·奥朱古(Odumegwu Ojukwu)少校宣布比夫拉独立时,局势恶化,尼日利亚内战爆发。戈翁领导联邦军队赢得了内战,阻止了尼日利亚解体。在石油繁荣的刺激下,他成功地实现了尼日利亚内战后的重建。然而,1975年,穆塔拉·穆罕默德(Murtala Mohammed)准将领导的军事政变推翻了戈翁政府。

穆塔拉·穆罕默德接管政府的主要目的是让国家恢复民主。他承诺迅速恢复文官统治和实行公务员制度改革。但穆罕默德于1976年被暗杀,他的副手奥卢塞贡·奥巴桑乔(Olusegun Obasanjo)中将挫败政变后接任。奥巴桑乔履行了实行公务员制度改革的承诺,起草了一部新宪法,并于1979年将权力移交给由民主选举产生的总统谢胡·沙加里(Shehu Shagari)。1979年宪法是根据美国总统制度制定的,它赋予总统行政权力;根据该宪法,尼日利亚建立了两院制;该宪法规定,在州和地方各级,州长和地方政府理事会主席拥有行政权。尼日利亚进入了第二共和国时期(1979~1983年)。

第二共和国见证了第一共和国民族地区政党的轮回。除了尼日利亚民族党(NPN)和人民拯救党(PRP)这两个试图沿着明确的意识形态路线进行动员的政党外,其他政党都有强大的民族区域选举基础。1979年的总统选举中,共有超过1684万名尼日利亚选民参加了投票,占登记选民总数的34.6%。如此低的投票率反映了经历了长时间军政权统治的尼日利亚民众对

## 第一章　尼日利亚民主化进程概论

民主化的失望。结果，尼日利亚民族党总统候选人谢胡·沙加里的得票数最高，其共获得约569万张选票，占投票总数的33.8%，在尼日利亚当时12个州（共19个州）的每一个州中获得了不低于25%的选票，最接近1977年《选举法令》（Electoral Decree）所规定的当选条件。① 严格来说，没有一个候选人完全符合当选总统的条件，但联邦选举委员会（Federal Electoral Commission，FEDECO）在综合考虑了各种因素后宣布，谢胡·沙加里获得1979年总统选举的胜利。1979年选举是尼日利亚政治发展史上的一个分水岭，标志着尼日利亚从近14年的军人统治向民选政府的过渡。从整体上说，1979年选举是一次比较成功的选举，但族体因素（ethnic factor）仍在其中发挥了很大的作用。关于这一点，本书将在后文做详细介绍。

遗憾的是，谢胡·沙加里总统的文官政府只是军政权统治的一个点缀。1983年12月31日，在穆罕默杜·布哈里（Muhammadu Buhari）少将领导的一场无血的军事政变中，沙加里政府被推翻。布哈里表示，他推翻沙加里政府，主要是为了打击第二共和国时期肆无忌惮的腐败，扭转导致国家走向崩溃边缘的经济衰退局面。布哈里政府因其对无纪律和腐败的零容忍态度而在尼日利亚历史上让人津津乐道。在1983年的全国广播中，布哈里说，"尼日利亚社会的祸害是无纪律"，他认为，如果没有纪律，国家就会退化成无视法律和秩序的丛林，传统规范和原则被抛弃，国家成为犯罪的温床。他推出了一项名为"反对无纪律战争"（War Against Indiscipline，WAI）的方案，旨在根除各种不文明行为，如：冲进公共汽车；在街道上、公园和住宅区里乱扔垃圾；作弊；利用稀缺的不正当优势抬高价格，以快速获得金钱利益；不负责任地工作；花很少时间或根本没有时间抚养儿童。为了打击腐败和经济破坏，布哈里军政府颁布了法令，成立了特别军事小组。布哈里对犯罪、腐败和贩毒的零容忍态度导致许多尼日利亚人要么被监禁，要么被处决。使布哈里下台的政变的爆发是为了阻止他调查对国防部军事骨干的腐败指控，其中大多数是最高军事委员会成员。

---

① Oyeleye Oyediran, ed., *The Nigerian 1979 Elections*, Lagos: Macmillan Nigeria, 1981, Appendix 2.

易卜拉辛·巴班吉达（Ibrahim Babangida）少将于1985年8月27日在一次不流血的政变中接替布哈里，并一直掌权到1993年8月27日。① 在他长达8年的任期内，这几个事件对巴班吉达的统治至关重要：采取结构调整计划、尼日利亚加入伊斯兰会议组织②以及取消1993年6月12日总统选举的结果。自1985年掌权以后，巴班吉达采取了被认为只有利于穆斯林的措施，其中一些措施威胁到尼日利亚国家的世俗性质。1986年，他要求伊斯兰会议组织将尼日利亚从观察员升格为正式会员并得到准许。这一做法几乎使国家陷入宗教战争。作为回应，巴班吉达成立了一个宗教事务咨询小组，以缓解宗教危机。然而，他没有停止让更多的穆斯林进入他的政府。

之前，奥巴桑乔军政权因主动还政于民，使尼日利亚进入第二共和国时期而被人们赞扬。而巴班吉达军政权旷日持久的还政于民计划和最终取消大选结果使得第三共和国夭折，这使尼日利亚民主化进程出现逆转。1989年，巴班吉达解除了对政党政治活动的禁令。同年11月，尼日利亚进行了一次人口普查，新成立的全国选举委员会（National Electoral Commission，NEC）宣布，1992年7月4日，尼日利亚将举行立法选举，选举国民议会两院议员，晚些时候将举行总统选举。在这样的背景下，尼日利亚民主化出现了较为乐观的前景。尼日利亚各个政党也在为大选做着积极的准备。

然而，巴班吉达对事态的发展感到不满，并禁止了所有已经成立的政党。他成立了两个意识形态不同的政党，即社会民主党（Social Democratic Party，SDP）和全国共和大会党（National Republican Convention，NRC），在尼日利亚做起了"两党制"试验。根据巴班吉达的说法，社会民主党在意识形态上是保守的，而全国共和大会党则更自由。他授权所有尼日利亚人加入

---

① Eghosa E. Osaghae, *Crippled Giant: Nigeria since Independence*, London: Hurst and Company, 1998, p. 261.
② 伊斯兰会议组织成立于1969年9月。1969年该组织首届伊斯兰国家国王、国家元首和政府首脑峰会在摩洛哥首都拉巴特举行。尼日利亚应邀参加了会议，但只派遣了一个由阿布巴卡尔·古米率领的代表团。当时的戈翁政府告诉伊斯兰会议组织，古米率领的代表团并不代表尼日利亚国家，而仅仅代表尼日利亚的穆斯林。尽管尼日利亚和其他地方许多有影响力的穆斯林一直要求尼日利亚加入伊斯兰会议组织，但在整个20世纪70年代和80年代初期，尼日利亚政府一直拒绝加入，该问题也一直被排除在政府政策之外。

新成立的任何一个政党。1992年7月4日，尼日利亚举行了立法选举。社会民主党在国民议会两院中赢得多数席位。全国选举委员会没有让巴班吉达继续执行他的选举时间表，而是取消了1992年8月7日的第一轮总统初选，声称选举舞弊现象普遍存在。1993年1月4日，巴班吉达宣布成立国防和安全委员会（National Defense and Security Council），由巴班吉达本人担任主席。尼日利亚人声称，他还有另一项取消总统初选的计划，而关于选举违规行为的说法仅仅是"烟幕弹"，因为巴班吉达要么是想让全国共和大会党在他之后统治尼日利亚，要么是想让自己永久掌权。

全国选举委员会宣布了新的准则，并授权两党双方进行新的总统初选。1993年4月，莫舒德·阿比奥拉（Moshood Abiola）酋长成为社会民主党总统候选人，阿尔哈吉·巴希尔·托法（Alhaji Bashir Tofa）成为全国共和大会党总统候选人。1993年6月12日，尼日利亚举行了总统选举。社会民主党赢得了选举，在30个州中赢得了19个。当地选举观察团和国际观察员认为，1993年大选是尼日利亚有史以来最公平、最自由的选举。但巴班吉达将军宣布，选举结果被取消，抗议和骚乱随之而来。1993年8月27日，在欧内斯特·肖内坎（Ernest Shonekan）酋长领导下成立了临时政府，巴班吉达被迫下台。然而，在巴班吉达将国家权力移交给肖内坎酋长三个月后，巴班吉达将军的副手萨尼·阿巴查（Sani Abacha）将军接管了政府，尼日利亚再次恢复了军人统治。

阿巴查军政府在经济上取得了一些成绩，但其人权记录很差。阿巴查军政府除以策划政变的罪名监禁阿比奥拉酋长、奥巴桑乔将军和其他许多人之外，还监禁了诺贝尔文学奖获得者沃莱·索因卡（Wole Soyinka）教授（缺席监禁）[①]。此外，阿巴查还处决了来自尼日尔河三角洲地区奥贡尼的环境权利活动家肯·萨罗－维瓦（Ken Saro-Wiwa）。而阿巴查盗窃巨额国家财富的贪污腐败行为至今令尼日利亚人不能释怀，从国外追赃的行动仍然在继续。在整个非洲，阿巴查军政府有一些积极的影响力，特别是在塞拉利昂和利比里亚，阿巴查在那里部署了尼日利亚军队，以帮助维持这些国家在内战期间

---

① 阿巴查军政府时期，沃莱·索因卡流亡在外。

的和平。可以说,阿巴查军政府对西非的和平做出了一些贡献。

1998年6月,阿巴查猝死,阿布巴卡尔将军接管了权力。阿布巴卡尔上台执政后,迅即提出一系列推动民族和解的措施,向全国人民许诺继续推进还政于民的进程。为了在关键时刻对尼日利亚政局施加影响,联合国秘书长安南、英联邦秘书长阿尼奥库、美国副国务卿皮克林,以及欧盟特使、英国副外交大臣洛伊德等人,从6月底至7月中旬,相继访问尼日利亚,分别同阿布巴卡尔、在押的反对派领袖阿比奥拉、临时执政委员会(Provisional Ruling Council)成员、传统领袖和社会各界人士会晤,同阿布巴卡尔等军政要员就向民主政治过渡、还政于民和促进民族和解、释放政治犯等问题广泛交换意见,取得共识。联合国秘书长安南在记者招待会上表示,联合国将随时帮助尼日利亚寻求解决危机的途径,同时呼吁尼日利亚人民为实现民族和解及民主化而共同努力。阿布巴卡尔表示,为促进尼日利亚的民族和解,将逐步释放包括反对派领袖阿比奥拉在内的所有政治犯。同时,他开始同各派领导人谈判,广泛征求意见,制定还政于民、向民主政治过渡的计划。阿布巴卡尔军政府原计划在7月8日释放反对派领袖阿比奥拉,但他因心脏病突发于7月7日在狱中猝然逝世,引起尼日利亚社会震动,在南方的拉各斯、伊巴丹和阿贝奥库塔等大城市发生局部骚乱。军政府邀请美国、英国和加拿大病理专家组成尸检小组验尸,在其宣布阿比奥拉死于心脏病,属于自然死亡后,南方局部骚乱逐渐平息。7月8日,阿布巴卡尔宣布解散由34名文职人员和军人组成的联邦执行委员会(Federal Executive Council),重组内阁。

阿布巴卡尔将军执政后,大力推行民族和解及政治民主政策,宣布释放首批27名政治犯,其中包括涉嫌参与1995年未遂政变的前军政府首脑奥卢塞贡·奥巴桑乔以及记者和宗教领袖等人,后来又陆续释放了包括参与1997年12月未遂政变的前临时执政委员会第二号人物、参谋长奥拉迪波·迪亚(Oladipo Diya)中将在内的所有政治犯。同时,他宣布取消阿巴查军政府时期的一切有关禁止工会活动的法令,终止实行有严重缺陷的原阿巴查军政府的还政于民计划,解散了按阿巴查旨意行事的选举委员会和缺乏人民信任的5个"政府政党",开放党禁,让人民自由组织新政党,重新成立了全国独立选举委员会（INEC）。1998年7月20日，阿布巴卡尔向全国宣布新的还政于民计划，争取加快完成全国三级政权的还政于民进程，公布了选举和还政于民的时间表，即1998年12月5日进行地方政府选举；1999年1月9日进行州政府选举，2月20日进行国民议会（参众两院）选举，2月27日进行总统选举，5月29日军政府向联邦文官政府正式移交政权。

经全国独立选举委员会核准，人民民主党（PDP）、全民党、民主联盟取得参选资格。在全国三级政权的选举中，人民民主党均获明显优势。在总统选举中，人民民主党总统候选人奥卢塞贡·奥巴桑乔获得有效选票的62.7%，膺选为尼日利亚总统。全民党和民主联盟两党竞选同盟的总统候选人奥卢·法拉埃因仅获有效选票的37.3%而落选。尼日利亚选举成功，国内政治气氛宽松，全国独立选举委员会认为选举活动是公正的且参选者之间没有深仇积怨。尼日利亚的还政于民工作得到国际社会的重视和支持。美国、欧盟和英国派了200多名选举观察员到尼日利亚全国主要选举站，参观考察各级政权的选举和总统选举的全过程。

根据尼日利亚军政府1998年7月公布的还政于民计划，军政府严格按照计划如期向民选文官政府交权。1999年5月29日，在尼日利亚首都阿布贾举行了隆重的总统就职仪式，奥卢塞贡·奥巴桑乔宣誓就任总统。军政府首脑兼武装部队总司令阿布巴卡尔将军正式将国家政权移交给奥巴桑乔，从而结束了尼日利亚连续15年的军人统治历史。尼日利亚进入第四共和国时期。

## 二 第四共和国时期（1999年至今）

在1999年之后到现在的第四共和国时期，尼日利亚经历了6次大选（2003年、2007年、2011年、2015年、2019年和2023年）。民主体制得到基本巩固并有较强的延续性。所以说，1999年之后，也就是第四共和国时期的民主化进程与之前的民主化进程相比，显然有了较大的进步。换句话说，1999年是尼日利亚民主化进程中的一个分水岭。第四共和国时期的民主化进程的一个显著标志就是定期的选举和政权的平稳过渡，当然也有几次选举因特殊情况出现了一些波折，但选举过程在总体上较为平稳。

2003年的大选是尼日利亚民主化进程中的重要事件，因为它是尼日利亚近20年来首次由文官政府向文官政府过渡的选举，奥巴桑乔获得连任，但有争议的大选结果引发了长时期的政治动荡。[①] 奥巴桑乔继续在重建国家的道路上前进。2005年10月1日，尼日利亚总统奥巴桑乔在庆祝尼日利亚独立45周年时发表讲话，其指出，尽管尼日利亚遭受了很多挫折，但这个国家已变得更强大、更团结，更致力于建立长期和平、可持续发展和持久民主。[②] 然而，在许多尼日利亚人看来，他们在日常生活中看不到民主政治日益成熟和经济发展带来的实惠。一些批评人士指出，自1960年尼日利亚独立时起就困扰着这个国家的许多问题，如地方民族主义、宗教冲突、腐败等问题依然如故。那么，我们应该如何看待奥巴桑乔总统的独立日讲话和尼日利亚民众的普遍反映呢？

马修·库卡（Matthew Kukah）博士是尼日利亚一位家喻户晓的人物。他在尼日利亚2006年人口普查[③]前接受《卫报》采访时说，尼日利亚人有一种悲观情绪，认为任何事情都会变得很糟糕，这种倾向对于国家没有任何好处。他希望尼日利亚人改变悲观情绪，给全国人口委员会一个履行其职责的机会，而不是不公正地去批评它。[④] 笔者以为，库卡的观点在看待尼日利亚民主化进程问题时也值得提倡，因为尽管尼日利亚的民主化进程经历了太多的磨难，且依然面临诸多严峻挑战，但如果尼日利亚民众对其失去信心，留给这个国家的将是更多的煎熬。

经过多次动荡、战乱、反思以及政治协商与妥协之后，执政的人民民主党内部有一条不成文的"轮流坐庄"的君子协定，即总统由北方穆斯林和南方基督徒轮流担任。2007年，奥巴桑乔成功地将权力移交给乌马鲁·穆萨·

---

① 参见李文刚《奥巴桑乔喜中有忧的大选结局——2003年尼日利亚大选述评》，《西亚非洲》2003年第4期。
② EIU, *Country Report: Nigeria*, November 2005, p. 13.
③ 在尼日利亚，人口普查涉及财富和权力分配问题，因而是一个敏感的话题。尼日利亚历史上几次人口普查的结果都曾引发规模不小的纷争。因此，尼日利亚虽然举行过多次人口普查，但在2006年人口普查之前还没有一次成功的、结果被普遍认同的人口普查。
④ Chioma Anyagafu, "Old Worries, Fears, and Census 2006," *Vanguard*, March 4, 2006.

亚拉杜瓦（Umaru Musa Yar'Adua）总统和副总统古德勒克·乔纳森（Goodluck Jonathan）博士。亚拉杜瓦进行了一系列改革，但其健康状况日益不佳，最终在任期内病故。副总统乔纳森继任总统，引起北方穆斯林的不满，这在2011年的大选中表现得非常强烈。乔纳森利用在位优势，获得了大选的胜利，但国内民族宗教的裂痕被进一步扩大了。

2015年的总统选举成为民主化进程中的一个里程碑。2015年3月31日，备受瞩目的尼日利亚总统选举终于尘埃落定。全国独立选举委员会主席阿塔希鲁·杰加宣布，最大反对党全体进步大会党（APC）总统候选人布哈里获得53.95%的选票，战胜执政党人民民主党总统候选人、现任总统乔纳森，当选为新一届总统，乔纳森仅获得44.96%的选票。对于布哈里来说，这是一次来之不易的历史性胜利，其在三次总统选举中败选后终于峰回路转。在尼日利亚历史上，反对党在总统选举中获胜也是第一次。对乔纳森而言，谋求连任失败标志着连续执政16年的人民民主党将成为最大反对党。此次大选再次印证了研究者观察尼日利亚及许多其他非洲国家民主政治时所得出的一个直观印象：命运多舛、一波三折。大选虽然延期举行，但除局地出现零星暴力事件及后勤保障上的瑕疵外，外界普遍认为这是一次公平、公正、和平的选举。2015年大选不仅对尼日利亚有重要意义，对西非次区域乃至整个非洲大陆来说，都产生了重要影响。

在2019年2月举行的大选中，全体进步大会党再次击败人民民主党，保住了执政地位。当前，尼日利亚政党政治总体较为平稳，出现了一种走向"两党制"的趋势。毋庸讳言，政党政治在尼日利亚的发展还面临着诸多挑战，其中既有政党自身的问题，也有国家治理不足的问题。作为非洲第一大经济体和人口最多的国家，尼日利亚政党政治的稳定发展对自身、对西非次区域乃至对整个非洲大陆都具有积极的意义。

2023年大选是在尼日利亚国内安全形势严峻复杂、社会民生问题积重难返甚至恶化的情况下举行的，但选举过程总体平稳顺利。执政党全体进步大会党总统候选人博拉·提努布（Bola Tinubu）获胜，人民民主党的阿提库·阿布巴卡尔（Atiku Abubakar）和工党（Labor Party）的彼得·奥比（Peter

Obi）落败。大选过程中存在一些不足之处，国际观察团也提出了一些问题，但在总体上对此次大选表示认可。2023年大选呈现出一些新特点，竞争也异常激烈。大选结果遭到阿提库和奥比等人的质疑，他们表示要发起诉讼。这是尼日利亚乃至不少非洲国家民主化进程中的普遍现象，是客观存在的，但毋庸置疑，这也是一个通过法律途径而不是街头抗议甚至是街头暴力来对抗的现象。从这个角度看，这也是非洲国家民主化进程的一个进步。

## 第二节 尼日利亚民主化进程的特点

尼日利亚独立后，一度成为撒哈拉以南非洲最大的民主体制国家，各界也对其前途充满乐观。殊不知，尼日利亚的民主化一开始更多是人为安排的结果，表面亮丽，内部实则暗流涌动，受到尖锐的民族宗教矛盾的掣肘。独立至今，尼日利亚的民主化进程跌宕起伏，1999年之前更是扑朔迷离。对其特点的概括，有助于我们更好地理解这段不平凡的历史。纵观尼日利亚民主化进程，主要有以下三个特点。

### 一 尼日利亚民主化进程一波三折

命运多舛、一波三折，这是许多人对尼日利亚乃至撒哈拉以南非洲不少国家民主化进程的一个直观印象。其主要原因就是军事政变和军人执政曾经是这些非洲国家的普遍现象。众所周知，非洲国家的独立道路有所不同，在像尼日利亚这样的和平独立的国家中，从历史上讲，军队对政治的影响本来并不突出，军人也没有什么高明的政治手腕或从政经验；但许多非洲国家独立后，深受诸多矛盾困扰的文官政府往往比较脆弱，甚至腐败无能，为非洲国家军人步入政坛并长期执政创造了条件。亨廷顿认为，"军人政权是由取代民主或文官政府的政变而产生的"，既压制竞争，也压制参与。[1] 按照民主最基本的要求，这种"非民主"的政权显然与民主制度

---

[1] 〔美〕塞缪尔·亨廷顿：《第三波——20世纪后期民主化浪潮》，刘军宁译，上海三联书店，1998，第139~140页。

## 第一章　尼日利亚民主化进程概论

格格不入。通过军事政变上台的军政权在一个国家一旦出现，该国的民主化进程基本就宣告中断。

尼日利亚从1960年独立到1999年的近40年时间里，先后建立了8个军政权，军人执政长达近30年，政权更迭不下十次。[①] 尼日利亚独立后，本来就已经很尖锐的民族和地区矛盾不但没有缓和，反而愈演愈烈。1966年的两次军事政变就带有浓厚的民族冲突的色彩。1979年奥巴桑乔将军主动还政于民，尼日利亚的民主化进程在1979年伴随着沙加里文官政府的建立而得以推进，尼日利亚进入了第二共和国时期。从1984年到1999年，尼日利亚的民主化进程又一次被中断，尼日利亚再次进入军政权连续执政时期。[②] 1998年阿巴查的猝死为尼日利亚民主化进程的延续提供了一个机遇。接替阿巴查执政的阿布巴卡尔将军顺应了历史潮流，还政于民计划得以执行。1999年尼日利亚举行了军人执政长达15年来的首次总统选举，结果奥巴桑乔获得胜利，尼日利亚进入第四共和国时期[③]，重新回到民主化的轨道上。第四共和国时期的民主化进程，总体上比较平稳，但亚拉杜瓦的在任病故和2015年、2019年大选的临时推迟，都令人捏了一把汗，好在政权最终平稳过渡。

---

① 主要包括：1960年至1966年1月，第一共和国时期，由巴勒瓦担任联邦政府总理；1966年1~7月，阿吉伊-伊龙西军政府时期；1966年7月至1975年7月，戈翁军政府时期；1975~1976年，穆罕默德军政府时期；1976~1979年，奥巴桑乔军政府时期；1979~1983年，第二共和国时期，由沙加里文官政府执政；1984~1985年，布哈里军政府时期；1985年至1993年8月，巴班吉达军政府时期；1993年8月26日至11月17日，肖内坎文官政府时期；1993年11月至1998年6月，阿巴查军政府时期；1998年6月至1999年5月，阿布巴卡尔军政府时期；1999年5月至今，第四共和国时期，由文官政府执政。
② 仅维持82天的欧内斯特·肖内坎文官过渡政府是个短暂的例外。1993年8月，约鲁巴人欧内斯特·肖内坎接替巴班吉达上台执政，但肖内坎过渡政府受军方支配。同年11月，时任国防部长的阿巴查迫使肖内坎辞职下台，并很快建立了以自己为国家元首的军人独裁统治。
③ 国外学者一般认为，第三共和国本应在1993年6月总统选举后建立，但因巴班吉达军政府宣布选举结果无效而中途夭折，因此把1999年建立的文官政府称为第四共和国。国内学者大多将1999年上台的奥巴桑乔政府称作第三共和国，如：李起陵《尼日利亚还政于民向第三共和国过渡》，《西亚非洲》1999年第3期；刘鸿武等《从部族社会到民族国家——尼日利亚国家发展史纲》，云南大学出版社，2000。笔者倾向于称之为第四共和国，旨在强调1993年总统选举事件对尼日利亚民主化进程的影响。

## 二 尼日利亚的民主化进程具有明显的高峰和低谷

高峰大体上指有利于民主化进程发展的重大事件，低谷大体上指不利于甚至造成民主化进程中断的重大事件。概括来说，尼日利亚的第一共和国、第二共和国和第四共和国时期，民主制度的各项框架不断建立或完善，政府的目标是建立一个更具广泛代表性、负责任、透明和廉洁的政府，并致力于消除民族和宗教矛盾，发展民族经济，努力实现民族国家构建。而这些对尼日利亚这样一个多民族、多宗教和多文化国家的民主化进程来说，都是不可或缺的。但在军人执政时期，比夫拉战争、取消1993年6月12日总统选举结果、镇压奥贡尼人权运动，以及无数起大大小小的民族、宗教暴力冲突事件，使尼日利亚的民主化进程一下子陷入低谷中的低谷。这些事件的影响非常深远，任何一个研究尼日利亚民主化进程的人都不可能回避它们。1993年6月12日的总统选举可以说是尼日利亚政治发展史上的一个分水岭，因为它是第一次由一名南方的候选人通过民主程序赢得国家最高行政职位的选举；而且，在此次选举中获胜的约鲁巴族穆斯林商人莫舒德·阿比奥拉在尼日利亚北部也获得了广泛的支持。因此，这次选举被认为是尼日利亚历史上最为成功的选举之一。但巴班吉达以存在选举舞弊现象为由宣布选举结果无效，亲手终止了其精心设计但一拖再拖的还政于民计划。[①] 尼日利亚人对巴班吉达政府完全失去了信心。大选结果的取消成为使尼日利亚陷入混乱的最为厉害的催化剂。[②] 6月12日的大选结果被取消后，大多数尼日利亚人和民间社会表示反对，在约鲁巴人占主导地位的州中，抗议活动的持续时间最长。军方领导人便以此来指责尼日利亚人的民主运动和6月12日的大选是由约鲁巴人一手操纵的，因为在选举中获胜的阿比奥拉就是约鲁巴人。1995年11

---

[①] 有学者指出，巴班吉达取消选举结果有多方面原因，但最根本的原因是其不愿意放弃权力，让南方人掌权。参见 Bola A. Akinterinwa, "The 1993 Presidential Election Imbroglio," in Larry Diamond, Anthony Kirk-Greene, and Oyeleye Oyediran, eds., *Transition Without End: Nigerian Politics and Civil Society under Babangida*, Boulder, CO: Lynne Rienner Publishers, 1997, pp. 271 – 276。

[②] Eghosa E. Osaghae, *Crippled Giant: Nigeria since Independence*, London: Hurst and Company, 1998, p. 251.

月，阿巴查军政府不顾国际社会的反对，将 9 名争取奥贡尼民族权利的少数民族活动家处以绞刑，国内外舆论哗然。上述事件不仅直接对尼日利亚民主化进程本身产生了极为不利的影响，对尼日利亚民众的心理也造成了很大的伤害。

### 三 尼日利亚民主化不断向前迈进的发展趋势不容置疑

任何国家的民主化进程都不是一帆风顺的。对尼日利亚来说，民主化进程虽面临许许多多的挑战，但从其发展轨迹来看，总的趋势是朝更巩固、更完善的方向发展。而其中的许多挑战，如民族分离主义、宗教问题、腐败问题、军人执政及其遗产问题等，则反映出在尼日利亚民主化进程中还有许多需要重点应对和解决的难题。只有这些问题得到全面和彻底的解决，尼日利亚政府才算得上真正民主的政府。或许就是由于有了这些挑战，民主的内涵才不断得到丰富，民主的观念才越来越深入人心，民主的基础才得到进一步巩固。例如，少数民族权利运动推动了尼日利亚政府在保护人权等方面的工作。[1] 尼日利亚军政权的一个共同特征就是上台后都提出了一个还政于民的计划，无论其是心甘情愿还是掩人耳目，也无论时间表最终是按照公布的那样被执行，还是成了"没有尽头的过渡"，都在一定程度上反映出军政权对自身合法性的忧虑和对民主制度的敬畏，而成功实现了还政于民计划的军政权领导人，如奥巴桑乔、阿布巴卡尔，则受到尼日利亚国内外舆论的广泛赞誉。当然，这也说明，"在社会和政治经济条件尚不十分成熟的情况下，民主政治发展的成功与否在很大程度上取决于领导人的素质、信念、政治技巧和决心"[2]。

## 第三节 尼日利亚民主化进程的障碍

美国政治学家、尼日利亚问题专家拉里·戴蒙德在《21 世纪初的民主

---

[1] Eghosa E. Osaghae, "Human Rights and Ethnic Conflict Management: The Case of Nigeria," *Journal of Peace Research*, Vol. 33, No. 2, 1996, pp. 171 – 188.

[2] 贺文萍:《非洲国家民主化进程研究》，时事出版社，2005，第 293 页。

化状况》中提到了"治理的三重危机",这在尼日利亚民主化进程中均在不同程度上存在。① 粗略梳理一下尼日利亚民主化进程,我们就会发现,尼日利亚民主化进程从一开始就受到民族问题、宗教问题、腐败问题和军人执政问题等的困扰。进入21世纪,在这些"老生常谈"的问题中还出现了一些新情况,值得我们进一步思考。

## 一 根深蒂固的腐败问题

尼日利亚是世界上腐败现象最为严重的国家之一。丰富的石油资源为其带来了巨额财富,但全国大多数人口生活在贫困线以下,其中一个主要原因就是腐败。腐败对尼日利亚民主化进程的破坏力也是巨大的。戴蒙德指出,"对尼日利亚民主来说,腐败就是一剂毒药,因为它不仅仅破坏经济,撕裂社会道德构造,还会扭曲政治竞争的特征"② 许多学者将尼日利亚第二共和国沙加里文官政府倒台的主要原因归于政府的腐败和无能。奥巴桑乔文官政府从1999年上台后,一直受到腐败问题的困扰。正如奥巴桑乔所说的那样,腐败和渎职行为是政府复兴经济和推动社会发展的绊脚石,不仅严重损害了政府形象,还破坏了尼日利亚政府吸引外国投资的努力。③ 此外,奥巴桑乔多年来争取西方国家减免其巨额债务的努力也因其达不到反腐败标准而收效不大。

腐败之所以成为尼日利亚国家发展中的一个痼疾,主要有以下原因。首先,尼日利亚政府高官享有豁免权。根据尼日利亚1999年宪法的有关规定,部分政府高级官员在职期间享有免于民事和刑事起诉的权利。一些贪官有恃无恐,利用职权大肆谋求私利。其次,尼日利亚一些政治家对反腐败不仅不感兴趣,甚至还常常设置障碍来阻挠反腐败工作。再次,一些跨国公司的不法行为助长了尼日利亚的腐败现象。例如,世界石油巨头壳牌石油公司在其

---

① Larry Diamond, "The State of Democratization at the Beginning of the 21st Century," *The Whitehead Journal of Diplomacy and International Relations*, Winter/Spring 2005, p. 14.
② 转引自 Veronica Nmoma, "Ethnic Conflict, Constitutional Engineering and Democracy in Nigeria," in Harvey Glickman, ed., *Ethnic Conflict and Democratization in Africa*, Atlanta: The African Studies Association Press, 1995.
③ 新华社拉各斯2000年9月29日电。

报告中就曾坦言，该公司在尼日利亚南部产油区的石油开采活动"无意中"助长了当地的暴力活动和腐败，并加剧了当地的贫困状况。最后，尼日利亚民众对腐败司空见惯，对政府根除腐败也缺乏信心和热情。

面对日益严重的腐败现象，奥巴桑乔政府出台了一系列反腐败措施：出台《反腐败法》，成立专门的反腐败机构——经济和金融犯罪委员会与尼日利亚金融情报处；解除多名高官的职务；开展执政党人民民主党内部的反腐败工作。尼日利亚的反腐败行动虽取得一定成效，但国内腐败问题依然严重。

当前，尼日利亚民众呼吁去除宪法中的高官豁免条款，以将腐败分子绳之以法。但去除该条款需要修宪，在这方面要得到高官的政治支持很困难。此外，一些尼日利亚人担心政府的反腐败行动很有可能成为政客相互攻击的工具。尼日利亚国内外的一些媒体也认为，反腐败行动已日益成为一个政治工具。例如，一些受到指控的官员往往在本民族内寻求支持，指责政府搞民族歧视，以煽动本民族的组织向政府施加压力，从而助长了地方民族分离主义情绪。尼日尔河三角洲解放运动组织劫持壳牌石油公司的员工，破坏其生产设施，其中一个目的就是要求政府释放因涉嫌洗钱而被逮捕的巴耶尔萨州的州长和一名伊乔族激进组织的领导人。[1] 反腐败领域的这种倾向不仅不会使一些政府官员变得更加廉洁，反而会引发新的矛盾，使问题更加复杂，值得警惕。

## 二 军人执政及其遗留问题

历史上尼日利亚军政权时期基本可以分为两个阶段：1966～1979年为第一阶段，1984～1999年为第二阶段。[2] 尼日利亚军政权在这两个阶段中都是独裁统治，都是不民主的政权。但其在第一阶段还能在一定程度上考虑并采取一些措施来维持国家的稳定，并倡导民族国家建设和各族体之间关系的融

---

[1] EIU, *Country Report: Nigeria*, November 2005, pp. 14 – 15.
[2] 第一阶段共4届军政权，领导人分别是东部伊博族基督徒阿吉伊 - 伊龙西、北部少数民族基督徒戈翁、北部豪萨 - 富拉尼族穆斯林穆罕默德和西部约鲁巴族基督徒奥巴桑乔；第二阶段同样也是4届军政权，但其最高领导人无一例外为北部穆斯林：布哈里、巴班吉达、阿巴查和阿布巴卡尔。

合。而在第二阶段，族体排外、独断专行和高压政治是其主要特征。这15年可以说是尼日利亚历史上非常黑暗的时期，贪污腐败令人触目惊心，大肆侵犯人权和公民权利的现象比比皆是，强化和操纵地区民族之间的怨恨情绪的事件时有发生。军人执政现象虽然在1999年退出了尼日利亚的历史舞台，但其遗留问题远没有结束，其中最为突出的就是"退役军官"现象。

退役军官从政问题在尼日利亚表现得非常突出。早在第二共和国时期，一批有名望的退役军官就开始活跃在尼日利亚的政治舞台上。军政权时期，被军政府委以重任的退役军官不在少数。一些学者指出，尼日利亚政治发展中出现的这种"退役军官"现象主要有以下几个原因：首先，退役军官从政是为了保护他们过去通过各种特权获得的经济利益；其次，许多先前的军官通过学习深造，接受了良好教育，获得了从政的资本；最后，1993年选举事件使得军方高层人士坚信，要维护国家的统一并保护他们的利益，只有让退役军官出任总统。① 在1999年总统选举中，奥巴桑乔之所以能当选，其中的一个重要原因就是他是退役军官，不仅得到军方的支持，还得到前军政权领导人巴班吉达等退役军官的支持。在2003年总统选举中，虽有20名总统候选人，但真正的较量是在奥巴桑乔和布哈里之间展开的，难怪尼日利亚许多媒体将此次选举冠上"将军间的竞选""将军们的民主"之名。② 在尼日利亚2007年总统选举前的宣传活动中，吸引人们目光的不仅有由奥巴桑乔参选引发的风波，还有两位重量级的退役军官：巴班吉达在尼日利亚全国各地建立起了由昔日军方朋友组成的竞选网络，布哈里也很有可能再次赢得总统职位。③ 这些现象表明，退役军官掌控尼日利亚政治舞台的局面在短时期内不会改变，"退役军官"现象对未来尼日利亚民主化进程的影响也不容忽视。

---

① Isiaka Alani Badmus, "Retired Military Officers in Politics and the Future of Democracy in Nigeria," *Africa Insight*, Vol. 35, No. 3, 2005, p. 61.
② 参见李文刚《奥巴桑乔喜中有忧的大选结局——2003年尼日利亚大选述评》，《西亚非洲》2003年第4期。
③ Pini Jason, "Nigeria: The Battle for 2007," *New African*, No. 441, 2005, pp. 18-19.

## 三 错综复杂的民族宗教问题

尼日利亚是由92万多平方公里领土、200多个民族、2亿多人口组成的,每一个民族都是这个多民族国家中不可缺少的成员。没有各民族的团结,尼日利亚就会陷入动乱和分裂,尼日利亚就不能称其为尼日利亚,其民主化进程问题也就无从谈起。

不幸的是,这个国家从独立时起就遭受民族分离主义的威胁,虽然除比夫拉分离主义运动外,绝大多数是口头的威胁,但这种潜在的威胁就像一座休眠的火山,对尼日利亚民族国家建构的潜在危害不容忽视。甚至是在人类跨入21世纪后,一些尼日利亚人仍然主张按照族体的界限来分割国家。对非洲民族和民主化问题颇有研究的乌都古认为,尼日利亚的经济基础(石油财富的分配方案)、产油区少数民族具有的被边缘化的挫败感以及联邦政府的一些政策,都加大了民族之间的裂痕。乌都古寄希望于倡导民族和睦的宪法、现代意义上的国家制度、政治文化以及现代教育制度来解决这一难题。[①]此外,民族问题渗透到尼日利亚的多个领域,影响到了方方面面,对民主化进程产生了深远影响。这些将是本书论述的重点。

构建统一的民族国家、建立和谐的民族宗教关系、反腐倡廉以及逐步消除军政权遗留问题的影响只是尼日利亚民主化进一步发展的必要条件,民主化的发展和完善还需要许多其他条件的不断改善。在考察上述四大挑战的时候,需要注意的是应当用发展的观点去看待挑战。如果简单地用这些挑战去套尼日利亚民主化发展中的每一个阶段,似乎也讲得通,但只会得出肤浅认识或似是而非的结论。试想一下,如果论述影响1999年奥巴桑乔执政以来民主化进程的问题时,使用的还是20世纪七八十年代的尼日利亚的民族冲突、宗教纷争的素材,而不去考察在这些"老问题"中出现的新情况,能得出令人信服的结论吗?所以,对于尼日利亚民主化进程问题的研究,我们不仅要刨根问底,更要与时俱进,只有这样才能将研究推向深入。

---

[①] E. Ike Udogu, "The Allurement of Ethnonationalism in Nigerian Politics: The Contemporary Debate," *Journal of Asian and African Studies*, Vol. XXIX, No. 3 – 4, 1994, pp. 159 – 171.

## 第四节 民族宗教问题与民主化的关联

尼日利亚是非洲有影响力的大国，人口众多，民族宗教问题较为突出，成为全球研究民族宗教相关的冲突与和解议题的热门案例之一。非洲国家独立后，绝大多数国家面临两大重要的政治议题：一是民族国家构建，二是民主化进程。在尼日利亚，这两大议题均与民族宗教问题有很大的关联性。一些尼日利亚学者指出，民族问题一直是尼日利亚研究中最有意义的一个重要课题。然而，只有极少数研究考察了尼日利亚民族问题和民主之间的具体关系。除了少数族裔和民主之间存在正相关关系外，现存文献中的主导观点表明，尼日利亚民族问题和民主之间存在负相关关系。[1] 笔者也基本持这一观点。本书立论的基础就在于民族宗教问题是如何影响到民主化进程的，即如何从民族宗教的视角来看待民主化进程。鉴于后文要展开论述，此处仅做提纲挈领式的阐述。

其一，本书研究的民主化进程，具体指的是尼日利亚民族国家的民主化进程，而非尼日利亚某个地区，如北部、西部或东部的民主化进程。也就是说，民族国家的身份是探讨该问题的前提，否则民主化进程无从谈起。因此，本书考察的第一步就是尼日利亚民族宗教问题对民族国家构建的影响。虽然研究尼日利亚宗教问题的学者奥卢费米·沃恩（Olufemi Vaughan）认为，尼日利亚的传统宗教、伊斯兰教和基督教在尼日利亚国家的形成过程中缺一不可，是尼日利亚这个国家的特质所在，[2] 但毋庸置疑的是，民族冲突、宗教纷争、与民族宗教相关的分离运动，对民族国家的构建产生了非常不利的影响，从而对国家的民主化进程产生了负面影响。

其二，民主化进程要顺利发展，需要一系列条件，其中之一就是稳定的政局和安全的社会环境。笔者以为，没有和平稳定的国内环境，民主化就缺

---

[1] Ladi Hamalai, Samuel Egwu, J. Shola Omotola, *Nigeria's 2015 General Elections: Continuity and Change in Electoral Democracy*, London: Palgrave Macmillan, 2017, p. 20.

[2] Olufemi Vaughan, *Religion and the Making of Nigeria*, Durham and London: Duke University Press, 2016, p. 1.

## 第一章　尼日利亚民主化进程概论

乏持续演进的条件。在尼日利亚历史上，在早期，频繁的政变、内战，都对民主化进程造成了极大的危害和或使其陷入长时期的停滞状态。近年来，宗教极端势力的恐怖活动甚至让即将举行的大选在选举的前夜戛然而止，不得不延期，造成了民主成本的显著增加。民族宗教冲突造成民众背井离乡、流离失所，在这种状况下，他们行使民主权利也就无从谈起了。

其三，定期选举是民主化进程非常重要的环节，政党又是组织和参与选举，使得民主运转的必要工具，而选民的参与和投票倾向直接影响到大选的结果。在尼日利亚，民族宗教问题不仅对政党的组建有很重要的影响，对选民的投票模式亦有不可忽视的影响。一方面，在民族宗教基础上成立的政党，代表的仅仅是较为狭隘的特定地区和特定民族的政治精英的利益。选民往往根据自己的民族宗教属性选择与自己认同相同或相似的候选人。而谋求权力的政客们也会在竞选时大打"民族宗教牌"，为自己拉选票；政党在党内推举候选人时，为了获得更多胜算及提升党的战斗力，也要考虑民族宗教因素，特别是伊斯兰教和基督教的平衡问题。这些现象从尼日利亚的历次大选中都可以看出，只是程度不尽相同罢了。

其四，非洲国家由于民族国家建构的历史不长，面临的任务比较艰巨，从某种意义上说还处于一个"小政府、大社会"的状态。基于民族、宗教或地域成立的民间组织大量涌现，并在方方面面发挥着重要的作用，是这种状态的一个重要标志。一方面，从发挥政治作用的角度看，民间组织在尼日利亚非常活跃。在军政权时期，不少民间组织在推动还政于民进程中发挥了重要作用。在推动民主化的发展和巩固方面，民间组织亦是不可或缺的一支力量。另一方面，由于民族宗教因素渗透到民间组织里，一些组织在诉求和行为方式上不可避免地出现狭隘化倾向，即只专注本民族、本宗教的利益，缺乏整体国家的利益观念。民族宗教问题也会以民间组织之间的矛盾和冲突的形式表现出来，并对民族国家一体化产生不良影响。例如，伊斯兰教组织和基督教组织之间的矛盾，使得两大宗教之间的对话与和平共处充满挑战。而在尼日利亚石油主产区的尼日尔河三角洲地区，不少以民族认同为基础的少数民族武装组织给这个国家的经济命脉造成威胁，成为局地动荡的主要因素。如何提高这些少数民族对尼日利亚国族的认同,成为历届政府要应对的一道难题。

以上粗线条的分析框架虽并不完备,但有助于我们认识民族宗教问题影响民主化进程的一般路径,有助于我们把握多民族、多宗教国家的政治发展,特别是民主化演进的基本特点和规律,对这些国家实现民主化的可持续发展也有所裨益。虽然现代民主制度来源于西方,对非洲国家来说是一种外来的政治模式,但非洲传统政治文化中并不缺乏民主内核的东西,如协商、选贤任能,非洲"大树下的民主"表明了非洲人的政治智慧。当前,非洲国家都在努力探索适合自身的发展制度和道路,但无论如何,都不能忽视民族宗教问题的影响,都应致力于构建国家民族认同以及各宗教和平共处的和谐宗教关系。尼日利亚作为一个大国的力量源于其多样性的统一,而不是各种因素的相互掣肘。

## 结　语

本章首先对尼日利亚民主化进程做了提纲挈领式的梳理,旨在使读者对尼日利亚半个多世纪的民主化进程的脉络有一个大概的了解。1960年10月1日尼日利亚的独立标志着非洲最大民主制国家的诞生,但受根深蒂固的民族宗教矛盾等因素的影响,第一共和国很快就被军政权取代。之后虽也有短暂的第二共和国以及夭折的第三共和国,但在1999年之前,尼日利亚的政治体制可以说是以军政权为主。虽然我们不否认军政权在尼日利亚民族国家建设中的一些贡献,但从实质看,军政权与民主体制是格格不入的,而且尼日利亚军政权对民主体制也是有一定的敬畏之心的。无论是精心设计、极力操纵还政于民计划的军政权,还是主动让位、真正实现了还政于民的军政权,1999年之前的尼日利亚的民主化进程从实质上讲没有太多的普遍意义上的民主体制的色彩。但从后文的分析中我们也可以看出,有几次大选也是问题颇多。这些选举中也都有一些共同的问题,就是民族宗教问题的影响。这也是本书要分析的重点内容。

## 第一章 尼日利亚民主化进程概论

通过梳理尼日利亚民主化进程，我们也可以发现其民主化进程的一些特点，如曲折性、波动性和稳定性。对尼日利亚民主化进程特点的分析，旨在进一步认识尼日利亚民主化进程的曲折和其不断向前迈进的发展趋势。影响一个国家民主化进程的因素很多，既有有利的因素，也有不利的因素。本书将主要笔墨放在了尼日利亚民主化进程所面临的主要挑战上，并不是说尼日利亚民主化进程没有有利的影响因素。事实上，尼日利亚民众对民主制度的渴望和对民主的积极参与、民间社会的壮大和日益成熟、新闻媒体的批评监督等，都是有利于民主化进程的因素。本书虽然没有专门论及这些部分，但其在相关的章节中也有所体现。由于本书的主题以及学界的普遍认识，本书主要从民族宗教问题与民主化进程的负相关方向来加以论述。

本章也可以被看作一个承前启后的章节。因为"绪论"对尼日利亚的民族问题和宗教问题以及民主化进程都做了较为综合性的论述，本章最后一部分也对民族宗教与民主化的关联性问题做了一些探讨，说明了本书是从哪些方面具体去论述的。因此，本章最后一部分可以说为本书搭建起了一个理论分析框架。当然，这个框架不够完善，还有不足和疏漏甚至是错误之处，但本书尝试对关于尼日利亚民主化进程的描述性梳理做一个分析性的论述。此外，笔者认为，这个分析框架对于理解与尼日利亚类似的多民族、多宗教国家的民主化进程，也有一定的借鉴意义。

# 第二章　尼日利亚的民族问题

尼日利亚是非洲民族状况最为复杂的国家之一，不仅民族数量多，民族结构独特，民族问题也比较突出。尼日利亚复杂的民族问题源于英国殖民主义者的"间接统治"政策。殖民主义者将"族体性"用于政治目的，还挑拨和利用民族矛盾来遏制尼日利亚民族主义的兴起以维持殖民统治。尼日利亚民族问题在民族独立运动时期也很突出，并对独立进程产生了深刻影响。独立后，尼日利亚历届政府采取了一些措施来应对民族问题，但民族问题在有些地区依然较为尖锐，中部地带的农牧民冲突是当前的热点和难点问题之一。

## 第一节　尼日利亚的主要民族

英国对尼日利亚的殖民统治从19世纪后半叶开始，一直延续到尼日利亚获得独立的1960年10月1日。1914年1月1日，北尼日利亚殖民地和保护国、南尼日利亚殖民地和保护国合并为尼日利亚殖民地和保护国（以下简称"尼日利亚"），标志着尼日利亚这个政治实体疆域的大致确立。尼日利亚贝宁大学的学者欧萨里埃姆·本森·欧萨多洛（Osarhieme Benson Osadolor）认为，1914年北尼日利亚殖民地和保护国、南尼日利亚殖民地和保护国的合并，标志着19世纪末20世纪初那些在抵抗英国征服失败后失去主权的国家（states）变成一个单一实体的政治变革。[①] 英国殖民主义者建立的这

---

[①] Osarhieme Benson Osadolor, "The National Question in Historical Perspective," in Abubakar Momoh and Said Adejumobi, eds., *The National Question in Nigeria: Comparative Perspectives*, Burlington: Ashgate Publishing Company, 2002, pp. 31 – 32.

第二章 尼日利亚的民族问题

块殖民地在获得独立后,成为迄今非洲大陆上人口最多的国家,同时也是民族构成最复杂、民族问题最突出的国家之一。

## 一 尼日利亚民族的数量

尼日利亚民族问题的复杂性可从其民族数量之多上略见一斑。长期以来,学术界对尼日利亚民族的数量有不同看法。一般认为,尼日利亚约有250个民族(或称族体)。不过,英国牛津大学教授阿卜杜尔·穆斯塔法(Abdul Raufu Mustapha)认为,这只是一个虚构的看法;事实上,没有一个人知道具体的数字,而学者们估计的数目则五花八门。[1] 尼日利亚问题研究的开拓者詹姆斯·科尔曼认为,在英国人划定的边界内,生活着众多族体,这可以从有大约248种独具特色的语言中看出。[2] 历史学家托因·法罗拉认为,尼日利亚是一个多民族国家,有200多个族体,讲250多种语言。[3] 社会学家奥提特认为,尼日利亚有374个族体;霍夫曼(Hoffman)则认为尼日利亚有394个族体;而文特-卢卡斯(Wente-Lucas)更是将这一数据刷新到了550~619个。[4] 综合学者们的观点,关于尼日利亚民族的数量,之所以出现这么多不同看法,除民族识别和数量统计问题本身的复杂性之外,大致有以下几点原因。

其一,采用的标准不同。一些学者采用单一的语言标准,而另一些学者则考虑了更多的因素,如共同的祖先和共同的社会生态地域等。从上文关于"民族"这一概念的定义中可以看出,共同的语言只是构成民族的几大要素之一,而且语言标准由于人数较少的民族之间的多语言现象(multilingualism)[5] 和人数较多的民族之间的"方言问题"而变得更为复杂,更不容易把握。因此,

---

[1] Abdul Raufu Mustapha, "Ethnic Minority Groups in Nigeria: Current Situation and Major Problems," Paper Prepared for Commission on Human Rights, Sub-Commission on Promotion and Protection of Human Rights Working Group on Minorities Ninth Session 12 – 16, May 2003, p. 1.
[2] James S. Coleman, *Nigeria: Background to Nationalism*, Berkeley and Los Angeles: University of California Press, 1958, p. 5.
[3] Toyin Falola, *The History of Nigeria*, Westport: Greenwood Press, 1999, p. 5.
[4] 转引自 Abdul Raufu Mustapha, "Ethnic Minority Groups in Nigeria: Current Situation and Major Problems," Paper Prepared for Commission on Human Rights, Sub-Commission on Promotion and Protection of Human Rights Working Group on Minorities Ninth Session 12 – 16, May 2003, p. 1.
[5] 指在语言互不相通的地区,作为沟通工具的第三种语言一般为能使说话者之间相互了解的语言。

用语言标准来确定民族数量不可取。

其二，民族是一种历史现象，随着时间的流逝和社会、经济、政治的发展，民族聚合或分化的趋势不可避免。因此，民族数量会不断变化也是一种正常现象。在尼日利亚，民族聚合的过程比较明显。例如，以豪萨族、约鲁巴族、伊博族、埃多族等一些较大民族为核心，周围一些近缘族体与之发生聚合，逐步失去了自己的语言和习俗。①

其三，尼日利亚的一些民族经常改变他们的名称，以去除历史上对他们的歧视性称呼。例如，豪萨族过去的称呼 Gwari，含有"愚蠢的"蔑称之意，现在该民族已改称 Gbayi，含有"人民"之意。这样的例子在尼日利亚屡见不鲜。②

因此，在考察尼日利亚的"民族"定义时应综合考虑以下因素：共同的语言或相关的方言、共同起源的传说、共同的文化特性、有一个核心的地域、共同的宗教或精神世界；此外，还应考虑到民族的地域界限事实上是在不停变动之中的；民族同化常常受政治、经济变化等因素的影响；民族的特征有时候会被人为所划定的地域界限所掩盖。例如，尼日利亚北部实际上分布着数量众多的少数民族，而在许多尼日利亚南方人看来，他们都是"豪萨人"。根据尼日利亚学者托因·法罗拉的看法，将尼日利亚民族的数量确定在 200 个左右，可能离实际情况相差不会太远。③

## 二 尼日利亚的民族结构

民族结构，即民族构成的方式，是民族的物质产品生产、精神产品生产和自身生产及其有关社会关系的有机排列和组合。其由于各民族的民族特征、所处地区的自然地理条件、历史发展和文化传统以及民族发展总进程的不同而各有差异。④ 国内外学术界在尼日利亚民族数量问题上的观点差异较大，但对尼日利亚的民族构成（ethnic composition）（或曰民族结构）有较为

---

① 参见王正龙《西非最大的民族豪萨族及其语言》，《西亚非洲》1984 年第 3 期。
② Frank A. Salemone, "Ethnicity and Nigeria since the End of Civil War," *Dialectical Anthropology*, Vol. 22, 1997, p. 309.
③ Toyin Falola, *The History of Nigeria*, Westport: Greenwood Press, 1999, p. 5.
④ 黄鸣主编《简明民族词典》，广西人民出版社，1990，第 93 页。

一致的看法，即尼日利亚的民族构成极其复杂，但通常可分为主体民族（ethnic majorities）和少数民族（ethnic minorities）两大类。所谓主体民族，是指在数量上和政治上占优势的民族，包括豪萨－富拉尼族、约鲁巴族和伊博族。所有其他民族都可被归入不同层次的少数民族。所谓少数民族，是指数量上和政治上处于劣势的民族。少数民族又可进一步被分为人数较多的少数民族（majority minorities）和人数较少的少数民族（minority minorities）。[①]前者如卡努里族（Kanuri）、伊比比奥族（Ibibio）、蒂夫族（Tiv）、伊乔族（Ijaw）、埃多族（Edo）、努佩族（Nupe）等少数民族，后者如伊多马族（Idoma）和伊泽基里族（Itsekiri）等少数民族。

值得注意的是，一些学者指出，少数民族地位在尼日利亚不仅是一个数量问题，还是一个政治问题。尼日利亚政治学家彼得·埃科在《尼日利亚历史和政治上的政治少数民族和历史上占主导地位的少数民族》一文中认为，人口少的民族并不必然与"少数民族"身份画等号。然而。在殖民统治时期，特别是在与民主化相关的、充满族体色彩的选举政治中，少数民族地位与人口少以及相关的选举联系在了一起。[②] 欧萨费等学者认为，少数民族通常被定义为有别于在政治体制中与他们共同相处的主体民族，由于数量劣势和许多历史和社会因素而被歧视和统治，并为了促进他们的集体利益而采取政治行动的群体。因此，尼日利亚的少数民族大致可被定义为：有别于该国三大主体民族，在语言、文化、地域和历史上具有鲜明特征，由于他们的数量劣势以及历史原因，在尼日利亚联邦及其组成机构中，在政治、社会和经济上处于从属地位的诸群体。[③] 事实上，尼日利亚是非洲大陆人口最多的国家，而每一个民族占全国人口的比例常常成为政治斗争中的一个主题。事实上，所有独立之后人口普查的结果都引发了诸多纷争。在尼日利亚，三大主

---

[①] 参见 Ukoha Ukiwo, "On the Ethnicity in Nigeria," Working Paper No. 12, Centre for Research on Inequality, Human Security and Ethnicity, University of Oxford, June 2005。

[②] Peter Ekeh, "Political Minorities and Historically-Dominat Minorities in Nigeria's History and Politics", in Oyeleye Oyediran, ed., *Governance and Development in Nigeria: Essays in Honour of Professor Billy J. Dudley*, Ibadan: Agbo Areo Publishers, 1996.

[③] Eghosa E. Osaghae, "Managing Multiple Minority Problems in a Divided Society: The Nigerian Experiences," *The Journal of Modern African Studies*, Vol. 36, No. 1, 1998, pp. 3 – 4.

体民族无论是在数量上还是在政治上都占有优势地位，而一些少数民族则在政治、语言和文化上有聚拢在这三大民族周围的趋势。因此，尼日利亚民族结构可以说具有三元特征。在民族国家建构过程中，这种三元特征成为现代尼日利亚政治中一个非常突出的现象。

### 三　尼日利亚民族的分布

在介绍尼日利亚各民族的地域分布之前，有必要简单回顾一下尼日利亚行政区划的演变，因为这些变化不仅仅是行政机构等政治层面的变化，它们还影响了民族的地域分布，甚至影响到了一些民族的身份认同问题。[①]

1946~1963年，尼日利亚被划分为三个区，即北区（Northern Region）、西区（Western Region）和东区（Eastern Region），分别与豪萨－富拉尼人、约鲁巴人和伊博人的传统分布地域相吻合。这种划分强化了尼日利亚三大主体民族的特征，形成了一种以民族－地域－政治集团为核心的"三足鼎立"局面。每一个区内的少数民族也逐步形成了"少数民族身份"一级的集团，并建立了自己的一些政治组织[②]。早在1957年威灵克委员会（Willink Commission）[③]建立之前，这些少数民族就寻求建立属于他们自己的区。在这种

---

[①] 主要参考 Abdul Raufu Mustapha, "Ethnic Minority Groups in Nigeria: Current Situation and Major Problems," Paper Perpared for Commission on Human Rights, Sub-Commission on Promotion and Protection of Human Rights Working Group on Minorities Ninth Session 12–16, May 2003, p. 1; The Diagram Group, *Peoples of Africa: Peoples of West Africa*, England: Diagram Visual Information Ltd., 1997, pp. 24–25, 60–75; 葛公尚、曹枫编译《西非民族概况》，中国社会科学院民族研究所，1984，第131~141页；刘鸿武等《从部族社会到民族国家——尼日利亚国家发展史纲》，云南大学出版社，2000，第47~49页。

[②] 如北区的联合中部地带大会（United Middle Belt Congress，UMBC）、西区的中西部运动（Midwestern Movement）和东区的卡拉巴尔－奥戈贾－河流州运动（Calabar-Ogoja-Rivers State Movement）。

[③] 尼日利亚被划分为三大区之后，各区内的少数民族担心受到主体民族的控制，因此纷纷要求建立自己的区。1957年，英国政府设立了以律师、前议员亨利·威灵克（Henry Willink）为首的少数民族委员会，其在尼日利亚全国各地调查少数民族的担忧并就消除这些担忧的方法提出建议。该委员会也被称作威灵克委员会。1958年7月，威灵克委员会向英国政府提交了调查报告，并没有建议将设立新的州作为消除少数民族忧虑的办法，但建议在尼日利亚联邦宪法中增加保障基本人权的条款。

趋势下，三大主体民族在遏制本区内少数民族活动的同时，对其他区内的少数民族则采取了支持和鼓动的态度，以削弱对手争夺中央权力的实力。在少数民族看来，同另外的民族－地域－政治集团结盟，能让自己得到一定的保护。正是这些少数民族不断地要求建立他们自己的区，才推动了尼日利亚联邦结构的进一步划分。1963年，中西区（Midwestern Region）从西区中划分出来，尼日利亚区的数目由3个增加至4个，这种区划一直维持到1967年。1967年，尼日利亚由4个区划分成了12个州。此后，尼日利亚州的数目不断增加。目前，除阿布贾（Abuja）联邦首都区（Federal Capital Territory，FCT）外，尼日利亚全国划分为36个州。

为方便起见，我们可以从地缘政治学的角度来考察一下尼日利亚民族的分布状况。尼日利亚按照民族－地域－政治集团可以划分为六大区，如表2－1所示。尼日利亚宪法虽没有提到这六大地缘政治区（geopolitical zones），但这样的划分在实践中已得到尼日利亚政治家们的承认。[1]

表2－1　尼日利亚六大地缘政治区与三十六州

| 西北区<br>North West Zone | 中北区<br>North Central Zone | 东北区<br>North East Zone | 西南区<br>South West Zone | 南南区<br>South South Zone | 东南区<br>South East Zone |
| --- | --- | --- | --- | --- | --- |
| 索科托州<br>Sokoto State | 夸拉州<br>Kwara State | 约贝州<br>Yobe State | 奥约州<br>Oyo State | 埃多州<br>Edo State | 埃努古州<br>Enugu State |
| 凯比州<br>Kebbi State | 尼日尔州<br>Niger State | 博尔诺州<br>Borno State | 奥孙州<br>Osun State | 三角洲州<br>Delta State | 阿南布拉州<br>Anambra State |
| 扎姆法拉州<br>Zamfara State | 科吉州<br>Kogi State | 贡贝州<br>Gombe State | 埃基蒂州<br>Ekiti State | 巴耶尔萨州<br>Bayelsa State | 埃邦伊州<br>Ebonyi State |
| 卡齐纳州<br>Katsina State | 贝努埃州<br>Benue State | 包奇州<br>Bauchi State | 翁多州<br>Ondo State | 河流州<br>Rivers State | 阿比亚州<br>Abia State |
| 卡诺州<br>Kano State | 纳萨拉瓦州<br>Nasarawa State | 阿达马瓦州<br>Adamawa State | 奥贡州<br>Ogun State | 阿夸·伊博姆州<br>Akwa Ibom State | 伊莫州<br>Imo State |
| 吉加瓦州<br>Jigawa State | 高原州<br>Plateau State | 塔拉巴州<br>Taraba State | 拉各斯州<br>Lagos State | 克罗斯河州<br>Cross River State | |

---

[1] Richard L. Sklar, Ebere Onwudiwe, and Darren Kew, "Nigeria: Completing Obasanjo's Legacy," *Journal of Democracy*, Vol. 17, No. 3, 2006, p. 102.

续表

| 西北区<br>North West Zone | 中北区<br>North Central Zone | 东北区<br>North East Zone | 西南区<br>South West Zone | 南南区<br>South South Zone | 东南区<br>South East Zone |
|---|---|---|---|---|---|
| 卡杜纳州<br>Kaduna State | | | | | |

资料来源：Infoguide Nigeria, https://infoguidenigeria.com/geopolitical-zones-in-nigeria/。

大体来说，西北区是豪萨－富拉尼人聚居的核心地区及穆斯林聚居区。中北区是原北区的一些主要少数民族的聚居区，居民多信奉基督教或非洲传统宗教。东北区也是北方少数民族聚居的一个区，该区的一个"核心"民族为卡努里族；东北区的另外一个"核心"少数民族是阿达马瓦州的富拉尼人，他们不同于西北区的豪萨－富拉尼人，仍然讲本民族语言富尔贝语。从宗教信仰来看，东北区的穆斯林和基督徒的数量都不少。西南区是约鲁巴人聚居的核心地区；而东南区则是伊博人聚居的核心地区；南南区是原西区和东区少数民族聚居的一个地区。伊斯兰教在西南区也是一种重要宗教，南部其他两个区的居民主要信奉基督教或非洲传统宗教。

值得注意的是，这种概括很容易掩盖尼日利亚每一个区、每一个州的民族、宗教构成比较复杂这一现实。例如，西北区居民主要是穆斯林，但卡杜纳州南部和凯比州分布着大量基督徒，该区还有众多少数民族。其他区也有类似情况。此外，一些少数民族不止分布在一个区或一个州。虽然北部各区的民族构成的多样性非常明显，但由于豪萨语作为一种商业语言已广为流行，该区在语言方面有一定程度的统一。相比之下，南南区有近60个少数民族，他们在民族特征和语言等方面的差异非常大。由于尼日利亚少数民族主要分布在中北、东北、南南和西北区的南缘，上述地区也是尼日利亚少数民族政治和宗教纷争最为激烈的地区。

## 四 尼日利亚的主要民族

豪萨－富拉尼族、约鲁巴族、伊博族三大主体民族[①]以及卡努里族、伊

---

① The Diagram Group, *Peoples of Africa: Peoples of West Africa*, England: Diagram Visual Information Ltd., 1997, pp. 60 - 65, 68 - 75, 94 - 99.

比比奥族、蒂夫族、伊乔族、埃多族、努佩族等少数民族是尼日利亚的主要民族,他们同其他人数较少的少数民族共同生活在尼日利亚的辽阔疆域内,都为尼日利亚的发展做出了自己的贡献。同时,棘手的民族问题成为这些民族在努力进行民族国家建构时共同面对的难题。

豪萨-富拉尼族(Hausa-Fulani)最初是两个民族,其后来通过民族聚合成为尼日利亚的第一大族体,集中分布在尼日利亚北部的卡诺、包奇、索科托、尼日尔、卡齐纳、吉加瓦、约贝州以及中北区西部的夸拉州等地区,人口为2000多万人,主要从事农业和畜牧业,居民大多信奉伊斯兰教,主要使用豪萨语。豪萨族的形成过程比较复杂,学术界对此至今没有定论。① 豪萨人在历史上创造了灿烂的文明,并建立过著名的"豪萨城邦"(Hausa States)。富拉尼族在西非已有一千多年的历史,但对于其起源问题,学术界同样是众说纷纭。一般认为,他们是北非人和撒哈拉以南非洲人的后裔,过着逐水草而居的游牧生活。② 富拉尼族是非洲跨国界最多的一个民族,由于分布地域广,曾经有过好多种称呼,如富拉尼族、富拉族、颇尔族、富尔贝族等,但使用最广的是"富拉尼族"这个名字。③ 后来,富拉尼族逐渐迁徙到了西非塞内加尔北部地区。一部分富拉尼人在那里定居,另一部分继续向东、向南迁徙,后来定居在几内亚的富塔贾隆地区(Futa Djallon)和尼日利亚北部豪萨人聚居的地区。如今,富拉尼族也是世界上规模最大的半游牧民族,从塞内加尔一直到中非共和国,在14个西非和中部非洲国家中都可以见到他们的身影。④

富拉尼人来到尼日利亚后,与豪萨人杂居和通婚。作为外来少数民族的富拉尼人同豪萨人和平共处长达几个世纪。但在18世纪末,豪萨统治者对富拉尼人征收重税,引发了富拉尼人的反抗。1804年,富拉尼穆斯林学者乌

---

① 关于学术界对豪萨族起源的讨论,参见何芳川、宁骚主编《非洲通史》(古代卷),华东师范大学出版社,1995,第331~334页。
② The Diagram Group, *Peoples of Africa: Peoples of West Africa*, England: Diagram Visual Information Ltd., 1997, p.60.
③ 葛公尚、于红主编《世界民族第六卷:非洲》,中国社会科学出版社,2013,第331页。
④ The Diagram Group, *Peoples of Africa: Peoples of West Africa*, England: Diagram Visual Information Ltd., 1997, p.60.

斯曼·丹·福迪奥（Usman dan Fodio）发动圣战，反抗豪萨君主的统治，并得到了同样受压迫的农村豪萨人的支持。1809 年，福迪奥最终征服了豪萨城邦，建立了以索科托为都城的伊斯兰帝国——索科托帝国（Sokoto Caliphate）[1]。富拉尼人对这一地区的统治一直延续到了英国殖民主义者入侵以前。长期的杂居和通婚以及豪萨文化强大的同化力使富拉尼人逐步放弃了原有的语言而采用豪萨语和豪萨人的风俗习惯，其绝大部分被完全豪萨化，成为豪萨族的重要组成部分。因此，尼日利亚北部的豪萨族一般被称为"豪萨－富拉尼族"。[2]

还有一部分富拉尼人仍然保留游牧习俗，被称为"养牛者富拉尼人"（Cattle Fulani），在有些文献中，也被称作博罗罗人（Bororo）[3]。截至2010年，富拉尼人占尼日利亚人口的比重为4%左右。在36个州中，28个州有富拉尼牧民，人数估计超过1000万人。[4] 根据生产生活方式的不同，富拉尼人大致可以分为三类：定居富拉尼人、半游牧富拉尼人和游牧富拉尼人。尼日利亚当前的农牧民冲突，主要是游牧、半游牧富拉尼人同定居的少数民族农民之间的冲突。

约鲁巴族（Yoruba）主要分布在尼日利亚西部的拉各斯、奥约、奥贡、翁多、奥孙等州。在约鲁巴人中，约一半人信奉基督教，一半人信奉伊斯兰教，主要语言是约鲁巴语。历史上，约鲁巴人建立过伊费（Ife）、奥约（Oyo）和贝宁（Benin）等王国。其中，伊费王国被认为是约鲁巴人的诞生地，而在七八世纪出现的伊费城则被认为是约鲁巴人的精神之都。此后，从伊费王国中又衍生出一些新的王国，最具影响力的就是控制约鲁巴北部地区至沿海地区贸易路线的奥约帝国。到了 18 世纪，约鲁巴地区内战不断，奥约帝国也最终在 19 世纪 30 年代分崩离析，其影响力被新兴的伊巴丹（Ibadan）取代。约鲁巴地区的连年内战不仅阻碍了该地区统一政治实

---

[1] 索科托帝国的范围包括尼日利亚北部以及今尼日尔、贝宁和喀麦隆的部分地区。
[2] 详细情况参见王正龙《西非最大的民族豪萨族及其语言》，《西亚非洲》1984 年第 3 期。
[3] Toyin Falola, *Culture and Customs of Nigeria*, Westport: Greenwood Press, 2001, p.150.
[4] International Crisis Group, "Herders Against Farmers: Nigeria's Expanding Deadly Conflict," *Africa Report*, No.252, 2017, p.1.

第二章 尼日利亚的民族问题

体的出现,还给欧洲奴隶贩子以可乘之机。在内战中,一些约鲁巴王国常常将俘获的敌对王国的俘虏卖为奴隶,他们的同胞就被欧洲人转贩到美洲。到19世纪末,英国殖民主义者已经控制了约鲁巴地区并在20世纪伊始将其纳入了英属南尼日利亚保护国。在20世纪50年代尼日利亚民族独立运动中,约鲁巴人发挥了重要作用。时至今日,他们在尼日利亚政治中仍发挥着重要的影响力。

伊博族(Igbo)① 主要分布在尼日利亚东南部的埃努古、阿比亚、伊莫、阿南布拉、河流州等地区。伊博人曾建立过以家族为基础的村社式政权,每一名成年男子对地方事务都有发言权。伊博族在历史上遭受了很大的不幸。奴隶贸易时期,成千上万的伊博人被荷兰和英国奴隶贩子贩卖到美洲为奴。到了所谓的"合法贸易"时期,伊博人居住的地区又成为英国商人掠夺原材料(主要是棕榈油、木材和象牙)的场所。1900年,英国殖民主义者将伊博人居住的地区纳入英属南尼日利亚保护国。现在,伊博人的经济活动以农业和渔业为主,多信奉基督教,主要语言是伊博语。

努佩族(Nupe) 分布在尼日尔河和卡杜纳河之间,其在15世纪建立的国家一直存在到19世纪初。16~18世纪是努佩王国的强盛期。努佩人以制作玻璃、银器、青铜和黄铜制品而远近闻名,手工艺人还按照行业结成了行会。在努佩人的传统政治制度中,每个城镇或村庄组成一个独立的政治实体,一位村长宣称控制这个城镇及其周边村庄。努佩地区是19世纪卡诺酋长国奴隶的主要来源地之一。

卡努里族(Kanuri) 居住在尼日利亚东北部,曾建立加涅姆-博尔努国,信仰伊斯兰教。卡努里人主要生活在尼日利亚北部乍得湖附近的博尔诺州。绝大多数卡努里人从事农业,种植玉米、小米、花生和棉花。他们多居住在规模较小的村落里,传统政治权威属于受长者理事会指导的酋长。卡努里人也有大型商业和贸易中心。他们倾向于建立中央集权的政治制度。

他们建立了西非最大的帝国之一,即加涅姆-博尔努帝国。卡努里人的口

---

① 早期学术界将尼日利亚东部的这一族体称为"Ibo"(伊博族),但现代伊博族作家认为,"Igbo"才是他们这个民族的正确拼法。因此,学术界现在一般采用"Igbo"拼法。

头传统认为，也门贵族萨伊夫·本·杜·亚桑（Saef Ben Dhu Yasan）是他们的祖先和塞法瓦王朝（Sefawa Dynasty）创始人。自19世纪末加涅姆-博尔努国衰败以来，卡努里人一直在塑造尼日利亚的历史进程中发挥着影响力。

伊比比奥族（Ibibio）居住在尼日利亚东南部，主要从事农业和渔业。他们与欧洲人特别是欧洲奴隶贩子打交道的历史很悠久，因此曾建立过像老卡拉巴尔（Old Calabar）那样的城邦。伊比比奥人与埃菲克人（Efik）关系密切。然而，与埃菲克人不同的是，他们有一个松散的政治结构，依靠秘密会社维持法律和秩序，保护村庄免受自然灾害。伊比比奥人在尼日尔河三角洲种植油棕榈。

蒂夫族（Tiv）居住在尼日利亚中部，大多保持着传统习俗和宗教信仰，具有复杂的商业组织。蒂夫人曾是尼日利亚北区的重要民族之一，19世纪初富拉尼人发动的圣战也未征服他们。蒂夫语是班图语族的一部分。蒂夫族是贝努埃州的主体民族，在邻近的纳萨拉瓦州、塔拉巴州和高原州被认为是少数民族。在殖民统治之前，蒂夫人生活在一个松散的政治结构中，从事农业。尼日利亚中部的许多豪萨人认为蒂夫人是强悍的定居者。19世纪末，英国在征服尼日利亚中部时遭到蒂夫人的强烈反抗。联合中部地带大会的大多数成员都是蒂夫人后裔。

伊乔族（Ijaw）居住在尼日利亚南部，是尼日尔河三角洲地区的传统居民，其中西伊乔人散居在传统村落中，东伊乔人在16世纪后建立了博尼等城邦。伊乔人聚居区河流密布，沼泽、农田星罗棋布。伊乔人传统上以捕鱼为生。他们建立了小型的村落，房屋多搭建在沼泽地之上的支柱上。由于他们所处的特殊地理位置，许多伊乔人在18世纪参加了奴隶贸易，充当非洲内陆与沿海欧洲奴隶贩子的中间商。现在，由于石油的开采，伊乔人聚居区的面貌发生了显著变化，兴起了像哈科特港（河流州首府）这样的现代化城市。但在河流州腹地的一些地区，伊乔人仍旧保持着传统的生活方式。

埃多族（Edo）分布在尼日利亚南部，以雕刻和金属冶炼著称。在历史上，埃多族的统治层同约鲁巴人关系密切。约鲁巴人的传说认为，埃多族各部落是约鲁巴人的分支，但如今分别讲埃多语和约鲁巴语的人之间已无法相互沟通。15世纪欧洲人到来时,埃多人已建立了强盛的王国。

从以上简要介绍可以看出,尼日利亚三大主体民族和一些重要少数民族在历史、语言、宗教、文化、经济、社会和政治发展等方面各具特色。许多民族在历史上曾建立过自己的政权,只不过在疆域、势力、政权组织形式、经济和政治发展水平等方面有很大差异。受地理因素等条件的限制,这些政治实体之间的联系非常少,基本上是按照自己的模式在相对封闭的地域内发展的。英国殖民主义者的入侵及随后的殖民统治完全打破了这种状况。无论是建立过自己政权的民族,还是处在社会较低发展阶段的民族,都被纳入一个叫"尼日利亚"的政治实体当中。尼日利亚各民族在这个新的政治实体中都面临新的机遇和挑战,而如何将众多族体纳入统一的国家之中,建构尼日利亚民族国家,则不可避免地成为独立后尼日利亚历届领导人(无论是文官还是军人)考虑的首要问题之一。

## 第二节 尼日利亚民族问题的由来与演化

尼日利亚的民族问题具有深刻的历史根源。英国殖民统治者不仅使"族体性"政治化,还想方设法地人为制造民族矛盾,引发民族问题。在争取民族独立的过程中,族体性的政治化对三大主体民族的政治领导人产生了深远影响,也给尼日利亚独立后的民族问题的解决留下了隐患。尼日利亚历届政府采取了不少措施来解决民族问题,虽取得了一定成效,但民族问题依然比较突出,一些措施还引发了新问题。

### 一 英国殖民统治与尼日利亚民族问题

尼日利亚独立后的民族矛盾和冲突的根源可追溯到英国殖民主义者分而治之的"间接统治"政策及其影响。英国在尼日利亚实行"间接统治",最初是为了克服殖民统治当中遇到的财力、人力短缺等问题。[①] 后来,这一政

---

[①] 国内学者的相关研究可参见李智彪《卢加德与北尼日利亚》,《西亚非洲》1988年第1期;张象、姚西伊《论英国对尼日利亚的间接统治》,《西亚非洲》1986年第1期。

策成了殖民主义者在尼日利亚人当中强化族体性的一种便捷方式。尼日利亚著名政治学家克劳德·阿克（Claude Ake）指出，"殖民统治的成本低廉（cheapness）是政治族体性的一个最初来源"①。英国殖民主义者在统治尼日利亚的一百多年间，一直利用、挑拨族际矛盾，加剧了尼日利亚民族矛盾的复杂状况，其目的在于利用民族意识和地方民族主义②抑制尼日利亚民族主义的发展，维护其殖民统治。在整个殖民统治时期，英国殖民政府利用各种机会散布这样一个观念，即尼日利亚人的历史和传统差异很大，彼此隔离，因此在政治独立问题上没有共同命运，各个族体有权利保持自己的特性、传统、政权组织形式。曾经担任尼日利亚总督的克利福德（Clifford）认为，主要民族都有权利建立自己的国家，"尼日利亚政府的任务就是设立和加强这些国家机构"③。

英国殖民主义者激发和利用民族意识，在尼日利亚引发民族冲突，其做法主要有以下几方面。

第一，人为制造民族隔离，阻碍各民族间的正常交往。

在英国殖民统治之前，尼日利亚各族体并非生活在完全孤立之中，贸易、文化交流、联姻、战争等都提供了民族交流的渠道。因此，对他们来说，英国殖民主义者只是以一种全新的、影响深远的方式将不同族体集合到了一起，而共同遭受殖民剥削、种族歧视、不同程度的压迫和不公正的历史命运注定他们在反抗殖民统治方面会联合起来。④ 基于这样的担心，殖民主义者才会人为阻碍各民族间的正常交往。在这方面，影响较大的是英国殖民主义者在尼日利亚北部推行的"新城"计划（豪萨语为Sabon Garri）。1910

---

① Claude Ake, "What's the Problem of Ethnicity in Africa," *Transformation*, Vol. 22, 1983, p. 2.
② 根据李安山教授的定义，地方民族主义（regionalism）指"在一个国家范围内占据（或曾经占据过）某一特定地理疆域的族体为维护和促进本族体的自身利益和提高本族体在权力中心的地位而表达出来的一种心理情感、思想意识和实践活动"。学术界还有很多称呼这种现象的其他说法。详细内容参见李安山《非洲民族主义研究》，中国国际广播出版社，2004，第184~191页。
③ 参见 James S. Coleman, *Nigeria: Background to Nationalism*, Berkeley and Los Angeles: University of California Press, 1958, p. 194.
④ G. Olusanya, "The Historical Basis of Nigerian Unity: An Analysis," *The Journal of Business and Social Studies*, Vol. 3, No. 1, 1970, pp. 11–15.

第二章 尼日利亚的民族问题

年,英国殖民当局通过《土地和土著权利法令》(Land and Native Rights Ordinance),规定尼日利亚北部(除一些地区外)的土著土地今后由殖民总督控制和管理。殖民当局利用这一政策限制尼日利亚南方人迁徙到北方,因为其害怕南方人会破坏北方豪萨-富拉尼穆斯林统治阶层同殖民当局之间的联盟,损害英国殖民政府的利益。不仅如此,殖民当局还在尼日利亚北部推行了"新城"计划,这实际上是让北方人和南方人分开居住的隔离政策。在尼日利亚北方许多地方,如卡诺、扎里亚,出现了好几种居住模式。我们可以举尼日利亚北部重镇、历史名城卡诺的例子来加以说明。

卡诺新城完全是英国殖民统治的产物。1903年,英国殖民主义者在卡诺古城以东建立了新的统治中心,这在当时对卡诺城市形态并没有立即产生多大影响。后来,卡诺古城之外出现了一些贸易点,如伦敦卡诺贸易公司、皇家尼日尔公司等。1912年,铁路通到了卡诺,极大地刺激了城外的商业活动并改变了卡诺的贸易方向,即从先前与苏丹地区、北非地中海沿岸的贸易转向沿海,通过海港与欧洲国家进行贸易。到了20世纪30年代,这些新贸易点已牢固地扎下了根,其重要性超过了城内中心市场。卡诺新城一开始就是按照民族隔离和阶级隔离的原则来建立的,明显地分成几个区:有南方人区,主要居住的是尼日利亚南方基督徒,他们大多受过教会教育,来卡诺后成为中间商或欧洲商行的代理人;有殖民当局为雇佣的清洁工、搬运工、军人建立的居住区;有城市雇佣劳动力、小商人和手工业者组成的居住区;还有欧洲人居住区。保罗·吕贝克指出:"尽管卡诺穆斯林社团确实希望不受打扰,同外来的非穆斯林居民隔开,但英国的政策却使种族、民族以及阶级隔离的模式固定下来,大体上一直持续到半工业化时代。"[1] 殖民主义者在尼日利亚北方城市人为划定居住区的做法为其煽动和利用民族主义情绪提供了便利条件。[2]

---

[1] Paul Lubeck, *Islam and Urban Labor in Northern Nigeria: The Making of a Muslim Working Class*, Cambridge: Cambridge University Press, 1986, p.34.

[2] Paul Lubeck, *Islam and Urban Labor in Northern Nigeria: The Making of a Muslim Working Class*, Cambridge: Cambridge University Press, 1986, p.34.

· 77 ·

第二，利用民族矛盾镇压罢工，制造和加深民族矛盾。

例如，1945年，尼日利亚乔斯矿工发动反对殖民统治的大罢工，英国殖民当局利用尼日利亚北方经济不景气、大批豪萨人失业以及豪萨商人和伊博商人之间的竞争鼓动豪萨人抵制罢工、反对伊博移民和民族主义运动领导人阿齐克韦，导致豪萨人同伊博人的冲突持续了两天，造成人员伤亡和严重财产损失。又如，1949年11月，恩古努煤矿工人大罢工爆发，殖民当局对其进行残酷镇压，打死、打伤70多名矿工，而开枪射击的警察大部分是英国从尼日利亚北区中部地带招募来的蒂夫人。一方面，该事件使尼日利亚北部同东南部的关系恶化，加深了民族矛盾；另一方面，"流血事件使尼日利亚的民族主义运动朝着更激进的方向发展，要求尼日利亚完全获得政治自治甚至独立的口号越来越成为绝大多数尼日利亚人的斗争目标"①。

第三，操纵选举，支持一个地区反对另一个地区。

在大多数情况下，英国殖民当局都支持北方土著政权，而千方百计地防止南方激进民族主义者对北方人产生影响。例如，在1951年选举中，卡诺殖民当局对反对埃米尔候选人的北方人实施欺骗和恐吓，禁止他们公开集会。但反对传统势力当选的一些北方人还是在卡诺市区成功阻止埃米尔在第一轮投票中当选。这一事件使卡诺和北区首府卡杜纳（Kaduna）殖民当局大为震惊，甚至直接训示殖民官员要在剩余的几轮投票中帮助土著政府。阿齐克韦等南方人强烈谴责殖民当局的这种做法，并致电英国殖民大臣，要求保证选举的自由和公正。对南方人的指责，以埃米尔为首的北部封建势力耿耿于怀。

英国殖民当局还在尼日利亚推行不同的教育制度，在尼日利亚北部继续维持传统的伊斯兰教育，在南部则推行现代教育制度。这一做法进一步加大了尼日利亚南北部在受教育程度上的差距。除直接操纵和利用民族性外，英国殖民主义者在多个场合间接利用族体性为其统治服务。科尔曼指出，英国殖民主义者抓住一切可以利用的机会，散布和鼓吹尼日利亚人"被遥远的距

---

① 刘鸿武等：《从部族社会到民族国家——尼日利亚国家发展史纲》，云南大学出版社，2000，第147页。

离以及民族地缘、种族、部落、政治、社会和宗教屏障相互分隔开来"[1] 的言论。关于这一点,英国的间接统治体系和分区化(regionalization)体现得非常清楚。英国殖民当局在政治上竭力保持尼日利亚各民族各自为政的局面,按照三大族体聚居区划分为北区、西区、东区和拉各斯联邦领地,三大主体民族统治各自地区和争取竞争对手区域的中小民族。英国殖民主义者极力利用三大主体民族间的矛盾,在政治上大力扶植豪萨-富拉尼族上层集团,将之作为其殖民统治的支柱;同时,让经济、文化发展程度较高的南部约鲁巴人和伊博人担任政府中的高级文官,将之作为牵制豪萨-富拉民族上层集团的力量。英国殖民主义者的这些做法与尼日利亚民族独立运动时期的民族矛盾有直接关系。

## 二 尼日利亚民族独立运动时期的民族矛盾

1914年北尼日利亚殖民地和保护国、南尼日利亚殖民地和保护国的合并是尼日利亚历史上的重大事件,这是尼日利亚作为一个统一政治实体的开始,为以后尼日利亚民族意识的觉醒提供了基本的政治框架。[2] 另外,它也为各种形式的地方民族主义的兴起提供了政治框架和舞台。需要指出的是,英国殖民主义者的这一举措是出于自身经济利益的考虑。[3] 对英国殖民官员、人类学家和历史学家来说,他们更感兴趣的是那些区分尼日利亚各族体的政治、经济、教育和宗教等方面的东西,而不是有助于尼日利亚统一的那些东西。[4] 英国殖民主义者的典型做法就是立法,他们根据自身需要和尼日利亚

---

[1] James S. Coleman, *Nigeria: Background to Nationalism*, Berkeley and Los Angeles: University of California Press, 1958, p. 193.
[2] 刘鸿武等:《从部族社会到民族国家——尼日利亚国家发展史纲》,云南大学出版社,2000,第140页。
[3] Godfrey N. Uzoigwe, "Assessing the History of Ethnic-Religious Relations," in Ernest E. Uwazie, Isaac O. Albert and Godfrey N. Uzoigwe, eds., *Inter-Ethnic and Religious Conflict Resolution in Nigeria*, New York: Lexington Books, 1999, p. 8.
[4] Godfrey N. Uzoigwe, "Assessing the History of Ethnic-Religious Relations," in Ernest E. Uwazie, Isaac O. Albert and Godfrey N. Uzoigwe, eds., *Inter-Ethnic and Religious Conflict Resolution in Nigeria*, New York: Lexington Books, 1999, pp. 7-8.

国内形势的发展变化,为尼日利亚制定了多部以尼日利亚总督命名的宪法①,目的就是利用尼日利亚东、西、北三大区之间在民族、宗教、语言和经济发展方面的差异大做文章,人为制造、夸大和激化各区的矛盾和冲突,以削弱殖民地人民的反抗,分裂和瓦解尼日利亚的民族主义运动,延长英国的殖民统治。②

在被纳入英国人组建的政治实体之后,尼日利亚三大主体民族的主要政治领导人——北区的贝洛(1910~1966)、西区的阿沃勒沃(1909~1987)和东区的阿齐克韦(1904~1996),对其民族以及未来尼日利亚国家前途的认识有很大不同。这些分歧不仅影响了尼日利亚的独立进程,还深刻影响了独立后尼日利亚的发展道路。即使到了今天,尼日利亚历史上这三位政治领导人的遗产也不乏坚定追随者。北区政治领导人、索科托帝国王室后裔贝洛在其传记《我的一生》中将1914年北尼日利亚殖民地和保护国、南尼日利亚殖民地和保护国的合并称为"1914年错误"(the mistake of 1914),这似乎表明北方穆斯林统治阶层起初可能希望按照自己的意愿发展。③ 贝洛写道:"卢加德勋爵和他的《合并法令》当时在我们中间一点都不受欢迎。到处是支持分离的鼓动:我们应该自己建立(国家);我们应该停止同南方人的任何往来;我们应该走自己的路。"④ 1914年北尼日利亚殖民地和保护国、南尼日利亚殖民地和保护国合并时,贝洛只有4岁。因此,他后来在自传体著作中所描述的北方穆斯林统治阶层反对同南方人合并的事情不一定完全准确,但至少说明在北方穆斯林统治阶层中对英国人的这一政策持不同意见者

---

① 这些宪法包括1922年的《克利福德宪法》、1946年的《理查兹宪法》、1951年的《麦克弗逊宪法》以及1954年的《李特尔顿宪法》。参见 E. Michael Joye and Kingsley Igweike, Introduction to the 1979 Nigerian Constitution, Ibadan: Macmillan Nigeria, 1982, pp. 19-32; Anthony Kirk-Greene, "The Remedial Imperatives of the Nigerian Constitution, 1922-1992," in Larry Diamond, Anthony Kirk-Greene, and Oyeleye Oyediran, eds., Transition Without End: Nigerian Politics and Civil Society under Babangida, Boulder, CO: Lynne Rienner Publishers, 1997, pp. 31-50。

② 刘鸿武等:《从部族社会到民族国家——尼日利亚国家发展史纲》,云南大学出版社,2000,第154页。

③ Ahmadu Bello, My Life, Cambridge: Cambridge University Press, 1962, p. 133.

④ Ahmadu Bello, My Life, Cambridge: Cambridge University Press, 1962, p. 135.

不在少数。① 但是，出于经济上的原因，贝洛后来放弃了这一想法。② 殖民主义者入侵前，以北区核心豪萨兰（Hausaland）为中心的北尼日利亚是穿越撒哈拉沙漠贸易的一个重要节点，孕育了灿烂的豪萨商业文明。欧洲殖民主义者入侵后，按照"有效占领"的原则纷纷在非洲各地建立殖民地、划分势力范围，从而彻底摧毁了这一贸易格局。英国殖民主义者为了将北尼日利亚改造成自己的原料产地和商品销售市场，以多种手段促进原材料的生产和开采并修建铁路和公路等交通设施。伴随着这些政策的出台，尼日利亚经济重心逐渐南移。尼日利亚北方日益依赖南方的港口，如拉各斯港和哈科特港，将之作为自己的出海口。因此，这一时期北方诸省（北区）虽不时流露出希望同西方诸省和东方诸省一样独立发展的愿望，但由于经济原因和英国殖民总督的反对，北区并没有采取进一步的行动。北方诸省的分离情绪可以说是穆斯林统治阶层在面临外来入侵、感到危机来临时所做出的一种自然而然的反应。

尼日利亚北区的分离主义情绪在很大程度上反映的是，北区想按照自己的道路发展，而不是真正要从未来国家中分离出去。这种意识在尼日利亚民族独立运动时期表现得非常明显。1943年，尼日利亚总督亚瑟·理查兹（Arthur Richards）在尼日利亚立法委员会发表就职演讲时指出，无论是从政治、经济还是从社会层面看，尼日利亚都还不是一个有足够凝聚力的整体，因此无法立即实现全面自治。③ 理查兹的观点在尼日利亚南北代表之间引起争论。在回应理查兹的这一言论时，北区代表巴勒瓦说："（理查兹）先生，我们并不想让我们的南方邻居干涉我们的发展。如果南方人认为他们是所争取和所要求的目标的代表，那么他们就必须清楚，北方诸省情况不同。我们从未将自己同这些人的活动联系在一起——我们并不认可他们，对他们的行

---

① Tekena N. Tamuno, "Separatist Agitations in Nigeria since 1914," *The Journal of Modern African Studies*, Vol. 8, No. 4, 1970, p. 565.
② Tekena N. Tamuno, "Separatist Agitations in Nigeria since 1914," *The Journal of Modern African Studies*, Vol. 8, No. 4, 1970, p. 566.
③ Legislative Council Debates, First Session, March 20, 1947, p. 7, cited in Abubakar Momoh and Said Adejumobi, eds., *The National Question in Nigeria: Comparative Perspectives*, Burlington: Ashgate Publishing Company, 2002, p. 33.

动不负任何责任。如果英国人退出尼日利亚，北方人将继续他们被中断了的征服大海的行动。"① 巴勒瓦的话预示着北区要在独立的国家内占据主导地位，而不是局限在其传统势力范围之内。尼日利亚独立后的政治现实似乎也印证了这一点。

对于理查兹和巴勒瓦的言论，东、西区的代表都表示失望。东区议员过分乐观地认为，《理查兹宪法》的主旨是让尼日利亚北方人和南方人将尼日利亚的利益视作一个不可分割的整体；而西区议员则担心北方人今后会主宰南方人的命运。虽然尼日利亚南方这两个区是尼日利亚民族独立运动的主力军，但其对未来独立国家的描绘依然深深打上了地方民族主义的烙印。尼日利亚第一任总统、伊博人阿齐克韦1943年在《西非领航员》（*West African Pilot*）杂志上发表了一系列名为"尼日利亚政治蓝图"的文章，建议将自治国家划分为八个保护区，每一个保护区大体包含一个族体。②

约鲁巴人代表阿沃勒沃在他的自传中写道，按照阿齐克韦的公式，尼日利亚西部贝宁和瓦里（Warri）的所有伊博人同东部奥尼察（Onitsha）、奥维里（Owerri）的伊博人被划到一起，组成南部保护区，但尼日利亚北部伊洛林和卡巴（Kabba）的约鲁巴人并没有被给予这样的考虑。此外，伊博人非常明显地被划分到了南部、东南两个保护区中。这样，他们就可以凭借数量优势永久控制这两个区。因此，阿齐克韦的公式并不科学，明显具有偏向伊博人的派系倾向，不可能保证尼日利亚各个族体之间的和谐。③ 那么，阿沃勒沃心目中的尼日利亚是什么样呢？在他1947年出版的《尼日利亚的自由

---

① Legislative Council Debates, First Session, March 24, 1947, p. 212, cited in Abubakar Momoh and Said Adejumobi, eds., *The National Question in Nigeria: Comparative Perspectives*, Burlington: Ashgate Publishing Company, 2002, p. 33.

② 阿齐克韦设想的尼日利亚的八个区为：北区（卡齐纳、卡诺和扎里亚省）、西北区（索科托、尼日尔和伊洛林省）、东北区（博尔诺、包奇和阿达马瓦省）、中部区（卡巴、贝努埃和高原省）、南部区（瓦里、贝宁、奥尼察和奥维里省）、西南区（翁多、伊杰布、阿贝奥库塔、奥约和拉各斯省）、东南区（卡拉巴尔和奥戈贾省）以及喀麦隆区（南方和北方省）。参见 Obafemi Awolowo, *Awo: The Autobiography of Chief Obafemi Awolowo*, Cambridge: Cambridge University Press, 1960, p. 167。

③ Obafemi Awolowo, *Awo: The Autobiography of Chief Obafemi Awolowo*, Cambridge: Cambridge University Press, 1960, pp. 167 – 168.

之路》一书中,他指出,确切地说,"尼日利亚"只不过是一个在其疆域内包含众多文化和语言意义上的少数民族的"地理概念"(geographical expression)。[1] 阿沃勒沃认为,每一个民族都有自己土生土长的制度,但在殖民统治时期,这些制度都被歪曲和滥用了;尼日利亚行政区划的指导原则的依据应该是族体类别(ethnic classification)、文化亲缘(cultural affinity)、共同问题以及行政便利。[2] 阿沃勒沃没有限定尼日利亚联邦将来划分州的数目,"即使未来的尼日利亚合众国(United States of Nigeria)有30个到40个地区议会也不算多"[3]。地方民族主义在其心目中的地位可见一斑。

20世纪50年代尼日利亚独立前夕,英国人的一些制度安排和尼日利亚政党之间的激烈角逐又点燃了尼日利亚一些地区的分离主义情绪。1950年,尼日利亚北、南两地表现出强烈的地方民族主义情绪。当各地代表在伊巴丹讨论《理查兹宪法》时,北、南双方的矛盾就表现得非常尖锐,争论的一个焦点就是各地在中央立法议会中的代表比例问题。大会建议北部省份、东部省份和西部省份的名额分别为45人、33人、33人。[4] 但北部省份的一些代表,如扎里亚和卡齐纳的埃米尔认为,北部省份应得到中央立法议会50%的席位,如果这一要求得不到满足,北部省份就要求从尼日利亚中分离出去。1951年《麦克弗逊宪法》的实施将分区制原则以法律的形式确立下来。该宪法规定,尼日利亚全国分为北、西、东三大区,各区设一个立法议会和一个行政议会,区议会拥有立法权和财政权,在北区和西区还设有酋长议会;中央设立中央议会,称众议院。英国政府实际上同意了北部省份的要求。在选举产生的136名议员中,北区占68人,西区和东区各为34人,北区占有

---

[1] Obafemi Awolowo, *Path to Nigerian Freedom*, London: Faber and Faber, 1947, pp. 47 – 48, cited in Godfrey N. Uzoigwe, "Assessing the History of Ethnic-Religious Relations," in Ernest E. Uwazie, Isaac O. Albert and Godfrey N. Uzoigwe, eds., *Inter-Ethnic and Religious Conflict Resolution in Nigeria*, New York: Lexington Books, 1999, p. 7.

[2] Obafemi Awolowo, *Awo: The Autobiography of Chief Obafemi Awolowo*, Cambridge: Cambridge University Press, 1960, p. 177.

[3] Obafemi Awolowo, *Awo: The Autobiography of Chief Obafemi Awolowo*, Cambridge: Cambridge University Press, 1960, p. 175.

[4] Tekena N. Tamuno, "Separatist Agitations in Nigeria since 1914," *The Journal of Modern African Studies*, Vol. 8, No. 4, 1970, pp. 567 – 568.

50%的席位。从这一点来看，北区的分离主义要求实际上是为了给英国政府施加影响以建立北区在未来尼日利亚联邦中的主导地位。

1953年4月，众议院关于"自治政府"（self-government）的辩论再次引发稍稍蛰伏的分离主义情绪。1914年之后，尼日利亚南、北两个地区在法律上被松散地联系到一起，但两地保持了各自的政治发展方向和行政管理机构。英国殖民当局有意或无意造成的尼日利亚政治、经济两极分化在很大程度上导致了1953年的政治危机和在卡诺爆发的豪萨人同伊博人的暴力冲突。该事件的起因是众议院关于建立自治政府的议案所引发的政治危机。1953年3月31日，约鲁巴人主导的行动派（Action Group，AG）议员安东尼·埃纳奥罗（Anthony Enahoro）在众议院提出著名的"命运议案"（Motion of Destiny），要求将在尼日利亚建立自治政府的时间定为1956年。豪萨－富拉尼人主导的北方人民大会党（Northern Peoples Congress，NPC）事先没有对此问题制定对策，在没有得到北区政府训令的情况下也不想接受这个决定，因此反对该提案。北区领导人贝洛提出了一个修正案，用"尽早"（as soon as practical）代替"1956年"。事实上，北方人民大会党不支持该提案自有原因。由于英国的"间接统治"政策和分区化，北方在经济和社会发展上远远落后于南方，其因此担心北方在独立后尼日利亚的政治中处于次要地位，受制于南方的政治精英。[①] 而此时的行动派和伊博人主导的尼日利亚与喀麦隆国民会议（National Council of Nigeria and Cameroons，NCNC）通过谈判结成了联盟，力主在1956年建立自治政府，因此拒绝了北区的修正案并猛烈攻击北区领导人，称其同英国殖民主义勾结，企图保留殖民统治。北方人也猛烈抨击南方人。议会中的相互攻击蔓延到了拉各斯街头，尼日利亚与喀麦隆国民会议、行动派的支持者对北区代表进行侮辱和谩骂，拉各斯的报纸也对北区代表进行尖刻的批评和嘲笑。北方人被这些攻击激怒了，通过了一个纲领，宣布北区实际上从尼日利亚中分离出去。[②] 北区政府的这种做法又遭到

---

[①] Toyin Falola, *The History of Nigeria*, Westport: Greenwood Press, 1999, p. 93.
[②] Larry Diamond, *Class, Ethnicity and Democracy in Nigeria*, Hong Kong: Macmillan Publishers (China) Ltd., 1988, p. 49.

第二章 尼日利亚的民族问题

尼日利亚与喀麦隆国民会议、行动派及它们的报纸更加猛烈的批评，其谴责北方人民大会党领导人是"帝国主义走狗"，没有自己的头脑，根本就不能代表他们的人民。为了证明这一点，这两个政党决定各自率团到北区开展动员民众支持尼日利亚尽早独立的活动。结果，1953年5月，行动派成员塞缪尔·阿金托拉（Samuel Akintola）领导的代表团在北区重镇卡诺遭遇了一场骚乱。尽管这场骚乱是由一个约鲁巴人的政党引发的，但在骚乱中丧生的大部分人是伊博人，因为他们在经济领域是豪萨人的主要竞争对手；同时，他们信仰的是基督教。① 在持续4天的骚乱中，36人死亡，其中北方人15人，南方人（伊博人）21人，还有200多人受伤。② 1953年卡诺骚乱虽不是北区首起族际暴力冲突，但却是当时最血腥的一起冲突，它还预示了13年后更为严重、最终导致一场内战的族际冲突。③ 卡诺骚乱后，北区政府出台了"北方化"（northernization）政策，以惩罚南方政治家对北区领导人的侮辱和1953年对北方人政治领地的"突袭"。卡诺骚乱还使北方人同南方人之间的不信任进一步加深。随后，北区酋长院和参议院通过一项法案，要求建立强有力的地区政府。

为了有效控制尼日利亚的独立进程，使独立后的尼日利亚按照符合英国利益的模式发展，英国人在尼日利亚北区威胁要分离的时刻先后在伦敦（1953年7~8月）和拉各斯（1954年1~2月）召开了尼日利亚制宪会议。在伦敦会议期间，尼日利亚各派代表围绕着拉各斯在尼日利亚独立后的地位问题又展开了新的较量。④ 这一次，提出分离威胁的是以约鲁巴人为主体的西区。西区代表认为，拉各斯是约鲁巴人的城镇，他们要按照自己的意愿来管理拉各斯。以阿沃勒沃为首的西区代表强调了拉各斯同约鲁巴地区的历史

---

① Isaac Olawale Albert, "Ethnic and Religious Conflicts in Kano," in Onigu Otite and Isaac Olawale Albert, eds., *Community Conflicts in Nigeria: Management, Resolution and Transformation*, Ibadan: Spectrum Books, 1999, pp. 281 – 282.
② James S. Coleman, *Nigeria: Background to Nationalism*, Berkeley and Los Angeles: University of California Press, 1958, pp. 398 – 399.
③ Larry Diamond, *Class, Ethnicity and Democracy in Nigeria*, Hong Kong: Macmillan Publishers (China) Ltd., 1988, p. 49.
④ 1950年召开的各派会议曾讨论过尼日利亚独立后拉各斯的地位问题。

联系，甚至表示只要拉各斯继续由西区管辖，西区愿意出资在别处建立新的首都。北区代表在1950年认为，为了便于管理，拉各斯应当同西区合并；但到了1953年，北方代表担心在联邦制下，各区享有更大自主权后，谁控制了拉各斯，谁就会控制北区出海口阿帕帕港（Apapa），因此表示要重新考虑拉各斯的地位问题。东区代表则认为，他们将拉各斯视为"无人之地"（no man's land）。各区代表要求时任英国殖民大臣奥利弗·李特尔顿（Oliver Lyttelton）最终表态。李特尔顿认为，拉各斯应当为尼日利亚联邦的首都，拉各斯市区为"联邦区"。西区代表对此深感不满。①

1953年10月，行动派领导人、西区总理阿沃勒沃为此向英国殖民大臣发去一份措辞严厉的电报，宣称"西区有决定是否留在被提议建立的尼日利亚联邦内的自由"。由于该电报被披露，英国殖民大臣的答复也被公之于众，其称西区谋求从尼日利亚联邦中分离的任何企图都将被视作使用武力。② 英国维护尼日利亚的统一虽是更多地出于自身经济利益的考虑，但拉各斯问题的解决客观上压制了西区的分离主义威胁，有利于尼日利亚联邦的建立。

1954年《李特尔顿宪法》（Lyttelton Constitution）出台，将行政、司法和立法机构按地区设立，因此各区比先前有了更多的自由，可以按自己认为适当的方式来进行管理。随后，北区政府又宣布了"北方化"政策。按照北区公共事务委员会的解释，所谓"北方化"政策，就是在招募人员时，如有合格的北方人，北方人优先；如果没有，再考虑移居国外者（expatriate）或非北方人。1958年，北区政府和执政党领导人贝洛认为，该政策旨在"让北方人控制国家的一切"③。这一政策在执行中，重点是将南方人从北区公共事务部门驱逐出去。从1954年1月开始到尼日利亚独立前夕，在北区担任公务员的南方人已寥寥无几。此外，北区相关机构还重新评估了在同南方人

---

① *Report by the Conference on Nigerian Constitution*, London, 1953, p. 20, cited in Tekena N. Tamuno, "Separatist Agitations in Nigeria since 1914," *The Journal of Modern African Studies*, Vol. 8, No. 4, 1970, p. 569.

② Tekena N. Tamuno, "Separatist Agitations in Nigeria since 1914," *The Journal of Modern African Studies*, Vol. 8, No. 4, 1970, p. 570.

③ 参见 Billy Dudley, *Parties and Politics in Northern Nigeria*, London: Frank Cass, 1968, p. 220.

签署合同时如何使其处于不利地位的程序,大多数零售企业发现如果不雇南方人,办事就会很方便。①

尼日利亚独立前夕,以豪萨-富拉尼人为代表的北方人同以伊博人和约鲁巴人为代表的南方人之间的尖锐矛盾并没有掩盖伊博人同约鲁巴人之间的矛盾。阿齐克韦在同北方政治家的较量中锋芒毕露,令他的同盟军也有些不满。一些人批评阿齐克韦大搞民族沙文主义,为伊博人歌功颂德,而忽略了其他族体在尼日利亚民族独立运动中所做的贡献。一些约鲁巴领导人甚至指控阿齐克韦暗杀杰出的约鲁巴人,并以此动员约鲁巴民众组织起来反对阿齐克韦。同时,伊博人也组织起来支持阿齐克韦。一时间,伊博人同约鲁巴人的矛盾急剧上升,双方相互攻击,在拉各斯开始了冷战。同时,代表伊博人的《西非领航员》和代表约鲁巴人的《每日新闻》(*Daily Service*)开始了史无前例的新闻大战。②1948 年 7~9 月,约鲁巴人和伊博人中的极端分子甚至买光了拉各斯市场中的所有弯刀,暴力冲突一触即发。暴力事件虽没有发生,但民族偏见、民族仇视、狭隘民族主义情绪日益增长。在此情况下,伊博族和约鲁巴族政治家除了在尼日利亚独立日期上达成一致外,很难在涉及国家的其他重要问题上达成一致了。例如,1954 年 1~2 月,尼日利亚制宪会议在拉各斯举行,会议辩论的一个焦点就是区是否有脱离联邦的权利。行动派代表认为,宪法应当承认分离的权利;而尼日利亚与喀麦隆国民会议代表则认为,尼日利亚联邦不同于国家联合体,拒绝了行动派的要求。会议最终同意修改后的宪法不增加关于分离的条款。尼日利亚民族独立运动时期,各区的领导人都努力使自己的区得到更快的发展,增强自己的实力。例如,西区总理阿沃勒沃和东区的阿齐克韦都曾访问英国,寻求英国投资帮助自己所属区的发展。③

---

① Billy Dudley, *Parties and Politics in Northern Nigeria*, London: Frank Cass, 1968, p. 220.
② 参见 Isaac O. Albert, "The Role of Communication in the Escalation of Ethnic and Religious Conflicts," in Ernest E. Uwazie, Isaac O. Albert and Godfrey N. Uzoigwe, eds., *Inter-Ethnic and Religious Conflict Resolution in Nigeria*, New York: Lexington Books, 1999, pp. 19-33。
③ Frederick Pilkington, "The Problem of Unity in Nigeria," *African Affairs*, Vol. 55, No. 220, 1956, p. 220.

总之，上述几起典型事件说明，英国殖民统治时期，特别是在尼日利亚民族独立运动时期，三大主体民族的地方民族主义表现得淋漓尽致。其间，北区和西区的政治领导人不失时机地发出民族分离主义威胁，他们的目标很难说是真正从尼日利亚中分离出去，但他们处心积虑地提升自己的力量以便在未来尼日利亚权力中心占据主导地位是不争的事实。东区伊博族政治领导人的做法也表明，虽然他们为尼日利亚的独立做出了不容置疑的贡献，但地方民族主义也并非另外两个区特有的心理情感、思想意识和实践活动。尼日利亚民族独立运动本来是各个民族互相支援、互相交流、培育国族意识和建构尼日利亚民族的一个契机，但受地方民族主义因素的影响，这一目标不仅没有达到，反而埋下了独立初期军事政变和内战的隐患，由此引发的民族仇视和猜忌，对尼日利亚统一民族建构的危害则是长期而深远的。

## 三 独立后民族问题的演化轨迹

尼日利亚独立后，保留了三个区的划分，虽然以联邦形式成立了联邦政府，但实际上三个区有各自的政府、议会、警察、法律和财政收入，甚至在外交上也有各自的驻外代表，因此尼日利亚并未实现真正的统一，一直保持着以三大主体民族为基础的三足鼎立的格局。参加尼日利亚第一届议会选举的三大政党基本上是按照民族来组建的，这种状况又反过来加大了民族之间的裂痕。尼日利亚独立以来的发展历程中，由民族问题引发的暴力事件层出不穷，主要包括独立初期与民族问题相关的政变与反政变、1963年和1973年由有争议的人口统计引发的民族纷争及比夫拉内战和许多区域性宗教冲突所引发的民族冲突。[①] 据学者的统计，尼日利亚从独立到20世纪末，死于民族冲突相关事件的人数在200万人以上。[②]

---

① Eghosa E. Osaghae, *Crippled Giant: Nigeria since Independence*, London: Hurst and Company, 1998, pp. xvii – xx.

② D. Rothchild, *Managing Ethnic Conflict in Africa: Pressures and Incentives for Cooperation*, Washington, D. C.: Brookings Institute, 1997, p. 4, cited in S. Matthews and H. Solomon, "Ethnic Conflict Management in Nigeria," *Africa Insight*, Vol. 32, No. 2, 2002, p. 12.

## 第二章 尼日利亚的民族问题

概括来说，尼日利亚的民族问题可以划分为以下三类：一是三大主体民族之间的矛盾和冲突；二是主体民族和少数民族之间的矛盾和冲突，如豪萨－富拉尼穆斯林和卡塔夫（Kataf）基督徒、伊博族和伊乔族之间的冲突；三是少数民族之间的矛盾和冲突。在尼日利亚的政治生活中，这一类冲突主要包括：蒂夫族与朱昆族（Jukun）、蒂夫族与伊多马族、钱巴族（Chamba）与朱昆族、比尼族（Bini）与伊乔族以及奥贡尼族与安多尼族（Andoni）各自之间的矛盾和冲突。此外，作为少数民族问题的一个亚型，尼日利亚少数民族同尼日利亚联邦政府以及同西方跨国石油公司的矛盾和冲突自20世纪90年代以来也越来越频繁，影响也越来越深远，特别是在盛产石油的尼日尔河三角洲地区。

众所周知，民族问题很少以纯粹的形式存在，而是与引发冲突的因素密切相关。尼日利亚同世界上其他受民族问题困扰的国家一样，在其根深蒂固的民族问题中，有一个重要因素值得关注，那就是宗教在许多场合起了导火索或催化剂的作用。在尼日利亚，民族冲突和宗教冲突在许多情况下是交织在一起而无法分开的，绝大多数豪萨－富拉尼人是穆斯林，约鲁巴人和伊博人主要信奉基督教和非洲传统宗教。豪萨－富拉尼人统治阶层一直利用伊斯兰教的凝聚力来巩固其在尼日利亚北部的政治势力，而北部的中小民族往往借助基督教来为自己的利益抗争。[1] 20世纪七八十年代以来，伊斯兰激进主义在尼日利亚的民族宗教冲突中起了推波助澜的作用，尼日利亚北部的卡诺、卡杜纳等地曾发生严重的宗教冲突。[2] 例如，1986年，巴班吉达军政府秘密使尼日利亚加入伊斯兰会议组织，引发基督徒长时期的强烈抗议。自1999年北方12个州开始实施伊斯兰教法以来，尼日利亚伊斯兰教和基督教两大宗教之间的关系一直比较紧张，并多次发生大规模宗教冲突。尼日利亚宗教、民族在地域分布上高度关联的特点使得任何一起宗教冲突都有可能从北部穆斯林聚居区迅速蔓延到南部基督徒占主导的地区，反之亦然。此外，

---

[1] Eghosa E. Osaghae, "Managing Multiple Minority Problems in a Divided Society: The Nigerian Experiences," *The Journal of Modern African Studies*, Vol. 36, No. 1, 1998, p. 9.

[2] 关于卡诺骚乱的详细情况，参见本书本章本节第二部分。

尼日利亚宗教问题的政治化愈演愈烈。尼日利亚为数不多的几次总统选举中，最初的投票结果都在一定程度上折射出了民族-宗教的分野，即穆斯林、基督徒大体支持与自己宗教信仰相同的候选人。当然，这种按照宗教信仰投票的模式逐渐淡化。这是尼日利亚民主化进程中的一个积极方面。但在2006年尼日利亚人口普查前夕，围绕着在调查表上要不要标明人们的宗教信仰和民族成分这一问题，尼日利亚社会各界又展开了激烈的辩论。[1] 尼日利亚政府在此问题上的举棋不定，充分表明了民族问题、宗教问题在尼日利亚的重要性、敏感性、长期性和复杂性，如果处理稍有不当，它们对国家的稳定与和谐民族关系的构建都会产生不利的影响。最终，2006年尼日利亚人口普查没有包括民族成分和宗教信仰的内容。

非洲学者欧萨费指出，尼日利亚的民族冲突大多是由在州或联邦一级争夺国家的政权和资源的控制权引起的。[2] 尼日利亚民族问题发生后，在许多情况下会升级为暴力冲突，造成大量人员伤亡和严重财产损失。这种状况可以说是由多种原因造成的。欧萨费指出，尼日利亚长时期由军人执政，缺乏通过法律途径解决民族冲突的机制，警察和军队往往卷入暴力冲突，小武器走私比较严重。因此，国家往往动用军队镇压暴力冲突，而不是寻求和平对话途径。另外，尼日利亚的族际冲突很少以纯粹的形式存在。例如，尼日利亚北部的冲突，往往包含伊斯兰教、基督教、非洲传统宗教之间的纷争。最后，尼日利亚全国各地区间发展的不平衡、各族体发展的不平衡都会引发和加深族体之间的矛盾和冲突。[3]

## 第三节 尼日利亚民族问题治理的重要举措

尼日利亚为消除和缓解尖锐的民族问题设计出了种种方案，包括：创建

---

[1] Chioma Anyagafu, "Old Worries, Fears, and Census 2006," *Vanguard*, March 4, 2006.
[2] Eghosa E. Osaghae, "Regulating Conflicts in Nigeria," *Peace Review*, Vol. 14, No. 2, 2002, p. 218.
[3] Eghosa E. Osaghae, "Regulating Conflicts in Nigeria," *Peace Review*, Vol. 14, No. 2, 2002, p. 218.

新州、实行联邦制、成立全国青年服务队、建立联邦统一高等院校、各种形式的国家收入分配方案、增加地方政府辖区的数量、建立联合政府（权力分享）、多党民主制、重新确立联邦首都、召开数次宪法会议、官方和非官方倡导国家统一和民族宽容。[1] 但这些方案并没有完全奏效，有的还引发了新的问题，如建州计划最初打破了英国人基于地域－族体的联邦体制，在一定程度上削弱了三大区内的民族沙文主义，缓解了少数民族问题，但后来却引发越来越多的少数民族要求建立自己的州或地方政府辖区的问题，尽管这种现象有深刻的背景，但其对尼日利亚国家一体化的发展产生了不利的影响。[2] 青年学生是国家的未来和希望，青年人对国情的了解、不同民族青年之间的交往和了解对于促进各民族的团结应该是有利的。尼日利亚的全国青年服务队就是基于上述目的提出的。

## 一 建州计划

阿金耶勒（R. T. Akinyele）指出，建州最初是为了解决尼日利亚的少数民族问题。[3] 这一现象可追溯到英国殖民统治时期。尼日利亚被划分为三个区后，各区内都有各自的少数民族。由于各区的事务完全由三大主体民族及代表其利益的地方民族主义政党主宰，少数民族问题表现得不太突出。随着尼日利亚独立的日益临近和联邦结构在1954年最终确定，少数民族要求建立新州以及制定保护自己的法律条文的呼声此起彼伏。许多少数民族领导人甚至认为，当时的政治格局和政党结构是独立之后主体民族试图永久控制他们的第一步。因此，他们在独立之前就要求重新划分尼日利亚的政治边界（political boundaries）。在尼日利亚北区少数民族集中分布的中部地带，约瑟夫·塔尔卡（Joseph S. Tarka）于1955年发起了联合中部地带大会（United

---

[1] 关于这些方案的具体内容和影响，可参见本书相关章节。国内学者的论述还可参见葛公尚《尼日利亚"三足鼎立"族际关系探析》，载葛公尚主编《二十世纪世界民族问题报告》，民族出版社，2005，第159~162页。

[2] Henry E. Alapiki, "State Creation in Nigeria: Failed Approaches to National Integration and Local Autonomy," *African Studies Review*, Vol. 48, No. 3, 2005, pp. 49－65.

[3] R. T. Akinyele, "State Creation in Nigeria: The Willink Report in Retrospect," *African Studies Review*, Vol. 39, No. 2, 1996, p. 71.

Middle Belt Congress，UMBC）运动，要求在北区为所有少数民族创建中部地带州。几乎与此同时，东区卡拉巴尔、奥戈贾（Ogoja）和河流区（Rivers Areas）少数民族要求建立卡拉巴尔－奥戈贾－河流州（COR State）的运动以及西区一些少数民族要求设立中西区的运动也进行得如火如荼。在回应少数民族的这些诉求时，各区态度有所不同。北方人民大会党在"同一个北区，无论部落与宗教"的口号下坚决反对少数民族的这一要求。这种态度实际上暗含同西区行动派较量的成分，因为联合中部地带大会是行动派的盟党。[1]西区虽然支持设立中西区，但要求其他区也同意在各自的区内设立新区。而东区反对任何形式的行政区划调整，理由是为了国家团结和行政的方便。由于少数民族不断要求建立自己的州，1957年9月，英国政府在伦敦召开的尼日利亚制宪会议上设立了一个少数民族委员会（Minorities Commission），其在尼日利亚全境调查少数民族的要求和申诉。[2] 1958年7月，该委员会提交的报告称，尼日利亚联邦不需要新的州，但由于少数民族要求设立自己州的运动不时发生，进行法律和政治改革以消除少数民族的担心是适当的。该委员会提出了一系列从制度上解决少数民族问题的办法，如在宪法中增加保障基本人权的内容、重组警察队伍、设立尼日尔河三角洲开发局。上述建议被1958年在尼日利亚召开的制宪会议批准。[3]

尼日利亚独立后，对于众多少数民族来说，他们遇到的第一个重大问题就是法律地位上的平等和政治现实中的不平等之间的巨大差距。尼日利亚1960年宪法明确禁止任何针对"特定的团体、部落、起源地、宗教或政治观点"的歧视。因此，对于少数民族来说，他们的政治权利并没有什么制度

---

[1] 联合中部地带大会成立于1955年，前身是1950年成立的中部区联盟（Middle Zone League）和1953年成立的中部地带人民党（Middle Belt Peoples Party）。后来，联合中部地带大会一分为二，一支加入了北方人民大会党，另一支在塔尔卡的领导下保留了原来的党名并同西区的行动派结盟。联合中部地带大会一直要求建立中部地带州，并不断开展反对北方人民大会党的行动。1967年，在戈翁的建州计划下，中部地带的少数民族的要求得到一定满足。

[2] 该少数民族委员会以英国律师、前议员亨利·威灵克为首，因此又被称为威灵克委员会。

[3] 参见 R. T. Akinyele, "State Creation in Nigeria: The Willink Report in Retrospect," *African Studies Review*, Vol. 39, No. 2, 1996, pp. 71 – 94。

第二章　尼日利亚的民族问题

上的限制。但是，在三大民族－地域－政治集团展开的围绕政治资源[①]和经济资源的激烈角逐和冲突的大背景下，宪法所确定的这个不歧视原则在多大程度上能得到贯彻呢？事实上，即使是在公开的、竞争性的政治体系中，在清清楚楚的宪法条文面前，少数民族都会受到不同程度的歧视和忽略，主要原因就是在经济资源和政治资源稀缺的政治和社会体系中，主体民族往往占有优势。在这种情况下，政治上的任命、政府的基础设施和合同、社会福利和奖学金等都成为激烈竞争的对象，由此产生一系列分歧和矛盾，这成为民族问题的重要诱因。

　　第一共和国时期，尼日利亚少数民族的担心很快变成了现实。在各区内，一党制的趋势日益明显。摆在少数民族面前的只有两条道路，要么同主体民族领导人达成妥协，要么接受被主宰的命运。但随着军人步入政坛，尼日利亚的这种政治平衡被改变。军人执政为尼日利亚少数民族改变命运提供了机遇。1966年政局的动荡为尼日利亚一些地区的分离要求提供了契机。1966年2月，东区少数民族伊乔族领导人博诺（Isaac Adaka Boro）、奥沃纳罗（Samuel Owonaro）和迪克（Nottingham Dick）担心伊博人支持的阿吉伊－伊龙西在上台执政后更不会理睬他们的建州要求，便组建尼日尔河三角洲志愿军，宣布建立由所有伊乔人组成的"三角洲人民共和国"（Delta Peoples Republic），并宣称要以武力来保卫它。在不到两周的时间里，他们便控制了东伊乔人的绝大部分领地。在尼日利亚联邦军警的反攻下，"三角洲人民共和国"领导人很快被逮捕。经过司法审判，博诺、奥沃纳罗和迪克三人以叛国罪被判处死刑。1967年5月27日，戈翁军政权在设立12个州前后，减轻了对这三人的量刑并最终在8月4日赦免了三人。戈翁军政权所设立的州包括博诺等人要求的克罗斯河州（Cross River State）及河流州（Rivers State），

---

[①] 美国政治学家罗伯特·达尔指出："政治资源（political resources）包括一个人或一个集团所获取的能够直接或间接影响他人行为的任何东西。人类社会在时间和地点上不尽相同的许多东西都可以被转化为政治资源：军队、武器、金钱、健康、商品和服务、生产性资源、收入地位、荣誉、尊敬、爱、魅力、威望、信息、知识、教育、联络、通信媒介、组织、职务、合法地位、对观念和信仰的控制、投票权，等等。……绝大多数的资源在任何地方都是以极不平等的方式分配的。"参见〔美〕罗伯特·达尔《论民主》，李伯光、林猛译，商务印书馆，1999，第185～186页。

基本满足了他们的要求。博诺后来在其自传《十二日革命》(*The Twelve Day Revolution*)中写道:"设立了我们自己的州后,我和我的战友们不仅愿意帮助我们的人民,我们也愿意帮助尼日利亚实现和平、统一、稳定和进步。"①博诺加入了反击比夫拉分离主义运动的联邦军队,并战死疆场。这一事件说明,少数民族在尼日利亚独立初期发起自决运动实际上是出于对自己命运的忧虑和关注,其不是要从尼日利亚这个新生的国家中分离出去。

1966年尼日利亚的第二次军事政变在很大程度上提升了一些少数民族潜在的和现实的力量。戈翁执政时期,尼日利亚军政府遇到了来自少数民族的强大压力,最主要的就是蒂夫族的压力,因为蒂夫人在尼日利亚步兵中占有举足轻重的地位,而伊比比奥人、埃菲克人、伊乔人、卡拉巴里人,这些少数民族传统上聚居的地域蕴藏着一些高品质的油田。为了"减轻少数民族的恐惧"的建州计划在1967年有了实质性的进展,戈翁宣布将全国的4个区划分为12个州。此后,尼日利亚州的数量增长很快:1976年为19个,1987年为21个,1991年为30个,1996年为36个。同样,作为第三级行政区的地方政府辖区的数量从1976年的301个增加到了1996年的774个。②当然,尼日利亚的建州计划并不是无原则的。1967年戈翁实施建州计划时,就提出五项基本原则:任何一个州都不应当处于主宰或控制中央政府的地位;每一个州应当组成一个紧凑的地理区域;行政便利上应当考虑历史和人民的意愿;每一个州应当能有效地下放划归给地方政府的职责;新州应同时创建。③1976年,尼日利亚联邦政府又出台了几项建州的基本原则:均衡发展;应当

---

① 参见 Godwin G. Darah, "The Socio Economic and Political Challenges of the Niger Delta," in Peter I. Ozo-Eson and Ukoha Ukiwo, eds., *Challenges of the Niger Delta*, Port Harcourt: Centre for Advanced Social Science, 2001, pp. 27 – 28。

② 关于历次建州的具体背景,可参见 Henry E. Alapiki, "State Creation in Nigeria: Failed Approaches to National Integration and Local Autonomy," *African Studies Reviews*, Vol. 48, No. 3, 2005, pp. 49 – 65。关于这些州及地方政府辖区的名称,可参见 *Federal Republic of Nigeria Official Gazette*, Vol. 83, No. 72, Lagos, 1996, cited in Onigu Otite and Isaac Olawale Albert, eds., *Community Conflicts in Nigeria: Management, Resolution and Transformation*, Ibadan: Spectrum Books, 1999, pp. 353 – 370。

③ Henry E. Alapiki, "State Creation in Nigeria: Failed Approaches to National Integration and Local Autonomy," *African Studies Reviews*, Vol. 48, No. 3, 2005, p. 58。

保留政府的联邦结构；保持联邦内的和平与和谐；让政府更接近人民；将尼日利亚的少数民族问题降到最少。[1] 不难看出，这些原则的目标是促进尼日利亚的政治经济一体化，推动现代民族国家的建立。但在实际中，尼日利亚学者认为，建州计划并没有促使各地区平衡发展；与30年前相比，尼日利亚人也没有享有更多的和平、和谐和团结；少数民族问题也没有被降到最少；分裂主义活动也没有被完全遏制。因此，从促进国家一体化和地方自治的角度来说，建州计划是一项失败的策略。[2]

建州计划使许多少数民族开始管理自己的州或地方政府辖区，这在一定程度上缓解了紧张的民族矛盾。但是，任何事物都具有两个方面，尼日利亚的建州计划也不例外。由于尼日利亚民族构成和分布的复杂性，建州计划在许多情况下将许多不同的少数民族划分到了同一个州或地方政府辖区，因此又激活了少数民族内部的竞争与分化，一些人数较多的少数民族在州一级崛起，很有可能引发新的建州要求。当然，尼日利亚的行政区不可能无休止地裂殖下去。但只要少数民族感到自己受到忽视和歧视或遭受边缘化，他们要求建立自己独立的州或地方政府辖区的斗争就不会停止，尽管他们或许也知道并不是每个要求建立自己州或地方政府辖区的少数民族都能如愿。建州要求现在或许在很大程度上只具有象征意义，是少数民族主张自身权利的一种方便的斗争方式，其目的首先是向尼日利亚联邦政府、州政府或地方政府施加压力，让它们关注少数民族的诉求；其次是吸引国际社会的关注，以让其帮助改善少数民族的生存状况。在这一点上，尼日尔河三角洲产油区奥贡尼人将其问题"国际化"的做法给了他们很大启发。

## 二 "联邦特征"原则

尼日利亚伊巴丹大学政治系的欧萨费在阐述尼日利亚的"联邦特征"与

---

[1] "Federal Government Views on the Report of the Panel on Creation of States," 1976, Nigeria, cited in Henry E. Alapiki, "State Creation in Nigeria: Failed Approaches to National Integration and Local Autonomy," *African Studies Reviews*, Vol. 48, No. 3, 2005, p. 59.

[2] Henry E. Alapiki, "State Creation in Nigeria: Failed Approaches to National Integration and Local Autonomy," *African Studies Reviews*, Vol. 48, No. 3, 2005, pp. 49 – 65.

"联邦特征"原则时指出，前者指组成尼日利亚这个联邦制国家的族体、语言、地理、地域及历史方面的多样性和裂痕（diversities and cleavages），而后者则指旨在促进尼日利亚的治理和稳定的一些原则性的政策。也就是说，"联邦特征"原则是用来表现和保护尼日利亚"联邦特征"的一种工具。①同许多撒哈拉以南非洲国家一样，尼日利亚一直面临如何接纳族体、宗教、社会、文化等方面的多样性，培育包容性及促进国家团结的艰巨挑战。"联邦特征"原则作为一种"族体平衡安排"，实际上是一种"配额制"，以消除地域间和族体间的巨大差距，保障各族体享有平等的教育机会和在政府部门中任职的机会，促进各族体在联邦、州和地方政府层面平等分享国家的各种资源。②苏贝鲁认为，"联邦特征"原则的基本理念是"在尼日利亚全体公民中促进国族忠诚、一体化和归属感"，而实现这些理念的手段是通过"在整个联邦公共机构的组成和运作上包括体现国家联邦或多元特征"的一些条款。③

1979年宪法将民族一体化（national integration）列为国家政策的基本目标和指导原则。这些政策主要包括："应当积极鼓励民族一体化，同时禁止以出生地（place of origin）、性别、宗教、地位、族体或语言集团或纽带为理由的歧视；国家应当提供充足的设施，并鼓励人民、商品和服务在整个联邦内的自由流动；保证每一位公民在联邦各地的完全居住权；鼓励不同地区居民之间通婚；促进和鼓励组建打破族体、语言、宗教或其他类别障碍的组织；国家应当在联邦内的各族人民之中培育一种归属感和参与感，以让其对国家民族的忠诚超越对各派别的忠诚。"④欧萨费认为，"联

---

① Eghosa E. Osaghae, "The Complexity of Nigeria's Federal Character and the Inadequacies of the Federal Character," *The Journal of Ethnic Studies*, Vol. 16, No. 3, 1988, p. 5.
② International Crisis Group, "Nigeria's Faltering Federal Experiment," *Africa Report*, No. 119, 2006, p. 11.
③ Rotimi T. Suberu, *Federalism and Ethnic Conflict in Nigeria*, Washington, D. C. : United States Institute of Peace, 2001, p. 111.
④ E. Michael Joye and Kingsley Igweike, eds. , *Introduction to the 1979 Nigerian Constitution*, Ibadan: Macmillan Nigeria, 1982, pp. 53 – 54; Eghosa E. Osaghae, "The Complexity of Nigeria's Federal Character and the Inadequacies of the Federal Character," *The Journal of Ethnic Studies*, Vol. 16, No. 3, 1988, p. 4.

第二章 尼日利亚的民族问题

邦特征"原则或许是尼日利亚政府为实现民族一体化所采取的政策中最为突出的一个。①

"联邦特征"原则是穆罕默德军政权时期宪法起草委员会（Constitution Drafting Committee，CDC）的委员们在总结尼日利亚历史教训后得出的。1975年10月，作为穆罕默德军政府还政于民计划的一个重要步骤，由49名成员组成的宪法起草委员会开始工作。他们中的绝大多数人认为，尼日利亚第一共和国的灭亡归因于这个国家缺乏民族团结感和尼日利亚的政治家们各自所奉行的相互竞争的部落主义（competing tribalism），而广大尼日利亚民众渴望恢复民主政府。因此，他们的首要目标就是强调民族和国家团结的重要性，通过弱化部落主义，将政治动荡降到最小程度，从而建立以大众民主（或曰参与型民主）为基础的稳定的政治体制。② 宪法起草委员会成员在军政府的指示下，就在教育、就业和国家各类资源的享用中实行族体平衡的优缺点展开了辩论，一些人认为族体平衡可以遏制中央政府中的族际竞争，而另一些人则认为，宪法本身就是对平等的保护，似乎没有必要增加该原则。但最后，宪法起草委员会还是同意在1979年宪法中加入"联邦特征"原则。尼日利亚历史学家阿非格博（A. E. Afigbo）认为，这一原则能被写入宪法，除了它所具有的创新性、掩饰性和修辞效果外，最重要的是因为其具有的模糊性。③

欧萨费指出，"联邦特征"原则存在不少缺陷，首先是因为人们在对尼日利亚"联邦特征"的认识上的模糊性，即人们往往只看到了尼日利亚的族体多样性和裂痕，而忽视了地域、宗教、地理和州权主义（statism）方面的多样性和裂痕。问题的关键是族体多样性与裂痕与上述其他方面的多样性和

---

① Eghosa E. Osaghae, "The Complexity of Nigeria's Federal Character and the Inadequacies of the Federal Character," *The Journal of Ethnic Studies*, Vol. 16, No. 3, 1988, p. 4.
② E. Michael Joye and Kingsley Igweike, eds., *Introduction to the 1979 Nigerian Constitution*, Ibadan: Macmillan Nigeria, 1982.
③ A. E. Afigbo, *Federal Character Principle: Its Meaning and History*, Owerri, 1986, cited in International Crisis Group, "Nigeria's Faltering Federal Experiment," *Africa Report*, No. 119, 2006, p. 11.

裂痕在许多情况下并不吻合。① 例如，从族体构成来说，奥贡、奥约和翁多这三个州可被称作"姊妹州"，即由同一个族体构成，但在涉及就业或教育等问题时，奥贡州就会认为其他两个州的当地人是"外来人"（strangers）。这实际上体现了一种"本地原则"（principle of indigeneity），即宪法中关于"籍贯州"（state of origin）的规定。根据这一原则，一个族体的成员能否在政府部门工作，能否享受各级政府的教育、医疗等公共资源，关键要看他（她）是不是该州的当地人。1979年宪法对"州当地人"的定义是，其父母或祖父母曾经是该州的当地人；除此之外，其他人即使是通过长期定居或婚姻关系，也不能取得当地人资格。在这一规定下，尼日利亚全国的36个州中均出现了对非当地人（non-indigenes）的一系列歧视行为并引发多起激烈的族际冲突。② "本地原则"与"联邦特征"原则中的有些条款是冲突的，与宪法所倡导的促进国家一体化和民族团结的精神也是相违背的。许多族体在非本族体聚居的地区感受到的是一种强烈的疏远感，这进一步加强了族体认同政治，促使大量族体武装组织出现。这些武装组织要求族体忠诚，而非国族忠诚，一些武装组织甚至谋求脱离尼日利亚联邦而独立，如"实现比夫拉主权国运动"（Movement for Actualisation of the Sovereign State of Biafra, MASSOB）。在1977～1978年制宪大会（Constituent Assembly）讨论宪法草案时，对"州公民身份"（state citizenship）质疑和批评的人屈指可数，更没有一个人提出修改"州当地人"的定义。法国波尔多黑非洲研究中心的丹尼尔·巴赫（Daniel Bach）指出："参加制宪大会的绝大多数代表是野心勃勃的政治家，他们清楚地意识到，他们赖以获取权力、积累资本和发家致富的地盘应当同非当地人的竞争隔离开来。"③ 难怪这条与宪法倡导的民族、

---

① Eghosa E. Osaghae, "The Complexity of Nigeria's Federal Character and the Inadequacies of the Federal Character," *The Journal of Ethnic Studies*, Vol. 16, No. 3, 1988, p. 9.

② Daniel C. Bach, "Indigeneity, Ethnicity and Federalism," in Larry Diamond, Anthony Kirk-Greene, and Oyeleye Oyediran, eds., *Transition Without End: Nigerian Politics and Civil Society under Babangida*, Boulder, CO: Lynne Rienner Publishers, 1997, p. 337.

③ Daniel C. Bach, "Indigeneity, Ethnicity and Federalism," in Larry Diamond, Anthony Kirk-Greene, and Oyeleye Oyediran, eds., *Transition Without End: Nigerian Politics and Civil Society under Babangida*, Boulder, CO: Lynne Rienner Publishers, 1997, pp. 339 – 340.

国家一体化原则存在明显矛盾的原则能顺利通过。伴随州和地方政府辖区数量的不断增多和其面积的不断缩小,族体性被推向尼日利亚公民认同的前沿。尼日利亚著名作家阿契贝(Chinua Achebe)在《尼日利亚的麻烦》中写道,在尼日利亚儿童上公立学校、学生考大学、毕业生想在政府部门谋职、商人签合同、公民申办护照等情况下,尼日利亚人迟早都要被要求填写一张表明其部落(tribe)属性即籍贯州的表格。[①] 这一做法实际是在处处强化州公民身份,对尼日利亚国家民族和尼日利亚公民身份(Nigerian citizenship)的建构都产生了非常有害的影响。

就尼日利亚的政党而言,"联邦特征"原则主要包括以下几个方面:

第一,政党必须向每一位尼日利亚公民开放,而不论其出生地、性别、宗教信仰和族体属性;

第二,政党的名称、徽章和座右铭不能有族体或宗教含义,政党的活动不能局限在国家的特定地理区域;

第三,政党的总部必须设在国家的首都区;

第四,政党的各个机构必须确保其执委会或其他主管机构的成员体现国家的"联邦特征";

第五,政党的纲领、目标必须与宪法关于"国家政策的基本目标和指导原则"的条款相一致;

第六,任何政党都不能雇佣、组织、训练或装备任何人或任何群体以实现使用或显示力量或威压的目的;

第七,任何形式的组织只有在联邦选举委员会注册后才能作为一个政党进行活动;

第八,总统、州长、国民议会和州议会的选举应接受联邦选举委员会的监督,地方政府的选举应接受州选举委员会的监督;

---

[①] 参见 Daniel C. Bach, "Indigeneity, Ethnicity and Federalism," in Larry Diamond, Anthony Kirk-Greene, and Oyeleye Oyediran, eds., *Transition Without End: Nigerian Politics and Civil Society under Babangida*, Boulder, CO: Lynne Rienner Publishers, 1997, p. 343。

第九，只有执委会成员或其他主管机构的成员来自不少于组成联邦的所有州中的2/3不同的州，政党才能被视作符合"联邦特征"要求。①

"联邦特征"原则的出台从另一方面也说明，尼日利亚独立后政党的组织和选举都带有浓厚的"地域-族体-宗教"因素，这三种因素交织在一起，导致现实与民主化所要求的选举（特别是全国性的大选）和尼日利亚国家一体化的目标是有很大差距的。很显然，"联邦特征"原则的目标是努力淡化和消除政党的这些特征，让民主的"齿轮"能够正常运转。这些原则中，有的实现起来比较容易，有些则不然，因为许多原则同尼日利亚的政治现实还有很大的差距。

首先，尼日利亚公民身份认同的薄弱和族体性的强大使得政治家往往看好并利用后者来达到自己的政治目的。在许多非洲国家，为什么以族体意识（ethnic consciousness）和族体忠诚（ethnic loyalty）为主要内容的族体性更易于被人操纵并用于政治动员呢？一些学者指出，在非洲，其他认同要么比较薄弱，要么就根本不存在，公民身份认同就是其中之一，主要原因就是国家和政治精英缺乏使人民产生一种归属感和形成"我们"意识（"we" consciousness）的能力，这种"我们"意识，其实就是国族意识，即多民族国家中的各个族体相信他们是拥有共同历史、共同命运的一个民族（nation）。这种能力的获得和增强依靠的是国家向民众，不论其族体属性和宗教信仰，提供经济、政治和社会福利。②而许多非洲国家并没有做到这一点。

其次，地域、宗教和族体之间的密切联系在短时期内不会淡化。从尼日利亚全国范围来看，早在英国殖民统治之前，尼日利亚的北部、西部和东部的主要民族（豪萨-富拉尼族、约鲁巴族和伊博族）就逐步形成了相对独立而不同的经济、政治、社会、文化和宗教基础。当然，三地之间通过贸易和

---

① Veronica Nmoma, "Ethnic Conflict, Constitutional Engineering and Democracy in Nigeria," in Harvey Glickman, ed., *Ethnic Conflict and Democratization in Africa*, Atlanta: The African Studies Association Press, 1995, pp. 320 – 321.

② Ukiwo Ukoha, "Politics, Ethno-Religious Conflicts and Democratic Consolidation in Nigeria," *The Journal of Modern African Studies*, Vol. 41, No. 1, 2003, p. 119.

宗教传播等途径也有一定的交流，如在尼日利亚西部约鲁巴人聚居的地区，伊斯兰教的传播使得伊斯兰教和基督教在该地区的影响几乎平分秋色。从三地的内部来看，少数民族也有自己的地域、宗教和族体基础。在近一个世纪的殖民统治时期，英国殖民主义者利用并强化尼日利亚的"地域-族体-宗教"差异，在最大限度实现其殖民统治利益的同时，却为尼日利亚独立后国家民族的建构设置了巨大障碍。这些差异，本可以成为尼日利亚文化多样性的重要组成部分，但在经过人为强化并用于政治目的后，其对政治的影响即使到今天也没能消除，更不用说在20世纪70年代。

最后，有的原则虽容易实现，但形式多于内容。例如，关于党的名称、徽章、口号都要体现"联邦特征"的原则，这可以说在一夜之间就可以做到，但被冠上"全国"、"团结"和"人民"之类名称的政党及其口号在多大程度上能做到名副其实呢？在国家民族建构程度较低的情况下，只能说这一原则更多的是寄托了尼日利亚民族国家的一种愿望。"联邦特征"原则的上述不足及民族问题对选举的影响，集中体现在建立第二共和国的1979年选举中和让其延续下去的1983年选举中。

## 三 全国青年服务队

1973年，戈翁军政府发布第24号法令，宣布实行全国青年服务队计划，政府在拉各斯设立了专门机构——全国青年服务队总部，各州设有分部。该计划要求尼日利亚的大学、理工学院和高等师范学院的毕业生必须到非自己生源地所在州的部队、工厂和农村为国家服务一年，由国家按月发给每位队员一定数额的服务费，用于衣食和零用。① 在此过程中，不同地区的大学生可以有互相交流的机会，政府希望借此增强大学生的国族意识，促进国家的统一。

从总体上来说，全国青年服务队计划的目标可分为三个方面。①对尼日利亚各族体和国族的态度方面：寻求尼日利亚青年之间的共同点，使青年将自己首先看作一名尼日利亚人，珍爱国家的文化、传统、艺术和语言，更好

---

① 已婚女大学生被允许在自己丈夫所在的州中服务。

地了解尼日利亚，将尼日利亚同胞视为自己的兄弟姐妹；培养青年爱国、对国家忠诚和为国家利益做出牺牲的精神，使其了解全国各地不同地区居民的生活模式以消除偏见和无知，确信组成尼日利亚的各民族有许多共同点。②提高自身素质方面：培养大学生的纪律性，倡导诚实、有礼貌、服从，使其憎恶和避免各种形式的腐败行为，提高道德水平，树立自力更生的精神。③促进劳工流动性方面：重点培养大学生勤奋工作的精神、鼓励大学生在服务期满后到尼日利亚全国其他州而不是自己生源地所在州就业，促进劳动力在联邦内的自由流动。① 在这三个方面中，最重要的就是在青年中培养国族意识，促进国家的统一。联邦军政府制订的《第二个国家发展计划》（1970～1974年）首次提到要建立一个"青年队组织"。1972年10月1日尼日利亚建国12周年之际，国家元首戈翁将军宣布，政府计划建立的全国青年服务队旨在超越政治、社会、州和族体忠诚，以便成为培育对国家忠诚的一个基础。②1973年6月4日，该计划启动。同年7月，首批2400多名大学生参加了该计划。20世纪70年代，随着尼日利亚石油经济的发展和高等教育的大规模扩展，参加全国青年服务队的大学生人数也在显著增长，该计划后来被写入1979年宪法，坚持至今。③

尼日利亚联邦政府想利用全国青年服务队计划让更多的年轻人了解尼日利亚文化的多元性，并使地区人口结构呈现多元化。例如，对于全国青年服务队来说，从南部的伊巴丹选派一名年轻人到北部卡诺的中学去教书，这是非常普遍的。从南部到北部去的一些队员还在当地建立了基督教会、基督教学生的一些组织等。

长期研究尼日利亚全国青年服务队问题的学者奥特温·马雷宁（Otwin Marenin）在1986年进行的一次调查显示，大部分参加了全国青年服务队的

---

① Otwin Marenin, "Implementing National Unity: Changes in National Consciousness Among Participants in the National Youth Service Corps of Nigeria," *The Journal of Ethnic Studies*, Vol. 17, No. 2, 1989, pp. 23–44.

② A. Oyewole, ed., *Historical Dictionary of Nigeria*, Metuchen and London: The Scarecrow Press, 1987, p. 225.

③ 葛公尚：《尼日利亚"三足鼎立"族际关系探析》，载葛公尚主编《二十世纪世界民族问题报告》，民族出版社，2005，第161～162页。

大学生在接受调查时表示，他们对尼日利亚和同胞有了更多的了解，对能为国家服务感到光荣，但近一半的受访者表示，他们没有或几乎没有感到组成尼日利亚的各族体基本上是相似的。① 尼日利亚族体众多，风俗习惯、语言文化多种多样，全国青年服务队的大学生首先看到的是其他族体与自己族体的不同。但也应当注意到，如果各地的发展差距较大，而尼日利亚各级政府又没有采取有效措施来帮助落后地区发展，这就容易引起来自发展较差地区大学生的不满，他们对尼日利亚民族的认同感也就得不到提高。埃贝内泽·奥巴达雷也指出，全国青年服务队计划的初衷是培养公民身份认同，即对国家的忠诚，从而促进民族一体化进程，但在实践过程中，该计划也受到民族问题、宗教纷争、腐败问题，以及组织领导不力等问题的困扰。②

## 第四节 尼日利亚当前热点民族问题
### ——农牧民冲突

近年来，特别是2018年以来，尼日利亚农牧民之间的暴力冲突事件频频见诸报端，折射出这个国家和平安全领域出现较大变化。此前及当下，无论是尼日利亚政府，还是国际社会，抑或是学术界，均将大部分注意力投向肆虐尼日利亚及邻国多年的恐怖组织"博科圣地"及其所引发的人道主义危机，反恐是尼日利亚国内的头等大事，美国与尼日利亚在两国关系发展上也聚焦反恐方面。由此可见，各界对农牧民冲突的关注度并不高。事实上，农牧民冲突在尼日利亚，乃至在西非不少国家中并不鲜见且由来已久，当前在尼日利亚集中爆发，并呈现进一步蔓延的态势，是一系列复杂因素相互作用、相互累积，并在特定时期集中释放的结果。从其影响看，农牧民冲突

---

① Otwin Marenin, "Implementing National Unity: Changes in National Consciousness Among Participants in the National Youth Service Corps of Nigeria," *The Journal of Ethnic Studies*, Vol.17, No.2, 1989, pp.31–40.

② Ebenezer Obadare, *Statism, Youth and Civic Imagination: A Critical Study of the National Youth Service Corps Programme in Nigeria*, Dakar: CODESRIA, 2010, p.65.

已成为尼日利亚当前和平安全和国家统一面临的最大挑战。然而，它的危险性并未被充分认识到，其愈演愈烈的势头也未被有效遏制，更谈不上得到妥善解决了。此外，有些政客和东部民族分裂势力正在极力将它渲染为穆斯林富拉尼游牧民对基督徒农民的新一轮"圣战"，这致使该问题正将尼日利亚引向更为危险的境地。有鉴于此，本部分旨在对尼日利亚农牧民冲突的背景、原因、影响及应对之策做较为深入的解读，以期能较为全面、客观地理解该问题，并为认识和研判存在类似问题的非洲国家的和平安全形势提供借鉴。

## 一 农牧民冲突的背景

游牧业和农业是人类社会发展进程中的基本生产方式，二者之间可以互利共存，也可能产生矛盾和冲突。可以说，农牧民冲突是全球范围内一个比较古老的话题，如果应对不当，还会产生较为严重的后果。西非地区是农牧民冲突的高发区域，特别是富拉尼游牧民同定居的农民之间的冲突最为突出。国外学术界对此也有较为深入的研究，研究主要集中在富拉尼游牧民迁徙的因素、西非过度游牧对可持续发展的影响、西非农牧民冲突的内涵与影响等方面。[①] 国内学者的研究主要集中在对富拉尼人经济社会的考察和高原州首府乔斯富拉尼游牧民同基督徒农民之间的冲突上。[②] 当前尼日利亚的农牧民冲突，有着深刻的历史背景。厘清这一点，对于正确认识该问题有重要意义。

大约在13世纪，富拉尼人迁徙到豪萨地区时，已经皈依伊斯兰教。到15世纪，一些富拉尼人放弃游牧，定居了下来，成为伊斯兰教学者和豪萨城

---

[①] Marie J. Ducrotoy et al., "Patterns of Passage into Protected Areas: Drivers and Outcomes of Fulani Immigration, Settlement and Integration into the Kachia Grazing Reserve, Northwest Nigeria," *Pastoralism: Research, Policy and Practice*, Vol. 8, 2018; Mark Moritz, "Understanding Herder-Farmer Conflicts in West Africa: Outline of a Processual Approach," *Human Organization*, Vol. 69, No. 2, 2010; Mark Moritz, "Pastoral Intensification in West Africa: Implications for Sustainability," *The Journal of the Royal Anthropological Institute*, Vol. 18, No. 2, 2012.

[②] 王正龙：《富拉尼人家庭经济生活调查》，《西亚非洲》1986年第3期；史静、周海金：《尼日利亚乔斯地区宗教与族群冲突探析》，《国际论坛》2014年第4期。

第二章　尼日利亚的民族问题

邦的宫廷顾问。其余的富拉尼人则保持放牧习俗，并依靠富拉尼精英阶层来保证放牧通行无阻。① 作为外来少数民族，富拉尼人同豪萨人和平共处长达几个世纪。但在18世纪末，豪萨统治者对富拉尼人征收重税，引发富拉尼人反抗。1804年，富拉尼穆斯林学者乌斯曼·丹·福迪奥发动圣战，反抗豪萨君主的统治，并得到同样受压迫的农村豪萨人的支持。1809年，福迪奥最终征服豪萨城邦，建立了以索科托为都城的索科托帝国。富拉尼人的统治一直延续到了英国殖民主义者入侵以前。英国殖民当局推行"间接统治"，进一步强化了富拉尼人对尼日利亚北部的统治，并人为加大了南北地区的差距。

长期的杂居和通婚以及豪萨文化强大的同化力，使富拉尼人逐步放弃了原有的语言而采用豪萨语和豪萨人的风俗习惯，其绝大部分被完全豪萨化，成为豪萨族的重要组成部分。因此，尼日利亚北部的豪萨族一般被称为"豪萨－富拉尼族"。②

尼日利亚农牧民冲突主要发生在中部地带，除自然因素外，与该地区的民族宗教构成，特别是复杂的民族宗教关系密不可分。1946～1963年，尼日利亚被划分为三个区，即北区、西区和东区，区下设省，三大区分别与豪萨－富拉尼人、约鲁巴人和伊博人传统分布地域相吻合。这种划分强化了三大主体民族的特征，形成了一种"民族－地域－政治集团"三足鼎立局面。每一个区内的少数民族逐步形成了"少数民族身份"一级的集团，并建立了自己的一些政治组织。1963年，中西区从西区中划分出来，尼日利亚区的数目由3个增至4个。1967年，尼日利亚由4个区划分为12个州。此后，为满足不同民族的诉求，尼日利亚不断增加州的数目。目前，除阿布贾联邦首都区外，尼日利亚全国划分为36个州（state）、774个地方政府辖区（LGAs）。

中部地带占北区面积一半多，主要包括6个省，即阿达马瓦省、贝努埃

---

① Marie J. Ducrotoy et al., "Patterns of Passage into Protected Areas: Drivers and Outcomes of Fulani Immigration, Settlement and Integration into the Kachia Grazing Reserve, Northwest Nigeria," *Pastoralism: Research, Policy and Practice*, Vol. 8, 2018, p. 2.
② 参见王正龙《西非最大的民族豪萨族及其语言》，《西亚非洲》1982年第5期。

· 105 ·

省、高原省、尼日尔省、伊洛林省和卡巴省。① 从民族成分和宗教信仰看，中部地带大致可分为三种类型：一是所讲语言不同于豪萨语的族体，如比罗姆族（Birom），一般信仰基督教或非洲传统宗教；二是信仰伊斯兰教但讲自己民族语言的族体，如努佩人和伊洛林的约鲁巴人；三是既非穆斯林又不讲豪萨语的族体，如蒂夫族，基本信仰基督教。中部地带少数民族组织之间的凝聚力虽然很弱，但少数民族运动所表现出的势头很强劲，主要是因为得到两个较大民族蒂夫族和比罗姆族的一贯支持，这两个民族担心豪萨－富拉尼人会凭借数量优势对他们实行文化霸权和政治奴役。② 此外，数量众多的基督教会组织在中部地带的活动对该地区少数民族运动的兴盛也起了一定的推动作用。③ 尼日利亚乔斯大学专门研究农村问题的学者萨姆·埃格武（Sam Egwu）认为，"当代尼日利亚北部豪萨－富拉尼穆斯林同非穆斯林少数民族之间的政治关系，基本上是由对统治和被统治的集体性历史记忆来定义的"④。这一观点很好地概括了农牧民冲突深刻的历史和民族宗教背景。

几个世纪以来，富拉尼游牧民驱赶着牛羊在从西到东的整个萨赫勒地带、撒哈拉沙漠南缘半干旱地带游牧，包括尼日利亚北部边缘的地区。历史上，尼日利亚游牧民同定居农民以及自然环境的关系比较和谐。从总体看，农牧民是一种和平共生的关系。牛粪可以用来给农田施肥，游牧民以此来换取放牧权。20世纪初期，受北部连年干旱影响，一些游牧民逐渐改变游牧路线，开始去南部地区放牧。英国殖民统治时期，富拉尼游牧民为躲避殖民当

---

① 按照尼日利亚现行行政区划，中部地带包括以下各州：夸拉州、科吉州、贝努埃州、高原州、纳萨拉瓦州、尼日尔州、塔拉巴州、阿达马瓦州、卡杜纳州、凯比州、包奇州、贡贝州和博尔诺州。其中，阿达马瓦州、贝努埃州、博尔诺州、卡杜纳州、纳萨拉瓦州等州是农牧民冲突高发区。
② J. Isawa Elaigwu, *Topical Issues in Nigeria's Political Development*, Jos: AHA Publishing House, 2011, pp. 141–142.
③ Richard L. Sklar, *Nigerian Political Parties: Power in an Emergent African Nation*, Princeton: Princeton University Press, 1963, p. 348.
④ Sam Egwu, *The Agrarian Question, Politics and Ethnicity in Rural Nigeria*, Port Harcourt: Kenneys and Company NIG. Ltd., 1999, p. 108.

局在北区征收的牛头税①,也开始向南部迁移。

通常,富拉尼游牧民在旱季向南部迁徙,为牛群寻找合适的牧场。过去,牛群可以自由自在地在广阔的草地上吃草,践踏农民农田的概率并不高。到了雨季,富拉尼人则赶着牛群回到半干旱的萨凡纳地带,以躲避传播锥虫病的采采蝇(tsetse)的侵扰。此时,农牧民之间还存在一种互通有无的经济关系。游牧民从农民那里购买粮食,农民从富拉尼妇女那里购买奶制品。即使富拉尼人自己没有土地,农村的居民也欢迎并希望他们的帐篷能搭建在村子的周边。随着经济社会的发展变迁,农牧民和谐共生的关系受到诸多因素的挑战。人口的激增、牛群规模的扩大、农业耕种面积的扩展、化肥的使用、奶粉的普及等,都使得农牧民关系发生了较大变化。一方面,农民对富拉尼人提供的服务的需求在减少;另一方面,富拉尼游牧民还要依靠农民的好意来保证他们放牧。②

在农牧民互有需求、相互依赖,以及土地、水等资源充裕的时期,农牧民之间的冲突比较少,仅仅发生在农事播种和收获等关键时期。但过去十年,农牧民之间的关系不时出现紧张,在中部和南部一些州暴力冲突此起彼伏。据统计,尼日利亚36个州中,有22个州发生过农牧民冲突。2016年,仅贝努埃、卡杜纳两个州,死于农牧民冲突的人数超过2000人,成千上万的人因此流离失所。③ 农牧民冲突已成为尼日利亚安全稳定的一大威胁。

## 二 农牧民冲突的原因

历史上,游牧民主要是过着逐水草而居的生活,自然因素对其的影响很大。随着自然环境的变化和人类经济社会的发展,诱发或加剧农牧民冲突的因素日益复杂:气候变化、人口的增长、农牧业技术的提高和经济变化、农

---

① 牛头税(cattle tax)是当时北区政府向游牧民征收的一种税,因为游牧民不缴纳人头税。通常,牛群统计的时间是每年的6月,征税从7月开始,一直延续到11月。
② Marie J. Ducrotoy et al., "Patterns of Passage into Protected Areas: Drivers and Outcomes of Fulani Immigration, Settlement and Integration into the Kachia Grazing Reserve, Northwest Nigeria," *Pastoralism: Research, Policy and Practice*, Vol. 8, 2018, pp. 1–2.
③ International Crisis Group, "Herders Against Farmers: Nigeria's Expanding Deadly Conflict," *Africa Report*, No. 252, 2017, p. 1.

村地区的犯罪、政治和民族冲突、社会文化的变迁。而由于法律体系不健全,冲突双方自行处理冲突,这助长了更多的暴力行为和犯罪。

(一)自然环境的不断恶化

尼日利亚北部边远地区处于干旱和半干旱区,每年10月到次年5月进入漫长的旱季,6月到9月进入短暂的雨季,降雨量一般为600~900毫米。随着气候变化的加剧,旱季越来越长,雨季越来越短,半个多世纪以来,尼日利亚北部不少地区已变成了沙漠或半沙漠,并以每年0.6公里的速度向南蔓延。[1] 尼日利亚联邦环境部估计,21世纪,尼日利亚北部边远的11个州中的2/3的州将变为沙漠或半沙漠,形势非常危急。[2]

自然环境的恶化直接对农业和人类的生产活动产生影响,也迫使富拉尼游牧民不断向南迁徙,寻找草地和水源。起初,游牧有季节性,富拉尼人一般在每年12月至次年5月在中部地带放牧,6月雨季来临时则往北返。但从20世纪90年代末期以来,北部边远地区的草场面积大幅萎缩,富拉尼人待在中部地带的时间不断延长,一直到6~7月。近年来,一些富拉尼人选择在中部地带永久放牧,还建起了临时的医院和学校。这种状况就引发了其同中部地带少数民族的定居农民就土地和水源的使用权不断的纠纷。

尼日利亚独立后,当时的北区政府建立了415块放牧区,但大部分已不复存在,勉强保留到现在的也被快速增长的人口对农田、城市基础设施建设、商业开发等日益增长的需求不断蚕食。此外,在行政区划的调整中,北区被划分为19个州,一些放牧区横跨两个或更多的州,集体管理无法实现,最终结果就是划定的放牧区日益缩小,富拉尼游牧民也被迫到别处寻找牧场。

(二)经济社会发展变迁

其一,农牧业生产自身的发展。

尼日利亚是农业国,绝大多数人口从事农业,政府也一直采取各种措施

---

[1] International Crisis Group, "Herders Against Farmers: Nigeria's Expanding Deadly Conflict," *Africa Report*, No. 252, 2017, p. 3.

[2] International Crisis Group, "Herders Against Farmers: Nigeria's Expanding Deadly Conflict," *Africa Report*, No. 252, 2017, p. 9.

鼓励农业发展，增加粮食产量，如"养活国家运动"（Operation Feed the Nation）、"绿色革命"（Green Revolution）等。农民在联邦政府的帮助下积极开垦荒地，增加农田面积。20世纪70年代，尼日利亚在世界银行的支持下出台了《农业发展计划》，鼓励使用水泵，向农民提供化肥和杀虫剂。此外，联邦政府还出台了一系列政策帮助农民开发湿地，如河谷和冲积平原，以便在旱季时可以发展灌溉农业。[1] 越来越多的肥沃土地和水浇地的利用、城乡交通设施的改善、不断扩大的城市人口对农产品的旺盛需求，均在一定程度上促进了农业的发展。

对富拉尼游牧民来说，耕作农业的发展则意味着其不仅要失去越来越多水草丰美的牧场，牛群闯入农田踩踏庄稼、同农民发生冲突的风险也在大大增加。此外，国家冲积平原开发项目鼓励农民种植价值较高的农作物，特别是西红柿和洋葱，但这些农产品收获后没什么残余可以用来喂牲畜。换句话说，游牧民能找到的草料以及农作物秸秆在减少。在这种情况下，农牧民的关系充满了竞争和对抗，游牧民为牛羊寻找草场或确定迁移路线的时候，很容易与当地农民发生冲突。此外，20世纪80年代末，一些富拉尼游牧民逐渐采取了定居的生活方式，将牧牛的任务交给了9~25岁的男孩和青年。年轻人说话办事不如老一辈那样客气和成熟，在解决争端时也往往表现出不友好的一面。这也是农牧民矛盾会升级的一个原因。

其二，传统协调机制弱化。

农牧民冲突可以说是伴随着人类社会农业和畜牧业而出现和发展的。传统上，农牧民冲突有一套解决机制。就尼日利亚而言，富拉尼游牧民赶着牛群迁移前，要和沿途村子的酋长就牲畜的迁徙路线等重要事项达成共识，有时地方政府官员还会出面见证。当牛群踩踏庄稼导致农民利益受损时，村子的酋长和游牧民的首领一起商讨解决。那些不服调解的游牧民，则被移交给地方政府处理。然而，这种机制在20世纪70年代开始逐步被弱化，主要原

---

[1] O. L. Balogun et al., "Production Efficiency of Farmers under National Fadama II Project in Oyo State, Nigeria," *International Journal of Agricultural Management and Development*, Vol. 2, No. 1, 2012, p. 12.

因是警察和法庭等司法体系的引入。

客观来讲，引入现代司法体系对于一个国家的治理和现代化进程不可或缺，但首先要保证司法体系自身的公平公正和廉洁高效。遗憾的是，尼日利亚直到现在都是腐败问题非常严重的国家。警察代替酋长参与调解冲突，似乎挺有效，但现实中游牧民对警察的腐败非常痛恨，因为他们不时会勒索罚款和贿赂，而拖沓冗长的法庭裁决进程会导致禁止牛群迁徙从而使它们陷入困境。此外，当地官员更倾向于照顾定居农民。原因很简单，其在选举的时候需要农民的选票，而游牧民届时很有可能已迁徙到另外一个地方了。因此，富拉尼游牧民越来越感到被边缘化，并不信任作为冲突调停人的当地政府。在传统的对话、调解机制逐步被弱化的情况下，地方政府有时不能秉公处理，有时懒政行为突出，对冲突调查结果敷衍了事。久而久之，游牧民和农民均对政府出面调停和裁定失去信心。冲突当事方便容易使用暴力来处理争端，往往会导致更严重的暴力事件。[①]

（三）局部安全形势恶化

一是农村地区匪患和偷牛（cattle rustling）高发。农村匪患和偷牛是迫使富拉尼游牧民不断南迁而与农民产生冲突的一个重要原因。20世纪80年代，尼日利亚北部一些土匪团伙对商人和行人劫掠。其后，犯罪团伙的数量激增，他们实施武装抢劫、袭击村庄、掠夺集市、绑架勒索赎金和偷牛等犯罪行为。90年代以来，北部一些州的偷牛现象非常严重，特别是在卡杜纳、卡诺、扎姆法拉和卡齐纳州的一些森林地区。偷牛还是东北部"博科圣地"资金来源的一个重要渠道，恐怖分子通过肆无忌惮的经销商销赃，筹集资金。一些州被迫关闭了活畜交易市场，试图斩断"博科圣地"的财路。[②] 由于偷牛事件频发，富拉尼游牧民的损失很难估计，许多偷牛事件发生在边远村庄或林区，因州安全部门的人很少，许多游牧民也无法报案。游牧民防卫

---

[①] International Crisis Group, "Herders Against Farmers: Nigeria's Expanding Deadly Conflict," *Africa Report*, No. 252, 2017, pp. 5–6.

[②] "Boko Haram Now Sells Stolen Cattle to Fund Terror," Nigeria Master Web, March 5, 2016, http://nigeriamasterweb.com/Masterweb/breakingnews – 6316 – boko-haram-now-sells-stolen-cattle-fund-terror.

的工具由弓箭变成了小武器,他们自发组织了治安团,逮到偷牛贼后甚至就地直接处死,但这种情况反过来往往会引发大规模的报复行动。在一些地区,自发治安团自身甚至沦为掠夺者,向牧民敲诈勒索现金和牛,美其名曰"保护费"。不堪其忧的富拉尼游牧民只得进一步南迁,寻找更为安全的地区放牧。

二是北部安全局势持续恶化。尼日利亚北部,特别是较为边远的地区,自然条件较差,发展滞后,一直是全国最为贫困的地区。这样的环境也为宗教极端势力的发展提供了条件。"博科圣地"2002年起就以东北部为大本营,以给尼日利亚及邻国造成重创。2017年1月,富拉尼人的一个庇护组织感谢真主尼日利亚养牛者协会(The Miyetti Allah Cattle Breeders Association of Nigeria,MACBAN)博尔诺州的一位副主席在接受采访时说,协会成员的100多万头牛和其他牲畜落到了"博科圣地"武装分子手中。[1]巨大的经济损失和时局动荡迫使不少富拉尼人四处逃亡。乍得湖周边严重的人道主义危机又在不断诱发新的暴力冲突。

小武器的泛滥对农牧民暴力冲突起了推波助澜的作用,尼日利亚是西非小武器泛滥的重灾区。小武器的来源途径不同,有些是流落在当地的前军人的武器,有些来自西非和中北非洲的黑市的跨境贸易,还有从北非利比亚来的。[2] 2013年,尼日利亚军方称,2011年卡扎菲政权垮台后,一部分武器流到了"博科圣地"武装分子手中。富拉尼游牧民持枪的理由是自卫,即保护他们的牛群,对抗全副武装的偷牛贼和农民中的其他犯罪团伙。不管其动机如何,小武器的泛滥造成农牧民冲突中伤亡人数上升不可避免。

综上,自然环境的变迁是农牧民冲突的最直接的基本诱因。当然,尼日利亚农牧民冲突愈演愈烈,与联邦政府和地方政府的应对措施不力也有一定关系。关于这一点,后文再做详细论述。

---

[1] John Owen Nwachukwu, "Boko Haram: We Lost Over 1 Million Cattle to Insurgents-MACBAN," Daily Post Nigeria, January 12, 2017, https://dailypost.ng/2017/01/12/boko-haram-lost-1-million-cate-insurgents-macban/#tbl-em-lnl6ljnyemixe5jat6a.

[2] I. Abdulrahman et al., "Understanding Conflict Prevention and Management Between Fulbe and the Other Ethnic Groups in Adamawa State," in Oshita O. Shita et al., eds., *Case Studies of Traditional Methods of Conflict Prevention and Resolution in Nigeria*, Ibadan: John Archers Publishers Ltd., 2015, p. 198.

## 三 农牧民冲突的影响

农牧民冲突不仅造成人员伤亡和财产损失,制约着农业(包括畜牧业)的可持续发展,使民族国家构建、民主化进程步履维艰,也威胁着西非次区域的和平与安全。

(一)酿成国家灾难,损害经济发展

2016年,尼日利亚全国死于农牧民冲突的人数估计为2500人,比同一时期,因极端组织"博科圣地"暴恐行动而死亡的人数还要多。贝努埃州是农牧民冲突最为严重的州之一,州长塞缪尔·奥托姆称,2014~2017年,超过1878人因冲突而丧生。此外,成千上万的尼日利亚民众被迫逃离家园。据统计,在卡杜纳州、贝努埃州和高原州,从2015年1月到2017年2月,至少有62000人流离失所。[①] 由于缺乏专门为难民设立的救济营地,他们不得不在其他贫穷的农村地区寻求庇护。此外,因担心爆发更大规模的冲突,不少流民涌入相对安全的城市和城乡接合带。无论是国家应急管理局(NEMA),还是国际援助机构、援助方,均将救援的重点放在了由"博科圣地"问题造成的灾民身上,尚未重视农牧民冲突问题。因此,不少流民生活陷入困境,尤其是妇女和儿童。

农牧民冲突造成的经济损失非常大。国际人道主义救援组织慈善队(Mercy Corps)2015年的一项研究表明,尼日利亚联邦政府因贝努埃州、卡杜纳州、纳萨拉瓦州和高原州农牧民冲突每年损失的收入高达137亿美元,四个州平均损失的州内税收为47%。[②] 2017年3月,贝努埃州州长奥托姆称,受来自更北部州的游牧民,甚至是来自喀麦隆和尼日尔的游牧民的袭击,贝努埃州2012年至2014年的经济损失高达6.34亿美元。[③]

---

① International Crisis Group, "Herders Against Farmers: Nigeria's Expanding Deadly Conflict," *Africa Report*, No. 252, 2017, p. 7.
② "Benue Lost N 95b in Herdsmen Attacks," *The Nation*, March 22, 2017.
③ Mercy Corps, "The Economic Costs of Conflict: Evidence on Violence, Livelihoods and Resilience in Nigeria's Middle Belt," July 2015, https://www.mercycorps.org/sites/default/files/Mercy%20Corps%20Nigeria%20State%20Costs%20of%20Conflict%20Policy%20Brief%20July%202015.pdf.

尼日利亚石油经济兴盛后，农业占国内生产总值的比重由20世纪70年代初期的60%萎缩到现在的22%左右，但仍在非石油类出口中占到75%的比重。据农业和农村发展部统计，从事农业的人口占尼日利亚劳动力人口的70%。[①] 小型农户主要分布在中部和南部，种植块茎作物和蔬菜，北部的游牧民主要从事畜牧业并种植谷类作物。90%以上的游牧民都是富拉尼人，拥有全国绝大多数的牲畜。尼日利亚一直在推进经济多元化策略，以摆脱经济对石油的过度依赖，振兴农业发展，解决自己的吃饭问题，农业的重要性因此不言而喻。此外，农业从业人口众多，受农牧民冲突影响的人口范围大。显然，愈演愈烈的农牧民冲突是不利于农业可持续发展的。

（二）加大民族裂痕，危害国家构建

对大多数非洲国家而言，摆脱殖民统治、获得政治独立后，其在政治发展上至少面临两项最基本的任务：民族国家建构与推进民主化进程。制约这两大任务的因素很多，但毫无疑问的是，民族宗教问题应该是其中最主要的因素之一。概言之，我们可以将尼日利亚农牧民冲突归入这一类来考察，原因有以下几个方面。其一，农牧民冲突主要是富拉尼游牧民同在中部地带定居的少数民族，如蒂夫人之间的冲突。其二，富拉尼族信奉伊斯兰教，少数民族农民大多信奉基督教，中部地带本身就是北部伊斯兰教文化圈同南部基督教文化圈的分界和缓冲地带。其三，在尼日利亚，民族身份和宗教身份密不可分，如提到豪萨族、富拉尼族，不可能不提到伊斯兰教，提到伊博族，不可能不提到基督教，反之亦然。在尼日利亚，民族冲突和宗教冲突在许多情况下是交织在一起而无法分开的，绝大多数豪萨－富拉尼人是穆斯林，约鲁巴人和伊博人主要信奉基督教和非洲传统宗教。豪萨－富拉尼人统治阶层一直利用伊斯兰教的凝聚力来巩固其在尼日利亚北部的政治势力，而北部中小民族往往借助基督教来为自己的利益抗争。[②] 需要特别说明的是，将农牧民冲突归入民族宗教问题的范畴来讨论，并不是要特意突出冲突双方的民族

---

① CIA, https://www.cia.gov/library/publications/resources/the-world-factbook/geos/ni.html.
② Eghosa E. Osaghae, "Managing Multiple Minority Problems in a Divided Society: The Nigerian Experiences," *The Journal of Modern African Studies*, Vol. 36, No. 1, 1998, p. 9.

宗教属性，而是因为在尼日利亚，伊斯兰教与基督教的矛盾往往是一些冲突背后的潜台词。其四，中部地带的一些农牧民冲突的起因就是民族宗教矛盾，这在2001年以来的乔斯冲突①中表现得非常明显。农牧民冲突对尼日利亚民族国家建构的危害是显而易见的，主要表现如下。

其一，农牧民冲突加深了富拉尼游牧民与少数民族农民的隔阂、猜忌和仇恨，引发民族宗教关系紧张甚至恶化。在国家无力妥善应对暴力冲突时，冲突双方往往借助和强化的是本民族的民族宗教认同，而不是对尼日利亚的认同。这与民族国家建构所追求的目标是背道而驰的。

其二，尼日利亚之所以称其为尼日利亚和"西非巨人"，原因在于它较大的经济体量、庞大的人口规模和广阔的地域，更在于其"统一中的多元性"（diversity in unity）。如果首先不能保证国家的统一，多元性只会助长各民族的分崩离析，尼日利亚只会是一盘散沙，用有的学者的话来说，就是"高度分裂的社会"，而不是现代民族国家。

其三，农牧民冲突容易被其他势力利用，对尼日利亚的统一造成威胁。农牧民冲突，特别是富拉尼游牧民对少数民族农民的袭击，往往被一些人解读为政治宗教阴谋。比如，有人认为富拉尼人想将农民的土地据为己有；尼日利亚基督徒群体则倾向于将冲突解读为富拉尼人巧妙伪装的"圣战"。2016年3月，尼日利亚卫理公会（Methodist Church of Nigeria）的一名高级教士塞缪尔·乌切（Samuel Uche）称："我们注意到有一个将尼日利亚伊斯兰化的策略，他们正在利用富拉尼游牧民来实施。"② 在尼日利亚东南部，比夫拉分离主义分子则称游牧民对农民的袭击是北方人的一个阴谋，他们试图压垮南方人，并强迫他们改宗伊斯兰教。还有一些人称，因为布哈里总统是富拉尼族，他本人又是感谢真主尼日利亚养牛者协会的终身庇护人，所以布哈里有意偏袒富拉尼人。虽然这些传言都没有事实根据，但加重了基督徒和穆斯林之间的猜忌，影响国家的团结。东部的伊博族民族分离运动组织"比

---

① J. Isawa Elaigwu, *Topical Issues in Nigeria's Political Development*, Jos: AHA Publishing House, 2011, p.144；史静、周海金：《尼日利亚乔斯地区宗教与族群冲突探析》，《国际论坛》2014年第4期，第73~78页。

② "Unease over Islamization Plot," *The Authority*, March 22, 2016.

夫拉原住民"①，借着2017年这一尼日利亚内战（1967~1970年）爆发50周年的敏感节点，再次鼓吹要恢复"比夫拉共和国"，极力将农牧民冲突渲染为富拉尼人发动的新一轮"圣战"，意图将整个尼日利亚"伊斯兰化"。

（三）侵蚀民主原则，掣肘总统选举

纵观非洲国家民主化进程，特别是尼日利亚自身的民主化历程，不难发现一些基本的事实，即民主化要取得进展，需要一些基本条件：和平安定的国内局势，专业化的独立选举机构，安保工作到位。关键词就是和平、稳定、安全。农牧民冲突如果愈演愈烈，就会给大选添加更多变数，尼日利亚民主化进程将再次面临严峻挑战。

首先，农牧民冲突及其他危及尼日利亚和平安全的冲突可能会使大选无法顺利举行。尼日利亚目前政局总体稳定，冲突大多是局地的，但如果得不到有效控制，就会对大选的顺利举行造成掣肘。一个典型的例子就是2015年大选前夕，尼日利亚全国独立选举委员会得到通知，军方与安全部门要集中力量打击极端势力"博科圣地"，因而无法为大选提供安全保障。无奈之下，全国独立选举委员会做出了大选延期的决定。② 大选延期不仅大大增加了大选的人力、物力、财力成本，还令大选的严肃性和公正性受到质疑。对于前车之鉴，尼日利亚应当好好吸取，避免重蹈覆辙。

其次，农牧民冲突所展示出的"暴力文化"与民主精神格格不入。如前所述，因种种因素的叠加和相互作用，农牧民在冲突中越来越易采取"以暴易暴"的方式，农牧民冲突的致死率在有些年份甚至超过了"博科圣地"的致死率。处理农牧民关系的传统方式所体现出来的尊重长者和权威、协商、妥协、和平等内涵已荡然无存。这种"暴力文化"正在侵蚀尼日利亚政治文化中有益于民主化的成分。简言之，尼日利亚政治文化来源有三大块：传统政治文化、伊斯兰政治文化和基督教政治文化。农牧民冲突中的"暴力文化"实际上也背离了各自文化的渊源。当然，尼日利亚国内不乏有识之

---

① 2017年9月，"比夫拉原住民"被尼日利亚政府宣布为恐怖组织。
② 参见李文刚《尼日利亚2015年大选观察及思考》，载李安山主编《中国非洲史研究会文集（2015）》，社会科学文献出版社，2016。

士，他们正在呼吁通过和平对话的方式解决冲突，大部分民众也是反对暴力、向往和平的。这部分是尼日利亚社会的主流，也是推进尼日利亚民主化的正能量。

最后，农牧民冲突背后浓厚的民族宗教色彩对选民的投票模式的影响力不容低估。在尼日利亚历次选举中，选民根据民族宗教界限来投票的情形非常普遍，只是程度不尽相同，总体趋势是在减轻，但在特定情况下出现反复甚至加深的可能性不能被排除。例如，在农牧民冲突的背景下，穆斯林和基督徒更易倾向选择与自己民族宗教身份相同的总统候选人。这与民主化的实质还是有很大差距的。

2018年1月，尼日利亚著名剧作家、诗人、激进的人道主义者、1986年诺贝尔文学奖获得者沃莱·索因卡发表的一份长达四页的声明称，布哈里总统应该为发生在贝努埃州、塔拉巴州等中部地带愈演愈烈的农牧民冲突负责。令人无法理解的是，屠杀自己同胞的富拉尼游牧民逍遥法外，没有杀人倾向、仅仅是希望获得独立的"比夫拉原住民"却被宣布为恐怖组织。事实上，杀人放火的游牧民才是国家的敌人。[①] 索因卡对比夫拉问题的表态反映了他本人对于伊博人的一些同情，但更多的是一种忧国忧民的心态。这也深刻地折射出尼日利亚民族国家建构的不易。一些人指责布哈里应对农牧民冲突不力，未将发动袭击的富拉尼游牧民绳之以法的理由直接指向了布哈里本人是富拉尼族。凡此种种，反映了尼日利亚民族国家建构处于较低水平的一种现实状况。

（四）形成溢出效应，危害地区和平与安全

如前所述，尼日利亚农牧民冲突中的富拉尼游牧民是西非、中部非洲的跨界民族，其在不少西非国家中也卷入了与当地农民的冲突。也就是说，农牧民冲突是西非的一个较为普遍的现象，其主要诱因与尼日利亚的情况有许多共同之处。尼日利亚境内发生的牵扯富拉尼游牧民的冲突，很有可能招致

---

① Wole Soyinka, "Fulani Herdsmen Have Declared War Against Nigeria," *New Africa Now*, January 11, 2018, https://newsafricanow.com/2018/01/fulani-herdsmen-have-declared-war-against-nigeria-wole-soyinka/.

富拉尼人的境外亲属入境报复。尼日利亚军方称,尼日利亚境内的富拉尼人可以动员西非和中部非洲国家的富拉尼人,向其寻求支援,甚至是招募富拉尼战士。尼日利亚穆斯林精神领袖、富拉尼人索科托苏丹(Sultan of Sokoto)穆罕默德·萨阿德·阿布巴卡尔三世(Mohammed Saad Abubakar Ⅲ)多次强调,手持枪支、实施杀戮的富拉尼游牧民不是尼日利亚人,而是来自邻国,他们应该被作为罪犯甚至恐怖分子审判。①

很显然,这种情况对西非、中非次区域本就十分脆弱的和平安全局势无异于火上浇油。此外,农牧民冲突还造成大量难民涌入周边国家,加剧了边境地区的人道主义危机,反过来又为新的暴力冲突埋下隐患,导致边境和平安全堪忧。有报道称,极端组织"博科圣地"的恐袭活动在2018年出现反弹,这与不少恐怖分子混迹于难民营伺机作案不无关系。可见,尼日利亚农牧民冲突已成为一个区域性问题,如得不到及时遏制,很有可能在尼日利亚与其他一些国家,特别是尼日尔、乍得和喀麦隆边界地区引发连锁反应,加剧地区动荡和人道主义危机。

## 四 农牧民冲突的应对

为应对日益严峻的农牧民冲突,尼日利亚各级政府出台了不少政策,国际社会也参与调解,但效果并不十分明显。很大一部分原因在于其无法摆脱民族宗教的范式,包括地区利益之争。可以说,超越民族宗教的视野,以民族国家一体化大局为重,应该是应对农牧民冲突的正确方向。

一是联邦层面应加大政策的执行力度。农牧民冲突影响颇大,尼日利亚联邦政府不可能对此无动于衷。2014年,乔纳森政府组建了一个包括环境、工程、科技、内政和水资源部的部际专家委员会,研究通过设立放牧保护区来结束冲突。该专家委员会呼吁恢复和改善所有被农田蚕食的放牧路线,央行向全国36个州拨款用于建设大牧场。尼日利亚联邦执行委员会(FEC,相当于内阁)批准了这些建议,甚至央行的款项已经下拨,但乔纳森在2015

---

① Rakiya A. Muhammad, "Treat Killer Herders as Terrorists-Sultan," *Daily Trust*, September 13, 2016, https://www.dailytrust.com.ng/news/162282.html.

年大选中的落败打断了这些政策的执行，而央行拨款去向成谜。2015年，布哈里就任总统伊始，即指示联邦农业和农村发展部制定畜牧业综合发展规划，其中核心的一条就是研究如何抑制农牧民冲突。很快，农业和农村发展部的专家小组就出台了畜牧业短、中、长期的规划。2016年，联邦政府宣布向尼日利亚州长论坛提交一个计划，要求将在各州为牧民划定放牧区作为临时应对措施，最终是要说服游牧民从事大牧场畜牧业。然而，这一建议得到了绝大多数中部和南部州的反对，理由是这一计划明显偏向富拉尼族。此后，农业和农村发展部长宣布政府已向国民议会提交议案，要求立法禁止在城市和村庄放牧，又宣布政府从巴西订购速生草，准备建设大规模的牧场，但这些均没有后续行动。

从法律层面看，尼日利亚执法部门和司法部门在应对农牧民冲突上也存在不少缺陷，不少犯罪嫌疑人逍遥法外，没能得到应有的惩处，这助长了犯罪不受惩罚的不良环境。主要原因是，尼日利亚当局习惯于从政治的角度看问题，担心制裁冲突中的犯罪嫌疑人容易引发更为严重的暴力冲突，因此倾向于息事宁人而不是伸张正义。例如，2016年2月，贝努埃州一地方政府下辖的十个村庄发生富拉尼游牧民杀害许多农民的恶性事件。布哈里打破沉默，立即指示进行调查，但未见后续行动。同样的情况还发生在埃努古州，虽然布哈里总统命令警察和军队采用一切措施制止暴力，保证将阻止游牧民对农民的袭击作为头等大事，但农牧民冲突仍在上演。此外，军方在冲突多发州实施的"和谐行动"（Operation Accord）效果也并不明显。

立法方面的应对也有点"虎头蛇尾"。从2015年到2016年，尼日利亚国民议会收到三个议案，其要求通过立法形式在全国设立游牧区、划定牲畜迁徙路线和建设大牧场。经过多轮辩论，2016年12月，三个议案均未获通过，理由是土地使用权是州政府专属特权，在全国立法划定放牧区，与《1979年的土地使用法》相违背，属违宪行为。为了表示对农牧民冲突问题的关切，国民议会也举行了不少听证会，通过了一些决议。例如，2016年3月，参议院通过决议，宣布"博科圣地"武装分子是贝努埃、塔拉巴和高原州等地农牧民冲突背后的凶手。但尼日利亚民众对此并不认同，因为富拉尼

第二章 尼日利亚的民族问题

游牧民组织的一位发言人已经亲口承认，富拉尼人出于报复目的发动了一些袭击。故此，尼日利亚民众认为，参议院的决议是在转移视线。同年5月，参议院农业、情报和国家安全委员会也就农牧民冲突举行了听证会，但并未出台任何行动建议。

从长远看，尼日利亚联邦政府和州政府应加大撒哈拉与萨赫勒绿色长城倡议（Great Green Wall for the Sahara and Sahel Initiative）的执行力度。绿色长城计划由尼日利亚总统奥巴桑乔在2005年提出。2007年，非盟委员会采纳了该倡议，并将之扩展为撒哈拉与萨赫勒绿色长城倡议。该倡议起初只是计划在西起塞内加尔，东至吉布提长达7775公里的9个非洲国家中建设15公里宽的林带，以阻挡沙漠化的蔓延。后来，该绿色长城倡议的内容得到了扩展，包括建设集水池塘等其他基础设施、建立农业生产体系、促进其他增收生产活动。尼日利亚绿色长城全国办公室则计划到2020年修复面积为22500平方公里的退化土地。[①] 但直到现在，该倡议在尼日利亚的收效甚微。2011年，尼日利亚联邦政府起草了《国家应对战略及气候变化行动计划》，一年后，又出台了《气候变化国家政策》。而在尼日利亚的官方发展规划《愿景20：2020》中，同样也包含应对气候变化的内容。可以说，气候变化和自然环境的恶化对非洲国家的危害已迫在眉睫，各方亟须积极行动，而不是让应对措施仅仅停留在文件上。

二是地方政府应加强相互合作。在应对农牧民冲突问题时，各州态度不一，做法不尽相同，但大体上能看出在一些方面也是出于民族宗教的考量。有的州建立了州和地方政府和平委员会，推动农牧民对话以解决冲突，南部的埃基蒂州和阿布贾联邦首都区通过立法管理游牧行为。2016年，埃基蒂州通过一项法律，禁止放牧，禁止牛群在夜间迁移，并规定一旦发现游牧民携带武器，将以恐怖主义罪名起诉。在贝努埃和塔拉巴州，政府立法禁止一切公开放牧。在埃多州，政府计划建立有围栏的放牧区，要求游牧民入内放牧并交付一定费用。但许多游牧民经常不遵守这些规定。在联邦首都区，富拉

---

[①] International Crisis Group, "Herders Against Farmers: Nigeria's Expanding Deadly Conflict," *Africa Report*, No. 252, 2017, p. 19.

尼游牧民依旧自由放牧。塔拉巴州的牛饲养者组织不仅抵制禁止放牧的法律，还准备和政府打官司讨说法。在高原州、博尔诺州和尼日尔州，当局迫于当地民众的压力，不时会在一些场所驱赶富拉尼游牧民和牛群。相比于驱赶游牧民，有些州的做法更为激进。2016年，阿比亚州州长恢复了地方治安组织"巴卡西男孩"（Bakassi Boys），要求所有村社酋长派出10名青年，其在两年集训后被派往农村地区。克罗斯河州政府则宣布建立3000人的"乡土安全部队"，其虽然不携带武器，但可监控游牧民的行踪，向政府提供情报。事实上，这些靠驱赶游牧民和利用当地治安团体打压游牧民的做法或许可以暂时缓解局地冲突，却会使游牧民同农民的矛盾更加尖锐。南方州排斥游牧民的行为，也会在北方州招致排斥和打击南方人的不法行为，陷入南北民族宗教矛盾之争的恶性循环，并不能从根本上解决问题。

2015年7月，尼日尔州、卡杜纳州、卡诺州、索科托州、凯比州、卡齐纳州、扎姆法拉州的州长共同资助了针对偷牛的专项打击行动，尼日利亚军队、警察、国家安全部等部门参加了行动。2016年，尼日利亚军方又在西北区、东北区和中北区的森林地带对偷牛贼和土匪进行了打击。一些州政府同匪徒进行了和平谈判，希望他们放下武器，归还偷走的牛，政府表示为他们修路、建医院和学校，并向个人赠送一些现金和土地。上述措施在一些州取得了较为明显的效果。例如，2016年10月，扎姆法拉州政府发起"武器换发展"和平对话。2017年4月，警方通报称，约1000名匪徒放下武器，2734头牛被追回。[①] 这些措施虽然取得了一些积极效果，但基本上缺乏可持续性，更为严重的是还有可能助长一种"暴力文化"，匪徒和偷牛贼因常常得不到法律的严惩，有时还会肆无忌惮地加大犯罪的力度，迫使政府做出更多让步。从长远看，这对于从根本上改善北部的安全局势并不利。州政府应加强农村地区的警力建设，加大对犯罪行为的打击力度而不是姑息迁就，同时改善农村基础设施，关注民生问题，加大对农牧民冲突中受害者的援助力度，尤其是那些没有直接参与暴力冲突的受害者。

---

① International Crisis Group, "Herders Against Farmers: Nigeria's Expanding Deadly Conflict," *Africa Report*, No. 252, 2017, p. 15.

## 第二章 尼日利亚的民族问题

虽然联邦政府提出的建立大牧场的建议因遭到一些州的反对而不了了之，但从长远看，自由放牧越来越不利于自然环境的保护和生态的修复，因而也缺乏可持续性，还容易引发农牧民冲突。对于在合适的区域划定放牧区和建立大牧场，联邦政府应和州政府密切沟通，根据各州的具体情况制定规划，避免"一刀切"，可以在条件成熟的州先试点，再逐步推广。布哈里政府出台的《农业促进计划（2016～2020年）》已经认识到，游牧已日益成为农牧民冲突的一个诱因，必须做出一个重大转变，把牛群留在大牧场里。2017年，尼日利亚农业和农村发展部与联合国粮农组织（FAO）召开了政策对话会，建议联邦政府制定全国牧场发展十年规划，帮助传统游牧民建立合作社、同相关金融机构建立联系。感谢真主尼日利亚养牛者协会基本认可了这些建议。这可以说是向可持续发展迈出了积极的一步，也有助于消除农牧民冲突。

三是非政府组织应打破民族宗教界限。非政府组织在尼日利亚非常发达，影响了社会的方方面面。但尼日利亚非政府组织有一个非常明显的局限性，就是不少组织是基于民族、宗教或社区认同建立的，主要维护的是本族、本派或本地区较为狭隘的利益，很少能从整个国家和社会的利益角度去考虑。在农牧民冲突中，许多非政府组织的表现也没能摆脱民族宗教范式的羁绊。维护农民利益的非政府组织通常会组织新闻发布会和抗议，以吸引全国上下甚至国际社会对农牧民冲突中农民遭遇的关注，一些组织则会诉诸法律。例如，贝努埃州的"反对富拉尼侵占运动"（Movement Against Fulani Occupation）就曾向设在首都阿布贾的西共体法院提交诉状，要求联邦政府支付约16亿美元的赔偿金，理由是联邦政府未能保护公民。[1] 此外，约鲁巴人也组织了起来，专门监控游牧民和偷牛贼。富拉尼人的组织感谢真主尼日利亚养牛者协会也不甘示弱，指责媒体对农牧民冲突的报道充满政治动机，而富拉尼人的组织倾向于将富拉尼游牧民卷入的暴力事件做轻描淡写的处理。

---

[1] "ECOWAS Court Adjourns MAFO N500bn Suit Against FG," Channels Television, October 10, 2016, http://www.channelstv.com/2016/10/10/214493/.

由此可见，无论是富拉尼游牧民的组织，还是农民的组织，都是以先入为主的方式来评判对方，很少顾及事件本身的是非曲直，其结果是二者不可能找到对话的共同点；唇枪舌剑之后，冲突双方的矛盾只会更加尖锐。一般而言，人们对非政府组织寄予厚望，认为其更能发挥调解和建设性作用，但从尼日利亚农牧民双方的组织看，由于突出的派系特征，特别是不能摆脱民族宗教问题的范式，非政府组织的应对事实上并不能达到人们的预期目标。尽管如此，一些打破民族宗教界限的非政府组织的作用也不能被低估，如不同宗教调解中心（Interfaith Mediation Centre，IMC）、尼日利亚稳定与和解计划署（Nigeria Stability and Reconciliation Programme，NSRP）、多样性力量发展中心（Strength in Diversity Development Center）等。这类非政府组织可以在调解农牧民冲突等问题中发挥更大的建设性作用。

从国际层面看，尼日利亚农牧民冲突也引起了欧美国家的关注。2015年11月，在联合国气候变化大会上，非洲的一些主要援助国和多边机构保证在5年内向非洲捐助40亿美元以支持撒哈拉与萨赫勒绿色长城倡议的实施。虽然允诺的援助能兑现多少还不清楚，但这表明国际上对气候变化对非洲国家造成的危害也有了清醒的认识。2016年6月，英国文化委员会（British Council）发起尼日利亚稳定与和解计划，支持巴耶尔萨州的和平与冲突管控联盟推动农民与牧民开展对话。2016年11月，在德国驻尼日利亚使馆的支持下，人道主义对话中心在高原州举办对话论坛，与会的农牧民代表均表示要致力于实现和平。2017年4月，美国国际开发署（USAID）发起并主办了一场农牧民对话会，尼日利亚农民总会、感谢真主尼日利亚养牛者协会以及不同宗教调解中心等非政府组织代表参会。应该承认，农牧民的对话有助于增进双方的理解和沟通，有助于用和平的方式解决面临的问题。但这类对话因为没有形成机制，且覆盖的范围有限，其长远效果还有待观察。

尼日利亚农牧民冲突由来已久，究其原因，"天灾"与"人祸"二者皆有，加之经济社会发展变迁，导致多重矛盾叠加交织，冲突频现。游牧业是一种风险较高、不确定性颇大的行业，在全球气候变化日益加剧的情况下尤为如此。当游牧民在"天灾"面前孤立无援,不得不四处迁徙以寻找新出路的时候,就不可避免地会与其他生态圈和地域的人发生矛盾和冲突。自然生态的脆弱与气候变化对非洲国家的影响通过尼日利亚农牧民冲突的案例清楚地展现在世人面前,值得世人警醒和反思。由"天灾"引发的"人祸"也是全球性的问题,应当引起各国高度重视,各国应采取有力措施加以应对,尽最大努力将引发人类暴力冲突的危险降到最低。"人祸"也折射出尼日利亚现代国家治理所面临的多重危机以及治理能力的欠缺。极端势力、恐怖主义、匪帮与偷牛、小武器泛滥等"人祸"盘根错节,织成了束缚"西非巨人"的一张张大网,其对这个国家经济社会发展的严重危害恐怕没有人会否认。

更令人担忧的是,如果愈演愈烈的农牧民冲突未能得到及时有效的管控,其危害性较在东北部肆虐多年的"博科圣地"有过之而无不及,因为它正在将尼日利亚引向"国将不国"的危险境地。居心叵测的政客和民族宗教分裂分子正在大肆渲染穆斯林富拉尼游牧民对基督徒农民的屠杀,甚至将之称为富拉尼人发动的新一轮"圣战",目的是将整个尼日利亚"伊斯兰化"。凡此种种,不禁令人想起50多年前现代非洲爆发的首场最为惨烈的战争——比夫拉战争的前奏。要正确理解农牧民冲突,应该超越民族宗教范式,根据事件本身的是非曲直来进行评判,对民族宗教因素既不能忽视,也不能夸大。

## 结　语

对多民族国家来说,民族的数量、民族结构、民族的地域分布等,都是这个国家最基本、最重要的国情之一。尼日利亚国别研究的基础和入门要求,就是对其民族问题的基本掌握。尼日利亚民族数量众多,结构上呈现三大主体民族"鼎足而立"的局面。不过这种划分容易忽视尼日利亚少数民族在政治生活中的重要影响力。此外,这"三足"的力量大小、在尼日利亚政坛的地位以及影响力在不同的历史时期是不同的。更重要的是,主体民族的地域分布与宗教信仰版图、地区分野呈现出高度的统一性。尼日利亚的众多少数民族虽然人口较少，但其分布地对尼日利亚的经济来说具有战略意义，也就是说，分布在石油的主产区。

尼日利亚民族问题的根源，最初可以追溯到殖民主义者的"间接统治"政策，殖民主义者人为地造成并强化了民族的狭隘的地域认同。殖民政策还造成了各个地区在教育、经济、社会发展方面的重大差异。本章花费较多笔墨来考察英国殖民统治与尼日利亚民族问题的关系，旨在说明尼日利亚民族问题的根深蒂固、错综复杂，与英国殖民主义者故意直接或间接利用族体性因素为其殖民统治服务有着直接的关系。民族问题是一种动态的现象，在不同历史时期有不同的表现形式，其对政治的影响也不相同。尼日利亚为应对民族问题出台了种种措施，这足以说明民族问题在其国家发展中的重要性。

独立之后，尼日利亚历届政府也均认识到民族问题对国家发展的不利影响，采取了种种措施来应对这一问题，但效果不是特别理想，有些政策还产生了一些新的问题，可见民族问题的应对是一个非常复杂的过程，不可能一蹴而就。这当中，一些政策已基本不再实行了，如建州计划。虽然还有不少少数民族在要求设立自己独立的州，但尼日利亚的行政区域不可能无限制地再分解下去。也有一些政策，特别是全国青年服务队计划一直在坚持。虽然其也存在不少问题，但笔者认为，该计划的确对培育尼日利亚青年的国家民族认同感、培育他们的公民意识是有帮助的，因而仍有其存在的合理性和必要性。此外，尼日利亚当前人口结构的低龄化状况非常显著，如何吸引青年参与尼日利亚的国家建设可以说是这个国家的重大发展议题。从这个角度看，全国青年服务队计划仍不失为一个有意义的举措。当前，尼日利亚最热点的民族问题就是中部地带的农牧民冲突，这可以说是尼日利亚民族宗教问题的一个缩影。对该问题的认识，对于把握尼日利亚民族问题的实质，也有一定的借鉴意义。当然，尼日利亚目前仍然受到南部伊博族的一些民族分离主义者的困扰，特别是以"比夫拉原住民"运动为代表的民族分离运动的影响。但从长远看，该运动即使在主流的伊博族民众中间也得不到太多的响应，所以说其影响是有限的、可控的。

人类社会之所以能够攻坚克难，不断前行，原因在于不断探索和创造物质和精神财富，更在于传承历史经验和汲取历史教训，想方设法避免历史悲剧重演。尼日利亚也一直在做这方面的努力。无论是联邦政府、州政府还是地方政府，无论是立法机关还是司法机关，均出台了一系列应对民族冲突的措施，不可谓不及时，不可谓不对症，但效果有限，悲剧不时还在上演。何以至此，值得反思。不仅仅是尼日利亚，许多非洲国家在应对危机和挑战时，缺的不是计划和智慧，缺的是执行力。

## 第三章 尼日利亚的宗教问题

非洲是笃信宗教的大陆，非洲各民族是笃信宗教的民族。传统宗教、伊斯兰教和基督教（包括天主教和新教）是非洲的三大宗教。北非各国和非洲之角的一些国家，因民众多信仰伊斯兰教，一般可以被归入非洲－阿拉伯国家的行列，而大多数撒哈拉以南非洲国家是多元宗教国家，只是穆斯林、基督徒和传统信仰者的比重因国别不同而各异。对于非洲第一人口大国尼日利亚来说，基督徒与穆斯林的比例相差不大，宗教人口和民族地域分布高度关联。尼日利亚这种独特的民族宗教格局使得伊斯兰教和基督教的和平共处充满挑战，特别是在二者混合分布或交界的一些地区。在尼日利亚，基督教与伊斯兰教和平共处是主流，但受国内外诸多因素的影响，宗教矛盾和纷争并不鲜见，在局部地区较为突出。尼日利亚之所以成为一个有影响力的大国，正是因为其包括宗教在内的多样性的统一，而非各种因素的相互掣肘。倡导不同宗教之间的理解与对话，遏制宗教极端思想的蔓延，寻求宗教回归和平本真，应该成为尼日利亚宗教研究重点关注的议题。

## 第一节 尼日利亚的宗教格局

尼日利亚两亿多人口中，50%信奉伊斯兰教，40%信奉基督教，10%信奉传统宗教。[①] 尼日利亚当前的宗教格局，是经过独特的历史进程才形成的。

---

① 《尼日利亚国家概况》，中国外交部网站，2023年8月，https://www.fmprc.gov.cn/web/gjhdq_676201/gj_676203/fz_677316/1206_678356/1206x0_678358/。

第三章　尼日利亚的宗教问题

从历史的长时段来看，这个进程事实上并不太久远。其中，19 世纪初尼日利亚北部的富拉尼人发动的大规模圣战和 19 世纪下半叶以教会传教士协会（Church Missionary Society，CMS）为代表的福音派在西南部约鲁巴人中间的传教活动，对尼日利亚宗教格局的形成起到了决定性的影响。传统宗教是非洲黑人固有的、有悠久历史和广泛社会基础的宗教。伊斯兰教和基督教是后来从外界传入的宗教，它们在非洲都经历了一个本地化、与传统宗教相互影响和相互渗透的过程。[①] 殖民统治时期，英法殖民主义者的不同政策对伊斯兰教和基督教的传播以及二者的地域分布格局都产生了重要影响。英国在北尼日利亚推行"间接统治"，一方面强化了北部伊斯兰教的发展，另一方面也加大了北部在经济社会和教育方面与南部的差距，尼日利亚的宗教格局得以确立和固化。当前，简略讲，尼日利亚北部地区是伊斯兰教，东南部地区是基督教，西南部地区为伊斯兰教和基督教基本平分秋色。这一宗教格局与三大主体民族，即北部的豪萨 - 富拉尼族、东南部的伊博族和西南部的约鲁巴族的地域分布基本契合，呈现出"民族、宗教、地域"相互关联的鲜明特征。这种格局对尼日利亚政治、经济和社会发展的方方面面均产生了深远而复杂的影响。

## 一　尼日利亚传统宗教[②]

宗教一直是尼日利亚人生活中不可分割的一部分。传统宗教通常以族体为基础。宗教是群体认同的重要组成部分，也是加强社会政治结构的工具。传统宗教的基本组成部分大多包括宇宙论、起源神话、牧师以及对祖先和神灵的崇拜。尼日利亚的一些民族也将占卜纳入其宗教活动。传统宗教还可以包括建造和维护神殿和圣坛的活动。在尼日利亚研究最多的传统宗教包括约

---

① 宁骚主编《非洲黑人文化》，浙江人民出版社，1993，第 121～122 页。
② 主要参考资料：Anthony Oyewole and John Lucas, eds., *Historical Dictionary of Nigeria*, Second Edition, Lanham: The Scarecrow Press, 2000, pp. 457-459; Toyin Falola, *Violence in Nigeria*, Rochester: University of Rochester Press, 1998；〔英〕帕林德《非洲传统宗教》，张治强译，商务印书馆，1999；美国国会图书馆（Library of Congress）《国家研究：尼日利亚》（*A Country Study: Nigeria*）网络版，http://lcweb2.loc.gov/frd/cs/ngtoc.html。

鲁巴族、伊博族和努佩族的传统信仰。如今，与伊斯兰教和基督教相比，传统宗教的信徒人数最少。此外，传统宗教信徒还经常将伊斯兰教或基督教的一些内容增加到他们的宗教仪式和信仰之中。

在伊斯兰教和基督教传入之前，尼日利亚各族民众就相信有"上帝"（Supreme Being）和其他一些小神。尼日利亚北部的居民认为，上帝和太阳是统一体，但他们不是太阳崇拜者，尽管他们用意思为"太阳"的词表示至高体。约鲁巴人称上帝为奥罗伦（Olorun），意为"天的主人"。每个人都信仰奥罗伦，把他看作万物的创造者、全能和全知者、生命的给予者，并且是一切人的最后审判者。虽然他是伟大的、高高在上的神，但是人们在日常的问候、祷告、谚语和谜语中都能听到他的名字。伊博人也有类似的看法：上帝是无所不知的，并负责地球上发生的一切；因此，单个的人要依靠上帝，寻求上帝的指导和保护。尼日利亚人一生中的重大事情，如出生、婚姻、播种、收获和死亡都同上帝联系在一起。上述诸事中如有不顺或出现问题，个人就应寻求术士和占卜师的帮助，因为他们是上帝意愿的解释者。

在非洲许多地方，人们虽然信仰上帝，但认为他太伟大、太遥远，所以不需要对他定期礼拜。例如，伊博人很少向上帝（Chuku，音译"秋库"）献祭，不过一家之主会在清晨在地上放几个柯拉果（kola nut），祈求秋库保佑全家安康，有时也会献上其他供品。远行者出门前，商人开业前，都要祈求秋库保佑。尽管很少直接向秋库献祭，但人们相信献给小神的供品最终会到秋库那里。

大多数尼日利亚传统宗教起源于信仰一个地区古老的"根"，并与一个特定地方家族的灵魂联系在一起。这种信仰最主要的功能是在处理涉及资源（特别是农田和宅基地）所属权关系的问题时提供超自然的裁决和合法性。资源的获取、从政、经济活动乃至社会关系都要靠传统信仰来解释并阐释合法性。传统宗教体系主要建立在以下三个要素的基础之上。其一，近期辞世人的灵魂和以往的幽灵，它们仍对世上的事抱有兴趣。德高望重的长者要求在管理资源的获取和继承时保持规则的一致。传统信仰还包括活着的人相互之间的义务及他们对祖先应尽的义务。其二，陆地上超自然的神灵（包括大

## 第三章 尼日利亚的宗教问题

树、岩石、河流、蛇或其他动物和物品)。各地崇拜的神灵可能不同,但它们与一个群体的福祉息息相关,因此当人们迁徙时神灵会被作为传承的一部分带到新的地方。到达新的地方后,他们还会加入信仰当地神灵的行列,以便永久性地获取当地的各类资源。其三,家族的神灵和一个地区的神灵要求民众遵守共同的美德,服从保卫古老信仰和习俗的长者。

在尼日利亚人眼里,传统宗教可确保土地肥沃和人口的繁衍,保护他们免遭厄运,调解争端,惩罚邪恶。专门的神职人员掌握超自然的力量,可以治病驱魔。他们向普通民众售卖的魔法用品、护身符和药物会增强抗击灾祸的能力。在日常生活中,灾祸、疾病、政治中的敌对、继承纠纷甚至选择配偶、开垦新的土地都可被纳入传统宗教体系并得到解释。传统宗教有各自的神职人员,但没有传教者去宣扬自己的宗教。传统宗教并不是一种普遍的宗教,它们局限于特定的人群和地域。传统宗教的习俗、信条和仪式会随着迁徙、通婚或征服扩展到新的地区,但其信仰者不会去宣扬自己的宗教,让其他人接受自己的传统信仰。此外,许多传统宗教供奉多个神灵,相信来世。这在许多民族的化装舞会(masquerade)中表现得很明显。

在世界许多地区,特别是在非洲,成年男子常常加入一些效法神灵维护道德的秘密会社(secret society)。20世纪80年代,在伊博人聚居地和周边地区,秘密会社仍是维护社会秩序和社会道德的重要工具。秘密会社还传入中部地带南缘与伊博人聚居地北部相连的少数民族聚居区。通常,成年男子要接受一些培训,只有这样才能被接纳为会员。20世纪90年代,秘密会社对会员的资格要求非常严格,在一些地区这类组织基本绝迹。秘密会社通过各种仪式和面具舞蹈来强化社团的德行。在这些活动中,会员会模仿神灵,要么讲道,要么表达对个人和群体道德水平的不满或进行告诫。

伊斯兰教和基督教传入后,尼日利亚出现三大宗教共存的格局。有趣的是,许多穆斯林和基督徒仍会在身处困境时公开或半公开地借传统宗教寻求帮助。事实上,这种现象并不难解释。在许多尼日利亚人的传统社会中,宗教渗透到社会生活的方方面面,每个群体都有自己的宗教信仰体系,每个人的思维方式和生活方式深受其影响。因此,当一个人皈依伊斯兰教或基督教

· 129 ·

后，新宗教并不必然覆盖其以往的思维习惯、哲学观、社会关系和敬畏之事。一个人碰到大麻烦时，两种新宗教无法消除其恐惧时，他就会借助传统宗教仪式。传统宗教的神职人员会帮助他驱除邪恶，占卜未来；必要时还会要求他佩戴护身符、驱魔物件、一些被奉若神明的东西，甚至向神灵献祭。

## 二 尼日利亚伊斯兰教

伊斯兰教在尼日利亚的传播路径是由北向南。公元11世纪后半叶，伊斯兰教传播到加涅姆－博尔努（Kanem-Bornu）帝国（今尼日利亚北部一带），14～15世纪又传播到了豪萨城邦。起初，伊斯兰教只是宫廷和商界的宗教，通过穆斯林教师和商人和平地在尼日利亚北部传播。到17世纪，伊斯兰教在尼日利亚北部许多城市已比较盛行。18世纪后半叶，西非地区兴起了以纯洁伊斯兰教为主要内容的圣战，游牧民族富拉尼族在其中发挥了核心的作用。19世纪初期，富拉尼人乌斯曼·丹·福迪奥利用圣战创建了庞大的索科托帝国，这是当时西非最大的国家，伊斯兰教也发展成为在尼日利亚北部占主导地位的宗教。

1804～1809年的索科托圣战不仅改变了豪萨城邦，而且塑造了其南部邻国的地缘政治，特别是当代尼日利亚中部和东北部（现代尼日利亚中部地带）以及西南部约鲁巴地区。[1] 有意思的是，富拉尼人征服豪萨城邦后，却接受了豪萨人的语言和文化习俗，两个民族相互通婚，逐渐融合成尼日利亚的第一大民族豪萨－富拉尼族。在整个19世纪，索科托帝国的战士们不断向东部、西部和南部发动圣战，开疆扩土，传播伊斯兰教。一方面，伊斯兰教成为维系帝国不同民族的一个纽带；另一方面，圣战所宣扬的穆斯林皆平等的理念并没有被实现，特别是那些皈依伊斯兰教的小民族，地位要明显低于富拉尼人。更有甚者，在向外围的圣战中，富拉尼人的统帅甚至会拒绝一些民族皈依伊斯兰教，这样就可以方便地获得奴隶来维护索科托帝国的繁荣和促进城市扩展。[2]

---

[1] Olufemi Vaughan, *Religion and the Making of Nigeria*, Durham and London: Duke University Press, 2016, p. 1.

[2] Virgina Comolli, *Boko Haram: Nigeria's Islamist Insurgency*, London: Hurst and Company, 2015, p. 16.

## 第三章 尼日利亚的宗教问题

这种状况导致大量弱小民族向帝国的南缘,即中部地带逃亡,不少人最后皈依了基督教。中部地带也因而成为北部伊斯兰文化与南部基督教文化的分界线和缓冲区。

此外,以伊斯兰教的名义袭击邻近的"异教"社区,导致产生了大量的俘虏,其中大多数人被贩卖为奴隶,并加入了数百万被强行驱逐到新世界的非洲人行列。1807年奴隶贸易禁令颁布后,出口奴隶变得越来越不可能,尼日利亚北部的奴隶最终在索科托帝国不断增长的种植园内劳作终生。这使其主人拥有必要的经济资源和自由时间,可以从事农业以外的职业,许多穆斯林成为学者和作家。这一事实解释了为什么尼日利亚北部在19世纪迎来了一个前所未有的知识和文学增长时期。索科托帝国是建立在伊斯兰教法("沙里亚")基础之上的,而这一法律制度留下的遗产在当代尼日利亚中也是挥之不去的。它将主要是穆斯林的北方人与主要是基督徒的南方人对立起来,使得沙里亚联邦法院成为一个有争议的问题。

1903年,英国殖民主义者最终征服索科托帝国,阻断了这个国家的正常发展,但其随后的"间接统治"政策对伊斯兰教的传播在客观上起了一定促进作用。因此,在20世纪,伊斯兰教在尼日利亚得到迅猛发展。[①] 尼日利亚独立后,北区总理贝洛推行伊斯兰化政策,北区的扎里亚和尼日尔省10余万的尼日利亚民众皈依伊斯兰教。同时,中部地带众多少数民族中皈依基督教的人数也在与日俱增。这种现象引起北部穆斯林城镇的不安,穆斯林同基督徒的关系也紧张起来。1966年,尼日利亚发生军事政变,包括贝洛在内的多名政界人士遇害,北区的伊斯兰化政策也戛然而止。总的来说,尼日利亚政府的政策对伊斯兰教的传播还是比较有利的,巴班吉达军政权时期(1985~1993年),伊斯兰教在尼日利亚得到了迅速传播,尼日利亚甚至秘密加入了伊斯兰会议组织(Islamic Organization of Conference,IOC)[②]。

尼日利亚的伊斯兰教组织并不是非常严密,清真寺和伊斯兰教法庭的主要职位由一些伊斯兰教师家族的男性继承人担任,他们往往在当地或国外接

---

[①] Toyin Falola, *Violence in Nigeria*, Rochester: University of Rochester Press, 1998, p. 32.
[②] 2011年6月更名为伊斯兰合作组织(Organization of Islamic Cooperation,OIC)。

受伊斯兰教神学和法学的教育。由知识渊博的伊斯兰教学者组成的乌来玛阶层几个世纪以来一直是埃米尔的宗教和法律顾问。在尼日利亚的伊斯兰教中，苏非主义占据主导地位，其中卡迪里教团（Qadiriyah）和提加尼教团（Tijaniyah）是最主要的两大派别。它们拥有各自的清真寺和学校，从国家那里接受资助。苏非教团在伊斯兰教在尼日利亚北部的传播中曾发挥过非常重要的作用。

卡迪里教团是一个全球性的苏非教团，也是伊斯兰世界中的第一个苏非教团，起源于8世纪的两河流域（今伊拉克境内），分布在西非大部分地区且影响深远。[①] 卡迪里教团在信仰上坚持逊尼派教义，遵守伊斯兰教法和履行宗教功课，以宽容、慈善、虔诚和谦恭著称。卡迪里教团是尼日利亚最大的苏非教团，17世纪由巴格达传入卡诺。富拉尼人宗教领袖福迪奥是其虔诚的追随者，他领导的声势浩大的圣战极大地促进了卡迪里教团教义在尼日利亚北部地区的传播。因此，卡迪里教团教义成为在索科托帝国中占主导的宗教思想。20世纪70年代，卡迪里教团也受到了其他派别，如提加尼教团等的挑战。提加尼教团源自18世纪北非摩洛哥的非斯，其教义要求信徒净心善行，拒绝参加圣战，服从政府，因而往往得到执政当局的扶植。该教团对近代伊斯兰教在非洲的进一步传播起了重要的推动作用。提加尼教团是尼日利亚第二大的苏非教团，19世纪从阿尔及利亚传入尼日利亚北部。大约在1918年，卡诺的埃米尔阿巴斯由卡迪里教团改宗提加尼教团。20世纪五六十年代，卡迪里教团和提加尼教团之间不时会发生冲突。尼日利亚的这两大苏非教团还经常受到北部伊斯兰教激进组织的反对和批评。赛努西教团由阿尔及利亚苏非学者赛努西于19世纪30年代在麦加创立。该教团禁止宗教狂热主义，主张绝对遵奉《古兰经》、圣训和伊斯兰教法，严格履行宗教功课，要求改革伊斯兰教的各种弊端。在尼日利亚，穆斯林倾向于尽可能严格遵守"古兰经"的原则和伊斯兰教的五功，包括斋月期间的斋戒和前往麦加的朝觐。

在推进伊斯兰教在尼日利亚北部的传播中，伊斯兰教表现出较强的团结

---

[①] 李维建：《西非的苏非主义：历史、现状与新苏非教团》，《世界宗教研究》2008年第3期，第94~102页。

性。伊斯兰教的教义和仪式让尼日利亚整个北部的穆斯林觉得他们都生活在伊斯兰文化的影响之下,在家庭生活、服饰、饮食、礼仪和个人品质方面,他们同更广阔的伊斯兰世界联系在了一起。中部地带的尼日利亚人,尤其是那些在政治和经济方面颇有抱负的,也往往会皈依伊斯兰教。中部地带的高原州可以说是一个例外,伊斯兰教和基督教的影响在这里基本旗鼓相当,而且两种宗教大体和平共处。但自20世纪90年代以来,高原州已爆发多次与宗教有关的暴力冲突,如2010年1月和3月就接连爆发两次大规模的暴力冲突,每次均有数百人丧生。

此外,伊斯兰教的一些非主流派别在尼日利亚一些地区也较为盛行,如20世纪七八十年代在卡诺盛行的梅塔齐内(Maitatsine,意为"诅咒者")运动等,其有自己的清真寺和教义,与正统的伊斯兰教教义和领导方式格格不入。这些教派主要对城市贫困的移民有很大的吸引力,在尼日利亚北方一些城市的宗教冲突中起了推波助澜的作用。尼日利亚穆斯林社会的分裂也很明显。例如,20世纪90年代,在尼日利亚北部的一些重要城市,苏非穆斯林兄弟会支持各自的候选人竞争宗教和传统的埃米尔的职务。当然,兄弟会之间的分歧通常不会导致严重不和。需要注意的是,尼日利亚的伊斯兰教激进分子和学生领袖宣扬回归正统的伊斯兰教的一些活动加剧了伊斯兰教的复杂化,加速了穆斯林之间的分化。

在尼日利亚,较有影响力的伊斯兰文化和宗教组织主要包括以下几个:尼日利亚伊斯兰运动(Islamic Movement of Nigeria)、伊扎拉(Izala)和伊斯兰胜利组织(Jamaatu Nasril Islam)。索科托苏丹被认为是尼日利亚所有穆斯林的精神领袖。自20世纪初以来,伊斯兰主义团体的影响力一直在尼日利亚增长,"博科圣地"的崛起是最重要的结果。对于上述组织的具体情况,后文再做详细阐述。

## 三 尼日利亚基督教

尼日利亚基督教的历史最早可追溯到15世纪中期。15世纪80年代,葡萄牙传教士在尼日利亚的贝宁(Benin)和瓦里(Warri)等地传播基督教,但直到18世纪,欧洲传教士在尼日利亚的传教努力收效甚微。19世纪上半叶,随着奴隶贸易的废除和欧洲传教运动的复兴,非洲又成为传教士的理想之地,但他们在尼日利亚还是没有取得多大成功。到了19世纪后半叶,由于传教士们采取了种种新的策略,如利用本土牧师、直接与伊斯兰教展开竞争、投入更多人力和财力、通过促进农业和商业在当地培育新的基督徒阶层等,尼日利亚基督教的传播情况出现了转机,数以百万的尼日利亚人皈依了基督教。这些人主要集中在尼日利亚西南部的巴达格里(Badagri)、阿贝奥库塔(Abeokuta)、拉各斯(Lagos)、伊巴丹、奥约(Oyo)、尼日尔河三角洲地区以及东南部伊博人聚居区。① 在尼日利亚传教的主要是英国的卫理公会(Wesleyan Methodist Missionary Society)和(英国圣公会)教会传教士协会、苏格兰联合长老会传教团(Church of Scotland Mission)和代表天主教会的非洲传教团协会(Society of African Missions)。

英国殖民统治时期,基督教在尼日利亚得到迅速传播,尼日利亚本土传教士的影响力和作用日益突出,最明显的是出现了许多由尼日利亚人控制的独立教会,这在历史上被称作非洲教会运动。非洲教会运动是由寻求宗教使命的非洲人发起的,创始人呼吁与欧洲人建立的教会分离和建立独立的非洲教会。例如,1888年,大卫(W. J. David)牧师脱离拉各斯浸礼会教堂,成立了非洲土著联合教会。尼日利亚这些本土教会的共同之处是都反对殖民主义、质疑对西医的依赖、反对受过西方教育的人所表现出的高人一等的优越感。因此,尼日利亚的本土基督教具有反抗殖民主义的一面。英国殖民统治末期,基督教已成为在尼日利亚东部占主导地位的宗教,在西部和中部也是一种重要的宗教。② 尼日利亚最主要的本土教会是阿拉杜拉教会(Aladura Churches)和基督使徒教会(Christ Apostolic Church)。

阿拉杜拉教会运动是尼日利亚一种以基督教为基础的本土宗教运动,与目前的基督教灵恩运动和五旬节基督教运动有许多相似之处。"阿拉杜拉"这个名字来自约鲁巴语,意思是"祈祷的主人"或"祈祷的双手"。在伊杰

---

① Toyin Falola, *Violence in Nigeria*, Rochester: University of Rochester Press, 1998, p. 32.
② Toyin Falola, *Violence in Nigeria*, Rochester: University of Rochester Press, 1998, p. 33.

布-奥德（Ijebu-Ode）的英国圣公会教堂进行祈祷时举行的治愈仪式标志着治愈祈祷团体的形成，如20世纪20年代的宝石协会和钻石协会。这些教会被统称为阿拉杜拉教会。它们吸引了成千上万的尼日利亚人皈依基督教，特别是在西南部的约鲁巴人地区。阿拉杜拉教会专注于消除基督徒的邪恶、治愈无法解释的疾病和解决困扰社群的家庭问题。阿拉杜拉教会的成员对祈祷、幻觉和治疗术的兴趣远远超过对洗礼和神迹的兴趣，而这些都是灵恩派教会非常感兴趣的。阿拉杜拉教会的领导人是先知，他们作为占卜者、治疗师和社会领袖为教会服务。阿拉杜拉教会的崇拜仪式通常持续两个多小时，中间包括大量的唱歌、跳舞和鼓掌环节。基督使徒教会是由约瑟夫·阿约·巴巴洛拉（Joseph Ayo Babalola）于1930年创立的，最初叫联合使徒教会。巴巴洛拉在1943年将之改名为基督使徒教会。该教会以脱离欧洲教会为使命，最终加入阿拉杜拉教会运动。狂热的崇拜和祈祷是基督使徒教会的特征。基督使徒教会也被认为是五旬节派教会。它的受欢迎程度在1930年至1960年间达到了顶峰，该教会在尼日利亚南部建立了许多宗教培训学院。

尼日利亚的基督徒主要分布在南方，但在穆斯林占主导地位的北方的一些较大的城镇亦有一些教堂。尼日利亚西南部约鲁巴人聚居区传统上多受新教和英国圣公会影响，而伊博人聚居的东南部主要是罗马天主教的活动范围。基督教的其他一些教派在尼日利亚亦有分布。例如，早在20世纪初，长老会传教士就已深入尼日尔河三角洲伊比比奥人聚居区和尼日利亚的中部地带。中部地带对基督教各派的传教士都是开放的，因此不少较小的派别通过为当地人建教会学校和医院在农村地区建立起了基督教网络，大多数教会学校和医院直到20世纪90年代还存在，只是学校基本上已由州政府管理，以便推进课程的标准化和教职工的本地化。

尼日利亚独立后，中部地带五旬节派（pentecostalism）的发展也很迅速，甚至在南部罗马天主教徒和新教徒占主导地位的城镇也取得了一些成功。五旬节派是查尔斯·帕勒姆（Charles Parham）于1900年在美国创立的。五旬节派教会专注于圣灵的个人洗礼，并说方言。查尔斯·帕勒姆的学生在美国和欧洲建立了自己的五旬节派教会。五旬节派于20世纪30年代传至尼日利亚，独于全球运动。例如，在尼日尔河三角洲成立的基督军教会（Christ Army Church）。尼日利亚另一个受欢迎的五旬节派教会是基督使徒教会，成立于1930年。1987年，尼日利亚的五旬节派教会成立了一个联合组织，称为尼日利亚五旬节联谊会。五旬节派教会是尼日利亚流行的多种基督教之一。

自20世纪80年代以来，灵恩派和五旬节派在尼日利亚一直很受欢迎。尼日利亚基督徒占人口的40%，主要生活在尼日利亚南部。尼日利亚北部主要城市也有基督教的"飞地"。大多数基督徒都是伊博人和约鲁巴人。基督教和伊斯兰教都寻求在皈依和政治上的影响力，这在尼日利亚历史上不时会造成宗教关系的紧张。

尼日利亚基督徒的全国性组织是尼日利亚基督教协会（Christian Association of Nigeria），成立于1976年，主要是为了应对在北方进行的关于堕胎合法化和实施伊斯兰教法的全国讨论。在20世纪80年代，它是穆斯林占主导地位的尼日利亚北部地区基督徒利益的重要代表。它包括基督教灵恩派、天主教和五旬节派教会的代表。尼日利亚基督教协会主席是阿布贾天主教大主教约翰·奥奈耶坎（John Onaiyekan）。2000年，该协会就北方几个州实施伊斯兰教法的问题发表了措辞强硬的反对意见。

## 第二节 尼日利亚宗教问题的由来与演化

传统宗教、伊斯兰教和基督教是包括尼日利亚在内的许多撒哈拉以南非洲国家的三大宗教，它们对国家的政治发展产生了不同影响。但是，研究非洲传统宗教的学者们基本上认为，传统宗教对非洲国家政治进程的影响只限定在政治家利用魔法（charms）帮助自身取得成功，而试图去颠覆竞争对手的"雄心列车"方面。此外，传统宗教完全没有地域扩张的特征，即传统宗教不会跃出孕育它们的特定地域去征服别的地区并赢得更多信徒。这是传统宗教不同于伊斯兰教和基督教的一个显著特征。[①] 在尼日利亚，传统宗教同

---

① Matthew Hassan Kukah and Toyin Falola, *Religious Militancy and Self-Assertion: Islam and Politics in Nigeria*, Aldershot: Avebury, 1996, pp. 12–13.

其他两大宗教基本上是和平共处的。因此，本书论述的宗教问题仅涉及伊斯兰教和基督教的矛盾和冲突及其对尼日利亚民族国家建构的影响。

## 一 伊斯兰教与基督教的矛盾

由于自身与政治密不可分的关系，伊斯兰教从一开始就在尼日利亚的社会和政治生活中占据了主导地位。在许多穆斯林看来，尼日利亚的基督徒与英国殖民主义者在文化、宗教和社会上联系密切，因此是西方征服者和帝国主义的一部分。而对尼日利亚的基督徒来说，他们最担心的是穆斯林在国家中占据统治地位以及整个国家的伊斯兰化。穆斯林和基督徒这些针锋相对的看法极大地影响了他们的社会和政治行为。

尼日利亚独立之初，引发政局动荡的最主要因素是民族矛盾和冲突，当然也不能完全排除宗教矛盾的成分。但从20世纪70年代开始，宗教矛盾和冲突对民族国家建构的破坏性与民族冲突的破坏性已可等量齐观，因为宗教常常被渴望权力的人当作通向权力和政权合法性的跳板。[1] 独立后不久，尼日利亚就陷入动荡之中，并经历了一场惨烈的内战。1966年爆发的这场战争是20世纪60年代非洲大陆最为血腥的内战之一。在尼日利亚这样一个宗教矛盾比较突出的国家，这场内战在爆发后不久就被涂上了宗教色彩。在谋求独立的东区基督徒看来，这场战争就是北区大多数穆斯林同东区基督徒之间的一场战争，甚至当时的国家元首——来自中部地带的安加族基督徒亚库布·戈翁将军也这样认为。[2] 内战后，尼日利亚政权虽几经更迭，但穆斯林掌权的时间要比基督徒长。[3] 北方穆斯林长期执掌国家政权，加之北方穆斯林在历史上建立过强大的索科托帝国，伊斯兰教曾是国教，这似乎使北方人

---

[1] Toyin Falola, *Violence in Nigeria*, Rochester: University of Rochester Press, 1998, p.2.
[2] Jude C. Aguwa, "Religious Conflict in Nigeria: Impact on Nation Building," *Dialectical Anthropology*, Vol. 22, 1997, pp. 335–351.
[3] 尼日利亚第一共和国（1960~1966年）的第一位总理巴勒瓦为豪萨穆斯林；第二共和国（1979~1983年）通过选举上台的沙加里总统是讲豪萨语的富拉尼穆斯林；1993年当选第三共和国（实际未建立）总统的阿比奥拉是尼日利亚西南部鲁巴族穆斯林；尼日利亚8位军政权领导人中，有5位为穆斯林，分别是穆罕默德、布哈里、巴班吉达、阿巴查和阿布巴卡尔。

形成了一种思维定式：国家领导人应当由北方穆斯林来担任；伊斯兰激进分子甚至认为，北方人注定是这个国家的领导者。[①] 在许多南方基督徒看来，北方穆斯林领导人有借助国家机器将整个国家"伊斯兰化"的趋势。在这一时期，国家世俗化问题和伊斯兰教法庭问题日益凸显出来。

尼日利亚宗教暴力活动自20世纪70年代开始，对尼日利亚政治产生了深刻影响。1978年，扎里亚艾哈马杜·贝洛大学（Ahmadu Bello University）的穆斯林学生和基督徒学生发生冲突，6名学生身亡，直到军队出面才平息了事态。受此事件影响，20世纪70年代初开始的穆斯林—基督徒对话一度中断。20世纪80年代以后，尼日利亚宗教冲突的数量、强度、范围及对整个国家的影响都大为增多或增强，多数冲突都造成数百人死亡和大量财产损失。此外，操纵宗教问题以及民族问题来达到政治目的的做法比以前更为明显，特别是在争夺联邦一级权力的时候。宗教在一定程度上强化了政权的单一性，引起了人们对爆发宗教战争的担心。频繁爆发的宗教冲突对尼日利亚的统一和国家的世俗性都构成了极大的威胁。20世纪80年代以后，尼日利亚穆斯林同基督徒之间的冲突和角逐变得公开化、习以为常，成为尼日利亚政治生活的一个永久特征。[②]

在尼日利亚，穆斯林同基督徒围绕国家世俗化问题的辩论由来已久。虽然尼日利亚1979年、1999年宪法规定，尼日利亚是一个世俗国家，但信奉政教合一的穆斯林认为，这是基督徒控制他们的一个企图，几乎是英国殖民统治的延续。穆斯林还认为，政教分离会导致整个社会道德颓废，只有伊斯兰教法（"沙里亚"）才能遏制道德沦丧。尼日利亚北部穆斯林反对基督徒的情绪和行动在很大程度上受到穆斯林领导人的鼓动，其中的代表人物就是20世纪80年代尼日利亚最为著名的伊斯兰教学者、已故的阿布巴卡尔·古米

---

① 1992年12月，尼日利亚北方一位知名人士哈吉·马伊塔马·苏勒在卡杜纳发表题为"为什么要北方领导"的演讲，甚至编造了一个神话，认为豪萨－富拉尼人有天定的统治权，其他民族只能统治其他世俗地区。Ukiwo Ukoha, "Politics, Ethno-Religious Conflicts and Democratic Consolidation in Nigeria," *The Journal of Modern African Studies*, Vol. 41, No. 1, 2003, p. 135.

② Toyin Falola, *Violence in Nigeria*, Rochester: University of Rochester Press, 1998, p. 5.

(Abubakar Mahmoud Gumi)和"尼日利亚伊斯兰运动"领导人易卜拉辛·扎卡扎齐。古米是尼日利亚伊斯兰教极端主义的代表,他宣称:若你是穆斯林,你就不可能接受一位非穆斯林领导人;一旦非穆斯林被选为国家领导人,这个国家就应当分裂;国家应当将北方的伊斯兰教法庭扩展到尼日利亚南方各地;尼日利亚应当正式成为一个伊斯兰国家,每一位基督徒应当接受按照简单明了的伊斯兰教法实行的统治。[①] 1986年,古米在沙特阿拉伯首都利雅得(Riyadh)接受沙特政府授予他的一个奖项,该奖表彰了他对伊斯兰教事业的突出贡献。古米在致辞中称,穆斯林人数占尼日利亚总人口的70%。这显然与实际情况大相径庭。回到尼日利亚后,古米竟对报界人士说基督教根本就不是一种宗教。[②] 对于古米的这些言论,就连一些穆斯林都感到不可思议,而他"著名的伊斯兰教学者"的身份也因此遭到许多尼日利亚人的质疑。对扎卡扎齐而言,他的主要目的就是反对宪法规定的尼日利亚是一个世俗国家的基本原则,推动尼日利亚建立伊斯兰社会。上述言论不仅同尼日利亚宪法规定的国家存在的基本原则相抵触,而且不可避免地加深了穆斯林和基督徒之间的矛盾。

绝大多数豪萨-富拉尼人都是穆斯林,约鲁巴人和伊博人主要信奉基督教和传统宗教。豪萨-富拉尼人统治阶层一直利用伊斯兰教的凝聚力来巩固其在尼日利亚北部的政治势力,而北部的中小民族往往借助基督教来为自己的利益抗争。区域性宗教冲突虽主要发生在尼日利亚北部和西南部州的一些城镇,但由于尼日利亚宗教与民族分布的高度相关性,最初发生在北方的宗教冲突也容易蔓延到尼日利亚南部地区。[③] 此外,这些冲突涉及的主要是基层穆斯林和基督徒,他们之间的紧张关系甚至冲突对尼日利亚民族国家建构同样是非常不利的,从某种程度上来说,甚至比全国性宗教问题的影响还

---

① Toyin Falola, *Violence in Nigeria*, Rochester: University of Rochester Press, 1998, pp. 117–129.
② Matthew Hassan Kukah and Toyin Falola, *Religious Militancy and Self-Assertion: Islam and Politics in Nigeria*, Aldershot: Avebury, 1996, p. 154.
③ 据统计,尼日利亚发生宗教冲突的主要城镇包括北部的扎里亚、卡诺、卡杜纳、索科托、卡齐纳、包齐、迈杜古里(Maiduguri)、贡贝、乔斯和卡凡赞(Kafanchan),西部的伊洛林(Ilorin)、伊巴丹(Ibadan)和拉各斯,东部的约拉(Yola)。

大,因为尼日利亚各地的基督徒和穆斯林之间如果能够实现真正的理解和宽容而不是怀疑和仇恨的话,别有用心的政客们利用宗教来达到政治目的恐怕不会太容易,尼日利亚民族国家建构可能就不会太艰难。

## 二 伊斯兰教内部的矛盾

尼日利亚独立后,北区总理贝洛推行伊斯兰化政策,北区的扎里亚和尼日尔省10余万的尼日利亚民众皈依伊斯兰教。同时,中部地带(北部伊斯兰教和南部基督教大致分界的地域)众多少数民族中皈依基督教的人数也在与日俱增。这种现象引起北部穆斯林城镇的不安。1966年,尼日利亚发生军事政变,包括贝洛在内的多名政界人士遇害,北区的伊斯兰化政策也戛然而止。随着尼日利亚政权的频繁更迭以及穆斯林与基督徒矛盾的日益加深,北部穆斯林聚居区表面平静,实则暗流涌动,伊斯兰主义组织开始展示它们的力量。其中,成立于1962年的伊斯兰胜利组织就充当了重要角色,其宗旨是在尼日利亚推进宣教工作,促进穆斯林之间的团结。从成立之时到1966年的这段时间是伊斯兰胜利组织最为辉煌的时刻。1966年贝洛遇刺身亡后,伊斯兰胜利组织领导人阿布巴卡尔·古米与苏非教团领导人龃龉不断,导致伊斯兰胜利组织的分裂。

古米批评伊斯兰胜利组织未能坚持严格的伊斯兰教教义,鼓励弟子另起炉灶。1978年,伊斯玛伊·伊德里斯(Ismai Idris)受古米的启发,在乔斯成立了"伊扎拉"(Izala),将矛头对准了苏非卡迪里教团和提加尼教团。"伊扎拉"的含义是反对消极革新运动。伊扎拉运动其实是一个伊斯兰复兴运动,是伊斯兰教法的支持者,深受萨拉菲主义(Salafist)的影响。伊扎拉的成员在其他教派教徒在场的情况下拒绝祈祷,并指责他们是不信教者。伊扎拉和梅塔齐内运动与20世纪80年代的一些暴力冲突有关。

20世纪七八十年代以来,伊斯兰主义在尼日利亚的民族宗教冲突中起了推波助澜的作用,北部的卡诺、卡杜纳等地曾发生严重的宗教冲突。尼日利亚北部穆斯林城市卡诺、卡杜纳等共同面临一个棘手问题。卡诺在大规模城市化的同时,自身也孕育着较为严重的物质危机、社会危机和文化危机。尼日利亚独立后，特别是石油繁荣以来，经济上虽取得了一定成绩，但由于过分依赖石油收入，严重忽视农村地区的发展，加上受自然灾害影响，农村经济陷入困境，大批农村青年涌入卡诺。以石油为基础发展起来的现代经济剥夺了他们先前赖以谋生的传统手工劳动。卡诺富人消费方式的改变也使得一些传统手工业开始衰落。另外，随着房地产市场的日益火爆，一些房东想方设法出租房屋，穆斯林学生的免费栖身之所不复存在。许多学生不得不流落街头。此外，卡诺上层人，包括商人、工业家、资本家、贵族和一些文职官员，以政府合同、贷款或贪污等形式聚敛财富。卡诺社会贫富差距到了令人触目惊心的地步。这就为反传统的极端派的出现与活动提供了条件，结果，宗教极端分子挑起暴力冲突，造成大量人员伤亡。① 最具代表性的就是梅塔齐内运动。

穆罕马杜·马尔瓦（Muhammadu Marwa）出生于尼日利亚的邻国喀麦隆，其确切出生日期不详。马尔瓦的追随者被称作"梅塔齐内"。马尔瓦是一位神秘的伊斯兰教师，曾用过数个名字，一路游历传道，吸引了成千上万的追随者。大约在1945年，马尔瓦到达卡诺，成为一名伊斯兰教传教者。因在没有许可证的情况下上街传教，马尔瓦于1962年被捕并被驱逐出境，1966年再次因煽动公共骚乱而被驱逐。20世纪70年代，马尔瓦回到了卡诺，对尼日利亚北部穆斯林上层的道德颓丧深感忧虑，遂组建了梅塔齐内运动。马尔瓦的大部分时间在卡诺度过，他的教义主要谴责当时世俗和宗教上层人士的腐败之风，诅咒一切享受西方现代消费品（如汽车、自行车、收音机、手表、电视机，甚至纽扣）的人；其宗教仪式也有反传统的倾向，如一天三次礼拜、做礼拜时朝北而不朝向麦加、文身、使用符咒等。马尔瓦在广大青年中有很多信徒。他的这场宗教运动虽然手法极端、趋于狂热，但其对当时暴发户阶层的腐败、卡诺社会的贫富悬殊的批判有合理的成分。相当一部分尼日利亚人都怀有同感。这也说明，受各方面的影响，卡诺穆斯林集团正经历着激烈的变革，出现这样那样的派别是不可避免的。20世纪70年代，梅塔齐内参与了一系列公共骚乱，包括用石块砸死警察、骚扰非成

---

① 郭文豹：《伊斯兰教在尼日利亚政治生活中的地位》，《西亚非洲》1981年第6期。

员以及在没有许可证的情况下在街头传教。1980年12月，他们的活动以持续数天的梅塔齐内暴乱达到高潮。成千上万的人（穆斯林和基督徒）在暴乱中被杀害，大量财产被破坏。随着马尔瓦本人在这场暴乱中丧生，梅塔齐内运动逐渐销声匿迹，但伊斯兰主义在尼日利亚北部的影响远没有消失。

需要注意的是，什叶派的兴起和"尼日利亚伊斯兰运动"的发展使得尼日利亚北部的伊斯兰格局进一步复杂化。在逊尼派极端势力看来，什叶派都是异教徒，应该被处死。因此，从一开始，什叶派就面临比较险恶的生存环境。扎卡扎齐公开谴责暴力手段的立场并没有为其赢得多少生存空间。2007年索科托州一清真寺的教长乌玛鲁在发布激进言论后被人暗杀，什叶派被认为是幕后黑手，至少一名什叶派穆斯林被用私刑当场处死。索科托当局逮捕了什叶派在当地的负责人卡西姆·奥马尔，并用推土机摧毁了什叶派的聚集场所和奥马尔的家宅，理由是防止该州出现混乱和不安。但什叶派认为，乌玛鲁是被尼日利亚安全部门杀害的，其在杀害乌玛鲁后嫁祸给什叶派。此外，北部的一些穆斯林精英也表达了对什叶派的担忧。有人甚至认为，如果不把什叶派遏制在萌芽状态，将来可能发生的不仅仅是一场宗教革命，还有可能是政治革命、经济革命和社会革命。[①] 2009年以来，逊尼派伊斯兰主义组织"博科圣地"逐步极端化，蜕化为恐怖组织，不仅把矛头指向了基督徒和西方势力，还频频对什叶派出手。2015年11月，卡诺州什叶派为纪念阿巴因节（Abaeen）[②]，从卡诺出发，徒步前往上百公里之外的邻州的圣城扎里亚，准备拜会宗教领袖扎卡扎齐。"博科圣地"自杀式袭击者在行进的人群中引爆炸弹，致21名什叶派穆斯林身亡，多人受伤。扎卡扎齐紧急要求各地什叶派穆斯林暂勿前往扎里亚，以防不测。事实上，类似的事件不时见诸报端，显示了教派问题的复杂性、敏感性和易发性。

---

[①] John Campbell, *Nigeria: Dancing on the Brink*, Lanham: Rowman and Littlefield Publishers, Inc., 2011, p. 55.
[②] 阿巴因节在阿舒拉节后40天举办，是为了纪念穆罕默德的孙子侯赛因之死。尼日利亚什叶派穆斯林每年都要徒步前往圣城扎里亚参加纪念活动。

## 三 宗教极端主义

何为宗教极端主义？吴云贵先生认为，很难用一句话来界定宗教极端主义。但某种宗教只要偏离了宣扬和平，偏离了真善美的价值观，偏离了宗教的善良宗旨，以宗教的名义进行暴力恐怖活动，就可以被称为"宗教极端主义"。[①] 随着经济全球化的发展，尼日利亚穆斯林同广大伊斯兰世界的联系愈来愈密切。这就说明，为什么在遥远地区发生的与伊斯兰教有关的事件很快会在尼日利亚引发连锁反应。2006年2月，发生在西方世界的"漫画事件"在很短时间内就波及了尼日利亚。在尼日利亚北部，伊斯兰极端分子残杀基督徒，焚烧教堂，抢劫基督徒的商店。冲突很快蔓延到南部，并演变成一些基督徒针对穆斯林和清真寺的暴力行为。这起由抗议讽刺伊斯兰教先知穆罕默德的漫画引起的暴力行动造成大量人员伤亡和财产损失，成为近些年来尼日利亚最为严重的一起宗教冲突。在尼日利亚，以宗教界有识之士为首的倡导伊斯兰教和基督教和谐相处的机构不在少数，但只要产生宗教极端主义的土壤不消失，加上经济不景气、高失业率、腐败蔓延，许多看不到希望的年轻人就仍然极易受到国内外宗教极端主义的诱导。

（一）圣战奠定北部伊斯兰主义根基

18世纪后半叶，西非地区兴起了以纯洁伊斯兰教为主要内容的圣战，领导者是富拉尼伊斯兰教学者乌斯曼·丹·福迪奥（1754~1817）。福迪奥出生于戈比尔，幼年即学习《古兰经》，曾跟随18世纪时颇为有名的柏柏尔学者乌玛尔（Umar）学习伊斯兰教逊尼派教义，后研习苏非主义，并成为卡迪里教团首位领袖。福迪奥游历豪萨城邦并传播伊斯兰教，逐渐成为受人尊敬的伊斯兰教学者。他对豪萨国王的骄奢淫逸、不守教法、对穆斯林臣民征收重税（特别是牛头税）、蓄奴的行为深恶痛绝。戈比尔国王雍发（Yunfa）上台后，同福迪奥和富拉尼人的关系逐渐恶化，不仅不愿意听从劝诫去推行伊斯兰改革，还试图加害福迪奥和富拉尼人。福迪奥及其信徒被迫逃亡，

---

[①] 吴云贵：《追踪与溯源：当今世界伊斯兰教热点问题》，中国社会科学出版社，2013，第139页。

1804年发动了对豪萨国王的圣战。这也是伊斯兰教作为政治力量登上尼日利亚历史舞台的重要标志。福迪奥高举伊斯兰大旗，将豪萨国王描绘成叛教者，赢得了广大受压迫的豪萨穆斯林的响应。对纯洁伊斯兰教的宗教热情与反抗压迫的政治主张紧密地结合在一起，其用了短短5年就驱逐了豪萨国王，建立了索科托帝国。索科托帝国是当时西非最大的国家，伊斯兰教逐渐成为在尼日利亚北部占主导地位的宗教，福迪奥也被认为是尼日利亚伊斯兰教的奠基人。时至今日，在尼日利亚乃至全非洲的穆斯林当中，福迪奥依然是一位非常受尊敬的历史人物，他的圣战思想和创建的帝国甚至成为某些宗教极端组织意识形态和建国灵感的来源。例如，马里的"西非统一与圣战运动"（Movement for Unity and Jihad in West Africa）推崇的是福迪奥的思想而不是现代伊斯兰主义；尼日利亚的"博科圣地"在2011年的一封公开信中质问卡诺州的州长，"努力恢复福迪奥昔日的荣光，何罪之有？"[①] 福迪奥圣战思想及索科托帝国影响的深刻性和持久性可见一斑。这也是尼日利亚北部伊斯兰复兴运动的历史根基。在英国殖民统治时期，这一根基不曾被动摇，反而得到人为强化，成为民族国家建构的一大障碍。

（二）英国间接统治强化北部伊斯兰教认同

英国殖民统治者在征服尼日利亚南部时并没有碰到多大阻力，但在北部遇到了索科托帝国的顽强抵抗，这让他们不禁想到了苏丹马赫迪起义，再次感受到了伊斯兰教的力量。鉴于索科托帝国已建立了一套完整的国家机器，为了降低殖民成本，弥补人手不足，卢加德勋爵（Lord Lugard）建立了"间接统治"（Indirect Rule）制度，选择与富拉尼埃米尔们合作，并对索科托帝国进行改造，以服务于殖民当局的利益。在殖民统治时期，北部局势基本上比较稳定，为安抚埃米尔们，殖民当局还有意识地遏制基督教传教士在北部的传教热情，将传教士的活动限定在特定的区域，故此伊斯兰教得到了进一步的传播。但是，间接统治使得北部继续处于封闭保守的境地，其与进入近代化的南部之间的差距越来越大，特别是在教育方面。因此，历史将尼日利亚

---

① Virgina Comolli, *Boko Haram: Nigeria's Islamist Insurgency*, London: Hurst and Company, 2015, pp. 13–14.

民族独立运动的领导权和主动权交给了南方人,特别是接受西式教育、信奉基督教的伊博人手里。

当沉浸在昔日辉煌的北部穆斯林贵族意识到这一点时,便变得焦躁不安,甚至以北部尚未做好独立准备为由,试图延缓尼日利亚独立的时间。有学者指出,历史上并没有统一的尼日利亚民族主义,而是有三种民族主义:北部豪萨-富拉尼民族主义、南部约鲁巴民族主义和伊博民族主义。[①] 尼日利亚独立运动就是在这三种力量的角逐和妥协中完成的。从独立一开始,北方穆斯林统治阶层就担心传统生活方式会受到威胁,南部基督徒担心地域广阔的北方会将整个国家伊斯兰化,这两种心态成为尼日利亚独立后一些民族宗教冲突的根源。

(三)伊斯兰主义的蔓延愈演愈烈

尼日利亚独立后不久,便发生数起政变和一场惨烈的内战,原因虽然很复杂,但这与南北民族宗教矛盾的激化难逃干系。20世纪70年代末期,宗教冲突逐渐加剧,伊斯兰教内部的冲突、穆斯林与基督徒的冲突及围绕国家世俗化的辩论此起彼伏。特别是在伊朗伊斯兰革命影响下,要求在尼日利亚全国实行伊斯兰教法(沙里亚)的呼声进一步加重了整个国家的紧张情绪,民众对爆发宗教战争的担忧与日俱增。与此同时,来自利比亚、巴基斯坦、沙特阿拉伯、苏丹的伊斯兰教传教者不断涌入尼日利亚,宣扬瓦哈比主义。[②] 1977年,尼日利亚立宪会议就在联邦层面设立沙里亚上诉法庭举行激烈辩论,这加剧了整个社会的民族宗教纷争。类似的一幕在1988年的立宪会议上再次出现,虽被易卜拉辛·巴班吉达总统紧急叫停,但要求在尼日利亚实行沙里亚的呼声一直没有停止过。

1999年,尼日利亚北部扎姆法拉州新任州长萨尼·耶里马(Sani Yerima)提出效仿沙特阿拉伯,全面实行沙里亚。虽然耶里马的想法遭到基督徒和尼日利亚基督教协会的强烈反对,但扎姆法拉州还是成为首个实行沙里亚的

---

① Ali A. Mazrui and Michael Tidy, *Nationalism and New States in Africa*, London: Heinemann, 1984, p. 92.

② Virgina Comolli, *Boko Haram: Nigeria's Islamist Insurgency*, London: Hurst and Company, 2015, p. 20.

州。即使卡杜纳、乔斯等地爆发的大规模宗教冲突也并未能阻止北方其余11个州纷纷效仿，至2001年，在尼日利亚36个州中，北部12个州不同程度地实行了沙里亚，设立了州一级的沙里亚法庭。① 此外，这些州还纷纷立法，旨在消除社会邪恶和不合伊斯兰教教义的行为，如赌博、酗酒和卖淫；设立专门征税的机构和负责执行沙里亚的民兵卫队；设立州沙里亚委员会、乌来玛理事会；卡诺和扎姆法拉州还设立公共投诉与反腐委员会。此后，由沙里亚问题引发的冲突不计其数，引发尼日利亚国内外人权、妇女组织的抗议，甚至还登上了国际媒体的头条。② 北部诸州恢复沙里亚，表明伊斯兰主义在尼日利亚北部取得一定突破；但同时，沙里亚问题引发的南北民族宗教冲突进一步提升了民族国家建构的难度。其一，它对国家的世俗化问题提出挑战；其二，它加强了北部穆斯林的伊斯兰教认同，刺激了南部的基督教认同，对尼日利亚国家认同构成障碍；其三，它还对伊斯兰主义在尼日利亚北部的发展起到了示范效应。如同沙里亚问题的发展轨迹一样，"博科圣地"的产生、演化也是在尼日利亚国内外各种因素的作用下进行的。

## 第三节　尼日利亚当前热点宗教问题解析

由于宗教问题的群众性、长期性和复杂性，加之尼日利亚宗教的多元化，在局部地区宗教问题较为突出。当前一些热点宗教问题其实也有深刻的历史背景，其在国内外新情况的催化下，又以一种不同的形式表现出来。近年来，无论从尼日利亚国内外媒体的关注度，还是从对尼日利亚乃至周边国家的影响来看，与宗教问题密切相关的问题莫过于"博科圣地"问题和什叶

---

① Ahmed Murtada, "Boko Haram" in Nigeria: Its Beginnings, Principles and Activities in Nigeria, on-line book by Salafi Manhaj, 2013, p. 5.
② 2002年，索科托州妇女萨菲亚·胡赛尼（Safiya Husaini）因通奸罪被判处石刑，后被沙里亚法庭赦免。2003年，另一名被判处石刑的怀孕妇女阿米娜（Amina），在经过18个月的审判后，被卡齐纳州高级沙里亚法庭宣布无罪。这两起案件在尼日利亚国内外引发强烈反响。详细情况参见王锁劳《黑非洲的伊斯兰教：从阿米娜"石刑"谈起》，《世界知识》2003年第20期，第60~61页；张怀印《尼日利亚伊斯兰刑法述评——从阿米娜"石刑"案谈起》，《长春工业大学学报》（社会科学版）2007年第1期，第53~56页。

派问题了。

## 一 "博科圣地"问题

恐怖主义一般被定义为在追求政治、宗教或意识形态目标时使用暴力或恐吓手段来制造恐惧。这种暴力超出了传统战争的范围，并侧重于平民目标，因此普遍被认为是非法和不道德的。在尼日利亚的历史上，一些团体和运动曾被描述为恐怖组织或恐怖活动。例如，齐克主义运动在20世纪40年代至50年代被英国殖民政府指控为恐怖活动。西南部的奥杜瓦人民代表大会被尼日利亚政府称为恐怖组织，20世纪90年代以来在尼日尔河三角洲地区出现的几个激进组织也被称为恐怖组织。20世纪80年代在卡诺的梅塔齐内运动被认为是最早具有伊斯兰色彩的恐怖组织。但在2002年，"博科圣地"出现，其与伊斯兰极端主义的联系持续了更长时间，它的破坏性更大，根据不完全统计，"博科圣地"自2009年实施恐怖活动以来，总共导致3.5万名尼日利亚人死亡，200多万人流离失所。[①]"博科圣地"最初是尼日利亚境内的一个伊斯兰主义组织，但经过演化，它成为盘踞于尼日利亚东北部的非洲主要恐怖组织，是尼日利亚迄今危害最大、影响最广泛、国际性最强的恐怖组织。

"博科圣地"一词是豪萨语和阿拉伯语的音译，意思是"西方教育是罪恶"，正式名称为"致力宣扬圣训与圣战者组织"，系2002年在尼日利亚东北部博尔诺州首府迈杜古里兴起的一个伊斯兰主义组织，因其在组织架构上模仿阿富汗的塔利班，被当地人称为"尼日利亚的塔利班"。创始人穆罕默德·优素福是一位接受过专门培训的萨拉菲信徒。"博科圣地"主张在尼日利亚实行伊斯兰教法，宣扬以伊斯兰神权国家取代世俗国家。从2002年成立至今，"博科圣地"大致经历了两个发展阶段：以2009年为分界点，之前可被基本定性为伊斯兰主义组织；之后则逐步蜕变为一个恐怖组织。

2009年7月26日，"博科圣地"部分成员在包奇州首府包奇市要求当地警察局批准该组织以宣扬伊斯兰主义为目的的大型集会，遭拒后向警方开

---

① Mariam Ileyemi, "Boko Haram Has Killed 350,000 Nigerians: UN," Peoples Gazette, https://gazettengr.com/boko-haram-has-killed-350000-nigerians-un/.

枪，双方爆发流血冲突，冲突很快蔓延到邻近的博尔诺州、约贝州及卡诺州。28日，亚拉杜瓦发布总统令，要求国家安全机构严厉打击北部宗教极端组织。30日，尼日利亚政府发表声明，表示四州的骚乱已基本得到有效控制，政府军全面包围了"博科圣地"头目优素福在迈杜古里的住所。2009年骚乱造成的死亡人数超过800人，多数为"博科圣地"成员，优素福被俘后也被处死。① "博科圣地"的领导层受到重创，但其成员仍在松散的架构下继续活动，并在迈杜古里、阿布贾等地制造多起恐怖袭击。

"博科圣地"的恐怖袭击具有以下特点。一是利用重要时间节点实施恐袭。第一个时间节点是大选前后，这也是各种势力斗争最为活跃的时刻。例如，2011年大选期间，"博科圣地"在卡杜纳、阿布贾及迈杜古里制造的炸弹爆炸案至少有5起。② 2011年5月29日是乔纳森总统就职日，"博科圣地"在包括首都阿布贾在内的多地策划了一系列爆炸事件。又如，2015年伊始，当乔纳森宣布谋求连任时，"博科圣地"在北部制造了骇人听闻的屠城事件。第二个时间节点是传统宗教节日。2011年11月宰牲节前，"博科圣地"在迈杜古里以及约贝州首府达马图鲁和波蒂斯库鲁发动系列袭击，目标是教堂、清真寺、银行、警察局和兵营，造成的死亡人数至少有150人。③ 在同年的圣诞节，"博科圣地"又对多座教堂发动了袭击。"博科圣地"选择重要时间节点发动袭击时，往往事先组织，精心策划，得手概率较高。

二是根据力量对比选择袭击目标。"博科圣地"袭击的目标大致可以分为两类：一类是"硬目标"，如警察局、监狱，甚至兵营等军事设施以及安全防护级别较高的政府机构；另一类是"软目标"，包括教堂、清真寺、学校、汽车站、市场、平民、基督徒、外国人等。"博科圣地"选择袭击目标

---

① David Cook, "Boko Haram: A Prognosis," Baker Institute for Public Policy of Rice University, December 2011, pp. 10–11, http://bakerinstitute.org/publications/REL-pub-CookBokoHaram-121611.pdf, accessed: December 5, 2015.

② David Cook, "Boko Haram: A Prognosis," Baker Institute for Public Policy of Rice University, December 2011, p. 14, http://bakerinstitute.org/publications/REL-pub-CookBokoHaram-121611.pdf, accessed: December 5, 2015.

③ Mohammed Aly Sergie and Toni Johnson, "Boko Haram," Council on Foreign Relations, March 5, 2015, https://www.cfr.org/backgrounder/boko-haram.

时似乎没有进行严格区分,因为每次袭击都涉及这两类目标。但是,它往往根据自己和目标的实力对比进行有针对性的选择。2010年,"博科圣地"在包奇州策划了一起越狱事件,700多名囚犯因此逃脱。① 2011年8月26日,联合国驻尼日利亚机构大楼遭遇自杀性恐怖袭击事件,造成23人死亡、116人受伤。② 2012年1月,"博科圣地"在北方最大城市卡诺制造数起炸弹袭击事件以报复卡诺州政府拒绝释放其一名成员,导致近190人死亡,多数是警察和狱警。③"博科圣地"最热衷的"软目标"就是女学生等社会最弱势群体。2014年4月,"博科圣地"武装分子劫持了博尔诺州奇布克镇一所中学的276名女学生。虽然此后57人有幸逃脱,但仍有219人下落不明。④ 联合国儿童基金会的报告指出,"博科圣地"还大量招募娃娃兵,2016年共有2000名左右的儿童被"博科圣地"强征入伍。⑤ 2015年新年伊始,"博科圣地"在博尔诺州发动叛乱以来最为致命和凶残的攻击,一周之内竟屠杀2000人,并在占领巴加市后进行了大规模屠城,3000余座建筑物被夷为平地。⑥ 这些罪行充分暴露了"博科圣地"反人类、反社会和反宗教的本质。《全球恐怖主义指数(2019)》称,2018年,"博科圣地"是全球第4大致命性的恐怖组织和非洲最致命的恐怖组织。⑦

三是与境外恐怖组织沆瀣一气。"博科圣地"曾与伊斯兰马格里布"基

---

① Sani Muh'd Sani, "Nigeria: Attack on Bauchi Prison — Boko Haram Frees 721 Inmates," *Leadership*, September 8, 2010.
② 《联合国公布在驻尼日利亚机构大楼爆炸案中遇难者名单》,人民网,2011年9月16日,http://world.people.com.cn/GB/57507/15671826.html。
③ "Boko Haram," Encyclopeadia Britannica Online, https://www.britannica.com/topic/Boko-Haram.
④ 徐晓蕾:《这个组织比"伊斯兰国"杀人更多》,新华网,2015年11月21日,http://news.xinhuanet.com/world/2015-11/21/c_128452144.htm。
⑤ "Boko Haram—2,000 Children Recruited Used As Child Soldiers—Unicef," *Vanguard*, February 21, 2017, https://wwwvanguardngrcom/2017/02/boko-haram-2000-children-recruited-used-child-soldiers-unicef/.
⑥ 《博科圣地在尼日利亚北部"屠城"已杀两千余人》,人民网,2015年1月10日,http://military.people.com.cn/n/2015/0110/c1011-26360424.html。
⑦ Institute for Economics and Peace, *Global Terrorism Index 2019*, p.16, https://www.economicsandpeace.org/wp-content/uploads/2020/08/GTI-2019web.pdf.

地"组织有关联。2015年3月,阿布巴卡尔·谢考正式宣布效忠"伊斯兰国","博科圣地"改称"伊斯兰国西非省"。2016年8月,"伊斯兰国"领导层承认并任命阿布·巴尔纳维(Abu Barnawi)为"伊斯兰国西非省"的实际领导人,谢考对此不予承认,由于内讧,"伊斯兰国西非省"又分为两派:巴尔纳维领导的"伊斯兰国西非省"和谢考领导的"博科圣地"。

"博科圣地"的恐怖活动造成大量尼日利亚无辜平民死亡,财产损失无法估计,并在尼日利亚东北部引发严重的人道主义危机。尼日利亚的邻国喀麦隆、尼日尔、乍得等国也深受其害,尼日利亚政府与邻国成立了多国联合部队,共同打击"博科圣地"。联合国、非盟、西共体等国际组织和次区域组织以及欧美国家也向尼日利亚提供了反恐支持。在国际社会的共同打击下,"博科圣地"蔓延势头得到遏制,但要彻底消灭这一恐怖组织仍任重而道远。

## 二 什叶派问题

尼日利亚绝大多数穆斯林属逊尼派,但什叶派作为少数派也有一定规模,特别是在北部的卡诺州、卡杜纳州和索科托州等地。根据皮尤研究中心2009年的统计,尼日利亚什叶派占穆斯林总人口的比例不超过5%。[①] 尼日利亚是非洲第一人口大国,有2亿多人口,穆斯林的比例为50%,基督徒为40%,传统信仰者占10%。因此,可以粗略地估算出,目前尼日利亚1亿穆斯林中,逊尼派约为9500万,什叶派约为500万。

尼日利亚什叶派从20世纪80年代初几乎闻所未闻,到如今发展到了相当规模,这有着深厚的国内外政治、经济、社会文化和民族宗教的背景,与伊朗伊斯兰革命的影响更是密不可分。20世纪七八十年代,尼日利亚陷入严重的政治、经济及社会危机,这为伊斯兰复兴运动的进一步发展创造了条件。尼日利亚独立后,政变频仍,还爆发了惨烈的内战。军政权像走马灯一样"你方唱罢我登场"。军政权的高压统治让尼日利亚民众更加依靠宗教和

---

[①] Pew Research Center, "Mapping the Global Muslim Population," October 7, 2009, p.40, http://www.pewforum.org/2009/10/07/mappingthe-global-muslim-population/#sunni-shia.

## 第三章 尼日利亚的宗教问题

宗教组织来寻求心灵安慰和相互扶持。在这个20世纪70年代靠石油一夜暴富的国家中，绝大多数民众却生活在穷困之中。巨额石油财富使尼日利亚成为一个"食利国家"，还滋生了大范围的铺张浪费、贪污腐败和道德退化。穆罕默德—奥巴桑乔军政权时期（1975~1979年），尼日利亚迎来一个还政于民的历史性机遇。但在宪法起草委员会为第二共和国起草宪法之时，要不要将伊斯兰教法（沙里亚）写入宪法却在全国范围内引发了一场大辩论，人为地增加了穆斯林和基督徒之间的紧张气氛。此外，80年代的经济危机让政府不得不实行财政紧缩政策，结果导致大范围的通货膨胀和失业。联邦政府还通过全国高校委员会大幅提高了大学生的食宿费用，引发全国范围内高校学生的罢课。学生的和平示威很快演化为与警方的对峙和暴力冲突，近10名学生在冲突中丧生。政府关闭了全国所有高校，取缔了尼日利亚全国学联，还一度逮捕了一些学生领袖和大学教员。尼日利亚虽然迎来短暂的第二共和国，但处在动荡和变革的边缘。

20世纪70年代末80年代初，尼日利亚出现的政治经济危机为伊斯兰复兴运动提供了客观条件，而伊朗伊斯兰革命的胜利进一步激发了尼日利亚穆斯林学生的斗志和他们的主观能动性。效仿伊朗改变国内局面的重任就落在了青年学生易卜拉辛·扎卡扎齐的身上。正是此人将什叶派引入了尼日利亚，其成为什叶派的精神领袖和"尼日利亚伊斯兰运动"的领导者。

1953年5月，扎卡扎齐出生于卡杜纳州的扎里亚，先后就读于扎里亚省属阿拉伯语学校、卡诺阿拉伯研究学院以及扎里亚的艾哈马杜·贝洛大学。在大学期间（1976~1980年），扎卡扎齐攻读经济学，非常热衷参加伊斯兰社团的活动，担任过穆斯林学生会艾哈马杜·贝洛大学分会的秘书长，1979年成为穆斯林学生会国际部的部长。[①] 穆斯林学生会实际上是古米领导的伊斯兰胜利组织的"青年团"，并没有什么大的政治抱负，它更关心的是组织各类伊斯兰学术讲座，或开设假期伊斯兰课程，鼓励全国各地的穆斯林青年学习伊斯兰教教义。政治敏锐性颇高的扎卡扎齐对此并不满足，他强烈意识到穆斯林学生会应该有一个明确而具体的政治目标，在举办讲座或其他活动

---

① "Autobiography of Ibrahim Zakzaky," Islamic Movement in Nigeria, http://www.islamicmovement.org/.

时也应该有意识地去促使尼日利亚按照伊斯兰教的道路实现革命性的变革。扎卡扎齐独树一帜，与穆斯林学生会的大多数成员意见相左，最终导致穆斯林学生会的分裂。1979年，扎卡扎齐另起炉灶，组建了一个新的组织，其规模虽不大，但较为激进，后来成为"尼日利亚伊斯兰运动"（Islamic Movement in Nigeria, IMN；以下简称"伊斯兰运动"）的核心，其灵感就来自伊朗伊斯兰革命。扎卡扎齐领导的"伊斯兰运动"在艾哈马杜·贝洛大学校园举行了一场声势浩大的示威游行，以反对道德颓废和大学校园的酒泛滥，首次显示出其力量。密切跟踪伊朗等地发生的革命事件一时成为扎卡扎齐及其追随者每日的必修课。

1979年，伊朗爆发伊斯兰革命。伊朗人民在著名宗教领袖霍梅尼的领导下，推翻了世界头号超级大国美国支持的巴列维王朝，建立了伊斯兰共和国。"这是当代人类历史上一位宗教领袖首次夺取政权并以宗教名义治理一个地区大国，其意义和影响不可低估。"[1] 可以说，被称为"什叶派起义"的伊朗革命无异于伊斯兰世界上空的一声霹雳，其影响波及了世界各地的穆斯林社会，远在非洲西部的尼日利亚也能感受到其巨大威力。扎卡扎齐就是受到伊朗革命的鼓舞和启发，开始在尼日利亚宣扬什叶派的，他还坚信在尼日利亚按照类似方式建立伊斯兰共和国也是可行的。

1980年初，扎卡扎齐访问了伊朗，返回尼日利亚时携带了展示伊朗革命的图片和电影。他在各地的大学，尤其是在北部高校巡讲，向大学生展示伊朗革命的图片，播放电影，希望能吸引更多学生加入"伊斯兰运动"。扎卡扎齐宣扬伊朗革命的效果就是卡诺、扎里亚和索科托等北部伊斯兰重镇的穆斯林学生开始走上街头，高呼"只要伊斯兰"的口号，并在大学校园内外的公共建筑物上张贴"只要伊斯兰"的宣传标语。在"只要伊斯兰"意识形态的指引下，扎卡扎齐的追随者开始抛弃尼日利亚的国旗、国徽和国歌，因为这些都是不合教义的。[2]

---

[1] 吴云贵、周燮藩：《近现代伊斯兰教思潮与运动》，社会科学文献出版社，2000，第409页。

[2] Muhammad Dahiru Sulaiman, "Shiaism and the Islamic Movement in Nigeria 1979 – 1991," in Ousmane Kane et Jean-Louis Triaud, *Islam et islamismes au Sud du Sahara*, Paris：Iremam-Karthala, 1998, pp. 186 – 187.

第三章 尼日利亚的宗教问题

在扎卡扎齐的领导下，从穆斯林学生会分化而来的"伊斯兰运动"不断发展壮大，其采取的策略主要有以下几方面。

一是在清真寺和公共场所传教。不少穆斯林学者正是聆听了扎卡扎齐的演讲，才最终改宗什叶派的。"伊斯兰运动"卡齐纳分部的领导人麻拉姆·叶海亚（Malam Yahya）就是一个代表。叶海亚在卡诺的巴耶罗大学求学时，在聆听扎卡扎齐在大学清真寺的一次演讲后即被"伊斯兰运动"的使命所折服，开始追随扎卡扎齐。此后，叶海亚建立了"伊斯兰运动"卡齐纳分部，并每隔两个月就要去拜访扎卡扎齐数次，聆听他的教导。大学毕业后，叶海亚在一所阿语师范学院谋得一职。在教书的同时，他鼓动学生蔑视尼日利亚的国旗、国徽和国歌，因礼拜之需，无须遵守学校的课程时间表。换句话说，叶海亚鼓励并教育这些师范生要敢于反对除真主之外的一切所谓权威。1988年10月，卡齐纳州政府以叶海亚宣扬与公众利益相悖的言论为由解除了其教职，但这使他可以全身心投入传教。叶海亚虽然没有伊斯兰胜利组织和乌来玛理事会颁发的传教许可证，但这并不影响他在卡齐纳及其周边城镇的清真寺和公共场所宣扬什叶派。在叶海亚看来，他传教的唯一许可来自《古兰经》中的要求——所有穆斯林应召唤民众遵循真主的道路。由于这些宗教学者逐级传教并建立分支机构，"伊斯兰运动"在尼日利亚北部一些地区大有蔓延之势。

二是举行和平游行。当"伊斯兰运动"要抗议联邦政府或州政府及其代表机构的法令、做法或政府的不作为时，或支持巴勒斯坦人的正义事业时，其都会在北部一些重要城镇，如卡诺、扎里亚、卡齐纳等地举行游行。在行进途中，"伊斯兰运动"的成员就会向行人、摩托车手、小商贩散发宣传手册，向他们解释"伊斯兰运动"的宗旨和伊斯兰革命。事实证明，这一策略非常奏效。每次游行结束后，都会有新的成员加入。到20世纪90年代，大批逊尼派穆斯林改宗什叶派，人数达上百万之众。随着时间的推移，"伊斯兰运动"成为整个非洲最有影响力的什叶派组织。虽然"伊斯兰运动"的游行基本上是和平的，但每次不可避免地会同警方发生规模不等的冲突。警方通常以非法集会、游行为由，动用催泪瓦斯等驱散游行队伍，一些不法分

· 153 ·

子也会趁火打劫，制造纵火事件。近年来，尼日利亚军方加大了对什叶派的打击力度，导致数起严重伤亡事件，引发国际社会广泛关注。

三是培养什叶派穆斯林"不怕坐牢的精神"。1981～1991年，扎卡扎齐两度被捕入狱，理由是他蔑视尼日利亚联邦政府的权威。但对于扎卡扎齐及其弟子来说，监禁并不能使其屈服，反倒给了其一段时间来排除外界的干扰，使其在孤立状态下敬拜真主，实现自身精神、道德甚至是身体上的升华。在这一精神的指导下，每次警方拘捕一些"伊斯兰运动"的成员时，都会有一些人自愿向警方"投降"，甘愿一同坐牢。甚至一些未到现场、没有参加"伊斯兰运动"游行的成员也会向警方"坦白"，表示他们愿意认领教友的所作所为。有时，当被关押的"伊斯兰运动"成员获释时，全国各地的"伊斯兰运动"的成员都会想方设法聚集在圣城卡齐纳欢庆胜利。但此类聚会又往往导致新的成员被捕入狱。①"伊斯兰运动"同警方周而复始的斗争表明，警方单纯的武力行为根本无法阻止该组织的活动；"伊斯兰运动"成员"不怕坐牢的精神"在一定程度上受什叶派对"烈士"倍加推崇的影响。这也是其斗争的一个重要手段。

四是利用各类媒体发声。"伊斯兰运动"散发宣传册和传教录像带，创办自己的豪萨语杂志《斗争》，以此来宣扬自己的主张。《斗争》杂志在尼日利亚穆斯林青年，尤其是北部的穆斯林民众中流行甚广。随着互联网技术的广泛应用，"伊斯兰运动"还开通了自己的英文、豪萨文和阿拉伯文网站。②

"伊斯兰运动"俨然已成为尼日利亚北部一个组织较为严密的"国中之国"。其主要机构包括：学术论坛，由高等教育机构的学生和教职员组成，通过学术界的知识革命重塑乌来玛阶层的知识、文化和文明认同；资源论坛，主要由各行各业的劳动阶层组成，当然也包括知识分子、专家学者，他们负责讲座、讨论会、出版事宜，并对国内外发生的影响伊斯兰教和穆斯林的事件进行回应；伊斯兰运动影视，负责拍摄伊斯兰取向的电影，目

---

① Muhammad Dahiru Sulaiman, "Shiaism and the Islamic Movement in Nigeria 1979 – 1991," in Ousmane Kane et Jean-Louis Triaud, *Islam et islamismes au Sud du Sahara*, Paris: Iremam-Karthala, 1998, pp. 192 – 193.

② 尼日利亚伊斯兰运动官网，http://www.islamicmovement.org/。

## 第三章 尼日利亚的宗教问题

的是在全世界重塑和宣扬伊斯兰信仰、价值和文化，目标是打造世界一流的电影公司[①]；烈士基金会（Shuhada Foundation），除每年举行纪念尼日利亚和世界其他地方的烈士的活动外，还向孤儿、烈士的遗属提供衣食住医方面的援助；伊斯兰运动出版社，负责豪萨文报刊的出版；伊斯兰宗教学校（Madrasa），其中的福迪奥伊斯兰中心旨在推动"伊斯兰运动"成员学习伊斯兰教知识和科技知识，此外，还拥有数百所自己的学校；伊斯兰运动医疗倡议，由来自医疗行业的专家学者、医务工作者组成，为成员提供医疗服务，并开展研究来保证伊斯兰教继续在医学领域发挥重要作用；姐妹论坛，是"伊斯兰运动"女性成员的专门组织，扎卡扎齐非常重视女性的地位，鼓励她们参与伊斯兰事务，姐妹论坛在帮助妇女学习《古兰经》和宗教领袖传授的知识方面发挥重要作用；诗人社，"伊斯兰运动"认为诗歌在赞美真主和传播伊斯兰教方面发挥重要而独特的作用，将该组织中有诗歌天赋的人才组织起来能够继承伊斯兰文化的这一优良传统，"伊斯兰运动"成员创作的不同类型的诗歌被制成音视频、印制成诗歌集并广为流行；革命卫队，顾名思义，其主要职责就是保障"伊斯兰运动"的各类活动顺畅进行，提供安全保障，有时革命卫队成员还会身着专门制服以表明其身份。

总之，虽然有学者质疑尼日利亚是否真正存在什叶派，"伊斯兰运动"的一些成员也不大喜欢被外界贴上"什叶派"的标签，例如，叶海亚就反对将穆斯林分为什叶派和逊尼派，认为这是犹太人分裂、挑拨离间穆斯林的一个阴谋，[②] 但可以肯定的是，"伊斯兰运动"是在伊朗革命的影响下，在扎卡扎齐的领导下确定了其发展方向的。它的意识形态和行为模式受霍梅尼"伊斯兰主义"思想的影响是比较明显的。[③] 它在尼日利亚不仅被从联邦到地方的各级政府所排斥，还受到逊尼派，特别是逊尼派极端势力"博科圣地"的打压。在国际上，"伊斯兰运动"以反对美国和以色列、支持巴勒斯坦人民而著称，并获得了伊朗的支持。在尼日利亚国内外的媒体报道中，均

---

[①] 鉴于尼日利亚是非洲第一大电影生产国，伊斯兰运动影视实现这一目标从技术上看似乎并不难。
[②] Toyin Falola, *Violence in Nigeria*, Rochester: University of Rochester Press, 1998, p. 195.
[③] 刘靖华、东方晓：《现代政治与伊斯兰教》，社会科学文献出版社，2000，第 127~130 页。

用"什叶派"来指称这一组织及其成员。凡此种种，均表明什叶派作为尼日利亚伊斯兰教的一个少数派的确存在且影响不容小觑。

## 第四节 境外宗教问题对尼日利亚的渗透

随着全球化的发展，特别是在信息技术日新月异的大背景下，尼日利亚宗教风险中的境外因素也较为突出。一方面，伊斯兰世界的各种思潮和运动，特别是激进思想乃至极端思想，都可以通过书籍、录像带、广播、网络传入尼日利亚；另一方面，西方世界一些突发或偶发的涉及伊斯兰教和穆斯林的事件也会在极短时间内在尼日利亚引发骚乱。20世纪70年代，以色列同阿拉伯国家的对抗以及伊朗伊斯兰革命，其影响都波及了尼日利亚。尼日利亚国内什叶派日益壮大。2002年，"世界小姐"选美大赛在尼日利亚引发骚乱，最后被迫移至伦敦举办；2005～2006年，丹麦《日德兰邮报》穆罕默德漫画事件引发尼日利亚穆斯林的愤怒和暴力流血事件；2012年，美国影片《穆斯林的无知》在尼日利亚北部引发大规模反美浪潮和流血事件；2015年，法国《查理周刊》事件进一步助长了"博科圣地"的暴恐行动。凡此种种，不一而足。

境外宗教风险对尼日利亚的渗透的最典型的一个例证就是"博科圣地"。如前所述，该组织虽是尼日利亚本土产生的，但我们通过仔细分析就可以发现，它的手法和一些策略，无不与境外极端势力的影响有一定的关系。"博科圣地"兴起之初，曾模仿阿富汗的塔利班，因而也被尼日利亚当地人称为"尼日利亚的塔利班"；后又与"基地"组织勾连在一起。2011年，"博科圣地"袭击了首都阿布贾的联合国驻尼日利亚机构大楼，这表明了它同北非伊斯兰马格里布"基地"组织、东非的索马里青年党在行动上有一定的协同性。"基地"组织阿尔及利亚分支、索马里青年党为"博科圣地"提供了人员培训，伊斯兰马格里布"基地"组织为其提供了爆炸技术的培训。2014年，联合国安理会"基地"组织制裁委员会将"博科圣地"列入制裁名单。2015年3月，"博科圣地"头目阿布巴卡尔·谢考宣布效忠"伊斯兰国"

后,"博科圣地"被重新命名为"伊斯兰国西非省"。

尼日利亚宗教问题的这一特点,特别是"博科圣地"与境外极端势力的勾连,凸显了国际反恐合作的必要性和紧迫性。从这个意义上讲,尼日利亚打击"博科圣地"等极端势力,需要国际社会的大力支持。顺便指出,尼日利亚宗教风险的外溢效应也值得警惕,这在"博科圣地"身上表现得很明显。在尼日利亚政府的打击之下,"博科圣地"不时改变策略,化整为零,流窜到邻国,无论是在尼日尔、乍得,还是在贝宁、喀麦隆,"博科圣地"在边境地区的活动都给邻国的和平安全带来危害。在尼日利亚与其邻国组成的多国部队的打击下,"博科圣地"的活动空间虽被大幅压缩,但要彻底消灭它仍任重而道远。

## 结　语

宗教信仰是尼日利亚各民族的基本属性之一,在一些民族的形成和发展过程中,宗教还起到了特殊的作用。例如,豪萨-富拉尼族的历史演化,就离不开伊斯兰教的影响。可以毫不夸张地说,宗教状况和宗教问题是尼日利亚最大、最基本的国情之一,是尼日利亚国别研究的根基。在尼日利亚历史长河中,传统宗教、伊斯兰教和基督教都发挥了各自独特而重要的作用,这为现代尼日利亚国家奠定了基础,也是尼日利亚发挥地区大国影响力的条件之一。传统宗教深入尼日利亚社会文化的方方面面,虽然统计数字显示,当前尼日利亚人主要信仰伊斯兰教和基督教,但传统宗教的潜在影响力仍然存在。作为外来宗教,伊斯兰教和基督教在尼日利亚都有一个与传统宗教交流、碰撞和融合的过程,呈现出鲜明的非洲特色和尼日利亚特色。这也是宗教文化长期交流、和平共处的必然结果,也是多元宗教未来发展的大方向。

受多种因素影响,尼日利亚独立后受到了宗教问题的困扰。宗教问题的根源可以追溯到英国殖民统治时期的殖民政策,但与尼日利亚独立后政府的一些政策失当也有一定的关系。穆斯林和基督徒围绕国家发展的一些重大议题展开讨论,对于尼日利亚这种宗教格局来说,也是比较正常的现象,起码表现出双方的一种对话的姿态。但是自20世纪70年代末期以后，随着全球伊斯兰主义运动的勃兴，加上尼日利亚国内由石油经济起飞引发的一系列社会经济形势的变化，伊斯兰主义出现进一步的发展。在伊斯兰教内部，伊斯兰主义同苏非教团之间的矛盾不时表现得也比较突出。当前的热点问题"博科圣地"问题，实际是一种恐怖主义，并不是纯粹意义上的宗教问题，但它确实与伊斯兰主义的发展和宗教问题息息相关。它假借伊斯兰教的名义，蛊惑或裹挟一些信教群众来参加，具有很强的欺骗性。它由一个伊斯兰主义组织，最后蜕化为一个恐怖组织，成为人人喊打的"过街老鼠"。作为少数派的什叶派问题也是当前较为突出的一个问题，它对尼日利亚的宗教和谐、尼日利亚与伊朗的关系也产生了一些负面影响。

　　客观地讲，宗教问题的群众性、复杂性和长期性的特征在尼日利亚将会长期存在，成为民族国家构建和民族化进程中的一道难题。但需要指出的是，尼日利亚的伊斯兰教、基督教和传统宗教，总体上表现出和平共处、相互融合和相互竞争的一个态势。这也是尼日利亚宗教发展的一个基本规律和趋势。宗教问题多发的一些地区是有特定的历史、民族宗教背景的，也不乏境外热点宗教问题的影响和渗透。所以说，对于尼日利亚宗教问题，我们既不能习以为常、视而不见，忽视其对尼日利亚社会发展的不利影响，也不能以偏概全，甚至去夸大其实际情况，而应当客观看待，特别是要结合特定的历史条件和国内外的相关背景去看待这些问题。对于尼日利亚宗教问题的治理，笔者认为主要还是要重点关注两大方面。一方面，从政府层面讲，政府在制定和出台一些涉及宗教的政策时，一定要考虑到两种宗教的平衡问题。针对一些事件进行表态或者出台相关政策时，要以事情本身的是非曲直为根据，而不要夹杂过多的个人的宗教感情色彩。另一方面，尼日利亚的宗教非政府组织要发挥主导作用，在倡导两种宗教对话与和平共处方面发挥积极作用。就应对"博科圣地"问题来说，尼日利亚政府除发展经济、改善民生、消除贫困、为青年人创造更多就业机会之外，还应当加大对极端主义的治理力度，在去极端化方面下大力气。

# 第四章　民族宗教问题与尼日利亚民族国家建构

以政治、经济、文化等方面的一体化与培育统一的归属感和认同感为主要内容的民族国家建构是大多数非洲国家面临的艰巨任务。统一的现代民族国家为民主化提供了基本前提和框架，没有国家，民主化也就无从谈起。同时，民族国家建构中所涉及的各民族平等、权力分享、包容及公民身份等都是民主化不可或缺的内在要求。尼日利亚民族国家建构深受地方民族主义、宗教矛盾和语言问题的困扰。本章通过分析上述这三个方面对民族国家建构的影响来阐述民族问题对尼日利亚民主化的影响。地方民族主义是非洲较为普遍的现象，是非洲各国在民族国家建构中要努力克服的难题之一。地方民族主义在尼日利亚的表现大致可以分为两类：一类是主体民族的地方民族主义，另一类是少数民族的地方民族主义。前者主要表现为三大民族围绕国家领导权的斗争，后者主要表现为少数民族因担心受主体民族的压迫和剥削、遭受边缘化而提出的一系列政治、经济诉求及为之斗争的活动。

## 第一节　民族国家建构中的民族问题

第二次世界大战后，西方殖民体系逐步瓦解，广大非洲殖民地国家以不同方式纷纷独立。这些新生国家面临的主要问题之一就是民族国家建构（nation-state building），即"承认国家内存在多个民族和不同文化的事实，致力于建设一个统一的现代民族即民族国家的过程，它包括政治经济的一体化以及民族文化的一体化、国民性格的培养、国民心理的孕育等方面"[①]。

对于大多数非洲国家来说，民族国家建构是一项非常艰巨的任务。追溯其根源，这主要是因为这些国家（state）在很大程度上是殖民主义者人为创建的。殖民主义者为了便于统治非洲不同地区，任意决定了非洲国家的边界，将拥有不同宗教信仰、不同文化和处于不同发展阶段的族体纳入一个个新的政治实体中，并在国家民族（nation）形成之前就赋予了他们"国族"的称呼，如"尼日利亚人"。不可否认，通过贸易、宗教（如伊斯兰教）传播和征服战争等方式，不少非洲国家内的各族体在历史上有一定的交流，后来又都遭受了长期殖民统治，有着相同或类似的历史遭遇，但缺乏民族国家（nation-state）[②]所必需的国族认同，因为这些族体在被纳入新的政治实体后首先看到的是自己同其他族体的不同之处以及在教育、经济发展水平等方面的差距。在这种背景下，一种新的、超越族体性、能够被普遍认同的国民心理和国民文化在短时期内不会出现。此外，有些国家的领导人为了个人及所属族体的利益，采取一些维持甚至强化各族体不同特征和差距的政策，这使得独立后的国家长期处于缺少凝聚力的状况。[③]这种狭隘民族主义的做法与民族国家建构所提倡的统一的民族经济、民族文化和民族心理是背道而驰的。难怪理查德·约瑟夫（Richard Joseph）指出："原来，推翻殖民秩序比用可行的民族国家代替它要容易得多。……在非洲许多地区，民族国家性（nationhood）已让位于族体认同和地域认同，国家功能正遭受长期财政危机、腐败、族体政治（ethno politics）以及对民主过渡的独裁操纵的侵蚀。"[④]

---

[①] 李安山：《非洲民族主义研究》，中国国际广播出版社，2004，第286页。

[②] 民族国家（nation-state）是一个复杂的政治概念，它指的是一个独立自主的政治实体，其成员效忠于共享同一个价值、历史、文化或语言的"同胞"及其共同形成的体制，涉及领土、主权、民族认同和文化统一等多个方面。民族国家的构建和发展是一个持续的过程。国家民族（state nation 或 nation），简称国族，强调的是一个国家内部不同民族的共存与融合，导致形成一个统一的政治和法律共同体。国家民族的概念承认并尊重民族多样性，同时推动不同民族间的团结和合作，维护国家的完整性和稳定。

[③] 国外学术界常常用"divided society"（四分五裂的社会）来描述这种状态。

[④] Richard Joseph, "Nation-State Trajectories in Africa," *Georgetown Journal of International Affairs*, Winter/Spring 2003, p. 13.

## 第四章　民族宗教问题与尼日利亚民族国家建构

在非洲国家艰难建构民族国家的同时，国际学术界对广大发展中国家民族国家建构理论的探索也随之展开，并在20世纪六七十年代达到一个高峰，多部专著纷纷问世。[①] 沃克尔·康纳（Walker Connor）指出，这些著作主要论述的是军队、官僚体系、阶级、个人魅力（personality）、工业化、城市化等对民族国家建构的影响，而基本上忽略了族体多样性（ethnic diversity）问题，至多认为族体认同（ethnic identification）不过是在有效实现国家一体化过程方面的小小障碍之一。[②] 康纳认为，之所以出现这种情况，主要有以下几方面的原因：混用国家民族（nation）、国家（state）等核心概念，导致产生了一定混乱；对族体民族主义（ethnic nationalism）的实质产生误解并倾向于低估其在情感方面的力量；夸大了唯物论对人类事务的影响；不加怀疑地认为不同族体接触越多，就会越来越多地意识到他们之间的共同点，而不是不同点；不恰当地类比美国"熔炉"（melting pot）现象；不恰当地根据基本上是单一文化国家的经验，即通信和交通日益消除了不同地区的文化差异，认为这种情况在多元文化国家中也会出现；想当然地认为民族同化是一个单向进程；等等。[③]

事实上，民族国家建构问题与民族问题密切相关。正如民族国家建构这一概念的内涵所揭示的那样，其实际上是在国族构成过程中出现的问题，也就是说源自一个民族国家中各族体（ethnic groups）间的核心关系。[④] 尼日利亚著

---

[①] Gabriel Almond and James S. Coleman, *The Politics of Developing Areas*, Princeton: Princeton University Press, 1960; Gabriel Almond and G. Bingham Powell, *Comparative Politics: A Developmental Approach*, Boston and Toronto: Little, Brown and Company, 1966; David Apter, *The Politics of Modernization*, Chicago: University of Chicago Press, 1965; Willard A. Beling and George O. Totten, eds., *Developing Nations: Quest for a Model*, New York: Van Nostrand Reinhold Company, 1970; Karl W. Deutsch and William J. Foltz, eds., *Nation-Building*, New York: Atherton Press, 1966.

[②] Walker Connor, "Nation-building or Nation-destroying," *World Politics*, Vol. 24, No. 3, 1972, p. 319.

[③] Walker Connor, "Nation-building or Nation-destroying," *World Politics*, Vol. 24, No. 3, 1972, pp. 332–355.

[④] Edwin Madunagu, "The National Question, the Power Blocs and Popular Democratic Transformation of Nigeria," in Abubakar Momoh and Said Adejumobi, eds., *The National Question in Nigeria: Comparative Perspectives*, Burlington: Ashgate Publishing Company, 2002, p. 14.

名历史学家阿德·阿贾伊（Ade F. Ajayi）认为："民族国家问题就是探讨如何安排不同族体、语言和文化集团之间的关系，以便让它们享有同样的权利和优待、共享权力及平等分享国家资源。"[1] 在尼日利亚，民族国家建构的重点是少数民族权利、族体性、公民身份、州和地方政府辖区的创建以及悬而未决的国家收入分配问题。[2] 笔者以为，对尼日利亚民族国家建构来说，如何应对与民族问题密不可分的地方民族主义、宗教问题以及语言问题是不容回避的难题。族体性、宗教和语言虽然不是非洲民族国家的全部内涵，却是核心内容，而且三者之间有千丝万缕的联系，我们很难将它们分开。因此，本章重点从这三个方面来论述民族问题（从某种意义上来说等同于地方民族主义）对尼日利亚民族国家建构的影响。

## 第二节 地方民族主义与尼日利亚民族国家建构

地方民族主义是非洲较为普遍的现象，国内外学术界对此，尤其是对民族构成较为复杂、民族问题突出的国家（如尼日利亚）的地方民族主义已做了深入研究。根据李安山教授的定义，地方民族主义是指"在一个国家范围内占据着（或曾经占据过）某一特定地理疆域的族体为维护和促进本族体的自身利益和提高本族体在权力中心的地位而表达出来的一种心理情感、思想意识和实践活动"[3]。国内外学者对这种现象还有许多其他称谓，比较有代表性的有部落主义、部落性（tribalism）、部族主义（国内非洲学界曾长期使用这一称谓）、族体性（ethnicity）及族体民族主义（ethnic nationalism）等。[4] 非洲国家的地方民族主义演变有四种前途：分离主义、两个（或两个以

---

[1] Ade F. Ajayi, "The National Question in Historical Perspective," *Guardian*, November 5, 1992, http://guardian.ng/sunday-magazine/c104-sunday-magazine/the-national-question-in-historical-perspective/; Abubakar Momoh and Said Adejumobi, eds., *The National Question in Nigeria: Comparative Perspectives*, Burlington: Ashgate Publishing Company, 2002, p. 14.

[2] Okere Steve Nwosu, "The National Question: Issues and Lessons of Boundary Adjustment in Nigeria," *Journal of Third World Studies*, Vol. 15, No. 2, 1998, p. 79.

[3] 李安山：《非洲民族主义研究》，中国国际广播出版社，2004，第188页。

[4] 李安山：《非洲民族主义研究》，中国国际广播出版社，2004，第185～190页。

## 第四章 民族宗教问题与尼日利亚民族国家建构

上）主体民族为争夺领导权互相压制对手、追求权力分配中的恰当份额而非谋求分离的地方民族主义以及地方民族逐渐融入国族。在这四种前途中，第一种对民族国家一体化的危害最大，最后一种最理想，但人们要付出多方面的努力。[①] 地方民族主义的这四种演变前途在尼日利亚表现得比较明显，除尼日利亚政府有利于国家民族建构的政策化解的民族矛盾（指第四种演变前途）外，地方民族主义的前三种演变前途对尼日利亚的民族国家建构都产生了不小的危害，有的甚至使这个国家一度濒临崩溃边缘。

从历史上看，赢得政治独立并建立尼日利亚国家（Nigerian state）比管理现代尼日利亚民族国家（Nigerian nation-state）要容易得多。这一点，尼日利亚人在其独立的头十年就深有体会。[②] 简单来说，1960年10月1日，尼日利亚摆脱英国殖民统治，获得独立，标志着尼日利亚这个国家的诞生，而尼日利亚民族时至今日还没有完全形成。尼日利亚伊巴丹大学历史学家欧萨多洛尔（Osarhieme B. Osadolor）认为，自1914年以来，尼日利亚许多族体，无论大小，都觉得没有什么归属感，因此都试图肢解国家。这种民族分离主义情绪的产生不仅仅是因为担心本族体受到别的族体的支配，还因为他们对族际关系感到不满意。[③] 笔者以为，主体民族的地方民族主义（包括独立初期的军事政变、比夫拉内战及其影响等）和少数民族的地方民族主义是尼日利亚民族一体化的两大障碍。

### 一 主体民族的地方民族主义

简单来说，尼日利亚主体民族的地方民族主义表现为：豪萨－富拉尼族、约鲁巴族和伊博族三大主体民族为了争夺尼日利亚国家的领导权而互相压制，并由此引发民族矛盾和冲突、民族猜忌和仇视，甚至是民族分离主义威胁和行动。这些已成为尼日利亚一体化的巨大障碍，对民族国家建构的危

---

[①] 李安山：《非洲民族主义研究》，中国国际广播出版社，2004，第340~342页。
[②] Toyin Falola, *The History of Nigeria*, Westport: Greenwood Press, 1999, p. 93.
[③] Osarhieme Benson Osadolor, "The National Question in Historical Perspectives," in Abubakar Momoh and Said Adejumobi, eds., *The National Question in Nigeria: Comparative Perspectives*, Burlington: Ashgate Publishing Company, 2002, p. 31.

害是显而易见的。对尼日利亚民族分离主义运动颇有研究的学者特克纳·N. 塔穆罗（Tekena N. Tamuno）指出，导致尼日利亚民族分离主义威胁和行动的因素大致有以下几方面：复杂的民族构成、文化多样性、地域广阔、交通和通信不便、殖民主义者"分而治之"的统治政策、政治实践和宪法安排之间的矛盾、独立前后尼日利亚领导人之间的矛盾以及缺乏一种强有力的意识形态。① 在尼日利亚出现的多次民族分离主义口头威胁或公开行动，可以说都是上述因素共同作用的结果。

大体来说，主体民族的分离主义威胁和行动在尼日利亚这个政治实体诞生后不久就初露端倪。1914年1月1日，英国政府发布公告，宣布将英帝国在西非几内亚湾地区的"南尼日利亚殖民地和保护国"与"北尼日利亚殖民地和保护国"正式合并，建立英属"尼日利亚殖民地和保护国"。"尼日利亚"（Nigeria）这一名称是英国妇女佛劳伦斯·肖（Florence Shaw）1898年根据尼日尔河（Niger River）取的。肖后来成为尼日利亚第一任总督卢加德（1914~1919年在任）的妻子。有意思的是，现在一些尼日利亚人正呼吁政府抛弃这一称呼，理由如下。其一，非洲许多殖民地独立后废弃了欧洲人给它们起的名字，代之以反映非洲性（Africanness）的名字，这样的例子不胜枚举；按照非洲传统文化习俗，妇女甚至不能给新生婴儿起名字，更不用说给国家命名了；"尼日利亚"的名称源于尼日尔河，无法反映尼日利亚地域广阔、族体众多的鲜明特征。其二，尼日利亚与尼日尔共和国（Republic of Niger）容易被人混淆，特别是在国际社会提到尼日利亚人（Nigerian）和尼日尔人（Nigerien）之时。有鉴于此，一些尼日利亚人已给他们的国家起好了新名字HAYOBOM，其中HA、YO、BO分别源自"豪萨"（Hausa）、"约鲁巴"（Yoruba）和"伊博"（Igbo），M则代表尼日利亚所有少数民族（minority ethnic groups）。②

---

① Tekena N. Tamuno, "Separatist Agitations in Nigeria since 1914," *The Journal of Modern African Studies*, Vol. 8, No. 4, 1970, p. 564.
② Oliver Ihebinike, "Need to Change Nigeria's Name," *Daily Champion* (Lagos), August 28, 2006.

## 第四章　民族宗教问题与尼日利亚民族国家建构

尼日利亚独立后，国内危机不断。例如，1962年西区行动派危机[①]发生，尼日利亚国民会议（National Council of Nigerian Citizens，NCNC）[②]和北方人民大会党控制的联邦政府在西区宣布紧急状态，并派专员接管了西区政府。约鲁巴人虽没有公开表示要分离，但对联邦政府的不满情绪增加。西区危机尚未平息，1963年人口普查所引发的危机已在全国蔓延开来。三大区都指责对方虚报人口，以便从联邦中享有更大的利益。[③] 人口普查危机对尼日利亚民主化的影响不容忽视，因为它往往与"不公正""弄虚作假"等字眼联系在一起，有悖于民主的基本精神；同时，各区在关系到其政治前途的人口数据上争论不休，进一步加深了相互之间的不信任和对尼日利亚联邦制合法性的质疑。[④]

1964年12月的联邦选举前后，地区分离主义威胁在尼日利亚再次出现。早在1964年选举之前，时任东区总理、尼日利亚国民会议领导人迈克尔·奥克帕拉（Michael Okpara）就公开威胁要分离。1964年12月，奥克帕拉在与尼日利亚联邦总统阿齐克韦会谈时表达了东区要脱离联邦的意愿。1964年10月10日，阿齐克韦在一次广播讲话中提醒人们警惕1964年联邦选举可能引发的国家分裂危险。事实上，尼日利亚国民会议内部对奥克帕拉的言论有不同看法。阿齐克韦表示，要求分离只是奥克帕拉的想法。尼日利亚国民会

---

[①] 1962年，行动派内部发生分裂，党主席阿沃勒沃一派主张继续成为联邦议会反对派，而副主席兼西区总理阿金托拉一派主张加入联邦内阁政府。1962年5月，西区议会决定由阿沃勒沃的一名亲信取代阿金托拉担任西区总理，遭到阿金托拉坚决反对，西区政局一度混乱，联邦政府宣布西区处于紧急状态，阿金托拉仍担任西区总理一职，直到1966年1月军方接管政权。Larry Diamond, *Class, Ethnicity and Democracy in Nigeria*, Hong Kong: Macmillan Publishers (China) Ltd., 1988, pp. 93-130.

[②] 1962年，尼日利亚与喀麦隆国民会议改名为"尼日利亚国民会议"。

[③] 1963年的人口普查并不是尼日利亚第一次人口普查。英国殖民当局于1952~1953年举行过人口普查。但许多人认为，英国人搞人口普查的目的是征税，因而不少人逃避人口普查；此外，许多农村地区也没有被英国人调查。因此，人们对这次人口普查结果并不认同。虽如此，1963年人口普查的数据成为各区和拉各斯联邦首都区分享联邦议席的依据。

[④] Larry Diamond, *Class, Ethnicity and Democracy in Nigeria*, Hong Kong: Macmillan Publishers (China) Ltd., 1988, p.159.

议的另一位领导人、中西区①首位总理丹尼斯·奥萨德贝（Danis Osadebay）则公开声明，谈论"分离"令人遗憾，并号召尼日利亚人要坚信"尼日利亚是统一而不可分裂的"。② 最终，尼日利亚国民会议内部反对脱离联邦的意见占了上风。不难看出，尼日利亚独立前，各区内部就其分离主义威胁取得了较为一致的意见，而独立初期的情况则有所不同。由于政治形势的变化、各区内部政治势力的分化和政治领导人的矛盾，各区关于分离的意见似乎从一开始在内部就并不统一。

1966年1月、7月的两次军事政变和紧随其后的内战（1967~1970年）让尼日利亚的统一经受了严峻考验，使其付出了高昂代价。军人和军政权在尼日利亚政治生活中扮演了怎样的角色？长期以来，人们对非洲国家的军队了解很少，只知道这些军队大多是殖民主义者为了维护自己的殖民统治而组建的。在非洲国家的民族独立运动中，军人的作用表现得不突出，在通过和平方式赢得独立的非洲国家中更是如此。这与拉丁美洲国家的民族独立战争有很大的不同。但自1963年以来，非洲大陆接二连三地发生军事政变，特别是1966年尼日利亚和加纳的军事政变推翻了各自国家的政权，军政权问题开始凸显，成为人们至今仍在关注的一个问题。

尼日利亚独立后，有影响力的政治领导人之间以及族体之间的裂痕不断加大，腐败盛行，文官政府无法应对日益严峻的政治和社会对抗。在这种情况下，军人就有理由步入政坛。1966年1月15日，驻扎在拉各斯、恩古努、伊巴丹和卡杜纳的一部分军队发动军事政变，杀害了许多高级军官和地位显赫的政治家，包括联邦总理巴勒瓦、北区总理贝洛、西区总理阿金托拉以及联邦财政部长等。政变领导人为伊博族青年军官乔库马·恩泽古少校。恩泽古的父母均为伊博人，后移居北区首府卡杜纳，恩泽古1947年就出生在那

---

① 1963年8月设立的中西区是尼日利亚独立后创建的第一个区，原为西区的一部分。行动派虽在西区占主导地位，但尼日利亚与喀麦隆国民会议在西区也有一定的支持率。长期以来，西区少数民族不断向西区和联邦政府提出要建立自己的区，直到1962年西区行动派内部危机爆发后，他们的这一愿望才得以实现。

② Tekena N. Tamuno, "Separatist Agitations in Nigeria since 1914," *The Journal of Modern African Studies*, Vol. 8, No. 4, 1970, p. 575.

第四章　民族宗教问题与尼日利亚民族国家建构

里。尼日利亚历史上的第一起军事政变可以说是有组织、有预谋的。早在1965年，一些主要以伊博族青年军官为首的军人就在一起密谋发动军事政变，除恩泽古外，这些人还包括伊菲亚朱纳（E. Ifeajuna）少校、奥卡弗（D. O. Okafor）少校以及恩沃博西（E. N. Nwobosi）上尉。1965年11月，这些人就已经初步达成在南方拉各斯和北方卡杜纳同时发难，南北呼应夺取政权的协议。政变计划很快在1966年初变为现实。[①] 1966年1月15日，恩泽古在卡杜纳的电台发表讲话，称尼日利亚国民只要遵纪守法，就无须担惊受怕，他领导的"最高革命委员会"要追捕的是政治投机分子、骗子、收受贿赂的人、部落主义者以及任人唯亲的人。政变的目的是建立一个免受腐败和内乱困扰、强大、统一和进步的国家。在恩泽古所说的"革命"中，许多豪萨-富拉尼族和西部约鲁巴族的高级军官和政府官员遭到杀害，充分说明这次政变带有明显的民族矛盾的色彩。政变中恩泽古所负责的卡杜纳行动，实际上就是以武力摆脱豪萨-富拉尼人和北方人民大会党对北区政府和联邦政府的控制。在这次政变中，由于尼日利亚许多地区的军人未采取行动，以恩泽古为首的军官虽推翻了巴勒瓦政府，但最终没能控制全国的局面。1966年1月16日，恩泽古向拉各斯的尼日利亚陆军总司令阿吉伊-伊龙西将军投降。1966年的第一次政变在许多尼日利亚北方人看来是为了建立伊博人在尼日利亚的主宰地位而发动的。

阿吉伊-伊龙西成为联邦军政府首脑和尼日利亚武装部队总司令后，立刻发布命令，中止总统、总理和议会的职务，代之以区军事长官（Military Governor），区军事长官掌管各区政府，向联邦军政府负责。[②] 阿吉伊-伊龙西军政权还设立三个重要委员会，其中之一就是1966年3月由恩沃科迪（F. Nwokedi）一人组成的恩沃科迪委员会，负责调查区和联邦公共设施的统一问题并向军政府提出建议。后来，阿吉伊-伊龙西接受了恩沃科迪的建

---

① 关于这次政变的详细情况，参见吴期扬《尼日利亚1966年两次军事政变起因探讨》，《西亚非洲》1983年第6期。
② S. K. Panter-Brick, "From Military Coup to Civil War: January 1966 to May 1967," in S. K. Panter-Brick, ed., *Nigerian Politics and Military Rule: Prelude to the Civil War*, London: The Athlone Press, 1970, p. 15.

议，于1966年5月24日正式发布第34号法令，即统一法令（Unification Decree）。阿吉伊－伊龙西认为，发布该法令的目的是剔除过去日益膨胀的地区主义，提高政府机构的内聚力，以便实现和维护国家统一的最高目标。根据法令，尼日利亚共和国取代尼日利亚联邦共和国，先前的四个区（北、东、西和中西区）变为若干个省，拉各斯联邦首都区改为首都区；联邦军政府改为全国军政府；联邦执行委员会改为执行委员会；联邦和各区的公共设施统一到全国公共设施委员会名下。同时，该法令还解散了全国各地的81个政党与26个民族和文化组织。从法令的内容不难看出，取消原来以区为基础的联邦制，建立统一的中央集权制政府是统一法令的核心内容。

阿吉伊－伊龙西军政府的统一法令得到了南方各界的支持，但动摇了北区在尼日利亚国家政治生活中的优势地位。北区认为这是伊博人企图控制尼日利亚的一个具体表现。因此，北区各界的实力人物组织了声势浩大的抗议活动，其很快演变为针对北区伊博人的暴力事件。许多伊博人遭到驱赶，伊博族军官被杀，伊博人的大量财产被毁坏。这些暴力事件很快在1966年7月29日演变为大规模的军事暴动。以豪萨－富拉尼族军官为首的北方军人杀死了军政府首脑阿吉伊－伊龙西，上台刚刚几个月的阿吉伊－伊龙西军政权被颠覆。尼日利亚在半年时间里就经历了两次政变，国家的稳定受到严重影响，其间的分离主义威胁愈演愈烈。如果说恩泽古等人发动政变和阿吉伊－伊龙西发布统一法令是为了建立一个强大而统一的尼日利亚，那么7月29日政变的目的则是通过分离主义行动让北区脱离尼日利亚，北区在政变中的口号就是"araba"（豪萨语，意为"分离"）。因此，在1966年，尼日利亚国内外的一些悲观论调甚至认为，英国殖民主义者创建的这个联邦已无法继续维持下去。

经过一系列谈判，政变军官为缓和民族矛盾，推举北方少数民族安加族军人、时任尼日利亚陆军参谋长的亚库布·戈翁担任军政府首脑。1966年1月，在第一次政变发生时，戈翁在国外。由于他与政变没有牵连，阿吉伊－伊龙西便任命他为尼日利亚陆军参谋长，其成为军政权成员。1966年第二次政变后，尽管约鲁巴族军官陆军准将巴巴费米·奥贡迪普（Babafemi Ogun-

## 第四章 民族宗教问题与尼日利亚民族国家建构

dipe）比戈翁军衔高，但以北方豪萨－富拉尼人为首的政变者认为戈翁是唯一能被接受的人物。在三大族体的较量中，戈翁的上台证明少数民族在尼日利亚独立后政治生活中的重要性开始显现。作为军政府的首脑，戈翁的首要任务就是恢复军纪，消除平民的恐惧。1966年8月，戈翁释放行动派领导人阿沃勒沃和其他许多政治犯。但是，戈翁整肃军纪的努力适得其反。

尼日利亚内战的主要原因是民族猜忌和国家领导权之争。首先，豪萨－富拉尼人认为1966年的第一次军事政变是伊博人企图控制整个国家的阴谋。而1966年7月29日的军事政变后，伊博人在一些地区遭到屠杀，许多伊博人认为自己是尼日利亚联邦"多余的人"，生命处于危险之中。其次，尼日利亚东区军事长官奥朱古称，他不能接受戈翁在第二次军事政变后出任国家元首，因为还有比戈翁军衔高的军官，因此他不会服从戈翁的领导。1967年初，加纳国家元首安卡拉将军（Gen. Ankrah）在加纳的阿布里（Aburi）为尼日利亚联邦军政府与东区政府举行了调停会议，但双方对会议达成结果的解释各不相同。此后，奥朱古加快了脱离尼日利亚联邦的步伐。1967年4月，奥朱古以法令形式宣布尼日利亚东区为联邦政府或代表联邦政府征收的所有税款全部归尼日利亚东区政府所有。这一法令还授权东区政府接管联邦政府在该区的部门和公司。联邦政府立即出台了反击措施，包括暂停尼日利亚各地与东区的所有航班、封锁尼日利亚东部的所有港口、停止向东区提供邮政服务。1967年5月27日，戈翁军政权宣布尼日利亚联邦各地进入紧急状态，并将尼日利亚4个区按照地区均衡（regional balancing）和保障少数民族自决权的原则划分为12个州①。5月30日，奥朱古宣布建立独立的比夫拉共和国（Republic of Biafra），理由是尼日利亚东区人民认为，他们的生命和财产再也得不到设在东区之外的任何政府的保护。尼日利亚联邦政府宣布

---

① 这12个州分别为：从北区划分而来的西北州（North Western State）、中北州（North Central State）、卡诺州（Kano State）、东北州（North Eastern State）、夸拉州（Kwara State）和贝努埃－高原州（Benue-Plateau State）；从东区划分而来的中东州（East Central State）、东南州（South Eastern State）和河流州（Rivers State）；原西区改为西部州（Western State）；原中西区改为中西州（Mid-Western State）；原拉各斯联邦首都区改为拉各斯州（Lagos State）。

东区行为为叛乱并表示要平叛。1967年7月6日，内战爆发。① 1970年1月，奥朱古逃亡国外后，比夫拉一方宣布投降。戈翁接受比夫拉士兵的投降后宣布，对支持分离主义运动者实行大赦。"比夫拉事件最重要的意义在于伊博人重新接受尼日利亚人的身份，重新认定尼日利亚作为自己所属国家的合法性，尽管这种认同对某些人带有强制性成分。"② 戈翁将军的传记作者约翰·克拉克（John D. Clarke）正确地指出，正是由于戈翁对"一个尼日利亚"的坚定信念，尼日利亚政府才能在面对分离主义运动时保证这个国家的统一；在比夫拉一方战败后，戈翁的宽宏大量促进了尼日利亚的统一。③

## 二 少数民族的地方民族主义

长期以来，尼日利亚紧张的民族宗教关系引发人们广泛关注，但以往人们往往将目光集中在主要族体之间的矛盾和冲突上，很少提及为数众多的少数民族，这大概是因为豪萨－富拉尼族、约鲁巴族和伊博族三大主体民族长期主宰尼日利亚政坛。国内非洲学界对尼日利亚少数民族问题关注得就更少了。

事实上，尼日利亚少数民族问题非常值得关注，原因主要有以下几个方面。

其一，少数民族问题是错综复杂的民族问题的一个重要类型，不研究少数民族问题就不可能对尼日利亚民族问题有一个全面的认识。

其二，20世纪90年代以来，尼日利亚少数民族问题日益成为引发局部社会动荡的主要因素之一。只有清楚地认识到少数民族问题产生的原因和演化趋势，尼日利亚才有可能找到解决问题的办法、构建和谐族际关系。

其三，尼日利亚少数民族问题，特别是尼日尔河三角洲一些少数民族

---

① S. K. Panter-Brick, ed., *Nigerian Politics and Military Rule: Prelude to the Civil War*, London: The Athlone Press, 1970; Olusegun Obasanjo, *My Command: An Account of the Nigerian Civil War 1967–1970*, London: Heinemann, 1980; John D. Clarke, *Yakubu Gowon: Faith in a United Nigeria*, London: Frank Cass, 1987.

② 李安山：《非洲民族主义研究》，中国国际广播出版社，2004，第291页。

③ 参见 John D. Clarke, *Yakubu Gowon: Faith in a United Nigeria*, London: Frank Cass, 1987.

## 第四章　民族宗教问题与尼日利亚民族国家建构

（如奥贡尼人、伊乔人、伊比比奥人、乌罗博人等）同尼日利亚政府以及跨国石油公司的对抗问题，不时对该国的经济命脉（石油生产）造成冲击。在石油问题日益成为一个全球性焦点问题之际，与少数民族问题密切相关的"谁拥有石油"以及"石油是财富还是祸端"等类似问题成为产油国政府不得不认真对待的问题。①

其四，尼日利亚少数民族问题往往同"良政""少数民族权利""环境保护""反贫困""可持续发展"等当今社会大力倡议的热门话题联系在一起，因而不可避免地引起国际社会的广泛关注和参与。

其五，少数民族问题容易成为西方一些国家介入尼日利亚内政的一个突破口，而只有首先清楚地认识到少数民族问题本身的是非曲直，人们才能对这种现象进行客观、深入的评判。

非洲学者欧萨费指出，在尼日利亚，"主体民族"和"少数民族"的概念并非一开始就存在，而是在20世纪40年代后期尼日利亚被划分为三个区之后才出现的。② 与"主体民族"相比，"少数民族"的概念在尼日利亚要复杂得多。埃科和欧萨费等学者还根据多个不同标准对尼日利亚少数民族进行了分类，如：通常意义上的少数民族、边缘民族（分布在非本族体聚居区的主体民族，如东区约鲁巴人、北区伊博人等）；全国性少数民族、地方性少数民族；南方少数民族、北方少数民族；地理上占据连续地域的少数民族和被分散在多个州和地方政府辖区的散居少数民族（dispersed minorities）；历史上占支配地位的少数民族和现代政治体制中的少数民族；等等。③ 当然，这些分类不一定非常准确，有的分类也有重合之处，但从不同的角度反映了尼日利亚"少数民族"概念的多重性。本书是按照传统的定义来使用"少数民族"这一概念的。

---

① John Boye Ejobowah, "Who Owns the Oil? The Politics of Ethnicity in the Niger Delta of Nigeria," *Africa Today*, Vol. 47, No. 1, 2000, pp. 28–47.

② Eghosa E. Osaghae, "Managing Multiple Minority Problems in a Divided Society: The Nigerian Experience," *The Journal of Modern African Studies*, Vol. 36, No. 1, 1998, p. 4.

③ Eghosa E. Osaghae, "Managing Multiple Minority Problems in a Divided Society: The Nigerian Experience," *The Journal of Modern African Studies*, Vol. 36, No. 1, 1998, pp. 5–10.

尼日利亚少数民族的地方民族主义主要表现在以下几个方面。

第一，少数民族担心遭受主体民族或其他少数民族的控制和压迫，纷纷要求建立属于自己的州或地方政府辖区。

第二，盛产石油的尼日尔河三角洲地区的少数民族认为自己长期被边缘化，要求得到国家石油财富中的合理份额，保护赖以生存的土地和河流免受污染。

第三，尼日利亚国家的语言政策引发国语与少数民族语言之间的矛盾。

当然，这三个方面并不是尼日利亚少数民族问题的全部内容，却是最重要的，几乎贯穿了尼日利亚独立后历史发展的始终。这里主要谈谈建州问题和尼日尔河三角洲少数民族问题。从历史来看，这两个问题有时是相互联系在一起的，特别是在尼日利亚独立初期和20世纪90年代。

### 三 尼日尔河三角洲少数民族问题

在石油工业成为尼日利亚经济支柱和国家财政收入最主要的来源之前，少数民族问题主要表现为以谋求建立独立的州或地方政府辖区、摆脱主体民族和其他少数民族控制为目标的地方民族主义运动。随着尼日利亚经济结构从以农业生产为基础转向以石油出口为基础，石油资源便成为引发新矛盾的重要因素之一。因此，20世纪70年代以来，尼日尔河三角洲"产油区少数民族"（oil minorities）的地方民族主义频频出现在人们的视野之中，且呈愈演愈烈之势。

对于非洲第一人口大国的尼日利亚来说，石油是宝贵的资源还是诸多问题之根源？许多人的回答或许更倾向于后一个选项，因为他们从新闻媒体的报道中看到或听到的更多的是，作为非洲第一、世界第十的产油国的尼日利亚却常常同战乱、贫富悬殊、腐败、绑架、有组织犯罪、暴力冲突、少数民族边缘化、环境污染等问题联系在一起。[①] 由于尼日尔河三角洲是尼日利亚

---

① 当然，一些西方媒体的报道可能也有炒作甚至制造新闻之嫌。如2007年，尼日利亚政府官员指责美国有线电视新闻网（CNN）收买武装人员以拍摄少数民族武装组织绑架石油工人的画面。故此，笔者在文中还引用了设在河流州首府哈科特港的尼日利亚高等社会科学中心的一些出版物和学者的观点。此外，我们还可参考联合国开发计划署的相关报告。

第四章　民族宗教问题与尼日利亚民族国家建构

绝大部分石油的生产区，同时也是上述问题的一个缩影，本书重点关注该地区的少数民族问题。在考察尼日尔河三角洲少数民族问题之前，有必要对尼日尔河三角洲的基本情况做一个简要介绍。

首先，尼日尔河三角洲这一概念具有多重性。尼日尔河三角洲湿地中心（Niger Delta Wetlands Centre）的伊逊（T. T. Isoun）指出，尼日尔河三角洲有三种不同的定义：从地理概念上讲，尼日尔河三角洲位于尼日利亚东南部，系尼日尔河注入大西洋之前与诸多支流形成的三角洲；从历史来看，尼日尔河三角洲指1958年向少数民族委员会（亦称"威灵克委员会"）表达他们的担忧和关切的那些少数民族的聚居地区，这一概念在当时甚至不包括今天的河流州首府哈科特港和瓦里（Warri）这两个重要城镇；从政治意义上讲，目前的尼日尔河三角洲指尼日利亚所有出产石油的少数民族聚居区，几乎已成为"石油生产"的代名词。① 在这一意义上的尼日尔河三角洲包括以下9个州：阿比亚州（Abia State）、阿夸·伊博姆州（Akwa Ibom State）、巴耶尔萨州（Bayelsa State）、克罗斯河州（Cross Rivers State）、三角洲州（Delta State）、埃多州（Edo State）、伊莫州（Imo State）、翁多州（Ondo State）以及河流州（Rivers State）。② 本书也是从政治学角度来使用这一概念的。当然，突出这一点并不是说当前尼日利亚所有的少数民族问题都与石油生产有关。③

---

① T. T. Isoun, "Environmental Challenges of the Niger Delta," in Peter I. Ozo-Eson and Ukoha Ukiwo, eds., *Challenges of the Niger Delta*, Port Harcourt: Centre for Advanced Social Science, 2001, pp. 7 - 8.
② Bedford A. Fubara, "The Politics of the Niger Delta," in Peter I. Ozo-Eson and Ukoha Ukiwo, eds., *The Niger Delta Development Commission: Towards a Development Blueprint*, Port Harcourt: Centre for Advanced Social Science, 2002, p. 28.
③ 根据穆斯塔法教授的研究，在尼日利亚，仍有一些少数民族不时控诉他们正遭受旧式的统治，如在卡杜纳州的南部、高原州和阿达马瓦州，少数民族诉说他们正遭受豪萨-富拉尼人和富拉尼人的旧式统治，这导致上述地区民族冲突持续不断。这类族际冲突可视作一般意义上的少数民族问题。参见 Abdul Raufu Mustapha, "Ethnic Minority Groups in Nigeria: Current Situation and Major Problems," Paper Prepared for Commission on Human Rights, Sub-Commission on Promotion and Protection of Human Rights Working Group on Minorities Ninth Session 12 - 16, May 2003。

其次，尼日尔河三角洲对尼日利亚的重要性不仅仅在于石油，还在于其丰富的人文及自然资源。自20世纪70年代石油成为尼日利亚经济支柱以来，尼日尔河三角洲就成为尼日利亚经济的核心动力。毫不夸张地说，没有尼日尔河三角洲丰富的油气资源，尼日利亚就无法生存。20世纪90年代以来，尼日利亚外汇收入的95%、联邦政府财政收入的80%、国内生产总值的35%来源于石油行业。① 尼日尔河三角洲的少数民族众多，主要包括伊乔人、乌罗博人、伊比比奥人、奥贡尼人、埃菲克人等。据研究，该地区的少数民族语言多达数十种，但这些少数民族之间交往和通婚的历史很久远，因此许多少数民族语言能被互相理解，聚居地邻近的少数民族在文化上还具有很大的相似性。② 此外，面积为7万平方公里的尼日尔河三角洲还是全球重要的和最大的湿地之一，湿地面积为2万多平方公里。③ 该地区河流密布，淡水资源丰富，沼泽、森林星罗棋布，生物多样性意义重大。早在1995年，世界银行的一份报告就指出，除丰富的油气和人力资源外，尼日尔河三角洲地区土地肥沃，森林密布，渔业资源丰富，工业基础较好，银行业体系完备。④ 但是，这一切目前正在悄然发生变化。

最后，尼日尔河三角洲面临严峻环境挑战。石油经济对尼日尔河三角洲的生态环境和社会产生了很大影响，主要表现在以下方面。第一，农田被大量侵吞，农业生产受到威胁。与有的国家的油田地处人烟稀少的沙漠不同，尼日尔河三角洲的石油开采和输送设施紧邻居民聚居区，当地农民手拿着农具穿行于石油管道间的现象非常普遍。调查显示，农民目前面临的主要问题

---

① EIU, *Country Profile: Nigeria*, 2006, p. 36.
② Godwin G. Darah, "The Socio Economic and Political Challenges of the Niger Delta," in Peter I. Ozo-Eson and Ukoha Ukiwo, eds., *Challenges of the Niger Delta*, Port Harcourt: Centre for Advanced Social Science, 2001, pp. 21 – 22.
③ Bedford A. Fubara, "The Politics of the Niger Delta," in Peter I. Ozo-Eson and Ukoha Ukiwo, eds., *The Niger Delta Development Commission: Towards a Development Blueprint*, Port Harcourt: Centre for Advanced Social Science, 2002, p. 19.
④ The World Bank, *Defining an Environmental Development Strategy for the Niger Delta*, 1995, cited in Godwin G. Darah, "The Socio Economic and Political Challenges of the Niger Delta," in Peter I. Ozo-Eson and Ukoha Ukiwo, eds., *Challenges of the Niger Delta*, Port Harcourt: Centre for Advanced Social Science, 2001, p. 19.

第四章　民族宗教问题与尼日利亚民族国家建构

是污染造成的土壤退化和农作物产量低下。第二，石油生产对环境产生污染。废气燃烧、原油泄漏、一些不法石油公司通过地下管道偷排未经任何处理的废物造成多条河流污染，居民无法获得清洁饮用水，死于疟疾的儿童人数居高不下。第三，环境污染造成大量男性农业人口前往城镇谋生，留守妇女和儿童生活在贫困之中。[1]

尼日尔河三角洲少数民族问题主要有三种类型，其中许多问题与少数民族要求得到更多石油收益、改善本民族生存状况和加强民族文化认同有关。当然，这三种类型在许多情况下往往是交织在一起的。

其一，尼日尔河三角洲少数民族同尼日利亚政府的冲突。

产油区少数民族同尼日利亚政府的冲突可追溯到英国殖民统治时期。尼日利亚被划分为北、西、东三个区后，各区内都有少数民族。由于各区的事务完全由三大主体民族（豪萨－富拉尼族、约鲁巴族和伊博族）以及代表其利益的地方民族主义政党主宰，少数民族问题表现得不太突出。随着尼日利亚独立的日益临近和联邦结构的最后确定，少数民族要求建立新州及制定保护自己的法律条文的呼声此起彼伏。尼日利亚独立初期少数民族的自决运动实际上是出于对自己命运的忧虑和关注，而不是要从尼日利亚这个新生国家中分离出去。一旦他们的要求得到一定满足，尼日尔河三角洲的少数民族就不再谋求自身的独立，而是凭借对地形的熟悉和高超的船技（当地的主要交通工具是船只）帮助尼日利亚联邦政府军队赢得比夫拉内战的胜利，为维护尼日利亚国家的统一发挥了非常重要的作用。[2]

随着石油的发现和开采，尼日尔河三角洲对国家财政收入的贡献显著增加。但从总体上说，少数民族都会受到不同程度的歧视和忽略，主要原因就

---

[1] Jeroma Thomas, "Women and the Challenges of the Niger Delta," in Peter I. Ozo-Eson and Ukoha Ukiwo, eds., *Challenges of the Niger Delta*, Port Harcourt: Centre for Advanced Social Science, 2001, pp. 14 – 16; Eghosa E. Osaghae, "The Ogoni Uprising: Oil Politics, Minority Agitations and the Future of the Nigerian State," *African Affairs*, Vol. 94, No. 376, 1995, p. 325; UNDP, *Niger Delta Human Development Report*, Abuja, 2006, pp. 73 – 81.

[2] Godwin G. Darah, "The Socio Economic and Political Challenges of the Niger Delta," in Peter I. Ozo-Eson and Ukoha Ukiwo, eds., *Challenges of the Niger Delta*, Port Harcourt: Centre for Advanced Social Science, 2001, pp. 28 – 29.

是在经济资源和政治资源稀缺的政治和社会体系中，主体民族往往占有优势。他们及时修改了国家收入分配方案，以便控制石油资源。[①] 因此，20世纪六七十年代尼日尔河三角洲少数民族同尼日利亚政府的纷争主要是围绕要求修改收入分配方案展开的。1978年，尼日利亚政府发布《土地使用法令》，将在尼日尔河三角洲发现的石油矿藏收归联邦政府所有。此后，双方的较量就围绕着《土地使用法令》的适当性、相关的石油法令和收入分配方案展开。[②]

多年来，尼日利亚政府为了应对同产油区少数民族的矛盾，出台了多项政策，包括提高当地石油收入分配比例（如1999年这一比例由1%提高到13%）、同当地社会名流合作、设立产油区开发机构、设立新州以及武装镇压。尼日利亚政府设立过多个开发尼日尔河三角洲的机构，但因种种原因（如政府不愿提供保障其运作的充足资金、国内其他利益集团的掣肘、少数民族之间对发展项目的争夺等），这些机构[③]在改善当地道路、医疗和教育等基础设施和创造就业方面成效不大。少数民族的策略主要是抗议、游说议会、破坏石油生产设施等。当然，少数民族同尼日利亚政府的冲突不仅

---

① 如1953年，按照"出处原则"（Derivation Principle），当地的收入分配比例为100%，当时尼日利亚收入的主要来源为三大区的农产品出口，因此这一原则完全符合三大主体民族的利益。1960年尼日利亚独立时，这一比例为50%。石油经济逐步兴起后，该比例逐步下降，1970年为30%，1977年为25%，1981年为5%，1984年为1.5%，1992～1999年为1%。也就是说，尼日利亚政府几乎完全控制了国家的收入。数据来源：Bedford A. Fubara, "The Politics of the Niger Delta," in Peter I. Ozo-Eson and Ukoha Ukiwo, eds., *The Niger Delta Development Commission: Towards a Development Blueprint*, Port Harcourt：Centre for Advanced Social Science, 2002, p. 25。

② Centre for Advanced Social Science, "Enhancing the Capacity of Women Leaders of Community Organizations toward Peace Building in the Niger Delta Region, Nigeria," Port Harcourt, 2005, p. 16。

③ 主要包括1961年设立的尼日尔河三角洲开发局（Niger Delta Development Board, NDDB）、1976年设立的尼日尔流域开发局（Niger Delta Basin Development Authority, NDBDA）、1992年巴班吉达军政权设立的产油区开发委员会（Oil Mineral Producing Areas Development Commission, OMPADEC）以及1999年奥巴桑乔政府设立的尼日尔河三角洲开发委员会（Niger Delta Development Commission, NDDC）。参见Centre for Advanced Social Science, "Enhancing the Capacity of Women Leaders of Community Organizations toward Peace Building in the Niger Delta Region, Nigeria," Port Harcourt, 2005, pp. 36–40。

## 第四章　民族宗教问题与尼日利亚民族国家建构

仅针对石油公司，政府派往出事地点维持秩序的军警也会成为他们袭击的目标。[1]

其二，尼日尔河三角洲少数民族同石油公司的冲突。

尼日尔河三角洲少数民族同石油公司的冲突形式主要是关闭输油管道、破坏石油设施、盗油、绑架石油工人等。冲突的原因包括以下几方面。首先，该地区的少数民族认为，石油公司是尼日利亚政府的代理人。在其认为政府没能提供基本的社会服务、就业机会的时候，攻击石油公司就成为他们的一个选择，因为他们觉得没有办法亲赴阿布贾诉说他们的合理要求。[2] 其次，石油开采给少数民族不仅没有带来实惠，反而带来环境污染。少数民族控诉的主要问题是石油污染、环境恶化、在建设石油设施前没有进行环境评估、石油公司对当地发展兴趣不大、遭到污染的土地和水源的理赔问题得不到合理解决、石油公司不雇用少数民族的子女或在招聘工人时搞民族歧视。最后，石油公司在冲突发生时往往要求尼日利亚政府派军警平息事态，这常常会造成严重人员伤亡和财产损失，使问题进一步恶化。[3] 这样的事件在尼日尔河三角洲地区屡见不鲜。

其三，尼日尔河三角洲少数民族之间的冲突。

近年来，尼日尔河三角洲少数民族之间的冲突呈上升趋势。这类冲突主要围绕以下问题：探明的油矿所处土地或水域的归属问题。虽然绝大多数石油收入归联邦政府所有，但发现石油的地区还是会得到一定收入。对油田属地的争夺往往会让昔日的好邻居反目成仇。聚居区没有油田的少数民族却受到邻族聚居区内石油开采活动造成的污染的影响。他们常常阻挠石油公司经由他们的领地到达发现石油的地区，这引起邻族的不满。一些少数民族抱怨石油公司在公共设施的分配和赔偿时厚此薄彼，对当地人

---

[1] Eghosa E. Osaghae, "The Ogoni Uprising: Oil Politics, Minority Agitations and the Future of the Nigerian State," *African Affairs*, Vol. 94, No. 376, 1995, p. 332.

[2] Centre for Advanced Social Science, "Enhancing the Capacity of Women Leaders of Community Organizations toward Peace Building in the Niger Delta Region, Nigeria," Port Harcourt, 2005, pp. 21–23.

[3] UNDP, *Niger Delta Human Development Report*, Abuja, 2006, pp. 120–122.

"分而治之"。① 伊乔人全国代表大会为了避免少数民族之间的矛盾和冲突,曾提议将尼日尔河三角洲所有少数民族都视作石油的东道主(host community),但响应者寥寥。2003~2004年,阿萨里的尼日尔河三角洲人民志愿军(NDPVF)同另外一个武装组织尼日尔河三角洲治安员(Niger Delta Vigilante, NDV)为争夺哈科特港南部的沿海村庄的控制权发生暴力冲突。

此外,少数民族内部的冲突虽不属本书界定的"民族问题"的范畴,但由于以往人们对这类冲突关注较少,而这一问题对少数民族传统社会结构和权力结构产生了深远影响,本书有必要对这一问题做一个简要概述。尼日尔河三角洲少数民族内部的冲突通常发生在同一个民族不同派别、不同世代(generations)和不同性别之间。一些少数民族的青年常常威胁和洗劫本族的长者,指控他们垄断石油收益及直接同石油公司交易以建立自己的权力体系。在好斗的青年的威逼下,尼日尔河三角洲大多数少数民族的长者或老一辈人已被迫沉默不语,无奈地将族内事务的管理权交给了青年。少数民族中男子和妇女发生直接冲突的事例虽不多,但多数少数民族的妇女认为男子已背叛了她们,因此倾向于建立自己的组织,直接同石油公司打交道。族内不同派别之间的冲突比以上两类冲突要激烈一些,主要围绕谁该享有石油收益、社区发展项目的选址、就业机会和赔偿金的分配等问题展开。②

尼日尔河三角洲多次发生少数民族同尼日利亚政府、石油公司以及少数民族之间或其内部的对抗和冲突,许多尼日利亚学者称之为"尼日尔河三角洲问题",其影响已远远超过了20世纪七八十年代尼日利亚北部的民族宗教冲突。上述问题已多次造成严重人员伤亡和巨额财产损失,严重威胁着尼日利亚赖以生存的经济基础,对尼日利亚国家民族建构也非常不利。有的少数

---

① Centre for Advanced Social Science, "Enhancing the Capacity of Women Leaders of Community Organizations toward Peace Building in the Niger Delta Region, Nigeria," Port Harcourt, 2005, pp. 24 – 25.
② Centre for Advanced Social Science, "Enhancing the Capacity of Women Leaders of Community Organizations toward Peace Building in the Niger Delta Region, Nigeria," Port Harcourt, 2005, pp. 25 – 27.

## 第四章　民族宗教问题与尼日利亚民族国家建构

民族恶劣的生存状况和尼日利亚政府的高压政策曾引发国际社会的广泛关注和干预。因而该问题不可避免地引起一些国际组织和外国政府机构（如联合国开发计划署、欧盟、英国国际发展部、美国国际开发署等）、非政府组织（无国界医生组织、志愿者世界等）的广泛关注。尼日尔河三角洲少数民族往往通过这些组织和机构向尼日利亚政府或石油公司施加压力，以引起它们对少数民族诉求的注意。随着信息技术的发展和全球化的深化，尼日尔河三角洲少数民族问题的"国际化"倾向会进一步加深，对国际关系也将产生一定影响。

尼日利亚"国家"的建立先于尼日利亚现代民族整合的特殊历史背景，决定了尼日利亚联邦政府要在民族国家建构中发挥主导作用。关于尼日利亚的民族国家建构，笔者想强调以下三点。

第一点，尼日利亚民族国家构建迄今最大的成绩可以说是保持了国家的统一和政局的总体稳定，为其现代化提供了最基本的保证。

尼日利亚本可以成为一个名副其实的地区大国和强国，让民众过上体面生活，在国际上享有良好形象，在地区及非洲大陆事务中发挥更大作用，在国际事务中保有一定影响力，但这一切都随着政局的动荡而只停留在大国的梦想阶段。政局稳定对这个饱受战乱、政变和冲突之苦的国家来说弥足珍贵。笔者以为，无论是军政府还是文官政府，均保持了尼日利亚的统一，这堪称民族国家建构的最大成绩。这一看似并没什么了不起的成绩对于尼日利亚这个颇有特色的国家来说确实不易，值得格外珍惜。试想一下，如果尼日尔河三角洲的持续动荡颠覆了尼日利亚由石油出口奠定的经济基础，以"博科圣地"为代表的宗教极端组织将尼日利亚引入一场民族宗教战争，那么尼日利亚就会陷入"国将不国"的灭顶之灾，现代化就无从谈起，整个世界或将为此付出沉重代价。因此，凡是有利于尼日利亚国家统一、政局稳定的，均对现代化有利，都应该值得肯定。

第二点，对军政权在民族国家一体化进程中的作用要做客观评判。

由于尼日利亚特殊的历史，军政权占据了该国半个世纪历史中的大部分时间，军政权对现代化的影响如何，以往似乎并没有被给予应有的关注。主要原因可能是受民主思想的影响，人们对军政权有一种先入为主的排斥心理，认为其是"武力""暴力"的化身，是违背历史潮流的。但在梳理尼日利亚现代化进程时，如果不涉及军政权，历史就会被割裂，甚至会出现大段空白，因为尼日利亚恰恰是一个充满"暴力"的国家。概言之，从民族国家建构的角度来看，军政权的贡献或有益尝试主要包括：戈翁军政府在比夫拉战争中获胜，维护了联邦的统一，宣示了军方对"一个尼日利亚"的坚定信念，这一信念成为尼日利亚迄今仍能保持统一的一大"法宝"，而戈翁在战后做出的民族和解努力虽难以在短期内抚平战争创伤，但至少使尼日利亚很快进入战后重建的轨道，在石油繁荣的刺激下，尼日利亚甚至一度成为非洲最富有的国家；将教育视作民族整合的重要推动力量，普及初等教育（Universal Primary Education，UPE）；穆塔拉·穆罕默德军政府和奥巴桑乔军政府出台的"联邦特征"原则（federal character principle）[①]；戈翁、穆罕默德、巴班吉达、阿巴查军政权的创设新州计划；奥巴桑乔、阿布巴卡尔军政权的主动还政于民；戈翁军政权为"国家的未来"量身打造旨在培育国族意识的"全国青年服务队"，号召大学生到非籍贯州就业以了解国情和不同民族的文化；从穆罕默德政府时期开始，直至20世纪90年代初才基本完成的迁都至国家地理中心区、象征国家团结的阿布贾的新首都工程；等等。此外，建立联邦统一高等院校、各种形式的国家收入分配方案、增加地方政府辖区的数量、建立联合政府（权力分享或曰南北"轮流坐庄"）、召开数次宪法会议、倡导国家统一和民族宗教宽容的各种机制，都离不开军政府的倡导、参与和推动。[②] 当然，上述措施往往是有两面性的，或者说出发点很好，但在操作时难免出现这样或那样的问题。例如，旨在消除地区势力对联邦政府的威胁、保护少数民族免受主体民族歧视和压迫的建州计划，虽基本达到了上述目的，却使尼日利亚联邦州和地方政府辖区的数目在1967～1996年不断增

---

[①] 参见李文刚《"联邦特征"原则与尼日利亚民族国家构建》，《西亚非洲》2012年第1期。
[②] 对于这些措施的具体内容和影响，限于篇幅，本书不再展开论述，可参见葛公尚《尼日利亚"三足鼎立"族际关系探析》，载葛公尚主编《二十世纪世界民族问题报告》，民族出版社，2005，第159～162页；李文刚《尼日利亚民族问题与民主化进程研究》，博士学位论文，北京大学，2007年5月。

## 第四章　民族宗教问题与尼日利亚民族国家建构

加，由最初的北、西、东、中西（1963年从西区划出）四个区扩至目前除阿布贾联邦首都区之外的36个州和774个地方政府辖区，而一些民族和地区要求增设新州和地方政府辖区的呼声似乎尚未停止。有学者认为，建州计划并不利于尼日利亚民族一体化进程和当地自治，民族一体化的实现的决定因素是：尼日利亚要有一个目标明确、具有全民族意识的领导层，其对联邦进行适当重组，使其更能代表全民族的形象。① 又如，"联邦特征"原则作为一种"民族平衡安排"，实际上是一种"配额制"，以消除地域间和族体间的巨大差距，保障各族体享有平等的教育机会和在政府部门中任职的机会，促进各族体在联邦、州和地方政府层面平等分享国家的各种资源。② 受这一原则的影响，尼日利亚主要工业项目在布局时原则上要照顾到联邦每一个地区，这就造成违反客观经济规律、重复建设和铺张浪费现象层出不穷。对于这一点后文再做详述。

第三点，石油对尼日利亚现代民族国家建构的影响值得深思。③

20世纪70年代以来，尼日利亚就成为一个离不开石油的国家，联邦政府要靠石油巩固自己的统治，维持各级政府的运转。每年国家预算的基础就是对石油产量和每桶油的基准价格的估计，在此之后，尼日利亚就将命运在很大程度上交给国际原油市场这只无形的手来操控了。此外，还要看尼日尔河三角洲的安全形势如何，因为这与尼日利亚的原油产量直接相关。此处主要探讨石油对尼日利亚现代民族整合的影响，重点是产油区少数民族问题。这是尼日利亚现代民族国家建构中的一个颇为棘手的老问题——少数民族问题——在石油这一大背景下的新版本。

---

① Henry E. Alapiki, "State Creation in Nigeria: Failed Approaches to National Integration and Local Autonomy," *African Studies Review*, Vol. 48, No. 3, 2005, pp. 49 – 65.
② International Crisis Group, "Nigeria's Faltering Federal Experiment," *Africa Report*, No. 119, 2006, p. 11.
③ 该部分内容根据笔者已发表的论文《浅析尼日利亚少数民族问题——以尼日尔河三角洲地区为中心》（《西亚非洲》2007年第7期）和《尼日利亚地方民族组织的缘起与演化》（《西亚非洲》2009年第9期）改写而成。

## 第三节 宗教问题与尼日利亚民族国家建构

在一个多民族、多宗教的国家里，宗教矛盾既不可避免，又不可能被一劳永逸地消除，国家只有正确认识和妥善处理宗教矛盾，才能构建和谐宗教关系，促进民族国家建构；否则，宗教矛盾就很容易导致政局动荡、族际关系紧张甚至导致国家解体的严重后果。尼日利亚北部除中部地带之外，基本上都是穆斯林，东南部基本上都是基督徒，只有在西南部，基督徒、穆斯林和传统信仰者的比例大致相当。概括来说，尼日利亚的宗教问题主要围绕以下三个方面展开：对宗教教义的解释、宗教和国家的关系以及利用宗教问题达到政治目的。其中，后两个方面对尼日利亚民族国家建构影响最大，与教义解释有关的冲突主要发生在同一宗教内部的不同派别之间，在尼日利亚主要表现在北部伊斯兰教不同教派之间的矛盾和冲突。[1] 由于本书主要论述的是不同族体间的宗教问题，此处将不对同一族体内部的教派纷争展开论述。尼日利亚穆斯林和基督徒之间的矛盾，常常是严重暴力冲突的导火索，其结果就是尼日利亚民族宗教冲突不断，国内政局动荡，严重制约了民族国家建构进程。由于尼日利亚国家形成的特殊性，宗教矛盾和冲突常常被夸大、操纵甚至被鼓动，这在尼日利亚几乎成了习以为常的事情。宗教被用作实行动员的一种工具，使用者的目的就是利用宗教资源获取政治权力，而政府如果在国家宗教多样性问题上厚此薄彼，甚至利用一种宗教压制另一种宗教以维护其统治，就容易进一步加大宗教裂痕，加深宗教矛盾，不利于培育促进民族国家一体化的宽容、理解、平等以及和平共处等精神。

在民族国家建构过程中，拥有各种资源的政府应发挥积极的建设性作用，这主要体现在政府的政策上，政府应当倡导各种宗教（主要是伊斯兰教和基督教）和平共处、宗教宽容和理解，而不是为了自己所属宗教的利益有

---

[1] Toyin Falola, "Islam Against Islam," in Toyin Falola, *Violence in Nigeria*, Rochester: University of Rochester Press, 1998, pp. 227–246; William F. S. Miles, "Religious Pluralisms in Northern Nigeria," in Nehemia Levtzion and Randall L. Pouwels, eds., *The History of Islam in Africa*, Athens: Ohio University Press, 2000, pp. 209–224.

## 第四章 民族宗教问题与尼日利亚民族国家建构

意支持一种宗教,人为制造宗教矛盾和冲突,更不应当将宗教问题政治化,利用宗教问题达到政治目的。

尼日利亚独立后,国家政权长期掌握在北方穆斯林手中。广大穆斯林,无论是温和派还是激进派,都希望建立索科托帝国那样的伊斯兰国家。政府厚此薄彼的做法,进一步助长了穆斯林的这种愿望,同时也加重了广大基督徒的担心。我们不妨根据几位穆斯林当政者的做法及其后果来观察分析。富拉尼穆斯林沙加里上台后,选择尼日利亚南部的一位基督徒亚历山大·埃克维沃埃姆(Alexander Ekweueme)作为副总统[1];同时,沙加里政府向穆斯林和基督徒各拨款1000万奈拉在首都阿布贾建立清真寺和大教堂,邀请教皇访问尼日利亚。[2] 1982年2月,教皇访问了尼日利亚;同年4月,英国坎特伯雷大主教也访问了尼日利亚。极力在两种宗教间搞平衡的沙加里在1983年大选中蝉联总统职位。但在北方穆斯林看来,沙加里并没有推进伊斯兰事业,反而偏袒基督徒;而基督徒则因沙加里试图设立伊斯兰事务部(Department of Islamic Affairs)而对其颇有微词,认为政府偏袒穆斯林。在基督徒的压力下,沙加里只好放弃设立伊斯兰事务部的想法。

20世纪80年代初期,在伊斯兰主义的影响下,尼日利亚宗教矛盾迅速激化,卡诺州爆发大规模暴力冲突,数以千计的人丧生。穆斯林军官布哈里借机推翻沙加里政权,上台执政。布哈里执政期间(1984年1月至1985年8月),军政权接管了几所按照基督教传统命名的学校,并对基督徒的建立教堂的申请迟迟不做答复;与此同时,大量清真寺却得以修建。[3] 为了削减政府开支和控制外汇储备,布哈里军政权不得不大量削减了对穆斯林朝圣的资助,从而招致穆斯林的强烈不满,他们纷纷指责布哈里反对朝圣。不久,布哈里又开始实行沙加里政府曾提出的一项建议,即废除复活节后星期一

---

[1] Harvey J. Sindima, *Religious and Political Ethics in Africa: A Moral Inquiry*, Westport: Greenwood Press, 1998, p.154.

[2] Harvey J. Sindima, *Religious and Political Ethics in Africa: A Moral Inquiry*, Westport: Greenwood Press, 1998, p.154.

[3] William F. S. Miles, "Religious Pluralisms in Northern Nigeria," in Nehemia Levtzion and Randall L. Pouwels, eds., *The History of Islam in Africa*, Athens: Ohio University Press, 2000, p.218.

(Easter Monday)这一公共假期。在基督徒的强烈反对下,这一政策被废止。布哈里执政时期,既没有推行他所许诺的各项改革,也没能满足基督徒和穆斯林的要求,政府不久就陷入危机。结果,另一位穆斯林巴班吉达将军取而代之。

在巴班吉达执政期间,尼日利亚设立了一个名为"沙里亚委员会"的机构,该机构事实上成为穆斯林与基督徒就伊斯兰教法问题争论的一个论坛。巴班吉达还设立了"长者委员会"(Elders Committee),试图解决关于伊斯兰教法纷争的问题,成效甚微。在巴班吉达执政时期,还有一件事引起不小震动。1970年以来,尼日利亚就是伊斯兰会议组织的观察员。1985年12月,伊斯兰会议组织照例邀请尼日利亚参加将于1986年1月在摩洛哥召开的会议。尼日利亚外交部照例要求其驻摩洛哥大使以观察员身份出席。但是,在外交部毫不知情的情况下,巴班吉达组建了一个由几位有影响力的穆斯林组成的小团体,让其赴摩洛哥北部城市非斯(Fez)出席会议。[1] 他们的目的不是以观察员身份参加会议,而是要求伊斯兰会议组织接纳尼日利亚为正式会员国。该组织自然喜出望外,甚至省略了所有手续,立即给予尼日利亚完全的会员国资格。[2] 这件事进行得十分隐蔽,就连尼日利亚总参谋长事先也毫不知情。[3] 秘密入会的事件在尼日利亚政府官员中引起了混乱,巴班吉达军政权二号人物埃比·乌基维(Ebie Ukiwe)宣布自己对此事不知情,其在几周后就被解除了职务。尼日利亚基督徒认为,乌基维被免职与他发表的声明有直接关系。[4] 他们谴责政府无权让尼日利亚加入任何宗教组织。穆斯林则认为,巴班吉达政府的这一秘密行动是在向基督徒让步太多之后终于

---

[1] 该团体成员包括石油部长里尔瓦努·卢克曼(Rilwanu Lukman)、国家计划部常务秘书阿布巴卡尔·阿尔哈吉(Abubakar Alhaji)、央行行长阿卜杜尔卡迪尔·阿赫迈德(Abdulkadir Ahmed)、伊斯兰事务最高理事会秘书长易卜拉辛·达苏基(Ibrahim Dasuki)以及阿布巴卡尔·古米。Toyin Falola, *Violence in Nigeria*, Rochester: University of Rochester Press, 1998, p. 95.

[2] Toyin Falola, *Violence in Nigeria*, Rochester: University of Rochester Press, 1998, pp. 94 – 95.

[3] 关于新闻媒体对该事件的报道,可参见 Salahudeen Yusuf, "Nigeria's Membership in the OIC: Implications of the Print Media Coverage for Peace and National Unity," *Journal of Muslim Minority Affairs*, Vol. 19, No. 2, 1999, pp. 235 – 247。

[4] Toyin Falola, *Violence in Nigeria*, Rochester: University of Rochester Press, 1998, p. 95.

第四章　民族宗教问题与尼日利亚民族国家建构

回到了伊斯兰事业上来的一次行动；穆斯林还看到了加入伊斯兰会议组织带来的经济利益。巴班吉达也意识到这一突然举动给两派带来的震动，于1986年2月设立由基督徒和穆斯林各12人组成的一个研究小组，以专门研究该事件的深层影响以及进一步探寻政府该如何更好处理宗教事务。但该小组在建立伊始就按照宗教界限分为针锋相对的两派。[1] 此后，由于压力不断增加，巴班吉达政府又于1987年1月设立宗教事务咨询理事会（Religious Affairs Council），以专门探讨推动不同宗教间理解和对话的方式。阿巴查执政时期，尼日利亚又加入了发展中八国集团（D-8）[2]，在基督徒之间又引发了对国家世俗化的担忧。

虽然尼日利亚政府在宗教和解方面做出了一定努力，但宗教矛盾，尤其是伊斯兰教和基督教之间的矛盾和冲突远没有结束，任何比较敏感的事件，如果处理稍有不当，都有可能引发严重后果。因此，宗教问题对尼日利亚民族国家建构的影响将是长期的。当然，尼日利亚穆斯林和基督徒中的一些有识之士和民间宗教团体在预防宗教冲突，倡导宗教理解、宽容与和谐，构建和谐宗教关系方面也发挥着重要作用。人们应该警惕的是尼日利亚国内外宗教极端势力对尼日利亚宗教问题的发生和激化所起的推波助澜的作用。

## 第四节　语言问题与尼日利亚民族国家建构

影响尼日利亚民族国家建构的因素很多，但以往人们关注较多的是社会、经济、政治、文化、族体性和宗教等方面的因素，对语言因素要么视而不见，要么轻描淡写，甚至想当然地认为语言问题与民族国家建构没有什么关系。这种观点的理由主要有两点：一是在尼日利亚民族宗教问题中，地方

---

[1] William F. S. Miles, "Religious Pluralisms in Northern Nigeria," in Nehemia Levtzion and Randall L. Pouwels, eds., *The History of Islam in Africa*, Athens: Ohio University Press, 2000, p. 217.
[2] 发展中八国集团，又称伊斯兰发展中八国集团，成立于1997年，总部设在土耳其的伊斯坦布尔，成员国包括埃及、伊朗、尼日利亚、印度尼西亚、马来西亚、孟加拉国、土耳其和巴基斯坦。该组织的宗旨是促进伊斯兰发展中国家间的经济合作，加强成员国在国际论坛中的磋商和合作，增进相互间在金融、旅游、能源、贸易、卫生和环境等领域的合作。

民族主义者分离或民族自决要求的核心内容大多不包括本民族语言方面的诉求，其主要是谋求本民族的经济、政治权利和社会发展等方面的利益；二是单纯由语言问题引发的族际矛盾和冲突并不多。① 事实上，正如非洲著名学者马兹鲁伊所指出的那样，"在涉及身份认同（identity）时，语言的确会制造令人烦恼的两难境地"②。刘鸿武教授指出："语言问题是如此的敏感和困难，独立后尼日利亚政府在采取何种本土语为官方语方面引发的争吵和矛盾，常演化成严重的国家政治危机。"③ 语言问题与民族国家建构有着非常密切的关系，许多不利于民族国家建构的族际矛盾和冲突都有一定的语言问题背景，其中最突出的就是多语言国家的国语问题（national language question）。

一般认为，国语可以让讲众多不同本土语言的族体产生一种归属感，并有助于在各个族体之间形成一种平等关系，有利于构建和谐的族际关系。④ 这些正是民族国家建构过程的先决条件和不可或缺的内容。对于遭受长期殖民统治的非洲大陆来说，"在一些用英语（或法语）作为国语而某一本土语言又相对发达的国家，一些具有优势的本土语言有可能取代英语（或法语）而成为国语"⑤。尼日利亚的情况显然并不属于这类国家的范畴。尼日利亚相对发达的本土语言并不是一种，豪萨语、约鲁巴语和伊博语是最主要的三种。虽然这三大本土语言获得了国语地位，但并未获得全体尼日利亚人，特别是少数民族的认可。国语问题在尼日利亚已上升为民族国家建构中的一个政治问题，人们常常把国语同权力、地位和荣耀联系在了一起，而忽视了国

---

① Unyierie Angela Idem, "Language and the National Question," in Abubakar Momoh and Said Adejumobi, eds., *The National Question in Nigeria: Comparative Perspectives*, Burlington: Ashgate Publishing Company, 2002, pp. 183 – 187.

② Ali A. Mazrui, "Shifting African Identities: The Boundaries of Ethnicity and Religion in Africa's Experience," in Bekker Simon, Martine Dodds and Meshack M. Khosa, eds., *Shifting African Identities*, Pretoria: Human Sciences Research Council, 2001, p. 172.

③ 刘鸿武等：《从部族社会到民族国家——尼日利亚国家发展史纲》，云南大学出版社，2000，第 202 页。

④ Unyierie Angela Idem, "Language and the National Question," in Abubakar Momoh and Said Adejumobi, eds., *The National Question in Nigeria: Comparative Perspectives*, Burlington: Ashgate Publishing Company, 2002, p. 183.

⑤ 李安山：《非洲民族主义研究》，中国国际广播出版社，2004，第 299 页。

语应有的中立性和凝聚力。

## 一 尼日利亚的语言状况

尼日利亚民族状况的复杂性可从其本土语言的多样性上略见一斑。20世纪60年代以来,许多学者对尼日利亚的语言状况做了细致研究。最新研究成果表明,尼日利亚的民族语言有接近400种。根据使用人数、使用者分布地域范围、语言的功用、在学校教育中的使用情况以及获得官方认可的程度,学者们还将这些语言分为ABCD四个组。A组是主体民族语言(major languages),使用者人数众多,覆盖范围广泛,包括豪萨语、约鲁巴语和伊博语。讲这三大语言的人数占尼日利亚总人口的70%以上。其中,讲豪萨语的人口大约为3000万人,主要分布在尼日利亚北部诸州以及夸拉州部分地区,以卡诺方言(Kano dialect)为标准。尼日利亚独立前后,豪萨语是北区官方语言。约鲁巴语主要分布在尼日利亚西部诸州以及夸拉州和科吉州部分地区,人口约为1990万人,以奥约方言(Oyo dialect)为标准。讲伊博语的人口约为1640万人,分布在尼日利亚东部诸州以及三角洲州和河流州部分地区,以奥维里方言(Owerri dialect)为标准。[1]

除A组三大主体语言外,其余三组语言往往被视作次要(minor)或少数民族语言(minority languages)。具体来说,B组是在其发源地之外虽使用不广泛但得到官方承认并在国家一级(national)事务中使用的语言,包括卡努里语、富拉尼语、蒂夫语和埃多语等,使用者为100万~300万人。A组语言除伊博语外,同B组语言往往在覆盖范围上有一定的重叠。例如,尼日利亚北部一些少数民族,如富拉尼族、卡努里族、蒂夫族以及图阿雷格族等往往将豪萨语作为第二语言。对居住在约鲁巴人周边的一些民族,约鲁巴语也扮演了同样的角色。伊博语是三大本土语言中覆盖范围最小的。C组语言是只在州(state)一级比较重要的小语种或地区性语言,如伊多马语、乌罗博语和努佩语。D组包括即使在州一级也得不到官方承认的语言,但在地

---

[1] Mark O. Attah, "The National Language Problem in Nigeria," *Canadian Journal of African Studies*, Vol. 21, No. 3, 1987, p. 394.

方政府辖区（local government）一级的政府管理中比较重要，尼日利亚众多民族语言中约80%属于这一类，如奥贡尼语、戈瓦里语（Gwari）和安加语（Angas）等，但讲这些语言的人数很少，大部分居住在尼日利亚北部，其余居住在南方阿夸·伊博姆州、巴耶尔萨州、克罗斯河州、三角洲州、埃多州和河流州。①

需要指出的是，在尼日利亚，"主体、多数"（majority）和"次要、少数"（minority）这两个术语常常直接同政治、社会及经济权利和地位紧密地联系在一起。使用主体语言的族体比使用少数民族语言的族体享有更多的权利和更高的地位。②

尼日利亚的官方语言是英语，但只有20%的尼日利亚人能够熟练使用英语。英语主要在政府行政、司法、主流媒体（报纸、电台和电视台）、国内外交流、小学高年级到高等教育中使用。一些尼日利亚人认为，英语是英国殖民主义者留给尼日利亚最大的一笔遗产，还有一些尼日利亚人试图证明英语作为尼日利亚国语的正确性——没有任何一种尼日利亚的本土语言能够满足科学和技术方面的需要；更重要的是，英语是一种中性语言，尼日利亚的任何一个族体也不能独自拥有这种语言，它属于全体尼日利亚人。③ 英语在尼日利亚的重要性虽不容置疑，但对于将一种外来语作为自己的国语，许多尼日利亚人并不认同，因为这很容易让人联想到英国殖民统治的痕迹以及尼日利亚政治独立不彻底。洋泾浜英语（Anglo-Nigerian Pidgin）虽未得到官方承认，但作为一种中性语言（neutral language），在族际交流中发挥着重要作用，尤其是在尼日利亚南部地区。有意思的是，原本仅在尼日利亚学术圈和外交圈中使用的法语一度被尼日利亚阿巴查政权宣布为该国继英语之后的第二官方语言，但该政策因不切实际而很快被废止。此外，尼日利亚北部穆斯

---

① Mark O. Attah, "The National Language Problem in Nigeria," *Canadian Journal of African Studies*, Vol. 21, No. 3, 1987, p. 394.

② Harry Garuba, "Language and Identity in Nigeria," in Bekker Simon, Martine Dodds and Meshack M. Khosa, eds., *Shifting African Identities*, Pretoria: Human Sciences Research Council, 2001, p. 11.

③ Mark O. Attah, "The National Language Problem in Nigeria," *Canadian Journal of African Studies*, Vol. 21, No. 3, 1987, p. 394.

第四章　民族宗教问题与尼日利亚民族国家建构

林聚居区在伊斯兰事务中也使用阿拉伯语。

## 二　尼日利亚民族国家建构中的国语之争

尼日利亚语言的多样性和复杂性表明，这个国家没有一种共同的本土语言可以被用作族际交流的中介。同时，尼日利亚政府的语言政策也面临许多问题。尼日利亚实行多语言政策，承认各种不同语言共存，但联邦政府在制定语言政策时，往往不进行调查研究，特别是不调查研究人们对使用某种语言的态度，这就容易埋下矛盾和冲突的隐患，国语问题就是其中之一。该问题已引发尼日利亚全国上下极大兴趣和激烈辩论，成为尼日利亚民族国家建构过程中最易引发动荡的问题之一。

很多尼日利亚人认为，尼日利亚非常需要一种本土语言取代英语作为国语，理由如下：首先，使用本土语言作为国语可以激发尼日利亚人的国族意识和民族自豪感、增强团结；其次，可以终结精英阶层主宰尼日利亚社会的局面，这些人正是在通过英语这个中介接受教育后跻身上流社会的；最后，本土语言在促进族际交流方面的作用明显优于英语。[1] 这种观点似乎有助于民族国家建构，理由也比较充分，但是，哪一种本土语言能成为真正的国语呢？或者说，这种情况在尼日利亚会出现吗？事实上，由于受英国殖民政府语言政策的影响，加之尼日利亚独立后采取了颇受争议的语言政策，国语问题长期以来成为加深族体间隔阂而不是凝聚各个族体、构建尼日利亚民族的重要因素之一。

最早对尼日利亚本土语言产生兴趣的是欧洲基督教传教士。为了吸引更多土著人信仰基督教，欧洲传教士在尼日利亚建立许多教堂和学校并用尼日利亚本土语言培养信徒和学生。1882年，英国殖民当局发布《教育法令》，规定学校教学中只能使用英语。后来，根据1922年费尔普斯-斯多克斯委员会（Phelps-Stokes Commission）的建议，殖民政府同意尼日利亚小学低年级（一至四年级）教学中使用尼日利亚本土语言，而小学高年级教学以及更高

---

[1] Mark O. Attah, "The National Language Problem in Nigeria," *Canadian Journal of African Studies*, Vol. 21, No. 3, 1987, pp. 395–396.

层次教育中继续使用英语。① 在英国殖民统治时期,豪萨语、约鲁巴语、伊博语等本土语言经历了标准化阶段而日益成熟。以豪萨语为例,英国殖民主义者到来之前,豪萨语文字是用阿拉伯文字母阿加米(Ajami)书写的,文字作品大多以宗教和历史为题材。英国的传教士、军官、学者以及殖民政府的官员,包括阿尔蒙·加迈德、加伊·罗宾逊、瓦尔特·米勒等人,对豪萨语的语法、词汇等进行了系统、深入的研究,直接导致了豪萨语的拉丁化。②

1960年尼日利亚独立后,英国殖民当局的语言政策得到延续。尼日利亚1979年宪法第51条规定,豪萨语、约鲁巴语和伊博语是除英语之外在国民议会上使用的官方语言。尼日利亚1981年修订的《国家教育政策》(National Policy on Education,NPE)继承了1922年殖民政府的做法,并规定每一名中学生在初中三年要学习母语和至少一门国语。如果这名学生已经讲一门国语,就要从另外两门国语中选择。不可否认,尼日利亚政府意识到了语言潜移默化的凝聚力,因此鼓励每一名儿童除自己的母语外,还要学习三大本土语言中的一种。值得注意的是,语言学家安吉拉·阿代姆(Angela Idem)指出,这三大本土语言获此地位仅仅是因为其使用者的数量优势,而不是因为它们拥有其他本土语言所没有的内在特征。③ 一些尼日利亚人也认为,从近400种语言中仅仅选出三种作为国语,这是对尼日利亚国族特征的误解,国族意识的培育并不是通过让尼日利亚人学习另外一种语言就能完成的。

毫无疑问,语言可以成为一种促进统一的力量,但其潜力的大小首先取决于这种语言本身。在单语言国家,这当然不成问题,但在多语言国家,一种语言的促进统一的潜力取决于该语言同其他语言比较时的中立性。在多语

---

① 费尔普斯-斯多克斯委员会由美国费尔普斯-斯多克斯基金会资助设立,为自愿性慈善组织,旨在推进非洲黑人和美国黑人的教育事业。1922年,费尔普斯-斯多克斯委员会公布《非洲教育》报告,对殖民政府的教育体制提出批评并呼吁实行教育改革以适应非洲实际情况和非洲人的需要。该报告和建议对殖民政府的教育政策产生了一定影响。参见 A. Oyewole, ed., *Historical Dictionary of Nigeria*, Metuchen and London: The Scarecrow Press, 1987, pp. 278-279.
② 参见王正龙《西非最大的民族豪萨族及其语言》,《西亚非洲》1982年第5期,第56~61页。
③ Unyierie Angela Idem, "Language and the National Question," in Abubakar Momoh and Said Adejumobi, eds., *The National Question in Nigeria: Comparative Perspectives*, Burlington: Ashgate Publishing Company, 2002, p. 189.

## 第四章 民族宗教问题与尼日利亚民族国家建构

言环境中,一种语言如果不会为使用它的族体带来凌驾于其他族体之上的特权和名望的话,这种语言就是中立的。在尼日利亚,这种语言包括官方语言英语和未被官方认可的洋泾浜英语。三大本土语言显然不属于中立语言的范畴。虽然它们的凝聚力在特定的地域内比较强,1979年宪法和《国家教育政策》也规定了其作为国语的地位,但从整个国家的范围看,它们并不具有凝聚各个族体的力量,在一些情况下,甚至会产生加大族际裂痕的作用。例如,巴班吉达执政时期,制宪大会①就语言问题进行辩论时,少数民族代表愤而离席,抗议将三大族体的语言(豪萨语、约鲁巴语和伊博语)作为除英语之外的官方语言在即将成立的第三共和国的国民议会中使用。②

尼日利亚政府的语言政策遭到众多讲少数民族语言的族体的批评和反对。他们认为,语言表述和传承的是文化,政府扶持上述三大语言,实际上是文化同化的一个标志。换句话说,选择豪萨语、约鲁巴语和伊博语作为全国的主要本土语言(国语),似乎表明三大族体具有族体文化的统治权。尼日利亚的这种族体语言和文化占支配地位的状况不仅仅出现在文化领域,对政治和经济领域而言也有深层次含义。例如,尼日利亚国家领导人都被视作其所属族体文化的代表者,而不是个体的人。在许多少数民族看来,三大语言的这一殊荣无疑等同于三大族体长期以来拥有的权力、影响力和支配力。因此,宪法和政府的这些规定对他们非常不利,因为如果他们的语言得不到

---

① 尼日利亚独立后的政治发展中,军政权设立过1977~1978年和1988~1989年制宪大会,将之作为其向民主政权过渡计划的一部分。制宪大会的主要任务是讨论尼日利亚修宪等方面的一些重大法律问题并向军政权提出建议。事实上,该机构的作用非常有限。用巴班吉达的话来说,制宪大会不应当沉溺于试图改变尼日利亚政治秩序既定成分的无效劳动。制宪大会的任务是改进这些既定成分,而不是改变它们。参见 Inaugural Address by General Ibrahim Badamsi Babangida to the Members of the Constituent Assembly at Abuja on Wednesday, May 11, 1988, cited in Rafir A. Akindele, "The Constituent Assembly and the 1989 Constitution," in Larry Diamond, Anthony Kirk-Greene, and Oyeleye Oyediran, eds., *Transition Without End: Nigerian Politics and Civil Society under Babangida*, Boulder, CO: Lynne Rienner Publishers, 1997, pp. 105-128。

② Larry Diamond, Anthony Kirk-Greene, and Oyeleye Oyediran, eds., *Transition Without End: Nigerian Politics and Civil Society under Babangida*, Boulder, CO: Lynne Rienner Publishers, 1997, pp. 115-116.

平等和公正的待遇，其族体就得不到应有的重视。如果这些语言不具备统一尼日利亚的能力，这些"国语"就绝不是全国性的语言，人为赋予其国语地位只会引发冲突而不会带来国家统一。① 因此，尼日利亚的权力之争不仅仅是北南之争，还夹杂着伊斯兰教和基督教、主体民族和少数民族以及穷人和富人之争的成分。这种复杂状况减缓了尼日利亚社会文化一体化进程，如族际通婚、用不同族体文化寓意给孩子起名字等。②

## 三 尼日利亚解决国语问题的尝试

尼日利亚解决国语问题的方案也不在少数，主要有 Wazobia 方案、世界语（Esperanto）方案、斯瓦希里语方案、豪萨语方案、英语方案、洋泾浜英语方案。Wazobia 方案在 20 世纪 80 年代比较盛行。Wazobia 一词由约鲁巴语"wa"、豪萨语"zo"和伊博语"bia"组成，三个词的含义均为人们在学习任何语言时最初学到的几个词之一——"来"（come）。该方案的倡导者认为，尼日利亚儿童如果从三大本土语言中最基本的知识学起，就能掌握这些语言。事实上，这只是一种取悦三大族体的折中方案，它不仅忽略了众多少数民族的语言，还使尼日利亚的语言问题更加复杂化，于事无补。③ 世界语方案由于完全脱离了尼日利亚的社会、历史和文化背景，也不可行。斯瓦希里语对尼日利亚来说虽是一种中立语言并受到著名作家索因卡等人的推崇，但许多尼日利亚人认为，他们不再需要一种新的外语。对大多数尼日利亚人来说，将洋泾浜英语作为国语可能是比较可行的选择，因为其中立性和实用性比其他本土语言都要强。但是，洋泾浜英语在知识分子阶层并不流行，而且许多北方穆斯林认为该语言对豪萨语构成威胁，因此强烈反对将洋泾浜英语作为国语的任何建议。英语由于其中立性以及在尼日利亚国内外交流中的

---

① Unyierie Angela Idem, "Language and the National Question," in Abubakar Momoh and Said Adejumobi, eds., *The National Question in Nigeria: Comparative Perspectives*, Burlington: Ashgate Publishing Company, 2002, p. 194.

② Obododima Oha, "Cross-Cultural Conversations and the Semiotics of Ethnocultural Domination in Nigeria," *African Anthropologist*, Vol. 6, No. 2, 1999.

③ Wazobia 方案还有一个变种，即尼日利亚儿童应学习母语、一门主要本土语言、英语和法语。

第四章　民族宗教问题与尼日利亚民族国家建构

作用，在尼日利亚的地位在短时期内不会被改变，但若将其提升为尼日利亚永久性国语，这无疑会削弱本土语言发展。因此，许多尼日利亚人已要求政府重新考虑英语的地位问题以及在处理国语问题时优先考虑本土语言。还有一种观点主张应该给尼日利亚近400种语言同样的国语地位。少数民族认为这样可以消除语言歧视，减少族际冲突，平等对待各种语言，但主体民族认为这是对其语言优势地位的威胁。而且，在一个人口过亿、由200多个族体组成的非洲第一人口大国里，让近400种语言发挥同样的功能显然是不切实际的。此外，还有人认为，不要通过立法来确定某种语言作为国语，但不排除将英语作为官方语言的政策，利用竞争法则来决定哪种语言能胜任国语角色，决定因素不应当是讲这种语言的人的数量或语言的标准化程度，而应当是其在全国性事务中的重要性及其中立性。

尼日利亚国语问题成为民族国家建构过程中的一个棘手问题充分说明，在一个多语言国家里，语言的地位问题是非常敏感和复杂的，国家须谨慎处理。同时，一种语言国语地位的获得不能单纯通过立法。国语问题也成为尼日利亚民族矛盾中的一个焦点，主要表现在三大主体民族同少数民族、主体民族之间关于国语地位之争。从这一点来看，体现在语言领域的民族问题对尼日利亚民族国家建构的影响是长期的。上述解决国语问题的各种方案折射出语言问题在这个多民族、多语言国家中的复杂性。国语问题在尼日利亚已成为一个政治问题，国家在选择国语时不仅应当有充分的理论依据，还应当有能够接受它的广泛的社会基础。只有这样，才有可能找到属于尼日利亚人的国语，才能推动民族国家建构。

## 结　语

本章旨在从民族宗教问题对民族国家建构的影响这一角度来论述民族宗教问题对尼日利亚民主化的影响。影响尼日利亚民族国家建构的因素很多，本章仅选取了地方民族主义、宗教问题和语言问题三个方面来论述。

本章第一节概述了尼日利亚地方民族主义的类型和演化趋势，重点论述了主体民族的地方民族主义和少数民族的地方民族主义。豪萨－富拉尼族、约鲁巴族和伊博族三大族体的地方民族主义在尼日利亚独立前后表现得尤为突出。这三大族体的政治领导人及其政党为了争夺尼日利亚独立后的国家权力，频频鼓动地方民族主义并以分离相威胁来达到各自的目的。贝洛、阿齐克韦和阿沃勒沃对未来尼日利亚国家的设想虽在互相妥协中出现了一些变化，但对各自区内的民众心理产生了深远影响。三大族体的矛盾在很大程度上导致 1966 年的政变，而东区谋求分离的运动则导致非洲大陆最为惨烈的内战之一。内战后，除了国家权力这一传统角逐的领域外，主体民族又频繁在宗教问题和语言问题上展开较量。在少数民族地方民族主义中，要求建立属于自己的独立的州的问题、尼日尔河三角洲少数民族问题比较突出。前者极大地改变了尼日利亚的行政区划，而且容易鼓动越来越多少数民族要求建立自己的州；后者对整个国家经济命脉产生了冲击。当然，这些问题都有深刻背景。尼日利亚政府应当通过民主方式（如对话、协商等）来解决上述问题。军政府时期的压制手段不仅无助于少数民族问题的解决，还会给国际社会留下少数民族权利得不到保障的不良印象，甚至招致国际社会的孤立和制裁。

由于民族问题和宗教问题在尼日利亚密不可分，本章第二节重点论述了尼日利亚伊斯兰教和基督教的关系对尼日利亚民族国家建构的影响。穆斯林和基督徒之间的矛盾和冲突让这个多民族、多宗教国家在统一民族国家建构的道路上步履维艰，关于国家世俗化的辩论和关于伊斯兰教法庭的纷争即使到今天也没有停息。没有和谐的宗教关系，就不会有和谐的民族关系，也就不会有统一的国族意识和文化。在化解宗教矛盾的过程中，掌握各种资源的国家应当发挥积极作用。国家领导人应以整个国家和民族（虽然这个民族尚未完全形成）的利益为重，而不应当扶植一种宗教，压制另一种宗教，利用宗教问题谋求政治利益。宗教问题在尼日利亚被政治化的局面不会在短时期内被改变，但影响程度在逐步减轻。在关注宗教问题时，应当特别关注宗教极端势力的动向，因为许多起突发宗教事件都是因为它们推波助澜才酿成严重后果的。

## 第四章 民族宗教问题与尼日利亚民族国家建构

国语问题其实在很大程度上反映了少数民族问题的一个重要方面。三大主体民族的语言之间虽有竞争，但在法律上都享有国语地位，其争论的焦点只是哪一种语言能成为尼日利亚唯一永久性国语。尼日利亚的国语问题表明，从表面看，用非洲国家本土语言取代英语似乎有利于民族国家建构，但事实并非如此，因为国家的民族、语言状况复杂，而且国语问题往往被政治化，同地位、权力和荣耀等令人炫目的光环套在一起。尼日利亚三大本土语言虽通过立法获得了国语地位，但未得到众多少数民族的认可。国语问题虽不像民族宗教问题那样有时会一触即发，甚至造成人员伤亡和财产损失，但语言在培育统一国民文化和归属感等方面潜移默化的力量是无可替代的。尼日利亚为应对棘手的国语问题已提出不少方案，但只要尼日利亚国语问题的政治化状况得不到彻底改变，这一问题事实上将长期存在，成为民族国家建构中的一大障碍。

# 第五章 民族宗教问题与尼日利亚政党和选举

20世纪90年代初,非洲出现了一波民主化浪潮,定期举行多党选举已成为常态,只有少数几个国家没有这种选举。此外,自由和公正的选举现在被广泛视为非洲大陆民主的基本要素。因此,当我们提到非洲的民主和促进民主的手段时,选举往往是我们关注的一个重点领域。[①] 政党和选举是民主化的基本途径。"在非洲民主制度建立过程中,政党是一面双刃剑,可以起到凝聚力的作用,也可以起到分裂的作用。"[②] 从历史看,民族宗教问题对尼日利亚政党和选举的影响表明,尼日利亚政党所起的作用更多的是后者。尼日利亚政党从一开始就具有浓厚地方民族主义色彩,政治精英们更热衷于以族体、宗教和地域认同对民众进行政治动员,选民则倾向于根据族体和宗教界限来投票。

## 第一节 尼日利亚民族宗教问题与政党演化 (1923~1966年)

民族宗教问题对尼日利亚独立前后的三大政党和一些小党均产生了深刻

---

[①] Renske Doorenspleet, Lia Nijzink, eds., *Party Systems and Democracy in Africa*, London: Palgrave Macmillan, 2014, p.1.

[②] 李安山:《非洲民族主义研究》,中国国际广播出版社,2004,第326页。

第五章　民族宗教问题与尼日利亚政党和选举

影响。这些政党不仅带有鲜明的地方民族主义色彩，政党的领导人还利用民族宗教矛盾来谋求本民族和本地区的利益。因此，民族宗教问题极大地影响了尼日利亚民族独立运动的进程，并成为第一共和国覆亡的重要原因之一。

## 一　民族问题与独立前后的三大政党

政党是代表一定阶级或阶层的利益、为实现自己的目标和理想力求取得和保持国家政权而进行活动的政治组织。尼日利亚政党的起源大致可追溯到1923年，当时英国殖民主义者决定设立尼日利亚立法委员会（Nigerian Legislative Council），给予拉各斯和卡拉巴尔（Calabar）地区居民选举权。① 尼日利亚全国民主党（Nigerian National Democratic Party，NNDP）是尼日利亚的第一个政党，它是"尼日利亚民族主义之父"赫伯特·麦考莱（Herbert Macaulay）在1923年成立的。在当时所有政治组织中，尼日利亚全国民主党影响力最大，在1923年、1928年和1933年尼日利亚立法委员会选举中，均获得拉各斯选区的全部3个席位，同时还在拉各斯市议会选举中获得胜利。但这个政党的最大缺陷就是，它是一个地区性的政党，以拉各斯为基地，关注的也主要是拉各斯的各类事务，因此在拉各斯以外地区影响力不大。②

1936年，尼日利亚出现一个政党——尼日利亚青年运动（Nigerian Youth Movement，NYM），它试图打破狭隘的地区界限，将自己建设成一个包含尼日利亚各个族体的全国性政党。但好景不长，主要表现为党内领导权之争的族体竞争和族际矛盾最终使尼日利亚青年运动四分五裂。尼日利亚青年运动的前身为拉各斯青年运动（Lagos Youth Movement）。1934年，4名尼日利亚青年塞缪尔·阿金珊亚（Samuel Akinsanya）、欧内斯特·伊考利（Ernest Ikoli）、戴维斯（H. O. Davies）和沃恩（J. C. Vaughan）因不满英国殖民政府针对阿巴高等学院（Aba Higher College）的歧视性教育政策，发起成立拉各斯青年运动。1936年，为使该党更具全国性，拉各斯青年运动更名为尼日利

---

① Billy Dudley, *An Introduction to Nigerian Politics and Government*, London and Basingstoke: Macmillan Publishers Ltd., 1982, p. 45.
② A. Oyewole, ed., *Historical Dictionary of Nigeria*, Metuchen and London: The Scarecrow Press, 1987, p. 236.

亚青年运动。到1937年，尼日利亚青年运动已处在尼日利亚民族独立运动的前沿阵地。1938年公布的《尼日利亚青年宪章》是一份具有深远历史意义的政治文件，主要目标是将居住在尼日利亚的各族联合体（conglomeration of peoples）发展成为一个统一的民族国家（a united nation）。为此，该党在尼日利亚各族体中倡导和培育相互理解和共同的尼日利亚民族意识（sense of common nationality）。[①] 1938年阿齐克韦的加入，进一步扩大了尼日利亚青年运动在拉各斯地区的影响力。在当年的拉各斯市议会和尼日利亚立法委员会选举中，尼日利亚青年运动分别获得全部和其中3个席位。1941年，尼日利亚青年运动主席阿巴约米（K. A. Abayomi）辞去立法委员一职后，伊考利（伊乔族）和阿金珊亚（约鲁巴族）展开了对此职位的争夺。阿齐克韦支持阿金珊亚，而其他人支持伊考利。最后，伊考利获胜。阿齐克韦指责尼日利亚青年运动搞族体偏见，反对他提名的人选，因此退出了该党。随后，又有多名领导人相继退出，尼日利亚青年运动最终销声匿迹[②]。达德利指出，准确地说，尼日利亚全国民主党和尼日利亚青年运动这两个政治组织只能算是尼日利亚政党的雏形，其影响范围仅限于拉各斯地区。[③]

在尼日利亚民族独立运动中，尼日利亚的东、西、北区相继出现了三大政党，分别是尼日利亚与喀麦隆国民会议、行动派（Action Group, AG）和北方人民大会党（见表5-1）。这三大政党最初都是由在三大区内占主导地位的族体（伊博族、约鲁巴族和豪萨-富拉尼族）的文化组织发展而来的，在不同程度上代表了地区和族体的利益。虽然这三大政党为尼日利亚摆脱英国殖民统治做出了自己的贡献，但复杂的民族、地区矛盾充满整个民族独立运动进程。因此，著名历史学家马兹鲁伊等人指出，非洲在1945年之后争取政治独立的斗争中，有两种民族主义：一种是族体的次民族主义（ethnic

---

[①] Obafemi Awolowo, *Awo: The Autobiography of Chief Obafemi Awolowo*, Cambridge: Cabridge University Press, 1960, p. 121.

[②] A. Oyewole, ed., *Historical Dictionary of Nigeria*, Metuchen and London: The Scarecrow Press, 1987, pp. 243-244.

[③] Billy Dudley, *An Introduction to Nigerian Politics and Government*, London and Basingstoke: Macmillan Publishers Ltd., 1982, p. 45.

## 第五章 民族宗教问题与尼日利亚政党和选举

sub-nationalism），另一种是多族体的民族主义（multi-ethnic nationalism）。[1] 尼日利亚1945~1960年的政治史，与其说是争取独立的斗争史，更像是在一个联邦国家内，三个人口最多的族体之间争夺霸权的斗争史。[2] 分析三大政党的组成及演变，有助于我们对"两种民族主义"的理解。

成立于1944年的尼日利亚与喀麦隆国民会议是尼日利亚现代意义上的第一个政党，其目的之一是将尼日利亚众多族体统一到一起。在该党的成立大会上，许多工会、政党、行业组织、俱乐部和族体组织纷纷参加，当时在拉各斯的一些喀麦隆人的组织也希望参加，因此这次大会被称作尼日利亚与喀麦隆国民会议。尼日利亚全国民主党领导人、约鲁巴人赫伯特·麦考莱被选为党主席，伊博人阿齐克韦任秘书长。尼日利亚与喀麦隆国民会议是尼日利亚现代独立运动的主要领导者，成员最初是来自尼日利亚南部一些城市和地区的知识分子、商人、律师、医生，既包括伊博人、约鲁巴人和豪萨-富拉尼人，又包括一些少数民族居民，具有较为广泛的族体和地域代表性，其因而成为尼日利亚独立运动中最重要的政治组织。1946~1947年，尼日利亚与喀麦隆国民会议影响力日盛，党的领导人在全国各地巡回演讲，号召人们反对《里查兹宪法》。他们甚至率团赴英，面见英国殖民大臣，但收效甚微，该党也一度沉寂。1951年，英国殖民主义者为尼日利亚制定《麦克弗逊宪法》后，尼日利亚与喀麦隆国民会议重新活跃起来。在尼日利亚独立前的众多政党中，尼日利亚与喀麦隆国民会议被称为"大众党"（mass party），因为其声称向每一个尼日利亚人开放，党的经费也由党员交纳。但事实上，尼日利亚当时主要的政党基本上都直接或间接靠它们各自所控制的区政府获得主要经费，尼日利亚与喀麦隆国民会议也不例外。[3]

西区的行动派成立于1948年，前身是约鲁巴人的一个文化组织——奥杜杜

---

[1] Ali A. Mazrui and Michael Tidy, *Nationalism and New States in Africa*, London: Heinemann, 1984, p. 84.
[2] Ali A. Mazrui and Michael Tidy, *Nationalism and New States in Africa*, London: Heinemann, 1984, p. 92.
[3] Billy Dudley, *An Introduction to Nigerian Politics and Government*, London and Basingstoke: Macmillan Press Ltd., 1982, p. 46.

瓦①后裔协会（Egbe Omo Oduduwa）。奥杜杜瓦后裔协会是约鲁巴人阿沃勒沃1945年在英国成立的一个泛约鲁巴族（pan-Yoruba）文化组织，主要目标是促进约鲁巴人的团结和社会进步，倡导研究约鲁巴人的语言、文化和历史，在尼日利亚内加速建立一个强有力、现代化和高效率的约鲁巴国家（Yoruba State）。这一组织在许多约鲁巴人的城镇都设有分支机构。② 1945年左右，留学英国的约鲁巴人奥巴费米·阿沃勒沃在其著作《尼日利亚的自由之路》一书中指出，尼日利亚要保持政治稳定，只有为不同的族体建立一个个单一的、自治的政治实体这个方法；也就是说，所有讲约鲁巴语的人应当组成一个单一的政治实体。只有这样，尼日利亚不同族体的文化遗产才能得到保护，他们的政治地位才能得到保证。③ 行动派的支持者主要为商界人士以及受过教育的阶层。从对地区控制的强弱程度来看，行动派的实力可能是尼日利亚三大政党中最弱的，这大概与约鲁巴地区历史上众多王国之间战事不断、族际积怨较深、族体凝聚力不太强有一定的关系。

1951年建立的北方人民大会党是尼日利亚独立前三大主要政党中成立最晚的一个，却成为尼日利亚独立后第一共和国时期最具影响力的一个政党。同其他两个政党，特别是同西区的行动派一样，北方人民大会党的前身也可以说是豪萨-富拉尼人的一个文化组织。1948年，北区的一些知识分子试图建立一个论坛，以讨论尼日利亚当时的政治形势。起初，一些知识分子以北区为基础，建立了北区进步力量协会（Northern Elements Progressive Association, NEPA）。但该组织的许多创始人因此失去了在当地政府中的职务，甚至遭到北区政府的监禁。为避免北区进步力量协会创建者的命运，北方人民大会党的领导人自称为一个"文化协会"。事实上，北方人民大会党的领导人艾哈马杜·贝洛在其自传中指出，该党是由扎里亚的一个地地道道的文化组

---

① 传说中的约鲁巴人的祖先。
② A. Oyewole, ed., *Historical Dictionary of Nigeria*, Metuchen and London: The Scarecrow Press, 1987, p. 117.
③ Billy Dudley, *An Introduction to Nigerian Politics and Government*, London and Basingstoke: Macmillan Publishers Ltd., 1982, p. 47.

## 第五章 民族宗教问题与尼日利亚政党和选举

织演变而来的。① 1951 年选举后，北区新当选的一些议员便宣称自己是北方人民大会党成员，并宣称"同一个北方，同一个民族"（One North, One People），而不是"同一个尼日利亚，同一个民族"（One Nigeria, One People）②。北方人民大会党是尼日利亚唯一限制党员身份的政党，其党章后来明确规定，只向"具有北尼日利亚血统的人"开放。达德利指出，北方人民大会党之所以在尼日利亚北部能够独霸天下，与其统治手段有很大关系。尼日利亚北部虽然也存在很多反对党，但政党之间的自由竞争并不存在，这些小党不时受到压制和恐吓；此外，北区政府还出台了不少法律来限制它们的活动。③

从以上对三大主要政党的简介中就可看出，它们或多或少具有一些共同特征：其一，地域特征和族体色彩比较明显，以北方人民大会党最为典型；其二，三大政党前身或核心组成部分均为谋求本族体利益的文化组织。此外，这三大政党还有两个重要的不同点：一是目标不尽相同；二是代表的广泛性不一，尼日利亚与喀麦隆国民会议和行动派的大门向任何一位尼日利亚人开放，而北方人民大会党只允许尼日利亚的北方人加入。④ 事实上，上述特征在尼日利亚独立前的其他政党中也比较突出。

### 二　尼日利亚独立前的其他政党

尼日利亚独立前还有一些其他政党。这些政党都有哪些特点？影响力如何？它们同上述三大主要政党又有什么样的关系呢？在尼日利亚独立前的其他政党中，较重要的有以下几个。

北方进步力量联盟（Northern Elements Progressive Union，NEPU）是阿米努·卡诺（Aminu Kano）于 1950 年组建的一个政党。阿米努·卡诺原为北方人民大会党创始人之一，因不满该党在对待埃米尔传统势力和普通民众

---

① Ahmadu Bello, *My Life*, Cambridge: Cambridge University Press, 1962, p. 85.
② Ali A. Mazrui and Michael Tidy, *Nationalism and New States in Africa*, London: Heinemann, 1984, p. 93.
③ Billy Dudley, *An Introduction to Nigerian Politics and Government*, London and Basingstoke: Macmillan Publishers Ltd., 1982, p. 3.
④ Richard L. Sklar, *Nigerian Political Parties: Power in an Emergent African Nation*, Princeton: Princeton University Press, 1963, p. 474.

命运问题上表现出的保守态度，便与志同道合者成立了一个新政党——北方进步力量联盟。作为一个政党，北方进步力量联盟同北区的普通民众一道反对埃米尔的权威，将此作为其政治斗争的起点。北方进步力量联盟虽以北区为基地，但其目标是建立一个统一的尼日利亚，这与北方人民大会党不时表现出的地区分离主义情绪有明显的区别。北方进步力量联盟较为激进的政治立场，使其与南方的尼日利亚与喀麦隆国民会议结成了联盟，因而被北区政府指责为企图控制北方的南方势力的代理人。事实上，该党的主要支持者来自卡诺省及其周边地区，与控制北区政府的北方人民大会党的势力无法匹敌。1966年尼日利亚发生军事政变后，北方进步力量联盟被军政权取缔。

联合中部地带大会（United Middle Belt Congress，UMBC），成立于1955年，是由两个组织合并而成的：一个是1950年成立的中部区联盟（Middle Zone League），另一个是1953年成立的中部地带人民党（Middle Belt Peoples Party）。联合中部地带大会后来又一分为二：一支加入了北方人民大会党；另一支在约瑟夫·塔尔卡（Joseph S. Tarka）的领导下继续保留该党名，并同西区的行动派结盟。联合中部地带大会的主要目标是为该地区的少数民族建立中部地带州，因而不断号召民众反对北方人民大会党控制的北区政府。同其他政党一样，该党在1966年军政权上台后被取缔，但在1967年的建州计划中，戈翁军政权为中西区的少数民族建立了他们所要求的贝努埃-高原州（Benue-Plateau State）。

尼日利亚独立联合党（United Nigeria Independence Party，UNIP），原称全国独立党（National Independence Party），是1953年从尼日利亚与喀麦隆国民会议分离出来的一个党派。在艾约·伊塔（Eyo Ita）的领导下，尼日利亚独立联合党同西区的行动派结盟，在1954年东区联邦选举中共同赢得7个席位。尼日利亚独立联合党的主要阵地在卡拉巴尔-奥戈贾-河流地区（COR），该党的主要主张是在该地区设立独立的州。同样，该党在1966年被取缔，但在1967年的建州计划中，戈翁军政权在该地区建立了东南州和河流州。

博尔努青年运动（Bornu Youth Movement，BYM），系1954年尼日利亚

第五章　民族宗教问题与尼日利亚政党和选举

北部博尔努地区一群不满当地土著政权（Native Authorities）腐败统治的卡努里青年发起成立的一个政治组织，主要目标是建立包括博尔诺省、阿达马瓦省、包奇省和高原省（Pleteau Province）在内的东北州。北区执政党北方人民大会党为了削弱博尔努青年运动的影响，很快在上述地区采取了一些反腐败措施并取得一定成效。因此，博尔努青年运动逐步瓦解，在1958年威灵克委员会调查尼日利亚少数民族问题时甚至没有向该委员会派出自己的代表。

中西部民主阵线（Midwest Democratic Front，MDF）是由中西部人民党（MPP）和联合人民党（UPP）、行动派这两个党在中西区的支部联合而成的一个政党联盟。中西部民主阵线实际上包含了在新成立的中西区里所有反对尼日利亚国民会议的政治势力。在1964年中西区选举中，该政党联盟没有推举共同的候选人，而是各自为政，结果在65个席位中只获得了11个席位，输给了尼日利亚国民会议。在1964年联邦选举中，中西部民主阵线加入了由北方人民大会党和由西区阿金托拉领导的尼日利亚全国民主党（NNDP）[①]组成的尼日利亚全国联盟（Nigerian National Alliance）。到了1965年4月，几乎所有中西部民主阵线的成员倒戈投向了中西区的执政党尼日利亚国民会议。

这些小党的地域性比较强，这从党的名称就可以清楚看出；它们大多是因不满所在区主要族体政党的独裁统治而建立的或由大党分化组合而成的；大多数小政党的目标是为所代表区域的少数民族建立独立的州；这些党当时的影响力并不大，但其表现出来的强烈地方民族主义在很大程度上影响了尼日利亚的建州计划；这些小党的出现也预示了少数民族在尼日利亚政治中的影响力开始显现。当然，从选举意义上说，这些小党的重要性并不太大，在历次选举中，它们的得票率加在一起还不足15%。[②]

---

[①] 此处的尼日利亚全国民主党指1962年西区"行动派危机"后，联合人民党（United People's Party，UPP）、尼日利亚国民会议在西区的一个支部和南部人民大会（Southern People's Congress，SPC）联合成立的政党，与1923年麦考莱成立的政党名称相同。A. Oyewole, ed., *Historical Dictionary of Nigeria*, Metuchen and London: The Scarecrow Press, 1987, p. 236.

[②] Billy Dudley, *An Introduction to Nigerian Politics and Government*, London and Basingstoke: Macmillan Publishers Ltd., 1982, p. 50.

表 5-1 尼日利亚三大区的族体及政党

| 区 | 主要族体及政党 | 少数民族、政党及诉求 |
| --- | --- | --- |
| 北区 | 豪萨-富拉尼族<br>北方人民大会党 | ①卡努里族；博尔努青年运动；建立东北州；<br>②中部地带少数民族——蒂夫族、比罗姆族（Birom）、安加族（Angas）、伊多马族（Idoma）、伊加拉族（Igala）、伊格比拉族（Igbirra）、西基族（Higgi）、瓜里族（Gwari）、钱巴族（Chamba）、舒阿瓦族（Shuawa）、卡杰族（Kaje）及努佩族（Nupe）；联合中部地带大会（UMBC）；建立中部地带州 |
| 西区 | 约鲁巴族<br>行动派 | 埃多族（Edo）、乌罗博族（Urhobo）、伊索科族（Isoko）、伊泽基里族（Itshekiri）、伊乔族（Ijaw）和伊卡-伊博族（Ika-Ibo）；本代尔人民党（联合尼日利亚国民大会）；建立中西区（1963年实现） |
| 东区 | 伊博族<br>尼日利亚（与喀麦隆）国民会议 | 埃菲克族（Efik）、伊比比奥族（Ibibio）、埃克伊族（Ekoi）、伊乔族（Ijaw）、卡拉巴里族（Kalabari）、埃克佩耶族（Ekpeye）、奥格巴族（Ogba）、奥克里卡族（Okrika）和博尼族（Bonny）；尼日利亚独立联合党（UNIP）、尼日尔河三角洲大会（NDC）；建立卡拉巴尔-奥戈贾-河流州 |

资料来源：Henry E. Alapiki, "State Creation in Nigeria: Failed Approaches to National Integration and Local Autonomy," *African Studies Review*, Vol. 48, No. 3, 2005, p. 55。

## 三 民族宗教问题对政党和选举的影响

尼日利亚民族独立运动和第一共和国时期（1960~1966年），族体政治及族际冲突在其政治生活中占据主导地位。民族宗教问题极大影响了民族独立的进程，削弱了独立后民主的脆弱基础。[①] 民族宗教问题对尼日利亚独立前后的政党和选举的影响主要表现在以下方面。

第一，政治家严重依赖民众的民族宗教情感和地区主义进行政治动员，获得政治支持。由于国家民族（nation）的缺失，政治家便利用地域界限和认同来创造对他们各自目的有利的选区，其结果就是族体党（ethnic party）

---

① Veronica Nmoma, "Ethnic Conflict, Constitutional Engineering and Democracy in Nigeria," in Harvey Glickman, ed., *Ethnic Conflict and Democratization in Africa*, Atlanta: The African Studies Association Press, 1995, p. 317.

## 第五章　民族宗教问题与尼日利亚政党和选举

的出现。政党一旦直接或间接同族体议程（ethnic agenda）联系在一起，民主选举就会受到威胁，因为这些选举常常被视作一种"零和游戏"（zero-sum game）。在选举中失败的族体党领导人，通常不仅会抵制大选结果，而且动辄诉诸武力，破坏整个民主机制。[1] 在1959年联邦选举中，阿沃勒沃领导的行动派为了打破北方人民大会党和尼日利亚与喀麦隆国民会议的联盟，采取了联合少数民族政党的策略。最后，正如阿里·马兹鲁伊等学者指出的那样，"三个尼日利亚的理论"（three Nigerias theory）再次获得胜利：尼日利亚1960年10月1日独立时，东部人阿齐克韦成了总督（1963年为总统），北方人巴勒瓦成了联邦总理，而西部人阿沃勒沃则成了反对派领导人。[2]

第二，以族体－地域（ethnic-regional）为基础的三大政党都千方百计地利用其他区少数民族政党同在其所在区占主导地位的政党之间的矛盾，削弱对手，壮大自己。用达德利的话来说，就是三大政党利用这些小党作为扩展其影响力的通道。[3] 例如，尼日利亚（与喀麦隆）国民会议的大本营在东区伊博人占主导地位的区域，但其支持者还包括北区的北方进步力量联盟、博尔努青年运动[4]和西区的乌罗博进步联盟（Urbobo Progressive Union）等。又如，北方人民大会党控制的北区、尼日利亚（与喀麦隆）国民会议控制的东区均并非铁板一块，各区内的少数民族与豪萨－富拉尼族、伊博族之间的矛盾对西区的行动派在北区的贝努埃省和东区的卡拉巴尔省、奥戈贾省和河流省赢得支持起了关键性的作用。这些地区都表现出明显的地区分离主义情绪。行动派正是利用了这一点，将其影响力尽可能地扩展至竞争对手的势力范围。

第三，在三大区（1963年之后为四个区）的体制下，各区内的少数民

---

[1] Ukiwo Ukoha, "Politics, Ethno-Religious Conflicts and Democratic Consolidation in Nigeria," *The Journal of Modern African Studies*, Vol. 41, No. 1, 2003, pp. 117－118.

[2] Ali A. Mazrui and Michael Tidy, *Nationalism and New States in Africa*, London: Heinemann, 1984, p. 94.

[3] Billy Dudley, *An Introduction to Nigerian Politics and Government*, London and Basingstoke: Macmillan Publishers Ltd., 1982, p. 50.

[4] 1958年之后，博尔努青年运动转而支持西区的行动派。

· 205 ·

族政党不是同在其所在区占主导地位的政党结盟，而是同其他区内的主要政党结盟，以获得自身发展所缺乏的资金，得到大党的恩惠。[①] 此外，小党还利用三大党之间的矛盾，增加自己诉求实现的可能性。1963年，作为尼日利亚独立后新创建的第一个区，西区的少数民族梦寐以求的中西区建立。这一事件就充分体现了上述一点。尼日利亚独立前后，三大区之内都有要求建立属于自己的独立的区以摆脱主体民族控制的少数民族运动，但各区均不愿在自己的区内率先建新区，而都愿意在竞争对手的区内为少数民族创建新区。行动派虽控制西区的政治，但尼日利亚（与喀麦隆）国民会议在西区少数民族中间也有不少支持者。

尼日利亚独立后，北方人民大会党同尼日利亚与喀麦隆国民会议组建了联合政府，而西区的行动派被排除在联邦政府之外，成为反对党。1962年，西区爆发"行动派危机"，这为联合执政的两党和西区的少数民族提供了机遇。1963年8月，中西区从西区中被分割出来。西区的少数民族第一个得到属于自己的区，与执政党和反对党的矛盾有很大的关系；当然，机遇也很重要。而"对北方人民大会党－尼日利亚国民会议联盟来说，中西区的创建是反对'顽固不化'的反对党的一个政治胜利，对尼日利亚国民会议来说更是如此，因为它成为新区中的多数党，不仅扩大了势力基础，还扩展了与北方人民大会党争夺中央权力的前景"[②]。

第四，民族宗教问题直接或间接引发多次危机，使本已紧张的族际关系进一步恶化，加速了第一共和国的覆亡。这些危机包括1962年的西区行动派危机、1963～1964年的人口普查危机、1964年雇佣工人罢工、1964～1965年的联邦选举危机以及1965年的西区选举危机。[③] 这里主要考察民族问题与1964～1965年联邦选举危机的关系。此次选举的一大特点就是政党

---

① Billy Dudley, *An Introduction to Nigerian Politics and Government*, London and Basingstoke: Macmillan Publishers Ltd., 1982, p.50.
② Henry E. Alapiki, "State Creation in Nigeria: Failed Approaches to National Integration and Local Autonomy," *African Studies Review*, Vol.48, No.3, 2005, p.56.
③ 参见 Larry Diamond, *Class, Ethnicity and Democracy in Nigeria*, Hong Kong: Macmillan Publishers (China) Ltd., 1988, pp.190-228.

## 第五章　民族宗教问题与尼日利亚政党和选举

之间的联合。一方是伊博人占主导地位的政党联盟，另一方是豪萨－富拉尼人占主导地位的政党联盟。两个政党联盟之间的较量将尼日利亚政治引向按照族体性、地区分界划分的两极斗争格局。在选举中，有组织和无组织的政治暗杀、官方的阻挠和对反对派的镇压使得选举的民主特征丧失殆尽。[①] 此次选举充分展示了民族问题对尼日利亚政治的影响。戴蒙德指出："从这次联邦选举的竞选活动一开始，族体偏袒和歧视就扮演着重要角色，其重要性与强度与日俱增，最后成为占主导地位的话题。"[②]

1966年，尼日利亚进入军人执政时期，政党活动被取缔。从历史来看，尼日利亚军政权连续执政时期大致可分为两个阶段：1966~1979年为第一个阶段；1984~1999年为第二阶段。从本质上说，通过不民主方式上台的军政权，"是由取代民主或文官政府的政变产生的"，[③] 因此与民主制度的基本理念是不相容的。但是，军政权出台的一些政策在一定程度上对尼日利亚民主化进程客观上产生了积极影响。例如，地方民族主义长期以来都是尼日利亚国家一体化和民主化进程中的一大难题。因此，无论是阿吉伊－伊龙西军政权的《统一法令》、戈翁军政权的建州计划及其对比夫拉分离主义运动的态度，穆罕默德—奥巴桑乔军政府的"联邦特征"原则，还是巴班吉达军政府的"两党制"试验，均从不同角度试图对尼日利亚政治中的地方民族主义和族际冲突进行遏制。尼日利亚1979年宪法中的"联邦特征"原则就是穆罕默德－奥巴桑乔军政权试图建立稳定的民选政府、遏制族际冲突的一项重要举措。[④]

对尼日利亚民族问题与联邦制有深入研究的苏贝鲁认为，尼日利亚实行

---

① Larry Diamond, *Class, Ethnicity and Democracy in Nigeria*, Hong Kong: Macmillan Publishers (China) Ltd., 1988, pp. 93 – 130.
② Larry Diamond, *Class, Ethnicity and Democracy in Nigeria*, Hong Kong: Macmillan Publishers (China) Ltd., 1988, p. 202.
③ 〔美〕塞缪尔·亨廷顿：《第三波——20世纪后期民主化浪潮》，刘军宁译，上海三联书店，1998，第139页。
④ Veronica Nmoma, "Ethnic Conflict, Constitutional Engineering and Democracy in Nigeria," in Harvey Glickman, ed., *Ethnic Conflict and Democratization in Africa*, Atlanta: The African Studies Association Press, 1995, p. 320.

的是一种权力高度集中、"按照族体分配"（ethno-distributive）的奇特联邦制，并深受与民族问题密切相关的收入分配、地区重组、族体间的代表和人口统计问题的困扰。① 因此，对"联邦特征"原则的解释及其实行在尼日利亚引发了激烈的辩论和冲突。一些人认为，这一原则是尼日利亚实现"族体公正"（ethnic justice）和公平政府（fair government）的基石，而另外一些人则认为，它充其量是联邦歧视的委婉语，往最坏处说，就是将"地理隔离制度"（geographical apartheid）法律化。② 客观地说，如1979年总统选举所示，这一原则的出台对消除政党的地方民族主义背景和选举中的族体因素都产生了一定积极作用。但是，尼日利亚很快又陷入新一轮军人执政时期。巴班吉达和阿巴查等人都对"联邦特征"原则做了一些新解释和新设计，这对尼日利亚的民主化进程产生了非常不利的影响。

## 第二节 "联邦特征"原则与1979年大选

"联邦特征"原则是20世纪70年代末尼日利亚军政府为了保持尼日利亚社会的联邦特征、促进民族一体化而出台的重要举措之一，但其自身也存在一些缺陷，对国家民族建构非常不利。从1979年总统选举的情况看，"联邦特征"原则虽对消除政党和选举中的地方民族主义因素起了一定的积极作用，但民族宗教问题对选举的影响依然非常明显。

1975年10月，取代戈翁军政权的穆塔拉·穆罕默德军政府（1975～1976年）宣布了一项为期4年、分5步实施的过渡计划，包括任命宪法起草委员会（CDC）、创建新州、选举制宪大会代表、批准宪法草案、1979年10月举行州和联邦选举。③

1978年9月，奥巴桑乔军政府（1976～1979年）解除了政党政治的禁

---

① Rotimi T. Suberu, *Federalism and Ethnic Conflict in Nigeria*, Washington, D. C.: United States Institute of Peace, 2001, p. xix.
② Rotimi T. Suberu, *Federalism and Ethnic Conflict in Nigeria*, Washington, D. C.: United States Institute of Peace, 2001, p. 111.
③ Toyin Falola, *The History of Nigeria*, Westport: Greenwood Press, 1999, p. 161.

## 第五章 民族宗教问题与尼日利亚政党和选举

令,在不到一周的时间内,尼日利亚政治舞台上就涌现出许许多多的政治组织。这种状况表明,在军政权统治的十多年里,尼日利亚政治精英们的地下秘密活动就一直没有停止。事实上,许多以往政界的名流还建立了"社交协会"(social associations)之类的组织,商讨日后夺取权力的策略。[①] 截至政党注册的最后期限,尼日利亚出现的政治组织至少有52个,其中35个收到了注册申请表,但只有19个政治组织按时递交了填好的申请表和其他相关文件。[②] 1978年12月,尼日利亚联邦选举委员会主席迈克尔·阿尼(Michael Ani)在向全国转播的电视讲话中宣布,联邦选举委员会只允许5个政党参加1979年的选举,分别是尼日利亚民族党(National Party of Nigeria, NPN)、尼日利亚团结党(Unity Party of Nigeria, UPN)、人民拯救党(Peoples Redemption Party, PRP)、大尼日利亚人民党(Great Nigeria Peoples Party, GNPP)和尼日利亚人民党(Nigerian Peoples Party, NPP)。

对于联邦选举委员会只认可5个政党的决定,尼日利亚各界意见不一。有人认为这是为了照顾由老练的政治家,如阿齐克韦、阿沃勒沃、阿米努·卡诺、维齐尔·易卜拉辛(Waziri Ibrahim)和谢胡·沙加里等领导的大政党;也有人认为这是一个明智的决定,不仅表明联邦选举委员会工作出色,也表明5个政党的组织工作井然有序。[③] 事实上,上述5个政党大多与尼日利亚独立前后的几大政党有着千丝万缕的联系。若非如此,在政党被军政权取缔10余年后的短短几个月时间内,想组建满足"联邦特征"原则的政党几乎是不可能的。因此,这5个政党不可避免地带有第一共和国时期政党的地域、族体甚至是宗教特征,但我们也不宜简单地认为它们只不过是原先的族体政党改换了名称而已。关于这一点,从下文对这5个政党的简单介绍中可见一斑。

尼日利亚民族党(NPN)以尼日利亚北部豪萨-富拉尼人为基础,这让人很容易联想到北方人民大会党。但尼日利亚民族党的口号是,由一根举起的食

---

[①] Toyin Falola, *The History of Nigeria*, Westport: Greenwood Press, 1999, p. 162.
[②] Oyeleye Oyediran, ed., *The Nigerian 1979 Elections*, Lagos: Macmillan Nigeria, 1981, p. 32.
[③] Oyeleye Oyediran, ed., *The Nigerian 1979 Elections*, Lagos: Macmillan Nigeria, 1981, p. 33.

指代表的"一个尼日利亚"(One Nigeria)和"绿色革命"(Green Revolution),目标之一是建设一个"统一、强大的尼日利亚"。这些与北方人民大会党当年所高呼的"同一个北方,同一个民族"的狭隘地方民族主义口号有很大的区别,至少从形式来看是一个很大的进步。此外,尼日利亚民族党(NPN)能在1979年大选中获胜与其采取的一些策略因打破地域分界而使其更具全国性(national)不无关系。考虑到尼日利亚全国的地域、族体和宗教的分布特征,尼日利亚民族党在选人方面采用了"轮流坐庄"的分区制(zoning system)。当时,尼日利亚民族党决定总统候选人应来自北部,副总统候选人应来自东部,而党主席应来自西部。因此,尼日利亚民族党推举的总统候选人为来自北部索科托州的谢胡·沙加里,副总统候选人为来自东部阿南布拉州的亚利克斯·埃库埃姆博士(Dr. Alex Ekueme),而党的领导人为来自尼日利亚西部的 A. 阿金罗耶酋长(Chief A. Akinloye)。因此,与其他政党相比,尼日利亚民族党的影响范围相对较广,在尼日利亚的许多少数民族中也有一定的支持者。

尼日利亚团结党(UPN)以尼日利亚西部约鲁巴人为基础,由原先的行动派(AG)演变而来,党主席也为行动派前领导人阿沃勒沃。尼日利亚团结党认为,拥有巨大经济机遇的尼日利亚已处于其历史上的一个十字路口,尼日利亚团结党有能力让尼日利亚驶上"伟大、财富和社会公平"的快车道。但最吸引公众目光的或许是其独具特色的党徽:一枚巨大的火炬,放射出 19 道光芒,照耀着尼日利亚的地图。其象征由 19 个州组成的尼日利亚联邦在经历黑暗岁月后将迎来光明的时代。该党将其纲领浓缩成四项基本原则,即免费教育、农村一体化发展、免费医疗和充分就业。尼日利亚团结党的宣言中还专门列出了关于国家团结的政策,主要包括:国家团结是建立安全经济秩序的基石,因此,族体考虑(ethnic considerations)将被弱化;保护和促进少数民族权利;地方政府的管辖地域应比现在的面积小一些,以使其能真正代表地方,国家应给地方政府更充足的资源;人员和货物自由流动;出版自由应成为言论和公众意见表达自由的基石;等等。①

---

① Oyeleye Oyediran, ed., *The Nigerian 1979 Elections*, Lagos: Macmillan Nigeria, 1981, p. 78

## 第五章 民族宗教问题与尼日利亚政党和选举

尼日利亚人民党（NPP）以尼日利亚东部伊博人为基础，在中部地带也有一些影响。该党与先前的尼日利亚（与喀麦隆）国民会议有密切的渊源关系，由奥卢·阿金弗希尔（Olu Akinfosile）担任主席，老牌政治家、尼日利亚（与喀麦隆）国民会议前领导人阿齐克韦博士被推举为总统候选人。但是，以维齐尔·易卜拉辛为首的一些尼日利亚人民党党员要求阿齐克韦放弃总统候选人的提名，遭到了阿齐克韦的拒绝。于是，维齐尔·易卜拉辛等人退出尼日利亚人民党，另起炉灶，成立了大尼日利亚人民党。尼日利亚人民党的党徽图案是一个由父亲、母亲、两个孩子（一个男孩和一个女孩）围成一圈的家庭，口号是"权力归于人民"。而大尼日利亚人民党的党徽图案是一棵居中矗立的高大棕榈树，两侧分别为一只雄鸡和一头母牛，表明尼日利亚是一个农业社会，口号是"没有痛苦的政治"。

人民拯救党是尼日利亚北部出现的另外一个政党，领导人是原北方进步力量联盟前领导人阿米努·卡诺，党徽图案是一把开启通向新社会大门的巨大钥匙。从意识形态来讲，人民拯救党属于左翼政党，它对尼日利亚社会的分析是建立在阶级冲突理论之上的。人民拯救党认为，尼日利亚正在迈向更大的社会变革，在这一过程中，有两股势力正在为生存和发展进行着激烈的斗争：一种势力是在现存的社会秩序下竭力保护自身利益的特权阶层，另一种势力是试图改变现存社会秩序、来自广大人民的力量。人民拯救党还认为，尼日利亚具有如下特征：政治上，政权由一部分特权阶层人士掌握，他们统治这个国家的手段就是依靠裙带关系，并诉诸族体民族主义、宗教情感和地方主义；经济上，尼日利亚处于依附和欠发达的地位；文化上，尼日利亚则处于从属和停滞的境地。因此，尼日利亚只有进行根本而全面的社会变革，才能实现整个国家的全面解放，才能提高民族凝聚力和实现真正的民主。[①] 同样，人民拯救党也提出了促进尼日利亚全国团结与和谐的政策，包括建立政治、经济和文化一体化的统一联邦，保证每一个族体的自决权，保障基本人权，保障每一位尼日利亚人在全国各地拥有财产和做生意的权利，创建新型尼日利亚公民和文化；建立全国一体化的法律实

---

① Oyeleye Oyediran, ed., *The Nigerian 1979 Elections*, Lagos: Macmillan Nigeria, 1981, p.85.

施体系；等等。①

  1979年的总统选举中，共有超过1684万名尼日利亚选民参加了投票，占登记选民总数的34.6%。如此低的投票率反映了经历了长时间军政权统治的尼日利亚民众对民主化的失望。结果，尼日利亚民族党总统候选人谢胡·沙加里的得票数最高，其共获得约569万张选票，占投票总数的33.8%，在尼日利亚当时19个州中的12个州的每一个州中获得了不低于25%的选票，最接近1977年《选举法令》所规定的当选条件。②严格来说，没有一个候选人完全符合当选总统的条件，但联邦选举委员会在综合考虑了各种因素后宣布，谢胡·沙加里获得1979年总统选举的胜利。

  1979年选举是尼日利亚政治发展史上的一个分水岭，标志着尼日利亚从近14年的军人统治向民选政府的过渡。从整体来说，1979年选举是一次比较成功的选举，但族体因素（ethnic factor）仍在其中发挥了很大的作用，本节仅以总统选举的情况来加以说明。③除上文提到的这5个政党本身所具有的浓厚地方民族主义色彩外，族体因素对1979年总统选举的影响主要表现在以下几个方面。

  首先，从政党的竞选活动来看，鼓动地方民族主义和宗教情感的做法依然比较严重。20世纪中期以来，尼日利亚的政治家们常常要求他们的信徒按照宗教界限来投票，即穆斯林投穆斯林的票，基督徒投基督徒的票。1978年，尼日利亚民族党对其北部一个重要的穆斯林选区的居民说，尼日利亚团结党成员表示胜利的"V"形手势是多神教的一个秘密标记，这与正统的伊斯兰教教义格格不入，穆斯林代表胜利的标记应当是伸出一根手指。1979年总统选举前，尼日利亚著名伊斯兰教学者阿布巴卡尔·古米对全国发表演讲，要求尼日利亚穆斯林不要投非穆斯林候选人的票。因此，在1979年选举中，尼日利亚绝大部分选民的投票意向在很大程度上受到了族体-宗教因

---

① Oyeleye Oyediran, ed., *The Nigerian 1979 Elections*, Lagos: Macmillan Nigeria, 1981, p. 86.
② Oyeleye Oyediran, ed., *The Nigerian 1979 Elections*, Lagos: Macmillan Nigeria, 1981, Appendix 2.
③ 尼日利亚联邦选举通常包括联邦参众两院、总统、州议会和各州州长的选举。

## 第五章　民族宗教问题与尼日利亚政党和选举

素的影响。①

其次，从许多选民的投票模式来看，候选人的族体属性是他们首要考虑的因素。在尼日利亚当时的 19 个州中，各州族体构成状况大致如下。一类是，有一个主要族体占州总人口的绝大多数，这样的州有 13 个。例如，豪萨－富拉尼人在包奇州（占 63.7%）、卡杜纳州（占 78.9%）、卡诺州（占 94.3%）和索科托州（占 96.1%）占据主导地位；约鲁巴人在夸拉州（占 60.05%）、拉各斯州（占 82.05%）、奥贡州（占 96.3%）、翁多州（占 90.9%）和奥约州（占 97.3%）占据主导地位；伊博人在阿南布拉州（占 97.8%）和伊莫州（占 98.4%）占据主导地位；此外，卡努里人和伊比比奥人分别是博尔诺州（占 58.27%）和克罗斯河州（占 53.7%）中人数最多的族体。② 另一类是，任何一个族体在数量上均不占主导地位，此为其余 6 个州。因此，在总统选举中，凡属在上述 13 个州占主导地位族体的总统候选人，都获得了本族体选民的绝对支持。例如，尼日利亚人民党总统候选人、伊博人阿齐克韦，在伊博人占州人口绝对优势的阿南布拉州和伊莫州，获得超过 80% 的选民支持；尼日利亚团结党总统候选人、约鲁巴人阿沃勒沃在约鲁巴人占主导地位的 5 个州中，获得了 4 个州的高票支持，最高是在翁多州（94.5%），最低是在拉各斯州（82.3%）；只有尼日利亚民族党总统候选人谢胡·沙加里在索科托州和包奇州这两个州中，得到本族体的支持率最低，但分别也有 66% 和 62%。③ 在豪萨－富拉尼人占州总人口比例高达 94.3% 的卡诺州，出现了人民拯救党和尼日利亚民族党两党竞争的局面，这是因为两党的总统候选人阿米努·卡诺和谢胡·沙加里均属豪萨－富拉尼族。而卡诺州支持非豪萨－富拉尼候选人的，大多数是卡诺的穷人。其他州的投票模式与卡诺州大致相同，但约鲁巴人占比为约 60% 的夸拉州是个例外，因为它支持的总统候选人是豪萨－富拉尼人而不是约鲁巴人，这人概与历史上约鲁巴人在该区的影响力不及豪萨－富拉尼人的影响力有一定关系。

---

① Billy Dudley, *An Introduction to Nigerian Politics and Government*, London and Basingstoke: Macmillan Publishers Ltd., 1982, p.10.
② Oyeleye Oyediran, ed., *The Nigerian 1979 Elections*, Lagos: Macmillan Nigeria, 1981, p.103.
③ Oyeleye Oyediran, ed., *The Nigerian 1979 Elections*, Lagos: Macmillan Nigeria, 1981, p.103.

在各州的州长选举中,选民的投票模式与总统选举中的没有什么大的不同。①

最后,在选举结果出现争议时,勉强获胜的一方弄巧成拙,失败的一方则对选举结果进行了毫无保留的抵制,险些危及尼日利亚历史上的首次"还政于民"。这也从侧面反映出,这些候选人更关心的是自身及所代表的党派和族体的利益,而不是国家及尚待建构的尼日利亚民族的利益。1979年8月16日,尼日利亚联邦选举委员会宣布,尼日利亚民族党总统候选人谢胡·沙加里当选总统。大选结果正式公布前后,尼日利亚的政党、主流媒体、总统候选人相互之间陷入一场激烈的纷争。争论的焦点集中在对1977年《选举法令》中总统候选人获胜条件之一的解释上,即候选人必须在联邦至少2/3州的每一个州中获得不低于25%的选票才能当选。尼日利亚民族党的谢胡·沙加里虽获得的选票最多,但这只满足了"最高票当选"这一个条件。问题是,他仅在19个州中的12个州(而不是13个州)中获得了法定得票率。在此情况下,尼日利亚民族党的全国法律顾问理查德·阿金吉德(Richard Akinjide)认为,19个州的2/3不应解释为13个州,而指的是12+2/3。随后,尼日利亚民族党全国执委会发表声明,支持其法律顾问的解释。结果,阿金吉德和尼日利亚民族党全国执委会弄巧成拙,招致其他政党的批评。究其原因,主要有以下两方面。其一,从理论上说,$19 \times 2/3 = 12 + 2/3$,这一点只要是学过加减乘除的人,就连小学生都知道,阿金吉德的解释只不过是画蛇添足罢了。问题的关键是,实际上,2/3个州并不存在。其二,《选举法令》设置这一比例的初衷就是在选举,特别是在全国性的总统选举中打破地域、族体和宗教等方面的分界,促进国家一体化的发展和国家民族的建构,更好体现"联邦特征"原则。因此,当时人们普遍认为,《选举法令》的规定应该被解释为,总统候选人至少应在13个州中均获得不低于25%的支持率才能当选。② 应该说,阿金吉德的解释与该法令的精神还是有很大的差距。

---

① Oyeleye Oyediran, ed., *The Nigerian 1979 Elections*, Lagos: Macmillan Nigeria, 1981, Appendix 2.
② Oyeleye Oyediran, ed., *The Nigerian 1979 Elections*, Lagos: Macmillan Nigeria, 1981, p. 140.

## 第五章　民族宗教问题与尼日利亚政党和选举

尼日利亚联邦选举委员会在做了更为复杂的解释后，最终宣布沙加里获胜。① 面对这一结果，尼日利亚团结党、尼日利亚人民党和大尼日利亚人民党总统候选人阿沃勒沃、阿齐克韦和易卜拉辛在拉各斯举行了记者招待会，要求最高军事委员会（SMC）取消这一结果。在总统选举中得票排名第二的阿沃勒沃甚至向特别法院和最高法院提出了申诉，但均被驳回。1980年，尼日利亚的一位大法官格雷厄姆－道格拉斯博士（Dr. Graham-Douglas）在拉各斯举行的英联邦法律大会上说，最高法院大多数法官的裁定虽超出了对法令的严格解释，但如果不那样做的话，尼日利亚将不仅会陷入毫无意义、墨守成规的境地，还会背离司法的基本目的，即司法不仅要解决国家和公民、公民和公民之间的纠纷，还要负责维护社会的稳定和团结、捍卫公共利益。②

综上所述，正如维罗妮卡·恩莫玛（Veronica Nmoma）所指出的那样，尼日利亚政治中的族体因素与以往相比虽有所减弱，但1979年的选举还是重演了这样的一幕：有着浓厚族体－地域背景的政党，在北方人控制的政治舞台上展开了权力角逐。宪法中的一些设计在弱化族体性方面获得了一定的成功，但它不可能消除尼日利亚政治中族体性的影响。③ 当然，尼日利亚伊巴丹大学著名学者、尼日利亚宪法起草委员会（CDC，1975～1976年）成员之一的奥耶勒耶·奥耶迪兰（Oyeleye Oyediran）也告诫我们，仅仅用族体因素来解释1979年选举中选民的投票模式与事实是极不相符的，参选政党的纲领、候选人的能力和影响力、阶级冲突、政党领导人的威望等，都是影响选民投票模式的重要因素。④ 但是，在1983年总统选举中，选民投票模式及

---

① 尼日利亚联邦选举委员会认为，由于《选举法令》中对总统当选的条件没有做任何司法解释，也没有任何指导方针，联邦选举委员会别无选择，只能赋予该法令应有的含义。联邦选举委员会认为，总统候选人除在12个州中均获得1/4的支持票之外，在第13个州中应得到不少于1/6的选票。《西非》（West Africa）杂志认为，该解释"有点复杂"。参见 Oyeleye Oyediran, ed., The Nigerian 1979 Elections, Lagos: Macmillan Nigeria, 1981, p. 180。

② Oyeleye Oyediran, ed., The Nigerian 1979 Elections, Lagos: Macmillan Nigeria, 1981, pp. 149－150.

③ Veronica Nmoma, "Ethnic Conflict, Constitutional Engineering and Democracy in Nigeria," in Harvey Glickman, ed., Ethnic Conflict and Democratization in Africa, Atlanta: The African Studies Association Press, 1995, p. 317.

④ Oyeleye Oyediran, ed., The Nigerian 1979 Elections, Lagos: Macmillan Nigeria, 1981, p. 109.

大选结果与 1979 年总统选举中的惊人相似,证明族体因素对大选的影响仍非常突出,维罗妮卡·恩莫玛对此已有详细论述,本书不再重述。[①]

## 第三节 2003年大选中的民族宗教因素

巴班吉达和阿巴查军政权均对"联邦特征"原则做了一些新的设计,这分别体现在"两党制"和权力分享的"分区制"上。但巴班吉达取消了1993 年总统选举结果,这表明他并不愿意让南方人掌权。"分区制"由于存在诸多缺陷和阿巴查的猝死而不了了之。从 2003 年总统选举来看,族体因素对尼日利亚民主化进程的影响仍不容忽视。

### 一 "联邦特征"原则的演化

在向文官政府的过渡计划(1988~1992 年)中,巴班吉达军政府要求政党在联邦首都区、州首府以及联邦所有地方政府所在地设立机构,政党的各级组织要反映尼日利亚的"联邦特征"原则。总统候选人要在首轮投票中获胜,至少在联邦 2/3 州中均获得不少于 1/3(1979 年为 1/4)的选票。巴班吉达对第三共和国的政治设计体现在两党制上。其制定的选举法规定,只允许两个政党注册,即社会民主党和全国共和大会党。这两个政党与第一共和国和第二共和国的族体政党有很大的不同,都是全国性的政党。因此,在接下来的选举中,尼日利亚民众的政治支持和投票模式与以往有很大的不同。从总体上说,1993 年的总统选举试图打破宗教、地域和族体的分界。结果,社会民主党的阿比奥拉以明显优势获得大选胜利,但巴班吉达最终取消了选举的结果,亲手终止了其精心设计的过渡计划。此事件在尼日利亚全国各地引发了强烈抗议,在约鲁巴人集中分布的州中,抗议持续时间最长。在许多约鲁巴人看来,巴班吉达所代表的北方尼日利亚人阻碍了约鲁巴人历史

---

[①] Veronica Nmoma, "Ethnic Conflict, Constitutional Engineering and Democracy in Nigeria," in Harvey Glickman, ed., *Ethnic Conflict and Democratization in Africa*, Atlanta: The African Studies Association Press, 1995, p. 326.

上第一位民选总统的出现。巴班吉达取消选举结果的原因很多，但最主要的原因是他不愿意放弃权力而让南方的约鲁巴人掌权，即使他和阿比奥拉信仰的是同一种宗教——伊斯兰教。可见，地方民族主义的思想最终还是影响了政党之间的竞争，给尼日利亚的民主化进程蒙上了一层阴影。

"联邦特征"原则中的一个思想就是分区制。苏贝鲁指出，"地理区"（geographic zones），或尼日利亚一些政治家所称的"地缘政治区"（geopolitical zones）以及与此相关联的"分区制"，反映了尼日利亚联邦权力分配和重组中的一个日益流行的原则。其主要思想是，为了促进权力和资源在尼日利亚公平和稳定的分配，尼日利亚的政府机构可以合并成数量更少、大体平等的一些区，以反映联邦内地区、文化以及族体政治的基本分野。① 巴班吉达的两党制就体现了这一原则。1994～1995年的全国宪法大会（National Constitutional Conference）也吸收了分区原则并将总统职位应在尼日利亚南部和北部之间轮换的条款加入了1995年宪法草案。1995年10月，军政权首脑阿巴查宣布，尼日利亚要实行一项为期30年的权力分享（power-sharing）计划，其中总统、副总统、总理、副总理、参众两院的议长要在全国的6大地理区轮换。苏贝鲁指出，"轮流坐庄"的分区制本身具有缺陷且自相矛盾：其一，该提议将一体化的总统职位明显族体化，使总统的权威四分五裂和贬值；其二，如果将分区轮换制写入尼日利亚宪法，将会贬低尼日利亚政党和政治家们的能力，他们正在独立自主地、以非正式及灵活的方式探索一种具有创造性的公式，尼日利亚各族体以此可以分享权力。因此，后来的1999年宪法并没有包括总统职位在各区轮换的条款。②

## 二 2003年大选背后的民族宗教因素

1999年奥巴桑乔上台后，豪萨－富拉尼人指责奥巴桑乔歧视北方人，清洗军队中的豪萨－富拉尼军官，在任命官员时将北方边缘化，政府的私有化

---

① Rotimi T. Suberu, *Federalism and Ethnic Conflict in Nigeria*, Washington, D. C.: United States Institute of Peace, 2001, p. 219.

② Rotimi T. Suberu, *Federalism and Ethnic Conflict in Nigeria*, Washington, D. C.: United States Institute of Peace, 2001, pp. 119–120.

计划的目的是试图强化约鲁巴人对国家经济的控制,奥巴桑乔没能保证国家的稳定和安全。尼日利亚法律执行教育中心的一项研究表明,奥巴桑乔总统1999年就职以后,在不到4年的时间里,就有一万多人在各种政治、民族、宗教暴力冲突中丧生。[①]随着大选的临近,各种与大选有关的暴力活动有增无减。此外,奥巴桑乔执政以后,尼日利亚国内电力供应时断时续、石油产品严重短缺,经济几乎处于瘫痪的边缘。尼日利亚2003年大选就是在这样的背景下进行的。对尼日利亚脆弱的民主制度来说,这次选举不能不说是一次严峻的考验。正如尼日利亚全国独立选举委员会秘书哈迈德·巴巴－阿赫迈德在4月12日国民议会选举后所说的那样,"军政权旷日持久、贻害无穷的欺骗性过渡计划在很大程度上导致了他们(尼日利亚人)的怀疑。这就是为什么在过去的几个月里人们纷纷猜测即将到来的大选或许就根本无法举行"[②]。对尼日利亚人来说,这次大选能够举行,本身就是一个进步。

2003年4月12日和19日,尼日利亚分别举行了国民议会、总统及各州州长选举。这是尼日利亚近20年来第一次由文官政府向文官政府过渡的选举,不仅对尼日利亚脆弱的民主制度是一次重大考验,对整个非洲民主政治的发展也会产生深远的影响,因而受到了尼日利亚国内外舆论的广泛关注,各大新闻媒体对选举进行了全程报道,欧盟、美国、英国等都派出了观察团。4月22日,尼日利亚全国独立选举委员会宣布,人民民主党(PDP)候选人、现任总统奥卢赛贡·奥巴桑乔获得62.07%的选票,在不少于2/3的州中均获得不低于1/4的票数,符合宪法的各项要求,在大选中取得胜利,再次当选总统,而排名第二的全尼日利亚人民党(ANPP)候选人穆罕默杜·布哈里的得票数不及奥巴桑乔的一半。[③]这标志着尼日利亚自1999年结束15年的军人统治之后,政权首次实现了向民选政府的过渡。尽管选举中暴力冲突和违规行为,甚至是严重的违规行为时有发生,而且大选结果从一开始就受到反对派和一些国内外组织的质疑和抵制,但毕竟没有出现此前人们所担

---

① *Sunday Times*, April 13, 2003.
② *Vanguard*, April 13, 2003.
③ 新华网阿布贾2003年4月22日电。

## 第五章 民族宗教问题与尼日利亚政党和选举

心的"大崩溃"("debacles",奥巴桑乔总统语),这表明尼日利亚在民主化的道路上又迈出了艰难而积极的一步。

综观2003年尼日利亚大选,有以下几点值得关注和深思。

第一,族体、宗教和地域认同仍在选举中起了一定作用。

1999年2月,仅有3个政党、两名总统候选人[①]参加尼日利亚大选;2003年的大选可谓盛况空前,尼日利亚30个政党中有20个推出了自己的总统候选人。虽如此,真正的较量是在奥巴桑乔和布哈里之间展开的。两人现在虽都是平民政治家,但考虑到他们都是军人出身、都担任过军政权的首脑等背景,关注尼日利亚大选的多家媒体将此次选举冠上"将军间的竞选""将军们的民主"之名。这一现象多少可以反映出尼日利亚政治中的军人执政传统的痕迹,值得人们深思。

谋求连任的总统奥巴桑乔是尼日利亚历史上第一位将政权转交给文官政府的军政权领导人,1999年当选尼日利亚总统。身为约鲁巴族基督徒的奥巴桑乔面对的主要反对力量是来自北方的穆斯林和南方出产石油的尼日尔河三角洲地区的居民。许多尼日利亚人抱怨奥巴桑乔政府没能履行1999年竞选时提出的消除贫困和腐败的诺言。此外,弥漫各地的不安全感和民族宗教暴力冲突、断断续续的电力供应、石油产品的严重短缺都使尼日利亚的经济出现严重的困难。尽管如此,执政近4年的奥巴桑乔及其所属的人民民主党已经建立了一个强大的权力基础。拥有雄厚竞选资本的奥巴桑乔及其竞选小组成员奔走全国各地进行宣传,号召尼日利亚人民为"连续性"(continuity)和"稳定"(stability)投票。[②]

奥巴桑乔最强有力的竞争对手是来自尼日利亚北部的豪萨-富拉尼族穆斯林布哈里,此人在1983年12月发动军事政变推翻了在奥巴桑乔军政府交权后由选举产生的沙加里文官政府。决心与奥巴桑乔一争高低的布哈里认为,一位没有远见的总统及其政党使尼日利亚在持续走下坡路,现在变一变对扭转局面是非常必要的。除这两位前将军外,还有一位值得注意的前将军,即尼日

---

① 人民民主党的奥巴桑乔和全民党-民主联盟两党竞选同盟的奥卢·法拉埃。
② *The New York Times*, April 12, 2003.

利亚历史上反叛联邦政府、建立"比夫拉共和国"的领导人,现为全体人民大联盟(All Peoples Grand Alliance, APGA)总统候选人的伊博族奥朱古将军。①

我们虽不能将这次选举的格局简单地说成"三足鼎立",即"北方豪萨-富拉尼族穆斯林布哈里、西南约鲁巴族基督徒奥巴桑乔和东南伊博族奥朱古",但这种现象不能不让人注意到尼日利亚三大主体民族之间的政权角逐对尼日利亚未来政治发展的影响以及伊斯兰教和基督教对尼日利亚政治生活的深刻影响。总统选举定于2003年4月19日举行,尼日利亚一些有影响力的基督教领袖认为这一天刚好同基督教的一个重要节日重合,很可能将一些虔诚的基督徒置于投票和庆祝宗教节日的两难境地。就连奥巴桑乔的竞争对手,身为穆斯林的全尼日利亚人民党候选人布哈里也担心4月19日或许会让支持他的基督徒无法投票。这一看似无足轻重的事件却时刻提醒着人们注意尼日利亚政治中的宗教色彩。

早在2002年,约鲁巴人塞贡·阿加古(Segun Agagu)就在尼日利亚《卫报》上撰文指出,"在一个像尼日利亚这样的多族体、多元文化的国家里,即使怀着最单纯的心灵,不同族体和次族体也往往倾向于培育政治竞争,并常常在一切可能的时机去比较他们同其他族体在联邦中得到的份额……这种竞争经常会降格到充满敌意,导致骚乱,在一些情况下甚至是引发战争的尺度"②。阿加古列举了约鲁巴人在教育、社会、经济发展等方面所取得的诸多成就后指出,在政治方面,约鲁巴人也应当具有领先于其他族体的优势,但事实并非如此。阿加古的论据是,尼日利亚独立以来的历次重要选举中,约鲁巴人大多没有取得与他们的"政治优势"相称的胜利,而1999年奥巴桑乔在大选中获胜是约鲁巴人命运的一个转机。阿加古以《约鲁巴人前进的道路》为题撰写此文,目的无非是鼓动约鲁巴人在2003年的大选中支持奥巴桑乔连任。③

第二,国民议会、总统、各州州长选举的最初结果都不同程度地折射出

---

① 1970年奥朱古在比夫拉内战中失败后逃亡国外,1982年获沙加里总统赦免后回国,此后一直活跃在尼日利亚政坛上,但并无建树。
② Segun Agagu, "The Way Forward for the Yorubas," Vanguard, July 26, 2002.
③ Segun Agagu, "The Way Forward for the Yorubas," Vanguard, July 26, 2002.

了尼日利亚的民族宗教分野。①　执政的奥巴桑乔在约鲁巴人和基督教占主导地位的尼日利亚西南部表现不凡，而布哈里在豪萨－富拉尼人和伊斯兰教占主导地位的北方获得一些胜利。这说明民族宗教因素对尼日利亚政治的潜在影响仍不容忽视。但是，最后的选举结果并不是完全按照民族、宗教分野的：人民民主党在国民议会两院选举中获得压倒性的胜利；奥巴桑乔获得总统选举胜利；36 个州的州长选举中，人民民主党成员在 28 个州中获胜，包括 13 个基督教占主导地位的州、9 个基督教和伊斯兰教力量相当的州与 6 个伊斯兰教占主导地位的州，全尼日利亚人民党取胜的 7 个州均为伊斯兰教占主导地位的北部州，而全体人民大联盟仅在两股宗教力量混杂的拉各斯州取得了胜利。选举结果表明，政党政治正在逐步打破民族宗教的界限。

第三，从一开始的国民议会选举一直到总统选举，以布哈里为首的反对派抵制选举结果的声音就不绝于耳。这种状况使得尼日利亚 2003 年大选始终在令人不安的气氛中进行。总统选举结果公布后，布哈里在阿布贾的记者招待会上呼吁国际社会不要承认 5 月 29 日之后由奥巴桑乔总统组建的任何政府，并说那样的政府缺乏可信性和合法性。他还要求在东南区、南南区和北部的 4 个州（包奇州、卡齐纳州、贝努埃州和纳萨拉瓦州）举行新的选举，否则从 5 月 30 日起，尼日利亚就没有政府。奥朱古在埃努古州甚至宣称他赢得了选举，但被剥夺了胜利。②

第四，选举中的违法乱纪问题依然比较突出。尼日利亚的主要监督组织——过渡监督团（Transition Monitoring Group，TMG）由 170 个人权和民间组织组成，在全国各地部署了一万名经过训练的观察员，他们观察到普遍的选举欺诈和违法乱纪现象。过渡监督团主席奥克耶（Festus Okoye）说，"在全国许

---

① 尼日利亚 36 个州的宗教分野大致如下：（1）基督教占主导地位的州：阿比亚州、阿夸·伊博姆州、阿南布拉州、巴耶尔萨州、克罗斯河州、三角洲州、埃邦伊州、埃多州、埃基蒂州、伊莫州、翁多州、河流州和埃努古州 13 个州；（2）伊斯兰教占主导地位的：阿达马瓦州、包奇州、博尔诺州、贡贝州、吉加瓦州、卡诺州、卡齐纳州、凯比州、纳萨拉瓦州、扎姆法拉州、尼日尔州、索科托州和约贝州 13 个州；（3）基督教和伊斯兰教势力大致相当的州：贝努埃州、卡杜纳州、科吉州、夸拉州、拉各斯州、奥贡州、奥孙州、塔拉巴州、奥约州和高原州 10 个州。

② *This Day*, April 24, 2003.

多州中有欺诈，（候选人）经常是同选举官员和安全人员勾结"。国际舆论认为国民议会选举存在一些缺陷，如全国独立选举委员会的后勤准备工作较差，但总体上还可以；对总统选举，批评的意见就占了上风。美国华盛顿的全国民主学会（National Democratic Institute，NDI）对伪造选票、操纵选举、威吓选民、暴力和欺诈的现象表示非常忧虑，尤其是在不稳定的出产石油的尼日尔河三角洲地区和东南地区。时任美国总统布什所属共和党的国际共和党研究会（International Republican Institute，IRI）谈到"直接的或未遂的欺诈"。118人的欧盟观察团报告说选举被严重的违法乱纪和欺诈所破坏。一份欧盟观察团的陈述宣布总统选举和许多州的州长选举遭到严重的违法乱纪和欺诈的破坏。在一些州，民主选举所要求的最起码的标准都没有达到。欧盟观察团的负责人马克斯·范登堡说这些问题必须得到纠正，否则尼日利亚民主政治就会有麻烦。坦桑尼亚外交部前部长和曾长期担任非统秘书长的萨利姆·艾哈迈德·萨利姆（Salim Ahmed Salim）率领的22人英联邦观察团虽对大选比较肯定，但在接受英国广播公司的采访时承认，一些地区存在违规行为。英联邦观察团的声明称：在一些州，正当的选举程序似乎遭到了破坏；在一些州，如东部的埃努古州和伊莫州以及南部的河流州出现了胁迫行为。尽管如此，萨利姆还是比较乐观，表示在尼日利亚全国绝大多数地区，投票都是在和平中进行的，绝大多数的尼日利亚人表明他们想要民主政治维持下去。因此，尼日利亚人民是胜利者。[①]

## 第四节 2007年、2011年大选中的民族宗教因素

2007年的大选是尼日利亚民主化的艰难继续。说它"艰难"，是因为选举从一开始的候选人的提名上就出乎许多人的意料，大选被一些观察人士认为是尼日利亚历史上组织得最差的一次选举以及大选结果遭到许多人的质

---

① Commonwealth Secretariat, *The National Assembly and Presidential Elections in Nigeria 12 and 19 April 2003: Report of the Commonwealth Observer Group*, pp. 44 – 45, https://aceproject.org/ero-en/regions/africa/NG/nigeria-final-report-national-assembly-and.

第五章 民族宗教问题与尼日利亚政党和选举

疑。说它是"继续",则是因为新总统渡过难关并顺利就职,尼日利亚首次顺利实现文官政权之间的交接,亚拉杜瓦总统执政后的表现受到国际社会的普遍赞誉,政权的稳定性经受住了考验。

在尼日利亚民主化进程中,前总统奥巴桑乔的贡献是显而易见的。从20世纪70年代末的主动"还政于民",到2006年接受对他谋求再次连任行为的违宪裁决,奥巴桑乔认为这是尼日利亚民主的胜利。但在执政的人民民主党内部,关于总统候选人提名的问题在2006年12月已达到白热化。最后,出乎许多人的预料,默默无闻的尼日利亚北部卡齐纳州州长亚拉杜瓦成了2007年4月问鼎总统宝座的政治新星。此前,亚拉杜瓦并没有在公开场合表露自己想当总统的意愿。这就更给他的提名蒙上了一层神秘的面纱。有观点认为,亚拉杜瓦为人正直,在州长任期内表现出良好的财务管理能力,他本人对高官职位并不感兴趣,这些都使其成为日后继续推行奥巴桑乔改革计划的最合适的人选。也有观点认为,奥巴桑乔在离任前想扶植一名平庸和没有进取心的政治家作为自己的傀儡,以便日后能保护自己的利益。笔者以为,在当时复杂的党内斗争中,提名亚拉杜瓦有助于人民民主党早日结束纷争,积极备选;亚拉杜瓦是温和的穆斯林,在宗教矛盾比较突出的尼日利亚,这样的选择或许能赢得各方的接受;亚拉杜瓦的个人素质,无疑也是其在政治上迅速崛起的一个重要因素。而亚拉杜瓦政府提出的发展经济的"七点方针"和"愿景2020",也充分说明他并不是一位无所作为的总统,其执政后的表现可圈可点。应该说,这些是尼日利亚民众和国际社会愿意看到的。

同以往的选举一样,尼日利亚2007年的大选也难以摆脱暴力、舞弊、混乱、后勤保障不到位、主要反对派拒绝接受选举结果等问题的困扰。但从报道来看,对尼日利亚全国独立选举委员会的指责较多,反映出的主要问题是:尼日利亚全国12万个投票点中的许多地方出现选举材料准备不足、一些投票点开放得较晚、一些投票点甚至没有开放;票箱遭盗窃的事件时有发生;选民资格审查不严,出现选民未到法定年龄而投票的行为;有些选民未能按自己的意愿投票,因为他们受到了政党的代表、警察的影响;等等。而备受外界关注的尼日尔河三角洲地区的选举则充满了暴力色彩。该地区的一些武装人员甚至在记者们的眼皮底下公然劫掠票箱。综上,许多观察员认为此次选举组织工作是最差的,这一观点是不无道理的。这也反映出尼日利亚民主化还要在制度化建设和监管上下功夫。如果没有健全的选举组织机构和可靠的后勤保障体系,在这个人口过亿、民族宗教问题比较突出的非洲国家举行公平、公开、透明、有竞争性而结果被广泛接受的选举,是不可能的。尼日利亚国内和国际社会中的一些组织在指责2007年大选中的弊病之外,应帮助尼日利亚政府提升在选举组织方面的能力。若如此,那或许是它们对尼日利亚民主化的真正贡献。

自1999年"还政于民"以来,政局总体稳定。但是,2011年大选是一次比较特殊的选举,不可避免地在一定程度上刺激了宗教极端势力的活动。2010年5月,在2007年大选中上台的北方穆斯林亚拉杜瓦在总统任期内病逝,导致一度在尼日利亚形成权力真空,引发激烈政治斗争。在尼日利亚国民议会的介入下,当时的副总统古德勒克·乔纳森继任总统,任期到2011年大选前。由于亚拉杜瓦一届任期未满就病故,北方穆斯林认为,尼日利亚下一任总统还应当由北方人担任。但是,乔纳森继任总统后,利用执政带来的政治优势和便利,最终获得2011年大选的胜利,这引发尼日利亚北方穆斯林的强烈不满,一些州还爆发了大规模的骚乱事件。2011年5月29日,就在乔纳森总统就职典礼举行当日,"博科圣地"在包括首都阿布贾在内的多地策划了一系列爆炸事件。很显然,这些都是经过精心策划的。虽然在尼日利亚为数不多的几次大选之前、大选期间以及大选后在一些地区都会发生暴力事件,外界亦有非洲国家"逢选必乱""逢选易乱"的评论,但"博科圣地"的恐怖活动着实让2011年大选的暴力色彩更浓。有观点认为,"博科圣地"往往会乘大选等重大政治活动或重要节日之机,制造事端,扩大影响,旨在增加日后同政府谈判的筹码。乔纳森的一些支持者甚至认为,"博科圣地"或许是由北方穆斯林精英阶层资助的,目的就是制造混乱,让乔纳森无法统治国家。此外,"博科圣地"在执政党人民民主党的北方领导层中似乎也不乏同情者,这些人认为伊斯兰武装分子可以削弱乔纳森的力量。[①]

---

① EIU, *Country Report: Nigeria*, February 2012, p. 4.

看来2011年大选的确成了"博科圣地"或其他利益集团利用的一个契机。

## 第五节 2015年大选的"变"与"不变"

2015年大选是尼日利亚民主化进程中的一次重要选举，因为这是自1999年回归民主制以来反对党首次在大选中获胜。2015年大选的成功举行在尼日利亚民主发展历史上具有重要意义，对西非乃至整个非洲来说都有积极作用。

### 一 2015年大选前出现的新情况

2014年1月，全国独立选举委员会公布了2015年的选举时间表，总统和国民议会选举将于2015年2月中旬举行，州长和州议会选举将在2015年2月下旬举行。按照时间表，2014年11月16日至2015年2月12日，为总统和议员的公开竞选活动时间，为期90天。离公开竞选活动开始还有半年时间，与大选相关的各种因素已开始活跃起来。与以往大选的选前形势相比，2015年大选前尼日利亚的政治格局和国内环境中出现了一些新情况和新问题。

首先，执政党人民民主党出现分裂。成立于1998年的人民民主党是尼日利亚第一大党，也是唯一的全国性政党。自1999年成为执政党后，人民民主党一直控制着政坛，长达15年之久，反对党指责其正在将尼日利亚变成一党制国家。随着2015年大选的临近，人民民主党正面临最为严峻的挑战。北方数个州的人民民主党州长宣布退党，加入了反对党，其内部还出现了一个分支——"新人民民主党"。凡此种种，无不表明民族/地区裂痕、宗教因素对尼日利亚政党政治的影响依然较大。人民民主党内部有一个不成文的君子协定——南北轮换执政，即总统由南部基督徒和北部穆斯林轮流担任，目的是保持党内团结和巩固执政党地位。

事实上，这是尼日利亚民族国家一体化和民主制不成熟的表现。但从尼日利亚的国情看，轮流执政是目前可以化解南北矛盾以及伊斯兰教与基督教两大宗教纷争的不二选择。这种制度在过去十多年中的运行基本顺畅。就

2015年大选而言，南北分歧则更为尖锐。在南方看来，乔纳森2011年当选总统，根据宪法关于总统任期四年、连任不得超过两届的规定，他有权谋求连任。但在北方看来，早在2010年，身为副总统的乔纳森就因总统亚拉杜瓦在任内病故而继任总统，故在2015年大选后总统应由北方穆斯林担任，甚至在2011年大选中就应该是北方穆斯林当选，因为亚拉杜瓦一届都没有任满。二者针锋相对，执政党分裂不可避免。乔纳森宣布谋求连任，进一步引发人民民主党的分裂。

其次，反对党抱团趋势加强。2013年2月，尼日利亚主要的反对党尼日利亚行动大会党（ACN）、进步变革大会党（CPC）和全尼日利亚人民党（ANPP）合并组成全体进步大会党（All Progressives Congress，APC）。反对党的势力不断壮大，俨然对人民民主党构成直接挑战。该党吸纳了不少有影响力的政治家，如前国家元首、军政权领导人布哈里，前副总统阿提库·阿布巴卡尔等，他们都有问鼎总统宝座的雄心和实力。军政精英的加盟令反对党士气大振。

最后，恐怖组织"博科圣地"的恐袭令局地安全形势恶化。2014年以来，"博科圣地"问题愈演愈烈，造成大量人员伤亡和财产损失。恐怖分子绑架200多名女学生的事件更是令全球震惊。在宣扬"西方教育的罪恶"的"博科圣地"看来，选举和民主都是西方毒害尼日利亚的东西，本就该被禁止，而让一个南方基督徒来统治尼日利亚就更不能被接受了。乔纳森总统在2014年的民主日讲话中说，"博科圣地"对尼日利亚经济发展、政治稳定和民主都是严峻的挑战，尼日利亚人应该团结一致，全力打击恐怖主义，捍卫延续15年的民主制度。可以说，尼日利亚正处于一个关键时期。如果"博科圣地"的暴恐行动得不到及时遏制，整个尼日利亚北部的安全形势将岌岌可危。大选不可能在此起彼伏的爆炸袭击、成千上万民众流离失所中顺利举行。此次"博科圣地"造成的威胁是以往历次大选都不曾遇到的，乔纳森民主日讲话的一半篇幅都在谈这个问题。①

---

① "Nigeria: President Jonathan's Democracy Day Speech," *Daily Independent*, May 29, 2014, http://allafrica.com/stories/201405291351.html.

此外，南部产油区尼日尔河三角洲局势总体较为平静，但大选中的南北之争或可重新点燃矛盾的导火索。尼日利亚幅员辽阔，基础设施较差，在以往的选举中，后勤保障都出现过不少疏漏。这些虽都是老问题，但在大选前复杂的国内形势下，全国独立选举委员会无疑面临更大的压力和考验。

## 二 乔纳森的优势与隐忧

古德勒克·乔纳森（Goodluck Jonathan，1957～ ）因一系列偶然事件，仕途可谓顺风顺水，故此也就有了由其名字"古德勒克"而来的"好运总统"的雅号。2005年乔纳森任巴耶尔萨州副州长之时，因时任州长被以腐败指控弹劾而继任州长；作为亚拉杜瓦的竞选伙伴，2007年荣登副总统宝座；2010年亚拉杜瓦总统在任内病逝，乔纳森由代总统继任总统；2011年大选中，乔纳森没有让大权旁落。在2015年大选中，乔纳森的优势虽比较明显，但其也面临不少隐忧。

作为在任总统，乔纳森的参选优势显而易见。他所能动用的国家资源和具有的竞选网络令反对党望尘莫及。人民民主党创建于1998年，是尼日利亚严格意义上的唯一一个全国性政党。也就是说，人民民主党跨越了民族、宗教、地域分界，从而享有了更为广泛的基础，故自1999年执政以来，一直控制着政权。从经济来看，乔纳森当政期间，尼日利亚经济保持了高速增长，特别是在2014年经济总量超过南非，这极大提升了尼日利亚的国家影响力和吸引力。2014年11月，乔纳森在阿布贾正式宣布代表人民民主党角逐2015年大选，在梳理其执政业绩的演讲中，一半篇幅涉及其在经济领域取得的成就。不难看出，乔纳森打"经济牌"，是一种"扬长避短"的策略。此外，及时有效地遏制住埃博拉病毒在尼日利亚的蔓延，也令外界对乔纳森政府十分赞扬。这些都成为乔纳森和副总统桑博谋求连任的正能量。

然而，人民民主党和乔纳森面临的挑战是史无前例的，顺利蝉联并非易事。

其一，人民民主党的分裂削弱了其战斗力。人民民主党虽长期执政，但党内分歧一直存在，并非铁板一块。在每次大选之后，党内裂痕似乎都会有所扩大，这主要涉及南北集团的利益之争。对于乔纳森的提名，在党内也出现了不同的声音，这反映出人民民主党事实上出现了分裂，不能不说是对乔纳森的一个打击。

其二，南北轮换的君子协定似乎并不利于乔纳森。在地缘政治上，尼日利亚分为南北两大块。南北轮换、权力分享的君子协定在很大程度上使这个国家的政权可以实现较为平稳的过渡。然而，这是民主制在尼日利亚特殊国情下的产物，毕竟有其脆弱性，特别是在出现突发事件之时。亚拉杜瓦的意外病故让尼日利亚失去了一位北方穆斯林总统，故在2011年大选中，让北方人出任总统的呼声就很高。作为南方基督徒的乔纳森继任总统并于2011年再次当选总统，这夸张点说已达到了北方人忍耐的极限。德高望重的前总统奥巴桑乔委婉建议乔纳森顾全大局，不要再谋求2015年连任。[①]

严格地讲，乔纳森2015年参加竞选并没有违反法律关于总统连任不得超过两届的规定，但在尼日利亚的特殊情况下，乔纳森再次参选势必会刺激北方穆斯林的神经。面对不利局面，乔纳森呼吁尼日利亚人保持团结，不以民族、宗教、地缘论英雄和是非成败。他在阿布贾召开的全国人口迁徙对话会上，呼吁尼日利亚人不要将他们看作"北方人"或"南方人"，尼日利亚不存在这种划分，尼日利亚人是有共同历史和宪法的公民；副总统桑博也呼吁尼日利亚各州不要将公民分为原住民和非原住民。[②] 可以说，这是尼日利亚民族国家建构目标"一个民族，一个国家"的必然要求，但尼日利亚离这个目标还有不小的差距。

其三，国内安全形势恶化成为乔纳森政府最大的短板。乔纳森执政之时，以北部"博科圣地"为代表的宗教极端势力和南部尼日尔河三角洲少数民族的武装反抗，成为尼北南两地面临的两大安全问题。随着南部大赦政策的推行，产油区尼日尔河三角洲局势总体平稳，毕竟那里是乔纳森的家乡。

---

[①] Joe Brock, "Nigeria's Jonathan Told Not to Stand in 2015 by Mentor Obasanjo," Reuters, December 12, 2013, https://www.reuters.com/article/uk-nigeria-obasanjo-idUKBRE9BB0GY20131212.

[②] "No 'Northern' or 'Southern' Nigerian—Jonathan," Premium Times, December 18, 2014, https://www.premiumtimesng.com/news/more-news/173530 - no-northern-southern-nigerian-jonathan.html? tztc = 1.

相比之下，北部安全局势却每况愈下。"博科圣地"令乔纳森政府束手无策，乔纳森对此并不讳言，承认政府应对不力，并呼吁国际社会施以援手。2014年4月，"博科圣地"绑架200多名女学生后更加有恃无恐，引发尼国内外广泛关注。民众对乔纳森和军方反恐不力的指责无疑让乔纳森承受巨大压力。

### 三 反对派布哈里的优势

穆罕默杜·布哈里（Muhammadu Buhari, 1942~ ）是前军政权领导人，也是全体进步大会党推举的2015年总统候选人。与前军政权领导人奥巴桑乔复出并一举成功不同，沉寂多年后复出的布哈里可谓"屡战屡败，屡败屡战"。对布哈里来说，2015年大选是一个突破口，因为与以往三次的参选情况不同，2015年大选中布哈里具备一些明显优势。

首先，反对党不再各自为战。2013年，尼日利亚主要的三个反对党合并成全体进步大会党，其发展态势良好。大选前，36个州中有16个州的州长加入了该党，其在国民议会参众两院中各占据约半数席位，成为最大反对党。如果说全体进步大会党还不足以让人民民主党感到现实压力的话，那么，老将布哈里的再度出马极大增强了反对党的竞争力，鼓舞了士气，打消了外界对反对党貌合神离的种种猜测，也令执政党为之侧目。此前，前副总统阿提库·阿布巴卡尔等人也是全体进步大会党热门总统候选人。布哈里三次竞选总统均以败北告终，最主要的原因是反对党各自为战，势单力薄，无法与实力雄厚的人民民主党抗衡，但2015年的情况截然不同。布哈里的政治生涯由此将迎来重大转机。

其次，布哈里北方穆斯林的身份仍会被选民看重。如前所述，乔纳森南方基督徒的身份与南北轮换制度似乎对他不利，但对布哈里来说，他的北方穆斯林的身份无疑会吸引众多北方穆斯林的目光。虽然民族-宗教-地域因素的色彩在尼日利亚历次选举中在逐步淡化，但还远没有消退。在国内局势不稳的情况下，尼日利亚人求变的心态比较重。布哈里和反对派正是看到了这一点，主打"变革牌"，这对于长年累月生活困苦的民众有极大的吸引力。

在乔纳森执政期间尼日利亚经济取得显著成就是事实，但绝大多数民众并没有从中受益，南北差距并没有缩小也是事实。在鲜明的对比之下，人心思变就不难理解了。

最后，布哈里严厉的性格让尼日利亚人看到反腐败和肃清"博科圣地"的一线希望。20世纪80年代初，沙加里文官政府被军事政变推翻后，布哈里军政权上台。因无法忍受社会上腐败盛行和尼日利亚人的自由散漫，这位严厉的国家领导人发起了大规模的惩治腐败运动和"反对无纪律的战争"，在历史上留下了浓重一笔。① 前者令沙加里政府中的大部分高官因腐败指控受到惩罚，布哈里甚至动用特工赴英国抓捕前高官；后者要求尼日利亚人按时工作，养成排队的习惯以及保持城市清洁。虽然布哈里的初衷是好的，但其高压统治并没有改善普通民众的生活，经济的崩溃注定了他的失败。然而，在尼日利亚安全局势堪忧的情况下，人们或许期待这样一位铁腕式的人物上台，以打击极端势力和腐败。

综上，无论是人民民主党的乔纳森，还是全体进步大会党的布哈里，二者都有各自的优势和劣势。可以说，2015年大选是尼日利亚自1999年回归民主制以后竞争最激烈、候选人实力最接近、悬念最大、影响最深远的一次选举。

### 四　大选进程一波三折

2015年2月14日是尼日利亚最初确定的大选日期。在此之前，面对安全形势的不断恶化，大选能否如期举行的疑问此起彼伏，甚至一度还有军方要出手建立过渡政府的传闻。考虑到尼政治发展史及当时的安全状况，这些疑问和传闻并非完全没有道理。没有人会否认，尼日利亚民主面临一个非常重要的节点。

对于许多非洲国家来说，民主制虽还不完善，易受多重因素影响，在选前、选中及选后易导致出现或加深各种矛盾，引发社会动荡，但非洲人对民

---

① Toyin Falola and Matthew M. Heaton, *A History of Nigeria*, Cambridge: Cambridge University Press, 2008, pp. 214-215.

第五章　民族宗教问题与尼日利亚政党和选举

主的认同和期待还是挺高的，民主制已是他们的政治现实，在非洲扎下了根。保证大选如期、公开、透明举行就成为民主的先决条件。以美国为首的西方国家非常看重这一点。2015年伊始，奥巴马政府前非洲事务助理国务卿约翰尼·卡尔森呼吁美英欧更加公开、积极地介入尼日利亚大选。对于卡尔森的呼吁，美国政府很快就付诸行动。1月25日，美国国务卿克里访尼，分别会见了总统乔纳森、反对党总统候选人布哈里和全国独立选举委员会主席杰加，得到了两位竞选对手及杰加的承诺，他们保证大选将公平、自由、和平及如期举行。① 美国在任政府高官访问将要举行大选的国家，这在美国外交中是比较罕见的，足见其对尼日利亚大选的重视。美国之所以如此高调，原因就是想在尼日利亚打自己的"民主牌"，提升美国的影响力，因为尼日利亚是撒哈拉以南非洲最大的民主制国家。

然而，大选的顺利举行必须有一些先决条件，如安保到位、全国独立选举委员会的后勤保障就绪，而国内安全局势的稳定无疑是重中之重。但当时的现实是，"博科圣地"的暴恐行动有增无减，尼政府军的反恐成效甚微，东北部上百万民众流离失所。在这样的环境下，大选能否如期举行值得怀疑。尽管全国独立选举委员会在多个场合表示，大部分选民的永久选民证（PVC）制作及生物信息采集已基本完成，剩余的工作也有望在大选前完成，但负责安全事务的官员表示，由于联军要在北部对"博科圣地"展开为期6周的攻势，大选期间的安全无法得到保证。在此情况下，杰加宣布尼总统、国民议会选举延期至3月28日，州长及州议会选举延期至4月11日举行。② 考虑到安全形势，这一表态虽出乎意料，但在情理之中，虽然就在杰加宣布延期之前不久，尼日利亚还召开了一个高级别的国务委员会会议，决定大选如期举行。

大选在即，却被延期，一石激起千层浪。以美国为首的西方国家纷纷对尼表示谴责，认为其违背民主原则。在尼国内，执政党人民民主党对延期表

---

① Warren Strobel, "Kerry in Nigeria to Urge Non-violence Before Presidential Vote," *Reuters*, January 25, 2015, https://www.reuters.com/article/nigeria-election-kerry-idUKL6N0V40L720150125.

② *Independent*, February 7, 2015.

· 231 ·

示欢迎，而反对党全体进步大会党对此予以谴责，并认为这是尼政府和人民民主党的一个阴谋，意在为大选赢得时间，争取更多选票。令人欣慰的是，竞争双方都呼吁保持克制，尊重尼全国独立选举委员会的决定。大选在关键时刻延期，影响是多重的。其一，对民主制本身来说，出现了瑕疵并额外增加了选举成本和民众行使权利的成本。其二，对全国独立选举委员会来说，它可以利用6周时间将后勤工作做得更好。其三，对乔纳森来说，如果军队反恐的确出现重大转机，这可以减少民众对其反恐不力的指责。其四，对反对党来说，可以继续进行竞选宣传，让民众更好地了解这个成立不久的政党。此外，布哈里还不失时机地访问了英国，在英国皇家国际问题研究所发表了演讲，重点阐述了其对民主制的见解。不难看出，这一举动无疑是为了打消外界对其军事独裁者印象。6周一晃而过，大选最终在2015年3月28~29日举行。

## 五 2015年大选的意义

尽管在大选期间一些州爆发了零星的暴力事件，以及读卡器在识别投票人时出现了一些小故障，但被延期的大选最终在3月28日和29日顺利举行。3月31日，全国独立选举委员会主席杰加宣布了大选结果，布哈里获得了历史性胜利。

其一，尼反对党全体进步大会党2015年大选胜利，标志着尼日利亚民主化进程取得新进展。众所周知，尼日利亚民主化在历史上一波三折，命运多舛。[1] 尼日利亚人经受了长期军政权高压统治以及政治转型过程中的各种煎熬。因此，民众普遍认为，随着大选的临近，形势会变得非常糟糕，因为这是被前几次大选所印证的。例如，在2011年大选期间，就有800多人在与大选相关的各类暴力事件中丧生。考虑到"博科圣地"给尼日利亚带来的安全形势恶化，2015年大选或成为尼日利亚人的又一场梦魇。事实上，安全考虑正是大选被延期的一个重要原因。幸运的是，参选党派的领导人呼吁各派保持冷静，并许诺举行一场公开、公正和没有暴力的选举。尼日利亚军方

---

[1] 参见李文刚《尼日利亚民主化：特点与问题》，《西亚非洲》2006年第5期，第27~28页。

第五章 民族宗教问题与尼日利亚政党和选举

及多国部队也履行了职责,有力遏制了"博科圣地"进一步蔓延的势头,并保障了大选期间局势的总体平稳。更难能可贵的是,乔纳森表现出了政治家应有的风范,在得知自己落选后,甚至在选举结果正式公布前就坦然地接受了大选结果,并主动向他的竞争对手布哈里表示祝贺。[①] 这种现象在以往历次选举中都不曾出现过。乔纳森的这一举动得到各界高度评价,也为布哈里登上总统宝座清除了不少障碍,从而保证了政权的平稳过渡。此次大选的成功举行,表明尼日利亚人在重大事件中可以做得非常不错,极大鼓舞了尼日利亚人,激发了其真正实现"非洲巨人"大国梦想的士气。此外,它还改善了尼日利亚常常被动荡和暴力抹黑的国际形象。

其二,有助于恢复和平与安全。"博科圣地"试图在尼日利亚北部建立伊斯兰神权国家,并向中东的"伊斯兰国"效忠。反对民主制的"博科圣地"近年来在尼日利亚制造了多起暴力事件。大选前后往往是其最为猖獗的一段时间。例如,2011年大选期间,"博科圣地"在卡杜纳、阿布贾及迈杜古里制造的炸弹爆炸案至少有5起。[②] 同年5月29日为乔纳森总统就职典礼日,"博科圣地"在包括首都阿布贾在内的多地策划了一系列爆炸事件。又如,2015年伊始,当乔纳森宣布谋求连任时,"博科圣地"在北部制造了骇人听闻的屠城事件。布哈里就任后,国内外对其期望颇高,最主要的一点就是希望新总统能早日肃清恐怖主义,推进反腐进程,为国家发展创造稳定的环境和条件。

根除"博科圣地",实现竞选诺言,取信于尼日利亚民众和国际社会,改善国际形象,对布哈里来说刻不容缓。早在竞选阶段,布哈里及全体进步大会党就在多个场合高调表示要根除"博科圣地"。该党的竞选口号就是"我们终将战胜'博科圣地'"。在2015年5月29日的就职演说中,布哈里宣布,要在2015年底打败"博科圣地"。在2016年新年致辞中,布哈里称

---

[①] 新华网,http://news.xinhuanet.com/2015-04/01/c_1114828174.htm,最后访问日期:2015年4月10日。

[②] David Cook, "Boko Haram: A Prognosis," Baker Institute for Public Policy of Rice University, December 2011, http://bakerinstitute.org/publications/REL-pub-CookBokoHaram-121611.pdf, accessed: December 5, 2015.

2016年是变革之年，再次强调不把恐怖分子彻底消灭，不恢复东北部的秩序，政府是不会宣布"博科圣地"问题解决的。① 布哈里不屈不挠的毅力和反恐决心，对于稳定局面、增强民众对政府的信心、鼓舞士气都至关重要。

其三，为非洲国家的民主化进程树立了榜样。尼日利亚是非洲人口最多的国家和最大的民主制国家，也是非洲第一大经济体。民主制自 1999 年以来至 2015 年大选已延续 16 年。对于一个暴力事件频发、各类矛盾尖锐而各种不确定性因素层出不穷的国家来说，2015 年大选的成功举行毫无疑问是一项了不起的业绩，标志着其民主化迈上了一个新的台阶。尼日利亚民主化对其他非洲国家的示范效应或榜样作用主要表现在以下几个方面：一个独立的专业组织机构——全国独立选举委员会、安全而稳定的国内环境、候选人应有的政治家风范、民众的积极参与。事实上，在当前非洲一些国家的民主化进程中，出现了一些新的现象，比较突出的就是谋求更长任期的问题，以及由对大选结果不满引发的动荡和混乱，民众苦不堪言。这些现象在尼日利亚民主化进程中也不同程度地出现过，如前总统奥巴桑乔试图修宪以延长任期，但被裁定行为违宪后奥巴桑乔接受了这一结果，并称这是尼日利亚民主的胜利。还有几次大选中都出现过反对派不接受结果而诉诸法律的事例。但最终，事情都能得到和平解决，直至此次顺利过渡，无不表明尼日利亚民主化的积极进展。这对不少非洲国家来说具有借鉴意义。

其四，2015 年大选的成功举行有望成为民族国家建设的一个新起点。尼日利亚是一个多民族、多宗教国家，穆斯林与基督徒势力大致相当，北南分布格局明显，因而具有重要地缘政治意义。以往历次选举中，选民按照"民族－宗教－地域"因素投票的模式较为明显。随着民族国家建设的发展，这一趋势有所减弱，但绝非消失。布哈里的获胜再次证明了南北轮换即穆斯林与基督徒交替担任总统职务的政治现实。但一个积极的新现象是，布哈里作为一个北部穆斯林，在西南部诸州（除埃基蒂州）获得了胜利。当然，这与

---

① Buhari, "New Year Message: I Know Nigerians are in Pains," *Vanguard*, January 1, 2016, http://www.vanguardngr.com/2016/01/new-year-message-i-know-nigerians-are-in-pains-buhari/, accessed: January 5, 2016.

该地区穆斯林与基督徒势均力敌的格局不无关系,但布哈里在以往历次大选中都没有得到过这样的待遇。这也从侧面反映出西南部诸州在选择国家领导人的时候并不单纯地根据狭隘的民族-宗教-地域因素去考量,也关注到了这个国家的政治现实和前途。这不能不说是民族国家构建的一个积极现象。历史经验证明,各民族、各宗教的和平共处而不是你死我活的零和游戏,才是民族国家发展的大方向。

对布哈里来说,赢得选举是一回事,有效治理这个分化严重的国家则是另一回事。特别是"博科圣地"的恐怖威胁尚未消除,持续的油价暴跌让经济雪上加霜,南部石油主产区尼日尔河三角洲出现新一轮的动荡。布哈里能否应对这些挑战,领导尼日利亚走向新的进步,考验的是这位耄耋之年政治家的勇气和智慧。这也是民主的内在要求:通过一套广泛认可的程序选择国家主要领导人是民主的第一步;更重要的是要看这个政府是不是一个透明、负责任、遵守法律和保护人权及公民权利的政府。布哈里就职后,马不停蹄地访问邻国、欧美各国以及中东一些国家,重心就是反恐、油价以及经济发展等问题。这些都是对尼日利亚今后发展会产生深刻影响的议题,值得进一步关注。

## 第六节 2019年大选与政党政治走向

在2019年总统选举中,执政的全体进步大会党继在2015年大选中首次击败执政16年的人民民主党后,再次获得胜利。2019年大选折射出尼政党政治的一些特点:政党碎片化突出、政治大佬在政党间转换频繁、民族宗教和地缘影响深远、非政府组织和国际社会关注度高以及"两党制"趋势加强。但是,无论哪个党执政,其只有大力发展经济、改善民生、加强党建、提高执政水平,才能让尼日利亚政党政治行稳致远。

### 一 2019年总统选举观察

尼日利亚选举包括两个阶段:总统和国民议会参众两院选举、州长和州议会选举。本书以总统选举为视角,论述尼日利亚政党政治的特点。2019年尼日利亚大选堪称非洲规模最大、影响最为深远的选举之一。根据全国独立选举委员会的数据,登记选民共84004084人,在全国36个州和阿布贾联邦首都区设119973个投票点,注册政党91个,总统候选人73名。① 在8400多万名登记选民中,7200多万名按时领取了永久选民证,获得投票资格,但仍有1100多万张永久选民证未被领取。② 大选是非洲政党政治中的一件大事。西共体、非盟、欧盟、联合国、英联邦等国际政府间组织,多国驻尼外交机构,国际非政府组织对此次大选表现出极大的兴趣。最终,120个国内非政府组织、36个国际政府间组织和外国驻尼外交机构,共计156个国内外组织获准对2019年大选进行观察和监督。③ 带队观察和监督大选的政要中,不乏非洲国家前总统或政府首脑。尼日利亚民众和国际社会都在期待2019年大选能在和平中举行,并希望尼日利亚能为非洲其他国家的民主政治树立榜样。

2019年大选是尼日利亚历史上竞争非常激烈的一次选举。在70多位总统候选人中,真正的竞争是在执政的全体进步大会党候选人、时任总统穆罕默杜·布哈里和最大反对党人民民主党候选人、前副总统阿提库·阿布巴卡尔之间展开的。76岁的布哈里和72岁的阿布巴卡尔长期活跃于政坛,从政资历和经验都非常丰富,且二者均为来自北部豪萨-富拉尼族的穆斯林。从理论来讲,穆斯林聚居的北方是全体进步大会党的大本营,但由于阿布巴卡尔也是北方穆斯林,北方选票的一部分可能会分散到人民民主党。若如此,阿布巴卡尔似乎更有优势,因为南方基督徒聚居区传统上是人民民主党的票仓。布哈里虽然有执政的巨大优势,但在其任期内,贫困和青年的失业状况日益严重,东北部"博科圣地"暴恐活动出现反弹,中部地带农牧民冲突此

---

① "Accreditation of Domestic and Foreign Observers for 2019 General Elections," INEC Nigeria, 2019, https://www.inecnigeria.org/resources/accreditation-of-domestic-and-foreign-observers-for-2019-general-elections/.

② "72 m Nigerians to Elect President Tomorrow," *Leadership*, February 22, 2019, https://leadership.ng/2019/02/22/72m-nigerians-to-elect-president-tomorrow/.

③ "All About 2019 General Elections," INEC Nigeria, https://www.inecnigeria.org/all-about-2019-general-elections/.

## 第五章　民族宗教问题与尼日利亚政党和选举

起彼伏，东南部伊博族"比夫拉原住民"民族分裂势力有所抬头。此外，布哈里曾长期在海外就医，民众对其健康状况心存疑虑。凡此种种，在不同程度上对布哈里谋求连任造成不利影响。

总统和国民议会选举原定于2019年2月16日举行，但就在临近投票的几个小时前，全国独立选举委员会以大选后勤保障不足为由宣布大选延期一周至2月23日举行。① 与此同时，州长和州议会选举也由3月2日延至3月9日举行。大选被突然延期，引发执政党和反对党的强烈不满和相互攻击，它们相互指责对手为了赢得选举在人为搞阴谋。执政党全国主席认为，大选延期令尼日利亚颜面扫地。反对党指责延期对尼日利亚民主构成威胁，要求全国独立选举委员会主席辞职。不少尼日利亚非政府组织和民众也纷纷表示失望和不满。大选延期给尼日利亚经济社会和民众生活造成多重负面影响。由于机场、港口、边境在大选前被临时关闭以及部分地区实行宵禁，不少企业为保证员工能回到原籍去投票提前歇业，尼日利亚经济遭受了不小的损失。尼日利亚全国商人联合会主席称，贸易行业因大选延期损失3.87亿美元。拉各斯工商会宣布，经济活动中断造成的全国经济损失超过15亿美元。② 事实上，这并非尼日利亚大选第一次被延期。2011年大选、2015年大选均遭遇延期。在国际社会将目光聚焦尼日利亚的重要节点，大选延期对尼日利亚的国际形象也造成了一些负面影响。总之，大选中出现的问题增加了各方面人力、物力、财力的额外支出，增加了选举成本，关于操纵选举的阴谋论和人们对大选公正性的担忧也给延期后的大选蒙上了阴影。

值得庆幸的是，执政党和反对党以及民众都保持了极大的克制，全国独立选举委员会及时解决了后勤和设备技术问题，大选最终得以在2月23日举行。国际大选和观察监督机构普遍认为，除局地发生一些暴力事件外，大

---

① 全国独立选举委员会的声明指出，大选被迫延期的主要因素包括：恶劣天气导致航班无法将选举材料按时运抵部分地区；全国独立选举委员会在三个州的选举办公室发生火灾，选举物资被烧毁；智能读卡器等设备调试工作尚未全部完成。

② Nnamdi Obasi, "Winning back Trust in Nigeria's Rescheduled Elections," International Crisis Group, March 7, 2019, https://www.crisisgroup.org/africa/west-africa/nigeria/winning-back-trust-nigeria-rescheduled-elections.

选总体平稳有序举行，大选过程自由公平，是一次成功的选举。2019年2月27日，全国独立选举委员会主席、2019年大选监察官亚库布宣布，布哈里获得1500多万张选票，在19个州中获胜；阿布巴卡尔获得1100多万张选票，在17个州和联邦首都区中获胜。根据法律，布哈里再次当选尼日利亚总统。[1] 对于这一结果，阿布巴卡尔并不认可，表示要诉诸法律，挑战大选结果。在政党政治竞争异常激烈的尼日利亚，这一幕在之前的大选中曾多次上演。值得肯定的是，选举失败的一方并没有诉诸街头暴力，而是通过法律途径提出诉求，最大限度地避免了大选之后可能出现的暴力升级，有利于紧张局势的缓和。由于布哈里领先阿布巴卡尔近400万张选票，优势明显，加之国际社会都认可了大选结果，布哈里连任成为定局。[2]

## 二 布哈里再次当选的主要因素

客观地讲，布哈里任期内的政绩与他2015年上台前后在安全、经济和反腐三大领域做出的承诺尚有较大差距，但尼日利亚民众为何会再次选择布哈里呢？笔者以为，主要有以下几方面的因素。

一是尼日利亚民众希望局势稳定。民主政治在尼日利亚已扎下了根，但大多数选民最关心的是如何消除贫困和解决就业问题，[3] 至于谁当总统似乎并不十分重要。对于严重依赖原油出口的尼日利亚来说，布哈里任期内的经济衰退与国际原油价格暴跌和全球经济低迷有很大关系。随着油价回升，布哈里政府出台的《经济恢复与增长计划》也取得了一些效果，经济出现缓慢回升，民众对政府的信心有所增强。布哈里政府的一些社会救助项目、学校免费餐计划以及农业扶助项目也让普通民众和家庭受益。在此背景下，不少人希望政局保持稳定、经济政策能有连续性，因为频繁更换

---

[1] "Why INEC's Yakubu Declared Buhari Winner of 2019 Presidential Election," *Vanguard*, February 27, 2019, https://www.vanguardngr.com/2019/02/why-inecs-yakubu-declared-buhari-winner-of-2019-presidential-election/.

[2] 中方："我们注意到尼日利亚全国独立选举委员会已经公布尼日利亚总统选举正式结果，对布哈里先生胜选连任尼日利亚总统表示祝贺。"参见中国外交部网站，https://www.fmprc.gov.cn/web/fyrbt_673021/jzhsl_673025/t1641429.shtml。

[3] EIU, *Country Profile: Nigeria*, February 2019, p. 4.

第五章　民族宗教问题与尼日利亚政党和选举

政府并不能解决什么问题。此外，尽管恐怖组织"博科圣地"的活动空间被大大压缩，但其自2018年以来出现的反弹令尼日利亚民众，特别是东北部的民众忧心忡忡。他们希望铁腕人物布哈里能继续保持对恐怖主义的高压态势。因此，选择一位前将军布哈里而不是一位商人阿布巴卡尔对维护和平与安全更为有利。

二是阿布巴卡尔本人有腐败丑闻。腐败问题在尼日利亚根深蒂固，布哈里在担任军政权领导人时就以铁腕反腐著称。布哈里在民众心目中的清廉形象是其在2015年大选中获胜的一个重要因素。布哈里任期内的反腐工作也有一些成绩，几位州长已锒铛入狱。相比之下，2006年阿布巴卡尔涉嫌卷入一桩跨国贿赂案，甚至被美国政府一度禁止入境。[①] 虽然该事件的细节和真相尚不得而知，但对阿布巴卡尔的个人形象和声誉造成了一定的负面影响。2007年，阿布巴卡尔被尼日利亚行动大会党推举为候选人，准备参加总统选举，但在2007年3月全国独立选举委员会公布的候选人名单中并没有他的名字。全国独立选举委员会对此的解释是，阿布巴克尔之所以榜上无名，是因为他被列在了尼日利亚政府的一份腐败指控名单中。联邦最高法院以全国独立选举委员会无权取消候选人的资格为由恢复了阿布巴卡尔的候选人身份，但他的最后得票数位列亚拉杜瓦和布哈里之后。此外，阿布巴卡尔还是一位富商，但民众普遍认为他的金钱与其担任8年副总统（1999~2007年在任）不无关系，其诚信令人怀疑。[②] 可以肯定的是，在尼日利亚民众对贪污腐败深恶痛绝的大背景下，候选人涉嫌腐败无异于自毁前程。

三是人民民主党自身的弱点。执政16年的人民民主党在2015年大选中失败后，党内领导层发生分裂，陷入内讧，一些党内精英和追随者纷纷倒戈。直到2017年末，人民民主党在全国多地的基层组织才得以重建，它在

---

① Allan Lengel, "Nigerian Entangled In Jefferson Investigation," *Washington Post*, July 22, 2006, http://www.washingtonpost.com/wp-dyn/content/article/2006/07/21/AR2006072101536_pf.html?noredirect=on.
② Leila Demarest, "Why Buhari Won Even Though He Had Little to Show for First Term," The Conversation, March 5, 2019, https://theconversation.com/why-buhari-won-even-though-he-had-little-to-show-for-first-term-112965.

南部实行大选动员的能力不可避免地受到削弱。此外，人民民主党在推举总统候选人时也颇费周折，2018年10月，阿布巴卡尔在战胜其他20余位竞争对手后才获得党内提名。① 这也从侧面反映出人民民主党内部的裂痕依旧较大。不仅如此，全体进步大会党还趁人民民主党内讧之际说服南部一些有影响力的人民民主党政客倒戈，进一步增强了自身在南部的影响力。"堡垒最容易从内部被攻破。"人民民主党内部的不团结无疑阻碍了其东山再起的步伐。

四是南部选民投票率创新低。从总体看，2019年选民的投票率仅为35%，比2015年的44%进一步走低。虽然人民民主党在绝大多数南部州和联邦首都区中获胜，但南部选民的投票率普遍较低。这也是阿布巴卡尔和人民民主党始料未及的。事实上，大选的延期、选举前的局地暴力事件、南部居民的投票热情不高以及部分伊博人对大选的抵制②，均在不同程度上导致选民投票率不高。从大选结果看，南部依然是人民民主党的票仓，这是事实。但是，对南方人来说，阿布巴卡尔毕竟是北方穆斯林，并不是他们的理想人选。相比之下，全体进步大会党虽然只在南部有限的几个州中获胜，但拿下了关键的拉各斯州（登记选民人数最多的一个州）以及在北部各州中获得了非常高的支持率，这成为布哈里获得连任的重要因素。

## 三 尼日利亚政党政治的特点

一是政党碎片化问题依然严重。政党是现代政治的主要组织因素。当政治机器被组织起来，通过选举或其他方式赢得并行使政府权力之时，人们就时时处处能感受到政党的存在。③ 纵观尼日利亚政党政治发展史，政党数量从独立伊始的第一共和国时期（1960~1966年）起就很多。除去巴班吉达

---

① "PDP Presidential Primaries Last-Minute Intrigues," *Vanguard*, October 7, 2018, https://www.vanguardngr.com/2018/10/pdp-presidential-primaries-last-minute-intrigues/.
② 伊博人的分离组织"比夫拉原住民"领导人纳姆迪·卡努曾在大选前号召伊博人抵制大选。虽然卡努后来放弃了这一立场，但一些伊博人认为自内战之后，伊博族就被排除在国家权力中心之外，因此投票热情普遍不高，在候选人是北方穆斯林的情况下尤为如此。
③ 〔英〕安德鲁·海伍德：《政治学核心概念》，吴勇译，中国人民大学出版社，2014，第144页。

## 第五章 民族宗教问题与尼日利亚政党和选举

军政权为了搞"还政于民"人为安排两个政党（全国共和大会党、社会民主党）之外，尼日利亚政党的数量一直比较多。2017年6月，全国独立选举委员会批准5个新政党的注册后，全国政党总数为45个。[①] 但到2019年2月大选时，注册政党已高达91个。不到两年的时间里，政党的分化、组合和增长之快令人咋舌。政党的碎片化其实并不难理解。尼日利亚人素有结社的传统，民族国家构建程度不高，是一个高度分化的社会，各种利益群体、压力集团层出不穷。大选至少从形式上给大大小小、形形色色的政党提供了一个同台竞争的机会。大政党势必问鼎政权自不必说，小政党更多的是为了获得发声的机会，让外界关注女性、青年等群体的利益，积累从政经验，或者仅仅是刷刷存在感。参加2019年大选的70多位总统候选人中，有十几位候选人转而支持全体进步大会党候选人布哈里。小政党的候选人在最后一刻的政治投靠更多是一种策略，是为了获得布哈里连任后给予的政治回报，这有助于他们政治前途的发展。布哈里的全体进步大会党也能在吸纳更多党员后发展壮大。

二是政治大佬在不同政党间转换频繁。尼日利亚政党政治也常常被称作"教父政治"（godfather politics）。虽然对"教父政治"的理解见仁见智，但一般认为，政治"教父"或政治大佬（big boss）及其团队成员非富即贵，有钱有势，动员能力强，目标明确。他们所要做的就是确保自己或自己提名的候选人在选举中获胜。当他们在某党内无法达到目的或感到希望渺茫时，便会凭借影响力和财富另起炉灶或改换门庭。例如，布哈里曾在2003年、2007年作为全尼日利亚人民党总统候选人，2011年作为进步变革大会党总统候选人参选，但均告失败；2015年代表全体进步大会党参选并获得成功，2019年蝉联。阿提库·阿布巴卡尔也不例外。早在1993年，他作为社会民主党候选人参加总统初选，未获成功，大选结果本身也被巴班吉达军政府取消。1999年阿布巴卡尔以人民民主党人的身份作为奥巴桑乔的竞选搭档参选

---

[①] Samuel Ogundipe, "INEC Registers Five New Political Parties," *Premium Times*, June 7, 2017, https://www.premiumtimesng.com/news/top-news/233325 - breaking-inec-registers-five-new-political-parties.html.

并获胜，担任8年副总统后又退党。其于2007年代表尼日利亚行动大会党参加大选，与布哈里一样，均败给了人民民主党的亚拉杜瓦。此后，阿布巴卡尔又回归人民民主党，但在2011年大选前未能获得党内提名。2014年，阿布巴卡尔又转投全体进步大会党，3年后再次回到人民民主党"老家"。阿布巴卡尔令人眼花缭乱的政党身份转换也折射出政党领导层之间的矛盾，大选前党内提名争夺的激烈可见一斑。从发展趋势看，"教父政治"在尼日利亚政党政治中仍将长期占据主要地位。

三是民族-宗教-地域因素是潜在影响。当前，虽然尼日利亚政党在形式上都满足了全国性政党的要求，但实际上各政党的影响力和内部架构还是有很大的南北地区之别。人民民主党之所以能执政16年，一个重要因素是其内部有南北"轮流坐庄"的君子协定。该协定保证了政权在北方穆斯林和南方基督徒之间轮替。对人民民主党来说，这也符合党内南北两大势力集团的利益。此外，除特殊情况外，一届政府一般为两个任期。从2019年大选的情况看，全体进步大会党主要获得北方的支持，人民民主党获得最多的是南方除拉各斯之外的诸州的支持。但如前所述，南方支持人民民主党的投票率并不高，因为阿提库是北方穆斯林。在北方选民看来，阿提库虽然是北方穆斯林，但人民民主党更多的是南方人的党。可以设想，如果全体进步大会党想要长期执政，下一次选举举行时，或许应该推举一个南方基督徒作为总统候选人，以符合南北轮流执政的政治传统。

四是国内外的监督暂不可或缺。阿历克斯·汤姆森在其经典著作《非洲政治导论》一书的"前言"中指出，在理解非洲政治上要把握三个关键词：国家、民间社会以及外部利益相关方（外国政府、国际组织和跨国公司等）。[①] 这在观察和认识非洲国家大选时尤为如此。国家要通过一系列国家机器组织和保障大选。国内外的非政府组织和国际机构对大选的观察和监督，有助于保障大选进程公开透明，大选结果真实可信，大选争议依法解决。尼日利亚之所以是西非次区域民主政治中的一支稳定力量，主要原因也在于以它为首的西共体对成员国大选的监督职责。2017年，西非小国冈比亚大选引

---

① Alex Thomson, *An Introduction to African Politics*, London: Routledge, 2010, pp. 4 – 6.

第五章　民族宗教问题与尼日利亚政党和选举

发政治危机，尼日利亚等西共体成员国第一时间做出反应，积极介入，西共体代表团数次赴冈比亚调解。在西共体、非盟和国际社会的共同努力下，冈比亚危机最终被化解，得到国际社会的赞扬。2019年大选之前，在国内外大选观察和监督机构的见证下，尼日利亚所有总统候选人在首都阿布贾签署了《和平协议》，承诺保障大选和平举行。一些非洲国家前政要率监督团赴尼，希望尼日利亚能表现出大国风范，保证大选和平举行。在大选结果公布后，国际监督组织集体发声支持，这在很大程度上增强了尼日利亚全国独立选举委员会的权威性。当然，包括尼日利亚在内的许多非洲国家的大选目前仍需要外界的观察和监督，这暴露出这些国家政党斗争激烈、政党互信缺失、本国监督机构能力不足等问题。这也说明尼日利亚政党政治仍有很长的路要走。需要指出的是，国内外大选观察和监督机构是在获得全国独立选举委员会的批准下进行活动的。大选之前，尼日利亚外交部还专门召开驻尼外国使团和国际机构座谈会，一方面欢迎国际社会对尼日利亚的关心和关注，另一方面也告诫外国机构人员要遵守尼日利亚的法律法规，绝不能从事与其身份和使命不符的活动。事实上，这对于维护国家主权和民族尊严非常必要，也是尼日利亚大国地位的一个象征。尼日利亚的这种做法也值得其他非洲国家借鉴。

五是多党制下"两党制"趋势加强。尼日利亚政党政治发展历程，特别是1999年以来的民主政治实践表明，在众多政党的角逐中，唱主角的其实就一两个政党。1999～2015年，尼日利亚政党政治形成了人民民主党一党独大、连续执政的格局。这既与人民民主党内部实行南北"轮流坐庄"的君子协定有关，也与其他政党各自为政的做法有关。此外，当时尼日利亚国内社会经济发展环境较好，国际油价处于高位，国内安全形势平稳，这些都有助于人民民主党长期执政。但自2009年以来，以"博科圣地"为代表的极端势力在尼日利亚逐步发展壮大，人民民主党乔纳森政府束手无策，东北部局势急转直下。人民民主党也因候选人提名问题和政治大佬们之间的矛盾发生内讧。且由于人民民主党长时期执政，腐败严重，国内贫富差距日益扩大，社会分化日益加深。与此同时，最大的几个反对党形成合力，组建新党，并推举政治强人布哈里为总统候选人，打出了"变革"旗号，在2015年击败了人民民主党，尼日利亚政坛出现了"两党制"的端倪。在2019年大选中，随着全体进步大会党的再次获胜，"两党制"的趋势进一步加强。如果全体进步大会党利用第二个任期加强执政党自身建设，协调好地区之间的利益平衡，最关键的是顺应民意，以经济发展为中心，改善民生，那么也有可能像人民民主党那样连续执政。在这种状况下，"两党制"的特征就会更加明显。当然，在政党政治的发展过程中，在选择什么样的政党制度的问题上，尼日利亚还需要根据自己的国情进一步探索。

大选是政党政治的重要环节。一次成功的大选需要稳定的国内环境、高效的竞选组织和监督机构以及选民的积极参与。2019年尼日利亚大选尘埃落定，大选暴露出的一些问题反映了尼日利亚政党政治发展的现实状况和国内政治生态的深层次问题。政党的碎片化、民族－宗教－地域因素的潜在影响、国内外非政府组织和国际机构在大选中的作用都将长期存在。虽然尼日利亚普通民众，特别是占选民大多数的年轻人无力改变"教父政治"的现实，但他们确实在为自己和尼日利亚的未来投票。他们最希望的是自己能过上体面的生活，尼日利亚能获得与其体量相称的国际地位。大选结果公布后不久，全体进步大会党进行了一项关于布哈里总统第二个任期施政重点的网上民意测评，结果显示：71%的网民认为应重点关注经济发展和创造更多就业岗位，13%网民的选择是基础设施建设，认为安全、反腐是重点的网民均为8%。[①] 对于全体进步大会党来说，再次获得执政地位是自身发展的一个契机，但今后真正能吸引选民的应该是其执政业绩。

## 第七节　2023年大选的新特点

2023年尼日利亚选举，包括总统、副总统、国民议会选举以及州长和州议会的选举，既是尼日利亚政治生活中的一件大事，也是非洲大陆政治生活

---

① Hamza Idris, "Nigerians Want Buhari to Focus on Economy, Jobs-Survey," *Daily Trust*, February 28, 2019, https://www.dailytrust.com.ng/nigerians-want-buhari-to-focus-on-economy-jobs-survey.html.

第五章　民族宗教问题与尼日利亚政党和选举

中的一件大事。2023 年共有 10 多个非洲国家进行总统或议会选举，尼日利亚是非洲大陆最大的民主制国家和非洲第一大经济体，也是当年较早举行大选的国家，其对于其他非洲国家的示范意义是不言而喻的。

## 一　2023 年总统选举基本情况

根据尼日利亚全国独立选举委员会公布的数据，2023 年总统选举共有登记选民 9350 万人，全国 36 个州和阿布贾联邦首都区共设有近 18 万个投票点，共有 18 个政党的候选人参选。① 大选受到了尼日利亚国内外的广泛关注，尼 180 个国内非政府组织、26 个国际组织和机构获准或受邀对大选进行监督，非盟、英联邦、欧盟、西共体和西方主要国家驻尼外交机构也加入了大选观察团的行列。

2023 年 2 月 25 日，总统选举如期举行，与临时延期举行的 2015 年大选、2019 年大选相比，实属不易。从总体来看，此次选举在较为和平的气氛中举行。3 月 1 日，全国独立选举委员会主席亚库布宣布，执政党总统候选人提努布获得 36% 的选票（约 880 万张）并在全国 30 个州和阿布贾联邦首都区中获得超过 1/4 的票数，符合法律规定，当选总统。阿提库获得 29% 的选票、奥比获得 25% 的选票。提努布首次参选就胜出，除执政党自身的竞选优势和他个人丰富的从政经验外，反对党人民民主党的分裂和黑马候选人工党奥比的崛起在很大程度上成就了他的总统梦。

人民民主党在 1999 年奥巴桑乔总统上台以后，在尼连续执政 16 年，奠定了其作为尼第一大党的地位，但党内纷争、腐败等问题不断，2015 年被几个小党联合而成的全体进步大会党赶下了台。此后，人民民主党的党内纷争有增无减，在 2019 年大选中并未东山再起。奥比曾是人民民主党成员，在 2019 年大选中还是阿提库的搭档，但在该党 2022 年的党内初选前转投名不见经传的工党，并赢得大量青年选民的青睐。被称为"奥比粉"（Obidients）的青年通过互联网和社交媒体为在全国几无政治基础的新秀奥比呐喊助威。奥比最终排名第三，虽未获胜，但青年所蕴藏的巨大能量和政治参与热情是

---

① 参见尼日利亚全国独立选举委员会网站，https://main.inecnigeria.org/。

· 245 ·

显而易见的。此外，排名第四的卡诺州前州长拉比乌·穆萨·宽夸瓦索也曾是人民民主党成员，但此次代表的是新尼日利亚人民党（NNPC），虽然他仅在卡诺州获胜，但也让人民民主党损失了潜在的大量支持票，因为卡诺州登记选民人数为600万人，仅次于拉各斯州。

提努布在获胜后呼吁尼日利亚国民团结，避免暴力和仇恨言行，并表示要倾听年轻人的呼声，积极应对尼存在的紧迫问题。西方各国第一时间向提努布表示祝贺。美国国务院发言人还呼吁各方和平解决争端，英国首相通过推特表示要与新政府加强安全与经济联系。法国总统马克龙也发去了祝贺。2023年5月29日，提努布接替布哈里，正式就任尼日利亚总统。

## 二 2023年总统选举的新特点

与以往相比，2023年总统选举出现以下新特点。

其一，这是1999年以来尼日利亚举行的竞争最为激烈的一次选举。1999年，前军政权首脑奥巴桑乔代表人民民主党在选举中获胜，终结了旷日持久的军人执政，使尼日利亚重回民主制。此后，人民民主党连续执政16年，其间经历了奥巴桑乔、亚拉杜瓦和乔纳森总统。2015年，代表全体进步大会党的布哈里在大选中获胜并在2019年获得连任。纵观以往历次选举，虽然总统候选人众多，甚至比2023年总统候选人还要多，但权力角逐是在人民民主党和全体进步大会党这两个最大的政党之间展开的，因而尼日利亚政党政治呈现出"两党制"的特征。也就是说，在以往的选举中，最有竞争力的候选人只有两名。而2023年的总统候选人中，最有竞争力的是三位而不是两位。这种状况在尼日利亚民主选举中还是首次出现。除提努布、阿提库这两位政治大佬外，奥比的横空出世让此次选举充满了悬念，而且多个民调显示奥比排名领先。

其二，南北"轮流坐庄"的政治传统被部分打破。受复杂的民族宗教以及地缘等因素影响，尼日利亚政坛长期以来一直有一条不成文的规定，即国家最高领导人要从南北两地轮流产生。时任总统布哈里（任期到2023年5月）是北方穆斯林，按照这一规定，其继任者应该是南方人，最好是基督

第五章　民族宗教问题与尼日利亚政党和选举

徒。但事实上，提努布是尼日利亚西南部约鲁巴人，但他是穆斯林。更值得注意的是，提努布的搭档是北方人，也是穆斯林。这在以往的大选中是从未出现过的。从人民民主党的情况看，阿提库是北方穆斯林，其竞选伙伴是南方基督徒；工党的奥比是南方穆斯林，其搭档是北方穆斯林。也就是说，只有工党的奥比团队满足了"轮流坐庄"的君子协定的要求。奥比作为伊博族的候选人，选前呼声颇高，其在大选中的不俗表现也具有不同寻常的意义。在以往的大选中，唱主角的是约鲁巴人和豪萨-富拉尼人，奥比的出现赢得了南方伊博人和基督徒的支持，他甚至在提努布经营多年的拉各斯州以及联邦首都区获得了最多的选票。上述状况也表明，尼日利亚大选中"民族-宗教-地域"因素虽然仍在起重要作用，但正如布哈里所言，2023年尼日利亚大选态势发生了一些变化。这或许与尼日利亚选民结构的变化有一定的关系。大量青年选民出现，其中不少人是第一次参加投票，在当前通胀高企、失业率飙升、安全问题恶化、贫困化程度加深的背景下，不少年轻选民，特别是城市青年将更多的注意力放到了候选人竞选纲领和对未来的期盼上，而且他们更倾向选一名更年轻的领导人，因而不少年轻人没有刻意按照民族和宗教界限投出他们的选票。从长远来看，这是尼日利亚民主制度发展的一个积极方面。

其三，主要候选人都有丰富的从政和经商经历。在以往的选举中，无论是奥巴桑乔，还是布哈里，二者本身就都是前军政权领导人，尼日利亚民主也曾被戏称为"将军们的民主"。2023年大选中，三位候选人均没有军方的显赫背景。70岁的提努布虽是首次参选，却是全体进步大会党的元老级人物。正是由于提努布的努力，2013年三个小政党合并成全体进步大会党，有了与人民民主党抗衡乃至赢得大选的实力。可以说，提努布在布哈里2015年大选胜出和2019年获得连任中功不可没。在担任拉各斯州州长（1999~2007年在任）时，提努布积极吸引外资，拉各斯的基础设施得到较大发展，城市面貌得到大的改观。此后的继任州长都深受提努布的影响。在拉各斯的成功和影响，让提努布在尼日利亚西南部有"政治教父"之称。在大选中，他打出约鲁巴语的"该我了"的竞选口号，这似乎说明了他的志在必得。提努布早年在美国求学和工作，回国后还担任过美孚尼日利亚公司的经理。76岁的阿提库也是尼日利亚的政治精英，此前曾5次竞选总统，这是他第6次，应该也是最后一次参选。阿提库曾任奥巴桑乔时期的副总统（1999～2007年在任），当时尼日利亚处于高速经济发展时期，社会也较为稳定。同时，阿提库也是一位成功的富商。与前两位政治元老相比，62岁的奥比代表了新生代的政治精英。在2006～2014年担任阿南布拉州州长期间，奥比赢得了较好的口碑，他以负责任、节约公共资金而为人津津乐道。奥比从人民民主党转投工党，立刻吸引了众多青年选民的目光，但工党在全国没有基础，其选前呼声虽高，但终究不敌老牌政治精英。

### 三 2023年大选的争议

2023年大选也是充满争议的一次选举。因全国独立选举委员会组织工作中的不足，在一些地方，工作人员和选举材料迟迟没能到位、身份识别机器出现故障、网络不稳定，以及局地发生袭击选民和选举工作人员、破坏选举设施的暴力事件，大选结果未能及时按照新选举法规定的程序公布，引发落败者及其支持者的不满。

大选结果公布后，阿提库和奥比两人均明确表示不接受选举结果，要通过法律途径发起挑战。这也是非洲国家大选中普遍存在的现象。但根据尼日利亚以往大选的情况，选举中存在的瑕疵一般不会推翻选举的结果。提努布可能无法将在拉各斯州的成功复制到尼日利亚其他地区，但其施政要点，包括关注尼日利亚经济、重视尼日利亚青年的诉求、创造就业、增加出口、改善安全状况，的确是尼日利亚迫切需要的，也是尼日利亚选民对新政府的期待。

## 结　语

本章从民族宗教问题对尼日利亚政党和选举的影响这一角度来论述民族宗教问题对尼日利亚民主化进程的影响。从对尼日利亚政党的起源及其在尼

## 第五章　民族宗教问题与尼日利亚政党和选举

日利亚民族独立运动中所发挥的不同作用的分析中可以看出，它们不是代表尼日利亚整个社会上的某个阶级或阶层的政治组织，而更多的是代表族体的、地域的和宗教集团的利益。究其原因，主要是英国殖民主义者的"分而治之"统治策略和一些政治安排（特别是分区制），加深了尼日利亚的族体间、地域间和宗教间、社会文化间的差异和矛盾，从而使尼日利亚没有出现统一的民族意识，阶级分化明显，族体认同不仅成为政治家赖以动员民众的有效工具，也是民众寻求安全、恩惠和发展的寄托。民族宗教问题在很大程度上导致了尼日利亚独立后的政变频繁和第一共和国的覆亡，尼日利亚两次陷入军政权连续执政长达十多年的时期。

为了消除地方民族主义对政治的影响，尼日利亚历届政府出台了多项措施，其中"联邦特征"原则就是其中的一个主要举措。从政党方面的情况来看，这一原则在一定程度上削弱了政党和选举中的地方民族主义色彩，至少从表面看是如此。从1979年和2003年的总统选举来看，利用族体忠诚、宗教信仰和地方民族主义动员选民投票的情况一直存在，选民按照族体、宗教界限投票的倾向依然没有消除，大选结果出现争议时政治家们之间的攻击仍不鲜见。因此，我们不能排除在今后选举中出现地方民族主义进一步高涨的可能性。当然，地方民族主义对政党和选举的不利影响虽长期存在，但程度在不断降低，这是尼日利亚民主化逐步迈向健康轨道的一个积极信号。

# 第六章 民族宗教问题与尼日利亚民间社会

民间社会与民主化关系密切,我们在分析非洲国家民主化进程时也不能忽视这一点。但是,尼日利亚民间社会因自身的一些弱点,难以对民主化产生更多积极影响,有时反而会对民主化构成威胁,其中一个重要因素就是民族宗教问题对民间社会的影响。本章以20世纪90年代以来的尼日利亚民间社会为重点,深入分析在民族宗教问题的影响下,尼日利亚民间社会对民主化进程产生的复杂影响:既可阻碍民主化,亦可推动民主化艰难前行。关键是要对民间社会做深入研究。

## 第一节 民间社会与非洲民主化

民间社会理论是当前一股重要的政治思潮,常常被用来研究一个国家的民主化问题,但学者们对"民间社会"的概念没有一个统一的认识。人们出于各种不同的目的而以多种多样的方式使用这一概念,使得这一概念主要作为一种实用的而非理论的概念发挥作用。尽管如此,许多学者还是试图将这一概念的内涵明确化。就大多数人的用法而言,民间社会指处于国家和家庭之间的大众组织,独立于国家,享有对国家的自主性,由众多保护和促进自身利益或价值的社会成员在自愿的基础上结合而成。简言之,民间社会就是国家或政府之外的所有民间组织或民间关系的总和,包括各种非政府组织(NGO)、自愿性团体、协会、社区组织、利益集团以及公民自发组织的各种

## 第六章 民族宗教问题与尼日利亚民间社会

运动等。本书是从政治学意义上使用这一概念的,它强调的是保护公民权利和公民政治参与的民间组织和机构。

民间社会一直被认为是国家的一种制衡力量,是政治改革和经济改革的核心力量,许多学者都非常重视民间社会与民主化的关系。笔者以为,他们的研究成果主要集中在两方面:一是对民间社会在民主化中的作用的研究,二是对民间社会自身的研究。这两方面有密切关系,因为不同类型的民间组织对民主化的定义是不同的。不同类型的民间组织在对待民主政治现实和前景的态度上会有很大差异,这要依具体环境而定,有些民间组织不涉足政治,有些则对威权主义统治表示宽容甚至支持,当然还有些支持和培育一种自由民主政治等。美国政治学教授戈兰·海登将民间社会理论分成四个不同学派进行阐述,指出它们实质上体现了民间社会在民主化和发展中倾向于起两种截然不同的作用:民间社会有助于以国家不能做到的方式动员资源,可以使个人按照民主的方式进行社会化。因此,活跃的民间社会尽管不是民主存在的充分条件,但的确是必要条件。海登从国家层次、社团层次以及全球层次对民间社会进行的分析,对于我们认识国家与民间社会的关系、促进民主的社团应具备的特征和民间社会的性质、跨国基础上运作的独立组织的发展及其对民主化的影响都有一定的借鉴意义。此外,不同政治制度给民间社会带来的挑战也不同。对撒哈拉以南非洲国家来说,国家和民间社会都具有非常强的外向性,也就是说它们常常依赖外界资助和支持进行活动。只要这种状况存在,民主目标就不大可能实现,发展也就面临严峻政治挑战。拉里·戴蒙德认为,民间社会通过以下途径对民主起加强作用:监控国家权力;鼓励公民参与政治;形成民主规范、促进宽容和互让;建立表达、收集和代表政党以外诉求和利益的方式,尤其是在地方层次;通过利益交叉或重合来缓解冲突;录用和培训政治领导;质疑和改革现成民主制度和程序以及传播信息。①

20世纪八九十年代以来,在全球民主化浪潮的推动下,用民间社会理论

---

① 转引自 Augustine Ikelegbe, "The Perverse Manifestation of Civil Society: Evidence from Nigeria," *The Journal of Modern African Studies*, Vol. 39, No. 1, 2001, p. 4。

研究非洲民主发展问题在国际学术界蔚然成风，已出版和发表多部专著和大量论文。[①] 从学者们的研究来看，民间社会在非洲的活动主要围绕要求实行政治与经济改革、建立负责任的政府、防止国家权力过度膨胀以及反对国家滥用职权等方面展开，采用的方式往往是民众动员、社会抗议、倡议和批评等。这些活动对政权和政策的变化、民主化、自由化与对公民权利的尊重都起了很大作用，可以说是民间社会对非洲民主化所起的促进作用。[②] 尽管如此，仍有众多学者指出非洲民间社会存在许多弱点，或者说不利于民主化的方面，概括如下。

其一，贫穷、腐败、裙带关系、地方民族主义、民族宗教冲突从整体上侵蚀着非洲社会。

其二，许多非洲国家的民间社会缺乏自我生存和自我维持能力，往往依赖国内外资助，结果受制于人，甚至变成外部势力插手国内事务的渠道。

其三，有些民间组织内部结构、运作方式缺乏民主观念，如参与、一致、竞争等，而这些对民主化都是不可或缺的。

其四，一些民间组织对政府工作、对公共政策的制定及其结果缺乏深入了解。[③]

20世纪90年代以来，有些民间组织仅仅关注本民族、本地区利益，主要由青年人组成，面对分歧往往诉诸暴力，成为许多国家局势动荡的主要因素之一。尼日利亚盛产石油的尼日尔河三角洲地区的民间组织为我们提供了

---

① 关于民间社会和非洲民主问题的著作主要有：John L. and Jean Comaroff, eds., *Civil Society and the Political Imagination in Africa*, Chicago and London: The University of Chicago Press, 1999; J. W. Harbeson, D. Rothchild and N. Chazan, eds., *Civil Society and the State in Africa*, Boulder, CO: Lynne Rienner Publishers, 1994; S. N. Ndegwa, *The Two Faces of Civil Society: NGOs and the Politics in Africa*, West Hartford: Kumarian Press, 1996; M. Mamdani and E. Wamba-dia-Wamba, eds., *African Studies in Social Movements and Democracy*, Dakar: CODESRIA, 1995.

② Augustine Ikelegbe, "Civil Society, Oil and Conflict in the Niger Delta Region of Nigeria: Ramifications of Civil Society for a Regional Resource Struggle," *The Journal of Modern African Studies*, Vol. 39, No. 3, 2001, pp. 439 – 440.

③ Augustine Ikelegbe, "The Perverse Manifestation of Civil Society: Evidence from Nigeria," *The Journal of Modern African Studies*, Vol. 39, No. 1, 2001, pp. 5 – 6.

## 第六章 民族宗教问题与尼日利亚民间社会

这方面的生动例证①。当然,不可否认,这些组织的出现有深刻背景,它们的诉求也有合理成分,但其对多民族国家(如有 200 多个族体的尼日利亚)的民族一体化进程以及民主化所产生的负面影响是显而易见的。正因为上述种种弱点,有些民间组织对非洲国家民主化会产生不利影响。

同非洲总体情况差不多,尼日利亚民间社会也存在不少弱点,表现如下。

第一,有些团体往往带有浓厚地方民族主义色彩,这就阻碍了它们形成一个代表性广泛的联合体来动员全国力量实现其目标。一些民权组织由于受地方民族主义等因素的影响而经常发生争吵,出现裂痕,因而在争取人权和民主的斗争中各自为政,缺乏效率。②

第二,从这些组织自身来看,不利于民主化的因素也不少,主要表现在:许多组织在组成和运行上缺乏内部民主、透明和责任制以及保证社团正常活动的合理程序;有的组织高度集团化,组织工作和管理工作不到位;有些团体实际上还不成熟,只是在拉各斯发布或散发公报、声明和宣传手册,根本没有群众基础和民众支持;有些团体甚至连一项完整议事日程都没有;还有许多民间团体甚至倡议反民主目标。

第三,一些民间组织为了得到捐助的资金,往往成为受西方资本控制的非政府组织的一部分。③

此外,20 世纪八九十年代以来,尼日利亚的民间社会出现了一些新特点,对民主化的负面影响更为严重,值得特别关注。具体来说,这些新特点主要表现在以下方面。

第一,暴力倾向增强。一些民间组织在同国家、同跨国石油公司或其他民间组织的关系发展中常常出现对抗行为,规模不等的暴力活动和破坏财产、捣毁石油生产设施以及绑架人质索要赎金的事件时有发生。这些组

---

① 参见 Augustine Ikelegbe, "Civil Society, Oil and Conflict in the Niger Delta Region of Nigeria: Ramifications of Civil Society for a Regional Resource Struggle," *The Journal of Modern African Studies*, Vol. 39, No. 3, 2001, pp. 439 – 440。

② Augustine Ikelegbe, "The Perverse Manifestation of Civil Society: Evidence from Nigeria," *The Journal of Modern African Studies*, Vol. 39, No. 1, 2001, pp. 10 – 11。

③ Bolanle Awe, "Conflict and Divergence: Government and Society in Nigeria," *African Studies Review*, Vol. 42, No. 3, 1999, p. 14。

织多由青年①控制或纯粹就是青年组织，并得到一些族内长者或政治领袖的支持。

第二，以族体或地域为基础的民间组织不断出现，数量巨大，影响颇大。豪萨－富拉尼族、约鲁巴族、伊博族三大主要族体的组织自不用说，数量众多的少数民族，特别是在尼日利亚石油主产区的尼日尔河三角洲地区的少数民族近年来都建立了自己的组织。在奥古斯丁·伊克勒格贝（Augustine Ikelegbe）对这一地区的民间社会进行分类②时，族体因素是其考虑的一个主要方面，可见这是尼日利亚民间社会的一个显著特点。

第三，地方民族主义和分离主义逐渐膨胀。这主要表现在更多少数民族要求建立自己独立的州，以保护自身权利并获得联邦政府更多拨款。这一趋势从尼日利亚行政区划的演变上面反映得非常清楚。③ 由少数民族问题引发的尼日利亚政府的建州计划使得行政区划越来越复杂，并助长了更多少数民族要求建立新州或地方政府辖区的呼声。此外，认为自己在政治上被边缘化的约鲁巴人和伊博人也表现出强烈分离主义情绪，有的甚至已诉诸行动。

第四，产油区尼日尔河三角洲少数民族组织要求得到石油收益中的更大份额或本地区石油资源控制权的斗争非常突出。

## 第二节 尼日利亚的民间社会

### 一 研究述要

伴随着东欧剧变和苏联解体，"民间社会"已成为欧美社科学术圈中的

---

① 在尼日尔河三角洲地区，"青年"一般指年龄为 14~40 岁的（有时也指年长一点的）未婚失业男性，有时也指部落组织中的激进分子或武装人员。
② 伊克勒格贝将它们分为以公社和族体为基础的公民组织、以族体为基础的青年协会、泛族体的民间社会以及环境和民权组织（主要是产油区的少数民族的组织）。关于这些组织的目标、诉求、具体行动以及活跃期等详细情况参见 Augustine Ikelegbe, "Civil Society, Oil and Conflict in the Niger Delta Region of Nigeria: Ramifications of Civil Society for a Regional Resource Struggle," *The Journal of Modern African Studies*, Vol. 39, No. 3, 2001, pp. 444-451。
③ 到 1996 年，尼日利亚州的数目已由 1967 年的 12 个增加到 36 个。

流行词。尽管欧内斯特·盖尔纳（Ernest Gellner）和亚当·塞利格曼（Adam Seligman）等学者认为，"民间社会"这个概念在包括非洲在内的非西方社会中可能并不怎么适用，但学术界对非洲国家民间社会的研究并没有止步不前。20世纪80年代中期，尼日利亚军政权的"还政于民"计划陷入僵局，整个国家出现严重的政治、经济和社会危机。在这一背景下，许多要求恢复民主和保护人权的组织非常活跃，它们为尼日利亚民间社会日后的发展壮大做了许多开创性的工作。上述社会现实也激发了学术界对尼日利亚民间社会研究的极大兴趣。当然，此时的"民间社会"更多的是仅仅作为与专制政府相对立的自由社团领域的概念来使用的。[1]

自20世纪90年代初以来，学术界对尼日利亚民间社会的研究呈现出如火如荼的场面，这与尼日利亚政治领域的激烈变革基本吻合。代表性的著作包括马修·库卡（Matthew Hassan Kukah）的《民主与尼日利亚的民间社会》[2]、拉里·戴蒙德等人的《没有尽头的过渡：巴班吉达时期的尼日利亚民间社会与政治》[3]等。奥古斯丁·伊克勒格贝对尼日尔河三角洲的民间社会进行了非常系统的研究，围绕尼日尔河三角洲地区民间社会的分类、特点、石油资源与冲突及妇女组织与资源冲突发表了多篇文章，有助于我们深入理解当前的热点问题"尼日尔河三角洲问题"。[4] 穆萨·阿布图杜（Musa Abutudu）将尼日利亚的民间社会划分为五类：行业组织、工会和利益集团，

---

[1] 参见 Sola Akinrinade, "On the Evolution of Civil Society in Nigeria," in Marlies Glasius, David Lewis and Hakan Seckinelgin, eds., *Exploring Civil Society: Political and Cultural Contexts*, New York: Routledge, 2004, p. 141。

[2] Matthew Hassan Kukah, *Democracy and Civil Society in Nigeria*, Ibadan: Spectrum Books, 1999.

[3] Larry Diamond, Anthony Kirk-Greene, and Oyeleye Oyediran, eds., *Transition Without End: Nigerian Politics and Civil Society under Babangida*, Boulder, CO: Lynne Rienner Publishers, 1997.

[4] Augustine Ikelegbe, "The Perverse Manifestation of Civil Society: Evidence from Nigeria," *The Journal of Modern African Studies*, Vol. 39, No. 1, 2001; "Civil Society, Oil and Conflict in the Niger Delta Region of Nigeria: Ramifications of Civil Society for a Regional Resource Struggle," *The Journal of Modern African Studies*, Vol. 39, No. 3, 2001; "Engendering Civil Society: Oil, Women Groups and Resource Conflicts in the Niger Delta Region," *The Journal of Modern African Studies*, Vol. 43, No. 2, 2005.

## 多维视野中的尼日利亚民主化研究

人权组织和非政府组织，原发性组织，商业团体，发展协会。[1] 关于尼日利亚民间社会的影响，多数著作重点关注的是民间社会在民主化进程中的作用和影响。此外，赛义德·阿德朱莫比（Said Adejumobi）对民间社会与尼日利亚联邦制进行了研究。[2] 托马斯·伊莫比菲（Thomas A. Imobighe）在《民间社会与尼日利亚民族冲突的处理》[3] 中还提出了通过民间社会来处理尼日利亚的民族冲突从而巩固尼日利亚民主的设想。索拉·阿金里纳德（Sola Akinrinade）对尼日利亚民间社会的演化历史做了深入系统的分析，将其概括为民间社会的兴起、集权统治下激进民间社会的觉醒、"还政于民"失败后激进民间社会力量的凝聚以及民主过渡之后的民间社会发展。[4] 乌斯曼·塔尔（Usman A. Tar）在其著作《非洲新自由民主政治：国家与尼日利亚的民间社会》中重点考察了"亲民主的"民间社会，包括受资助的公民组织、工人运动和行业协会。这类组织多发源于城市，城市知识分子和专业人士在其中占主导地位。[5] 托因·法罗拉与马修·西顿（Matthew M. Heaton）合著的《尼日利亚史》[6] 中，专设章节阐述1984~2007年的民间社会与尼日利亚民主过渡的历程。这在以往的历史著作中并不多见，显示作者更加注重从社会领域的发展变迁角度来研究历史，而不仅仅局限于政治、经济和外交等传统范畴。这与法罗拉之前出版的较通俗的同名著作[7]相比是一个显著的变化。

---

[1] 转引自 Said Adejumobi, "Civil Society and Federalism in Nigeria," *Regional and Federal Studies*, Vol. 14, No. 2, 2004, pp. 213–214。

[2] Said Adejumobi, "Civil Society and Federalism in Nigeria," *Regional and Federal Studies*, Vol. 14, No. 2, 2004, pp. 213–214.

[3] Thomas A. Imobighe, *Civil Society and Ethnic Conflict Management in Nigeria*, Ibadan: Spectrum Books, 2003.

[4] Sola Akinrinade, "On the Evolution of Civil Society in Nigeria," in Marlies Glasius, David Lewis and Hakan Seckinelgin, eds., *Exploring Civil Society: Political and Cultural Contexts*, New York: Routledge, 2004, pp. 141–148.

[5] Usman A. Tar, *The Politics of Neoliberal Democracy in Africa: State and Civil Society in Nigeria*, London: Tauris Academic Studies, 2009.

[6] Toyin Falola and Matthew M. Heaton, *A History of Nigeria*, Cambridge: Cambridge University Press, 2008.

[7] Toyin Falola, *The History of Nigeria*, Westport: Greenwood Press, 1999. 此书已出中译本，参见《尼日利亚史》，沐涛译，东方出版中心，2010。

第六章　民族宗教问题与尼日利亚民间社会

这样的章节安排，也说明尼日利亚民间社会是在20世纪80年代之后伴随着与政治变迁的紧密互动而受到学术界的进一步关注的。此外，对尼日利亚民间社会的研究多为综合性的研究，也有专门对某个影响力较大的组织进行个案研究的，如马克·埃格贝（Mark Egbe）对奥贡尼人生存运动的研究。[①]

就笔者所知，国内学界对尼日利亚民间社会的研究非常薄弱，尚无专著问世，仅有为数不多的几篇论文，主要涉及尼日利亚民间社会对民主化的影响[②]、尼日尔河三角洲少数民族组织[③]、宗教极端组织[④]等热点问题。笔者通过考察民间社会与民主化关系的一般理论以及尼日利亚民间社会与民主化的现实后发现，民间社会对民主化可能起到促进作用，也可能对其产生不利影响，因此并不必然促进民主化的发展；关键是要对所研究的民间社会的确切内容进行深入研究。20世纪90年代以来，尼日利亚的地方民族组织大量涌现，尤其是在盛产石油的尼日尔河三角洲地区。它们对尼日利亚的民主化产生了深远而复杂的影响：一方面，一些地方民族组织以和平方式提出合理诉求，要求政府进行政治、经济等方面的改革，这有助于推动民主化的发展；另一方面，许多地方民族组织以暴力手段谋求利益，有的甚至要求本民族脱离尼日利亚独立或按照民族界限重组联邦，这些对国家民族建构程度较低的尼日利亚民主化非常不利。

## 二　尼日利亚民间社会的类型

尼日利亚民间社会大致可以分为以下几类。[⑤]

其一，行业协会、劳工和学生组织。这一类民间组织的范围其实很宽泛，包括了传统意义上的许多施压团体。从历史来看，它们常常扮演着"社会良心"的角色，在英国殖民统治时期和后殖民时期，与英国殖民当局和尼

---

[①] Mark Egbe, *The State and Civil Society in Nigeria: A Case Study of the Movement for the Survival of the Ogoni People* (*MOSOP*), Lagos: Nigerian Institute of International Affairs, 2004.
[②] 李文刚：《民间社会对尼日利亚民主化的影响》，《西亚非洲》2004年第4期。
[③] 李文刚：《尼日利亚地方民族组织的缘起与演化》，《西亚非洲》2009年第9期。
[④] 李文刚：《尼日利亚：极端组织，沉渣泛起》，载张宏明主编《非洲发展报告 No.14（2011~2012）》，社会科学文献出版社，2012。
[⑤] 此处的分类法主要参考了CSI关于尼日利亚民间社会的调查报告。

日利亚国家发生过不同程度的冲突。该类组织有特定的会员群体，动员比较顺畅，力度也比较大。除学生组织和工会组织外，其成员大多来自尼日利亚的中产阶级。属于这一类型的民间组织主要包括尼日利亚律师协会（Nigerian Bar Association，NBA）、尼日利亚医学协会（Nigerian Medical Association，NMA）、尼日利亚工程师协会（Nigerian Society of Engineers，NSE）、大学学术人员工会（Academic Staff Union of Universities，ASUU）、尼日利亚劳工大会（Nigerian Labour Congress，NLC）、尼日利亚记者联盟（Nigerian Union of Journalists，NUJ）以及尼日利亚全国学生联合会（National Association of Nigerian Students，NANS）。限于篇幅，此处仅对尼日利亚劳工大会和尼日利亚全国学生联合会做简要介绍。

尼日利亚劳工大会是代表尼日利亚工人的最高一级的工会组织，其历史可追溯到1975年。当时，尼日利亚全国最大的四个工会的领导人决定组建一个庇护组织——尼日利亚劳工大会。穆塔拉·穆罕默德军政府认为这一倡议将对政府构成威胁，随即介入并叫停了该计划。为抑制工人运动，军政府随后亲自对全国的工会组织进行了改组。1000多个独立工会被并入官方认可的42个工会（后被缩减到29个），均隶属于1978年重组后的尼日利亚劳工大会。然而，对工会的改组并没有达到遏制工人运动的目的，军政府因此不断出台措施以控制尼日利亚劳工大会。例如，在1988年，面对"结构调整计划"所引发的大规模工人抗议活动，军政府解散了尼日利亚劳工大会的执委会并任命了新的领导班子。从1994年一直到1999年1月，尼日利亚劳工大会都是由军政府强加的监管委员会领导的。1999年1月，尼日利亚劳工大会的会员才选举产生了自己的领导班子。20世纪八九十年代，尼日利亚工业工人的数量减少很多，工会活动亦有所减少，但尼日利亚劳工大会仍是尼日利亚工人和公众的代表，在尼日利亚社会有着重要影响力。

尼日利亚全国学生联合会的前身是尼日利亚全国学生联盟，系尼日利亚国内外的学生会组成的一个全国性组织，隶属国际学生联盟（International Union of Students）。尼日利亚全国学生联盟是一个松散的组织，没有统一的意识形态，各个学生会可自由地就某事件表明自己的立场，无须征求上级组织的意见。20世纪60年代初,尼日利亚全国学生联盟常常对一些重大事件,如英国和尼日利亚的《防务条约》等直言不讳地发表意见。1978年,因反对当时的精英教育体制、倡导在全国实行教育民主化,尼日利亚全国学生联盟与军政府发生冲突,遭到取缔。1980年,该组织以新名称"尼日利亚全国学生联合会"进行了重组,会员包括尼日利亚大学、工学院、理工专科学校以及教育学院的所有学生。

其二,人权组织和亲民主组织。从尼日利亚民间社会的发展历史来看,人权组织和亲民主组织出现得相对较晚,大多是在20世纪八九十年代反抗军政权的专制统治和践踏人权的背景下产生的,其领导人多为有一定号召力的律师、学者和记者,成员主要是学生运动中的积极分子和左翼知识分子。人权组织和亲民主组织常常被誉为反抗军政权的"先锋"。在军政权长期执政的尼日利亚,这类民间组织非常多,影响力较大的包括公民自由组织(Civil Liberties Organisation,CLO)、保卫人权委员会(Committee for the Defense of Human Rights,CDHR)、宪法权利计划(Constitutional Rights Project,CRP)和人权联盟(League for Human Rights,LHR)。根据其功能和定位,我们还可对人权组织和亲民主组织做进一步的划分。例如,有以性别为基础、以女性权益为主要议题的组织,包括妇女援助集体(Women Aid Collective)、性别与发展行动(Gender and Development Action)、妇女权益促进和保护行动(Women's Rights Advancement and Protection Action)等。还有一些由学者建立的研究型组织,如发展政策中心(Development Policy Centre)、发展与民主中心(Centre for Development and Democracy)、非洲民主治理中心(African Centre for Democratic Governance)以及研究与文献中心(Centre for Research and Documentation)。

公民自由组织成立于1987年10月,总部设在拉各斯,是一个非政府、无党派的人权组织。其宗旨是在尼日利亚促进基本人权的实施和保护,监控人权和公民权状况,发布人权和公民权状况报告,在上述权利受到侵犯时为受害人提供法律帮助。公民自由组织增强了尼日利亚公众的人权和公民权意识,不时提醒政府注意其人权政策方面的过失。最为引人关注的是,公民自由组织替许多未经审判而被长期监禁的人进行斗争，一些人因此而重获自由。该组织还为许多支付不起打官司费用的尼日利亚穷人提供法律援助。公民自由组织还出版了一些书，其中包括《尼日利亚人权年度报告》(Annual Report on Human Rights in Nigeria)。

其三，原发性组织。这类组织建立的基础是族体、地域、宗教和宗派认同。它们可以说是尼日利亚历史上最早出现的民间组织，且经久不衰，生命力极其旺盛。这在很大程度上与尼日利亚的国情有关系。一方面，由于尼日利亚是非洲大陆民族宗教构成最为复杂的国家之一，民族整合历史不长，尼日利亚各民族对尼日利亚国家的认同程度尚不高，加之独立后的政治发展跌宕起伏，民族、宗教、地域认同被高度政治化，成为政客们捞取利益的工具；另一方面，生活困苦的尼日利亚民众往往借助上述认同来寻求心灵安慰或将之作为抗争的工具。换句话说，这也是地方民族主义的一种表现形式。此类组织具有强烈的"不利于公民的利益"的特征，因而从整体来看不利于民族国家的建设，特别是在国家的合法性受到质疑、国家严重损害"公民"权益之时。当前，尼日利亚石油主产区尼日尔河三角洲无数少数民族的各类组织与跨国石油公司和国家的对抗就是鲜明的例证。在尼日利亚，民族、宗教、地域认同具有高度的关联性，尼日利亚政治生活中的所谓"六大地缘政治区"就是基于这一现实而出现的。上述少数民族组织集中分布在南南区。这与历史上该地区少数民族有结社的传统也有一定的关系。

尼日利亚是多宗教国家，其中伊斯兰教与基督教的关系比较复杂，竞争、冲突及和平共处等各种关系都存在。建立在宗教基础上的组织主要分为两大类：一类是伊斯兰教组织，另一类是基督教组织。当前影响最大的宗教组织主要包括：伊斯兰胜利组织（Jamaatu Nasril Islam，JNI）、尼日利亚穆斯林妇女联合会（Federation of Muslim Women of Nigeria，FOMWAN）以及尼日利亚基督教协会（Christian Association of Nigeria，CAN）。此外，许多宗教组织是按照性别来组建的，尤其是在农村地区。这些组织关注的重点是尼日利亚的民主化、政府的责任和透明度等议题。

伊斯兰胜利组织是尼日利亚北方的穆斯林领导人在1962年建立的。1962～

1970 年,尼日利亚著名伊斯兰教学者阿布巴卡尔·古米担任其领导人。该组织的名人还包括素丹·易卜拉辛·达苏基(Sultan Ibrahim Dasuki)。伊斯兰胜利组织的宗旨是在尼日利亚推进伊斯兰事业,促进不同派别穆斯林之间的团结。从成立之时到 1966 年的这段时间是伊斯兰胜利组织最为辉煌的时刻。在 1966 年尼日利亚军事政变中贝洛遇刺身亡后,该组织的领导人古米与苏非教团的领导人龃龉不断,导致伊斯兰胜利组织的分裂。古米批评伊斯兰胜利组织未能坚持严格的伊斯兰教教义,鼓励弟子另起炉灶,其弟子组建了"伊扎拉"(Izala)。伊斯兰胜利组织还经常对伊斯兰苏非主义的提加尼教团和卡迪里教团进行语言攻击。伊斯兰胜利组织的活动主要包括促进伊斯兰教育、开展人道主义活动以及发行周报(*Haske*)。到 20 世纪 70 年代末,伊斯兰胜利组织与"伊扎拉"相比已黯然失色。

其四,商业组织。民间商业组织在尼日利亚经济主要部门,如制造业、农业、金融业和石油业中普遍存在,有代表性的如尼日利亚工商会(Nigerian Chambers of Commerce and Industry,NCCI)、尼日利亚手工业者协会(Manufacturers Association of Nigeria,MAN)、尼日利亚农场主全国协会(National Association of Nigerian Farmers,NANF)以及雇主咨询小组(Employers Consultative Group,ECG)。从总体上讲,各商业组织对尼日利亚历届政府的市场改革政策非常支持,但其具体立场或有所不同。

其五,志愿和互助组织。这类民间组织有许多共同特征:虽然在城市影响力也较大,但在农村地区最为活跃;常常与扎根在民众之中的组织合作,可被称作传统和"新传统"组织;依照年龄和性别的不同组织得井然有序。志愿和互助组织建立的初衷主要是增强其成员的经济能力,如为会员争取贷款、增加收入,或代表会员和社区从事发展和福利方面的活动。一些尼日利亚学者认为,志愿和互助组织在尼日利亚很流行,也很强大,其在普通民众中有很高的认同度,成为当代尼日利亚社会革新的一大动力源泉。

尽管尼日利亚民间社会的基本目标都是保护和促进各自领域的"狭隘"利益,但在许多情况下,其自身利益会与社会更广泛的利益交织在一起,因而不可避免地处于同国家对抗的境地,反对国家出台的并不受民众欢迎的社会经济政策。例如，民间社会对布哈里军政府高压专制统治的反抗就是一个非常典型的例子。布哈里军政府为应对尼日利亚政治、经济和社会危机出台的种种严厉高压措施，虽然出发点是好的，但对改善占人口绝大多数的普通尼日利亚民众的生存状况几乎没有任何有益帮助，他们早已被前几届政府的压制措施和社会混乱折腾得困苦不堪。面对布哈里的高压统治，尼日利亚的民间组织，如尼日利亚律师协会、尼日利亚全国学生联合会以及尼日利亚劳工大会等，并没有退缩，而是一如既往地展开同专制政府的斗争。军政府虽规定罢工非法，但面对政府的大范围裁员、居高不下的失业率以及微薄的报酬，尼日利亚劳工大会组织的罢工此起彼伏。对于反对声音，布哈里一律使用暴力压制，许多批评人士和民间组织领导人遭到监禁。尼日利亚学生反对军政府削减学生补贴的抗议也遭到军政府的武力镇压，不少学生在同军警的冲突中丧生。尼日利亚全国学生联合会遭到军政府的取缔后，仍组织学生举行罢课活动，要求在全国各级学校实行免费教育，伊洛林、乔斯和贝宁三所大学因此被军政府关闭。布哈里军政府的铁腕统治并没有缓解尼日利亚面临的危机，也没有给尼日利亚民众创造多少就业机会和改善他们的生存状况，逐步失去了民间社会的支持。又如，2012年1月，联邦政府宣布削减对进口燃料的补贴后，数以万计的尼日利亚人举行抗议示威活动，大罢工持续一周时间，工会力量的强大可见一斑。一项燃油政策的调整何以引发如此大的社会动荡？原来，早在1978年2月重组时，尼日利亚劳工大会就将反对任何显著提高油价的政策并进行相应的大罢工作为其最主要的活动之一，因为高油价对尼日利亚脆弱的工商业无疑是釜底抽薪。同时，尼日利亚人的生活都会受到影响。故此，生活困苦的尼日利亚民众很快将对燃料价格的不满转化成对政府腐败、无能的愤怒，与工会的大罢工相呼应。在强大的压力面前，乔纳森总统不得不采取措施来应对贪污腐败问题，尤其是在石油领域。

### 三 尼日利亚民间社会的基本特点

概括来说，尼日利亚民间社会有如下特点。

其一，尼日利亚民间社会历史悠久，覆盖范围广，影响力大。

## 第六章 民族宗教问题与尼日利亚民间社会

在尼日利亚，国家之外的社群生活和组织有着悠久的历史。在当地社会中，尤其是西南部约鲁巴族和东南部的伊博族中，建立社团的倾向尤为明显。例如，伊博人聚居地在历史上并没有演化出国家的形态，但这并不是说尼日利亚东部地区的文明发展水平低下。研究发现，该地区正是通过各种各样的"长者会"、村落大会之类的组织运行得井井有条，村民亦能参与管理村落事务的过程并畅所欲言。此外，大量与法律相关的事务还往往由秘密会社负责，公共事务由根据年龄组成的协会负责。发源于最底层的各类组织在殖民统治时期依然起作用，而结社的传统在城市化造成的宽广空间中得到进一步发展，除最初的"家乡会"（hometown association）、"同族会"，还逐步出现了超越民族、地域和宗教分野的各类行业组织和专门组织，形成现代意义上的民间社会。尼日利亚许多正式的民间组织多以城市为中心，因为其开展活动需要城市的基础设施来支持。但农村地区传统的各类组织并没有在现代化的发展中消失，它们依然在尼日利亚的社会变迁中发挥积极作用。从这个意义上我们甚至可以说，尼日利亚民间社会基本上覆盖了整个人口。尼日利亚民间社会数量众多，其持久的生命力在于它们能够给尼日利亚人提供各式各样的帮助和服务。这在长期受军政权统治的尼日利亚非常重要，在压抑的政治气氛、糟糕的经济状况和腐败盛行、贫富悬殊等问题面前，尼日利亚人需要能自由呼吸的空间、获得心灵慰藉的场所和奋起抗争的平台。正是在各类民权和民主组织的领导下，尼日利亚人最终迎来了久违的民主政府，民间社会也迎来了宽松的发展空间。但是，受各种因素的制约，尼日利亚还是一个高度分化的社会，凝聚力不强，这在多民族、多宗教和多元文化的非洲一些国家中是普遍现象。这种状况对民间社会的发展并不利，其在当前尼日利亚最突出的表现就是，尼日尔河三角洲多如牛毛的民间组织对尼日利亚国家发展的复杂影响。只有尼日利亚的民族国家认同感得到增强，民族一体化建设不断取得进展，民生领域的积弊逐步得到纠正，尼日利亚民间社会才能迎来健康的发展环境，才能在尼日利亚社会经济发展中发挥更为积极的作用。

其二，尼日利亚民间社会的分布有一定的地域特点。如前所述，民间社会虽然遍布尼日利亚的城市和农村,但在各地区还是有一定的差异。这与各地的历史文化传统、经济发展水平有一定的关系。例如,在尼日利亚西南部,无论是城市还是农村,民间社会的数量都很多;在东南部,在民间社会中占主导地位的是按照性别和年龄建立的传统组织,多分布在农村;在北部,宗教组织和传统的社群占主导地位。① 当然,为响应尼日利亚政府的各项发展政策,过去10年,尼日利亚社会非常活跃,民间社会活力大增。这种状况或将对尼日利亚民间社会的地域分布产生一定影响。

## 四 尼日利亚民间社会的发展趋势

民间社会在尼日利亚有悠久的历史,在与军政权独裁统治的斗争中不断发展壮大,在民主化进程中发挥了独特的作用。就其发展前景来看,我们似可得出以下几个判断。

其一,尼日利亚民间社会将呈现迅猛的发展势头,仍将呈现鲜明的地域色彩。从尼日利亚民间社会雏形的缘起来看,先是由小及大,由点到面,再发展出了一些全国性的民间组织。这一基本规律在今后仍可能起作用。但是,尼日利亚社会是一个高度分化的社会,由此决定了民间社会的一些原发性特征仍会比较明显。具体而言,从地域看,全国明显呈现出北部(包括中部地带)和南部(西南部和东南部)的区分。即使尼日利亚的行政区划经历了数次调整以试图削弱各大区对联邦中央政府的威胁,这个国家目前在涉及政治事务时仍以六大地缘政治区为风向标仍是不争的事实。尼日利亚现代民族国家建设仍在进行,各民族对尼日利亚国家民族的认同仍不高;地方民族认同仍具有重要地位,这在一些发展程度不高的小民族中尤为如此。尼日利亚主体民族中的伊博族自尼日利亚内战后在政治领域被边缘化,这也是时至今日仍有一些伊博人抱有恢复"比夫拉共和国"幻想的原因之一。另外基督教与伊斯兰教的纷争仍难以被平息,伊斯兰教内部的派别之争、伊斯兰主义的兴起、当前以"博科圣地"为代表的宗教极端主

---

① Action Aid Nigeria, The Development Information Net, and UNDP, *Civil Society in Nigeria: Contributing to Positive Social Change*, Abuja, 2007, p. 38.

## 第六章　民族宗教问题与尼日利亚民间社会

义的沉渣泛起、宗教极端组织与恐怖主义的结盟或蜕变为恐怖组织，均给尼日利亚的宗教组织带来多方面的影响。由于"民族－宗教－地域"分野在相当长的一段时间内仍是尼日利亚社会的现实，加之城乡差距大、贫富悬殊、腐败现象严重，除一些较有影响力的全国性组织外，尼日利亚民间社会难以形成一股统一的力量。

其二，尼日利亚民间社会寻求联合的趋势有所加强。1999 年 5 月尼日利亚实现文官政府统治之后，尼日利亚民间社会的活动重心有所变化，不少组织开始建立联盟和网络，就其共同关心的议题开展活动。尼日利亚还一度出现过全国性的民间组织的庇护组织，如全国非政府组织协商论坛（National NGO Consultative Forum）和全国志愿发展组织协会（National Association of Voluntary Development Organisations）。这两个组织存在的时间并不长，这表明许多组织倾向于围绕具体的事务或关心的话题建立联盟。这种趋势在今后会更为明显。目前，尼日利亚民间社会联盟主要包括：全民教育民间社会行动同盟（Civil Society Action Coalition on Education for All），包括 300 多个致力于实现"全民教育"目标的民间组织；宪法改革公民论坛，包括 100 多个要求改革尼日利亚 1999 年宪法的民间组织；选举改革网，由 80 多个致力于改革尼日利亚选举体系的民间组织组成；全国妇女协会理事会（National Council of Women Societies），是一些妇女组织的庇护组织；刑罚改革非政府组织（The Penal Reform NGOs），由 85 个非政府组织在 1997 年成立，主要活动领域是尼日利亚刑罚体系的改革；尼日利亚女权主义者网络（Feminist Network of Nigeria），由反对父权制社会的组织和个人组成；消除贫困民间社会联合会（Civil Society Coalition on Poverty Eradication）；零腐败联盟（Zero Corruption Coalition），活跃在反腐败和促进提高政府的透明度和责任感领域；支持穷人治理网络（Pro-Poor Governance Network），关注的是政府出台的对尼日利亚底层穷苦民众会产生直接影响的各项政策。此外，还有关注尼日利亚艾滋病和艾滋病病人生存状况、努力扩大妇女在全国性事务中的平等权的民间社会联盟。不难看出，这些民间社会联盟大多关注的是与尼日利亚民众，特别是与弱势群体息息相关的民生和社会发展领域的具体议题，因此在进行社会动员时有很强的群众基础。只有在这些组织的大力推动和参与下，尼日利亚社会才会不断走向进步。

其三，尼日利亚民间社会未来发展还面临一些制约因素。从政治环境看，民主体制总体上有利于尼日利亚民间社会的发展。尼日利亚宪法保障公民的结社、言论、信仰的自由和各项基本政治权利，但违反宪法的事例仍屡见不鲜。在历次大选中，不少尼日利亚民众都受到暴力或恐吓威胁，而选举中的腐败、违规现象让不少尼日利亚人对民主体制信心不足。从社会经济环境看，贫困（尤其是妇女和农村居民贫困）、民族宗教冲突、艾滋病的流行、高文盲率以及信息技术基础设施的不足，均对民间社会的发展造成负面影响。此外，尼日利亚民间社会还面临法律法规方面的一些限制，特别是那些对政府持批判态度的民间组织。

其四，尼日利亚民间社会与政府的关系日益呈现多元化趋势。从总体来看，尼日利亚民间社会享有较高的独立性，但这种独立性有时会受到政府立法或新设立的政府机构的影响。由于尼日利亚尚没有一部专门针对民间社会活动的立法，一些政府机构就出台临时性的政策来控制民间社会的活动。民间社会在社会经济发展领域的活动一般不会受到政府的过多控制，但在政治领域，尼日利亚政府一般不大情愿将民间社会视作在促进民主、良政和发展方面的伙伴。尼日利亚政府虽有专门负责民间社会事务的官员，但政府与民间社会的常规性的沟通渠道并不存在，这就限制了双方交流思想和传递信息。但是，由于民间社会的重要作用，尼日利亚政府也会在许多场合就某些社会和政治规划征求民间社会的意见。例如，在2003年大选的准备阶段，尼日利亚总统府就发起过与民间社会对话的倡议。此外，尼日利亚全国独立选举委员会也有一个与民间社会对话的平台，尼日利亚国民议会也就预算监督等事务征求民间社会的意见。尼日利亚民间社会一般不会轻易得到政府的资助，但在地方一级，政府通常会在一些重大事务（如增强公民防范艾滋病意识、预算监督以及公民教育）方面寻求与民间社会的合作。那些接受了政府资助的民间组织往往会被其他民间组织视作失去了其可信度。总之，当前尼日利亚民间社会与政府的关系不再像军政权时期那样呈现出更多的对抗性，而是在保持独立性的同时与政府合作，甚至寻求政府的支持。尼日利亚政府也看到民间社会的强大力量，也表现出与民间社会对话和合作的意愿，这在解决悬而未决的尼日尔河三角洲问题中表现得非常明显。从发展趋势来看，民间社会与政府关系的多元化趋势将会日益明显，特别是在需要民众支持和广泛参与的社会经济发展领域。

其五，尼日利亚民间社会与外界的联系将进一步增强。随着全球化的不断深化以及信息技术的大发展，地球任何一个角落发生的重大事件能在很短时间里传到尼日利亚，反之亦然。近年来，尼日利亚电信业的发展表现得非常抢眼，尼日利亚手机用户数仅次于南非，成为非洲第二大电信市场[1]，越来越多的尼日利亚人能通过移动通信工具获取各种信息，一些民间组织可以借助现代化的联系方式进行社会动员，开展各项活动。例如，活跃在尼日尔河三角洲的少数民族武装组织多通过互联网向外界传递信息，或接受外界新闻媒体的采访。尼日利亚人口众多，在欧美有不少来自尼日利亚的移民，中国等新兴经济体也吸引了人数不少的尼日利亚等非洲国家的移民。这些人往往同国内保持着密切的联系。他们在国外的亲身经历也成为同胞开阔视野的一个渠道。此外，如前所述，尼日利亚一些民间组织与境外的一些组织有着密切的联系，有些国际组织直接在尼日利亚开展活动，尼日利亚的本地组织借助国际组织扩大其影响力往往能起到事半功倍的效果。凡此种种，均从不同角度增强了尼日利亚民间社会与外界的联系。

## 第三节　民族宗教问题与民间社会（20世纪20年代至90年代）

尼日利亚民族问题对民间社会的影响主要表现在大量地方民族组织的出现上。尼日利亚独立前的地方民族组织是在内忧外患的双重压力下，由尼日利亚新兴阶级的代表及有远见的酋长建立的，具有反对殖民主义、寻求本民

---

[1] EIU, *One-click Report: Nigeria*, October 3, 2023, https://viewpoint.eiu.com/analysis/geography/XN/NG/reports/one-click-report/.

族复兴和发展的积极意义。但这些具有浓厚地方民族主义色彩的组织很快被"政治化",成为政治家们争夺独立后尼日利亚国家政权的工具。20世纪90年代以前地方民族组织的大量发展,为20世纪90年代以来地方民族组织对尼日利亚民主化施加影响积聚了力量。

## 一 尼日利亚独立前的地方民族组织

从历史来看,尼日利亚许多民族有建立协会或社团的传统,这在西南部的约鲁巴人和东南部的伊博人中尤为突出。这些社团出现的主要目的是促进和保护各自在政治、经济、宗教,甚至是休闲娱乐领域的共同利益。在国家和家庭之外出现的现代社会空间在尼日利亚的起源要追溯到殖民统治时期。当时,在殖民地逐步出现一些教育、文化、社会性质的团体。这些可被视为民间社会在尼日利亚的萌芽。但在当时的环境中,它们缺乏组织性和积极性,自我意识淡漠,还谈不上为自身利益发起社会运动。[1] 按照一些学者的观点,民间社会的一个基本特征就是进行社会动员;"默默无闻"、外界听不到其声音的组织,还算不上真正的民间社会,只能被称作萌芽。

现代社会空间或领域的出现与城市化密不可分。英国殖民统治时期,在尼日利亚出现的一个显著变化就是快速城市化,主要是围绕殖民统治中心、工商业中心和交通枢纽而向周围扩散的。例如,拉各斯人口在1931年估计只有126000人,到1951年已增至274000人,在独立初期的1963年超过675000人。又如,东部地区在1931年没有人口超过26000人的城市,但到1952年,人口超过50000人的城市就有4个。[2] 随着越来越多的尼日利亚人不断迁徙到城市,为满足不同的需求和保护新来者的利益,他们建立了一些自发性组织,其中族类组织(ethnic association)最为突出,并在新的城市中心中发挥了非常重要的作用。通常,第一代本土知识分子帮助建立这些组织

---

[1] Augustine Ikelegbe, "The Perverse Manifestation of Civil Society: Evidence from Nigeria," *The Journal of Modern African Studies*, Vol. 39, No. 1, 2001, p. 7.
[2] Toyin Falola and Matthew M. Heaton, *A History of Nigeria*, Cambridge: Cambridge University Press, 2008, p. 155.

## 第六章　民族宗教问题与尼日利亚民间社会

并成为它们的领导者。在其不懈努力下，在城市中心中出现的公共空间得到持续不断的增长。由于英国殖民政府在经济、教育和社会福利等领域所能提供的服务非常有限，在尼日利亚全国各地，尤其是在西南部和东南部，许多地方、族体、宗教、社会发展和福利组织纷纷出现，以填补殖民统治造成的真空，其中一个重要领域就是教育。[1]

民族觉醒和民族解放斗争催生了尼日利亚的民间社会。在反对英国殖民统治、争取民族独立的斗争中，各种组织如雨后春笋般涌现，比较著名的有 1920 年成立的英属西非国民大会（Congress of British West Africa）、1925 年在伦敦建立的西非学生联盟（West African Students Union, WASU）、成立于 1934 年的拉各斯青年运动（后来发展为尼日利亚全国性多民族政党尼日利亚青年运动）等。[2] 可以说，民族独立运动时期是尼日利亚民间社会发展的一个黄金时期。上述组织的一个共同特点就是，它们都是由多个族体中的进步力量特别是青年学生建立的。这种代表性相对广泛、多族体的组织为尼日利亚民族独立运动思想的传播起了积极推动作用。

另外，以地域、单个族体为基础的民间组织在尼日利亚一些城市大量涌现。理查德·斯克拉（Richard L. Sklar）指出，这些"族体协会"（ethnic group association）或"部落联盟"（tribal union）是在尼日利亚民族主义发展过程中出现的，与乡村的一些组织保持着密切联系，为城镇与乡村的交流提供了一个渠道，各种新观念和信息通过这一渠道从城镇传递到各个乡村。[3] 在尼日利亚所有族体中，只有豪萨－富拉尼人没有建立这种地方民族组织，这或许反映出伊斯兰教作为一种凝聚和统一的力量在豪萨－富拉尼人社会中的牢固地位。建立在族体基础之上的组织在尼日利亚的最高层次就是"泛部落"组织（pan-tribal association），即将一个族体的不同部落尽可能地按照文

---

[1] Sola Akinrinade, "On the Evolution of Civil Society in Nigeria," in Marlies Glasius, David Lewis and Hakan Seckinelgin, eds., *Exploring Civil Society: Political and Cultural Contexts*, New York: Routledge, 2004, p. 142.

[2] Toyin Falola, *The History of Nigeria*, Westport: Greenwood Press, 1999, pp. 82-89.

[3] Richard L. Sklar, *Nigerian Political Parties: Power in an Emergent African Nation*, Princeton: Princeton University Press, 1963, pp. 64-65.

化和语言上的亲缘关系联合起来,主要目的是促进本族体的教育发展,也有一些地方民族组织变得高度政治化。①

尼日利亚第一个泛族体组织成立于1928年,是由尼日利亚东部一些讲伊比比奥语(Ibibio)的人建立的,主要目的是促进伊比比奥人的教育发展。到了20世纪30年代,伊博人的组织在一些大城市如哈科特港和拉各斯等开始建立,其中1934年建立的拉各斯伊博联盟(Ibo Union of Lagos)后来成为尼日利亚与喀麦隆国民会议的支柱力量之一。泛伊博族组织从一开始就有一定的政治诉求。例如,1944年6月,拉各斯伊博联盟向尼日利亚总督请愿,要求将尼日利亚立法委员会中伊博人的代表名额由1人增至6人,理由是对尼日利亚400多万伊博人来说,仅有1人作为他们的代表,比例严重失调。② 为了增强自己的影响力,拉各斯伊博联盟随即决定成立伊博联邦联盟(Ibo Federal Union),以便统一尼日利亚所有伊博人的地方性组织。

1945年,在英国的一群约鲁巴族青年发起了一场旨在促进约鲁巴人团结的运动,最终促成以约鲁巴人为基础的民间组织的出现。斯克拉指出,促使泛约鲁巴族组织出现的因素主要有两个:其一,一些开明的约鲁巴族首领渴望尽早结束自19世纪以来困扰约鲁巴地区的部落对抗和战乱;其二,为了改革英国殖民主义者强加在约鲁巴人头上的威权统治体系。③ 此外,泛约鲁巴族运动的出现与奥巴费米·阿沃勒沃的个人影响力密切相关。1945年,在英国留学的阿沃勒沃写了一本名为《尼日利亚的自由之路》的著作,对英国在尼日利亚的殖民统治政策提出了批评,倡导各族体争取地方自治(home rule)的权利。阿沃勒沃认为,尼日利亚应建立联邦制国家来统一建立在族体亲缘(ethnic affinity)关系基础之上的若干国家;泛族体团结是政治进步

---

① Richard L. Sklar, *Nigerian Political Parties: Power in an Emergent African Nation*, Princeton: Princeton University Press, 1963, pp. 64 – 65.

② Richard L. Sklar, *Nigerian Political Parties: Power in an Emergent African Nation*, Princeton: Princeton University Press, 1963, pp. 64 – 65.

③ Richard L. Sklar, *Nigerian Political Parties: Power in an Emergent African Nation*, Princeton: Princeton University Press, 1963, pp. 65 – 66.

第六章　民族宗教问题与尼日利亚民间社会

的一个先决条件,因此首先要彻底摧毁部落主义(tribalism)和宗族团结(clannishness)。1945年,阿沃勒沃与其他几名约鲁巴人在伦敦发起成立"奥杜杜瓦后裔协会"(Egbe Omo Oduduwa)。[①] 为壮大自身实力,1948年2月,奥杜杜瓦后裔协会对外宣称是一个非政治性文化组织,向约鲁巴族男女都开放。同年6月,一些约鲁巴族知名人士在有"约鲁巴人摇篮"之称的伊费集会,正式宣布成立奥杜杜瓦后裔协会。

奥杜杜瓦后裔协会虽自称在政党政治中保持中立,但在尼日利亚与喀麦隆国民会议看来,约鲁巴人的这个组织在政治上对自己是一个威胁,于是便通过其喉舌《西非领航员》发表了多篇劝说人们不要相信奥杜杜瓦后裔协会的专栏文章。1948年6月中旬,支持阿齐克韦和尼日利亚与喀麦隆国民会议的约鲁巴人成立了约鲁巴联邦联盟(Yoruba Federal Union),反击奥杜杜瓦后裔协会的宣传。奥杜杜瓦后裔协会的发言人指责约鲁巴联邦联盟是伊博人控制的组织,其目的是想从政治上分裂约鲁巴人。与此同时,伊博人被广泛动员起来以支持阿齐克韦。拉各斯的伊博人组织和约鲁巴人组织纷纷举行集会,恶语相加,互相攻击,双方的舆论宣传工具《西非领航员》和《每日新闻》也加入了这场充满敌意的斗争。

1948年12月,泛伊博族大会在哈科特港召开,会议宗旨是将讲伊博语的各个群体依照尼日利亚与喀麦隆国民会议《自由宪章》组建为一个政治组织。这次大会最主要的成果就是伊博国家联盟(Ibo State Union)的建立。尼日利亚与喀麦隆国民会议虽宣称自己是一个全国性政党,但阿齐克韦同时担任伊博国家联盟主席,多名伊博国家联盟成员在尼日利亚与喀麦隆国民会议中担任要职。这种状况使得尼日利亚与喀麦隆国民会议处于非常尴尬的境地,其反对者认为它是一个受伊博人控制的政党不无道理。奥杜杜瓦后裔协会创始人虽是接受过西方教育的现代知识分子,但他们也看到传统部落酋长的影响力,因此便努力说服约鲁巴地区的酋长加入该组织。在看到泛约鲁巴族团结所形成的强大文化号召力和约鲁巴族青年精英们的政治、经济实力

---

[①] Richard L. Sklar, *Nigerian Political Parties: Power in an Emergent African Nation*, Princeton: Princeton University Press, 1963, p. 67.

· 271 ·

后，许多酋长纷纷加入。奥杜杜瓦后裔协会还有一个作用，就是调解酋长与酋长、酋长与社团之间的冲突。与此同时，尼日利亚东部伊博人地区的伊博国家联盟也扮演了调停族体冲突和维持和平的角色。泛族体组织的创建标志着尼日利亚社会和政治一体化的开始。但是，这些泛族体运动和组织很快被政治化，"具有党派性质的文化民族主义将吞没倡导尼日利亚团结的民族主义理想"[1]。

尼日利亚独立前，北区豪萨－富拉尼人没有建立自己的族体组织，但在中部地带情况有很大不同，许多人往往习惯于错误地将北区看作一个单一整体而忽视这一重要事实[2]。中部地带面积占北区面积一半多，主要包括北区6个南部省，即阿达马瓦省、贝努埃省、高原省、尼日尔省、伊洛林省和卡巴省。从民族构成与宗教信仰来看，中部地带的族体大致可分为三种类型：①所讲语言不同于豪萨语的族体，如比罗姆族（Birom），他们一般信仰基督教或非洲传统宗教；②信仰伊斯兰教但讲自己的民族语言的族体，如努佩族和伊洛林的约鲁巴族；③更多的是既非穆斯林又不讲豪萨语的族体，如蒂夫族。北区中部地带出现的具有代表性的族体组织有1938年成立的蒂夫族进步联盟（Tiv Progressive Union）[3] 和1945年成立的比罗姆族进步联盟（Birom Progressive Union）[4]。此外，还有几个少数民族也建立了自己的地方民族组织，它们最终演化成北区的几个小政党。尼日利亚北区中部地带族体组织的凝聚力虽很弱，但这一地区少数民族运动所表现出的势头很强劲，主要是因为该地区的族体运动得到两个较大族体蒂夫族和比罗姆族的一贯支持，这两个族体担心豪萨－富拉尼人会凭借数量优势对他们实行文化霸权和政治奴役。此外，数量众多的基督教组织在尼日利亚中部地带的活动对该地区少数

---

[1] Richard L. Sklar, *Nigerian Political Parties: Power in an Emergent African Nation*, Princeton：Princeton University Press, 1963, p.72.

[2] 一些人在看尼日利亚西区和东区时，也容易犯同样错误。这就大致可以解释为什么在提到尼日利亚民族问题时，人们往往倾向于将其简化为三大区（或南北方）的矛盾、三大族体之间的矛盾或北方穆斯林和南方基督徒的矛盾。这种过于简单的看法与现实有很大差距。

[3] 1944年成为尼日利亚与喀麦隆国民会议的组成部分之一。

[4] 比罗姆族进步联盟除倡导泛比罗姆族团结外，还要求在乔斯高原（Jos Plateau）侵占比罗姆人的土地开采锡矿的英国公司向比罗姆人做出公正赔偿。

## 第六章　民族宗教问题与尼日利亚民间社会

民族运动的兴盛也起了一定的推动作用。① 这一因素也导致阿米努·卡诺领导的北方进步力量联盟在中部地带扩大影响力的努力收效甚微。豪萨-富拉尼人起初虽没有建立自己的族体组织，但在20世纪50年代前后，他们所建立的北方人民大会党却带有浓厚地方民族主义色彩。此外，北区一些少数民族组织也依附于北方人民大会党，如伊多马国家联盟（Idoma State Union）、伊格比马部落联盟（Igbima Tribal Union）和伊加拉部落联盟（Igala Tribal Union）等。②

由于尼日利亚族体与宗教关系密切，在民族独立运动时期，主要政党的领导人也利用宗教组织来壮大自己、遏制对手。例如，1957年，行动派领导人在西区成立了统一穆斯林理事会（United Muslim Council），以遏制北方人民大会党的同盟军——全国穆斯林联盟（National Muslim League）③ 在西区的影响。在尼日利亚西南部，特别是在伊巴丹和拉各斯，伊斯兰教组织的领导人则根据时局变化，不断转换所支持的政党领导人。在尼日利亚东区，东尼日利亚天主教理事会（Eastern Nigeria Catholic Council）和新教公民大会（Protestant Citizens Convention）都受到尼日利亚与喀麦隆国民会议的影响，但这两个组织在教区学校获取公众支持这一问题上的分歧导致二者龃龉不断。④ 在尼日利亚北区中部地带少数民族聚居区，基督教组织在抵制伊斯兰教影响方面发挥了很大作用。顺便指出，在豪萨-富拉尼人聚居区，伊斯兰教苏非教团两大派别"卡迪里亚派"和"提加尼亚派"的影响力很大。这两个派别的绝大多数信徒支持北方人民大会党，但"提加尼亚派"中的一支"左派"支持的是北方人民大会党的反对派——在宗教和政治上更为激进的北方进步力量联盟。此外，在尼日利亚北部一些地区，一些正统伊斯兰教教师也建立了自己的宗教组织并与北方人民大会党保持密切联系。例如，在卡

---

① Richard L. Sklar, *Nigerian Political Parties: Power in an Emergent African Nation*, Princeton: Princeton University Press, 1963, p. 348.
② Richard L. Sklar, *Nigerian Political Parties: Power in an Emergent African Nation*, Princeton: Princeton University Press, 1963, p. 386.
③ 后称"全国解放联盟"（National Emancipation League）。
④ Richard L. Sklar, *Nigerian Political Parties: Power in an Emergent African Nation*, Princeton: Princeton University Press, 1963, p. 466.

诺，保守的伊斯兰教教师往往将在卡诺定居的非当地人（大多是伊博人）视作对宗教纯洁性的一大威胁。斯克拉认为，这一看法对 1953 年的"卡诺骚乱"负有一定责任。①

## 二 民间社会与军政权

1960 年 10 月 1 日尼日利亚赢得政治独立后，复杂的权力斗争使得民间社会中的许多团体逐渐变成政党争权夺利的工具，得到区政府保护。当然，这并不是说尼日利亚的民间社会全都失去了活力。事实上，劳工组织、学生组织和媒体组织表现得都非常活跃。尼日利亚独立后不久，第一共和国（1960～1966 年）就被军政权所取代。此后，军事政变、军人专政以及"没有尽头"的"还政于民"计划在尼日利亚政治生活中长期占据主导地位。尼日利亚政治中的这些痼疾使得民主化进程和民族国家一体化进程异常曲折。军政权不仅不会容忍对其会构成威胁的民间社会的发展，还采取种种措施限制它们的自主行动，践踏人权和法制。军政权对工人组织、媒体和社会其他力量的批评往往采取控制或镇压的策略，这无疑会削弱和损害民间社会的发展。②

20 世纪 80 年代，尼日利亚的民间社会又被重新唤起，主要有以下因素：①长期的经济不景气使尼日利亚人的生活更困苦，引起他们的不安；②尼日利亚国内的腐败、滥用职权和军政府对民主与民权人士的迫害事件屡见不鲜，政府的一些发展努力也没有什么成效，这些都极大地削弱了政府合法性；③1985 年围绕着是否应该接受国际货币基金组织的贷款开展的全国性大辩论，给各种各样的社团提供了发展机会；④1986 年的结构调整计划使得尼日利亚经济雪上加霜，加剧了社会动荡；⑤从 1986 年起开始的"还政于民"计划由于种种缺陷，成了没有尽头的过渡（transition without end），尼日利亚

---

① Richard L. Sklar, *Nigerian Political Parties: Power in an Emergent African Nation*, Princeton: Princeton University Press, 1963, p. 467.
② Adebayo O. Olukoshi, "Associational Life," in Larry Diamond, Anthony Kirk-Greene, and Oyeleye Oyediran, eds., *Transition Without End: Nigerian Politics and Civil Society under Babangida*, Boulder, CO: Lynne Rienner Publishers, 1997, pp. 379–399.

## 第六章　民族宗教问题与尼日利亚民间社会

人对此失去信心。[1] 这种状况事实上对民间社会的形成和活动起到了催化剂的作用。1993年6月，巴班吉达宣布总统选举结果无效，尼日利亚全国群情激奋，无数民间组织扩展到社会各个领域，提出它们的要求，保护各行各业的利益。[2] 这些团体经过多年发展已变成有组织、有意识的民间组织，有些在同军政府的对抗中采取了极端手法，而阿巴查军政府对反对他的社会力量则采取了更为严厉的镇压手段。[3] 军政府的这些做法，使得国家与民间社会的关系成为单一的对抗关系，不仅不会扼杀民间社会，反而会激起它们的不断反抗。[4] 在此期间，大量人权组织在尼日利亚涌现，国际社会对这些组织的活动也给予了大量的援助。[5]

在布哈里军政权（1984～1985年）、巴班吉达军政权（1985～1993年）时期，按照民间社会对尼日利亚民主化影响的不同，其大致可以被分为以下三类。

其一，对民主化进程起到积极促进作用的民间组织。

这些民间组织主要包括：①民权和自由组织：1987年的公民自由组织、1989年的保卫人权委员会、宪法权利计划等；②倡导民主和责任制的组织：民主运动（Campaign for Democracy，CD）、民主律师协会（National Association of Democratic Lawyers，NADL）等；③行业组织和劳工组织：大学学术人员工会、尼日利亚律师协会、尼日利亚医学协会、尼日利亚记者联盟、尼日利亚劳工大会以及设在哈科特港的高等社会科学中心等；④保护经济、社会、文化和性别利益的各种组织，如尼日利亚手工业者协会、尼日利亚妇女组织

---

[1] Augustine Ikelegbe, "The Perverse Manifestation of Civil Society: Evidence from Nigeria," *The Journal of Modern African Studies*, Vol. 39, No. 1, 2001, p. 8.

[2] 关于结构调整计划前后尼日利亚民间社会的情况可参见 Eghosa E. Osaghae, *Crippled Giant: Nigeria since Independence*, London: Hurst and Company, 1998, pp. 196-207, 242-245。

[3] Augustine Ikelegbe, "The Perverse Manifestation of Civil Society: Evidence from Nigeria," *The Journal of Modern African Studies*, Vol. 39, No. 1, 2001, p. 8.

[4] 罗伯特·法顿等学者指出，国家和民间社会之间不是一种单纯的对抗关系，而是一种辩证的互动关系。Robert Fatton, Jr., "Africa in the Age of Democratization: The Civic Limitations of Civil Society," *African Studies Review*, Vol. 38, No. 2, 1995, p. 67.

[5] Edlyne E. Anugwom, "Globalisation, Social Values and Human Rights NGOs in Nigeria," *Africa Insight*, Vol. 32, No. 4, 2002, p. 25.

(Women in Nigeria, WIN) 等。①

其二，对民主化进程基本没有产生什么影响的民间组织。

这类组织主要是地方民族组织。在尼日利亚南部，地方民族组织非常普遍。从本质上说，这些组织关心的是本族体的利益和发展，对整个尼日利亚民主化进程很难产生什么影响，这主要是因为强烈的族体、宗派定位限制了其视野。例如，在食品、道路与农村基础设施理事会（Directorate for Foods, Roads and Rural Infrastructure, DFRRI）框架下也出现了大量的以族体为基础的"发展协会"之类的组织，或称"家乡会"，但这些是在政府政策之下建立起来的，与其他民间组织相比，缺乏对国家政策产生影响所必不可少的自主性。尼日利亚当地的家乡会具有高度自治性质，但通常不具有对抗性质，不上街游行，其主要使命是向其成员提供社会服务，解决争端。对尼日利亚民主化进程起促进作用的，往往是1993年之后成立的许多人权组织、文化组织和地下媒体（underground press）。

其三，对民主化进程起阻碍作用的民间组织。

一些亲军政权的民间组织实际上是由国家出资发起成立的，得到了军人独裁政权的支持。② 这些组织已不能称作真正意义上的民间组织，因为民间组织的一个重要特征就是独立于国家。这类组织最典型的有两个，一个是"美好尼日利亚协会"（Association for Better Nigeria, ABN），另一个是"青年恳切要求阿巴查"运动。前者在1993年大选中发起了一场要求巴班吉达继续执政的运动，而后者在1996~1998年对阿巴查军政权的连续执政起了一定的推动作用。

此外，在巴班吉达统治时期，由于政府秘密加入伊斯兰会议组织，尼日利亚宗教问题骤然升级，穆斯林和基督徒之间的矛盾直接反映在宗教组织之间

---

① Adebayo O. Olukoshi, "Associational Life," in Larry Diamond, Anthony Kirk-Greene, and Oyeleye Oyediran, eds., *Transition Without End: Nigerian Politics and Civil Society under Babangida*, Boulder, CO: Lynne Rienner Publishers, 1997, pp. 379-380; Augustine Ikelegbe, "The Perverse Manifestation of Civil Society: Evidence from Nigeria," *The Journal of Modern African Studies*, Vol. 39, No. 1, 2001.

② Augustine Ikelegbe, "The Perverse Manifestation of Civil Society: Evidence from Nigeria," *The Journal of Modern African Studies*, Vol. 39, No. 1, 2001, pp. 10-11.

第六章 民族宗教问题与尼日利亚民间社会

的对抗上,特别是在伊斯兰教和基督教这两大宗教势均力敌的西部。①

## 第四节 地方民族组织与民主化进程
## （20世纪90年代以来）

20世纪90年代以来,尼日利亚的地方民族组织大量涌现,尤其是在盛产石油的尼日尔河三角洲地区。从总体上说,这些组织对尼日利亚的民主化进程产生了深远而复杂的影响:一方面,一些地方民族组织以和平方式提出其合理诉求,要求政府进行政治、经济等方面的改革,这有助于推动民主化的发展;另一方面,许多地方民族组织以暴力手段谋求其利益,有的甚至要求本民族脱离尼日利亚独立或联邦按照族体界限进行重组,这些对国家民族建构程度较低的尼日利亚的民主化进程是非常不利的。

### 一 地方民族组织的兴盛及原因

20世纪90年代以来,尼日利亚出现大量以族体或宗教认同为基础的地方民族组织。为叙述方便,我们可以将其大致分为两类:一类是三大族体的组织,另一类是少数民族的组织。前者主要包括尼日利亚东南部伊博人的伊博青年运动（Igbo Youth Movement）、伊博人拯救阵线（Igbo Salvation Front）、伊博人拯救理事会（Igbo Redemption Council）、伊博人青年联合理事会（Federated Council of Igbo Youths）以及"实现比夫拉主权国运动"（Movement for Actualisation of the Sovereign State of Biafra, MASSOB）；西南部约鲁巴

---

① 以尼日利亚基督教协会、尼日利亚天主教俗人理事会（Catholic Laity Council of Nigeria）和全国宗教宽容联合会（National Association on Religious Tolerance）为代表的一派坚决反对政府加入伊斯兰会议组织；而以尼日利亚穆斯林协会（Nigerian Muslim Council）、穆斯林学生协会（Muslim Students Society, MSS）和尼日利亚穆斯林青年组织全国理事会（National Council of Muslim Youth Organization of Nigeria）为代表的另一派坚决支持巴班吉达政府加入伊斯兰会议组织。详细内容参见 Larry Diamond, Anthony Kirk-Greene, and Oyeleye Oyediran, eds., *Transition Without End: Nigerian Politics and Civil Society under Babangida*, Boulder, CO: Lynne Rienner Publishers, 1997, pp. 401 – 427; Toyin Falola, *Violence in Nigeria*, Rochester: University of Rochester Press, 1998, pp. 93 – 102。

人的埃格贝·阿非尼弗热（Egbe Afenifere）[①]、奥杜瓦人民代表大会（Oodua Peoples Congress，OPC）[②]；北部豪萨－富拉尼人的图拉基委员会（Turaki Committee）、团结和发展基金会（Unity and Development Foundation）、北方长者论坛（Northern Elders Forum）、阿雷瓦人民代表大会（Arewa Peoples Congress，APC）以及"伊斯巴卫队"（The Hisbah Guards）等。少数民族的组织则数不胜数，特别是在尼日尔河三角洲地区（见表6-1），如尼日尔河三角洲伊乔族生存运动（Movement for the Survival of Ijaw Ethnic Nationality in the Niger Delta，MOSIEND）、伊乔全国代表大会（Ijaw National Congress，INC）、乌罗博进步联盟（Urhobo Progress Union）以及在阿巴查军政权时期（1993~1998年）影响力就很大的奥贡尼人生存运动（Movement for the Survival of Ogoni People，MOSOP）等。促使少数民族组织大量出现的主要因素包括：少数民族认为政治上被边缘化，经济上遭受掠夺；尼日利亚政府的一些政策促使政治中的族体认同和宗教认同仍非常流行；尼日利亚安全部门存在一些问题；等等。近年来，少数民族青年组织更具暴力倾向，更加极端，不断要求实行民族自决。这些组织的一个共同特征就是它们对尼日利亚国家的认同感很少，或根本就没有，有一些组织甚至直接要求脱离尼日利亚联邦。尼日尔河三角洲少数民族武装组织的主要诉求包括得到联邦石油收入的更多份额，控制当地油气资源以及实行民族自决，加强族体认同。

表6-1　20世纪90年代以来尼日尔河三角洲地区少数民族主要组织

| 类型 | 主要组织 |
| --- | --- |
| 地方民族组织 | 奥贡尼人生存运动（Movement for the Survival of Ogoni People，MOSOP） |
|  | 埃格贝马全国代表大会（Egbema National Congress） |
|  | 向奥戈比亚赔偿运动（Movement for Reparations to Ogbia，MORETO） |
|  | 伊索科共同体石油生产论坛（Isoko Community Oil Producing Forum） |
|  | 乌罗博政治股东论坛（The Urhobo Political Stakeholders Forum） |

---

① 其是约鲁巴人的一个支持民主的组织，主要目标是重组联邦、实行地区自治和设立独立的全国大会，但其议事日程完全以约鲁巴人的利益为中心。

② 有的文献将该组织的名称写作"奥杜杜瓦人民代表大会"（Oduduwa Peoples Congress，OPC）。参见 Augustine Ikelegbe, "The Perverse Manifestation of Civil Society: Evidence from Nigeria," *The Journal of Modern African Studies*, Vol. 39, No. 1, 2001, p. 15。

第六章　民族宗教问题与尼日利亚民间社会

续表

| 类型 | 主要组织 |
| --- | --- |
| 地方民族组织 | 恩多可瓦土著权利保护理事会（Ndokwa Aborigines Rights Protection Council）<br>埃克佩耶族生存与前进运动（Movement for the Survival and Advancement of Ekpeye Ethnic Nationality）<br>奥伦全国论坛（Oron National Forum）<br>老阿多阿达联合协商论坛（Old Adoada Joint Consultative Forum）<br>埃基族联盟（Egi Ethnic Coalition）<br>埃基妇女运动乌罗博研究小组（Egi Womens Movement Urhobo Study Group）<br>伊乔长者论坛（The Ijaw Elders Forum）<br>埃里木图运动（Elimotu Movement）<br>伊宗全国发展和福利协会（Izon National Development and Welfare Association）<br>伊比比奥自决全国联盟（Ibibio National Coalition for Self-Determination）<br>阿卡巴布约巴卡西绿色运动（Akpabuyo Bakassi Green Movement）<br>伊索科发展联盟（Isoko Development Union）<br>乌罗博进步联盟（Urhobo Progress Union）<br>伊乔全国代表大会（Ijaw National Congress, INC）<br>伊乔和平运动（Ijaw Peace Movement, IPM）<br>伊克维雷族理事会（Council for Ikwerre Nationality, CIN）<br>乌罗博研究小组（Urhobo Study Group）<br>伊泽基里族爱国者（Itsekiri Nationality Patriots, INP）<br>埃基全国代表大会（Egi National Congress, ENC）<br>奥格巴团结（Ogba Solidarity） |
| 地方民族青年组织 | 尼日尔河三角洲伊乔族生存运动（Movement for the Survival of Ijaw Ethnic Nationality in the Niger Delta, MOSIEND）<br>奥贡尼人全国青年理事会（National Youth Council of Ogoni People, NYCOP）<br>奥贡尼青年全国联盟（National Union of Ogoni Youths）<br>姆博霍·姆克帕拉瓦伊比比奥（Mboho Mkparawa Ibibio）<br>伊泽基里族生存运动（Movement for the Survival of Itsekiri Ethnic Nationality, MOSIEN）<br>伊索科全国青年运动（Isoko National Youth Movement, INYM）<br>伊乔青年理事会（Ijaw Youth Council, IYC）<br>伊索科进步议程（Isoko Positive Agenda）<br>埃基青年联合会（Egi Youth Federation）<br>尼日尔河三角洲伊乔人同盟（Federated Niger Delta Ijaw Communities）<br>伊克维雷青年运动（Ikwerre Youth Movement）<br>乌罗博青年运动（Urhobo Youth Movement）<br>尼日尔河三角洲志愿军（Niger Delta Volunteer Force, NDVF）<br>伊拉杰青年运动（Ilaje Youth Movement）<br>伊索科学生全国联盟（National Union of Isoko Students, NUIS）<br>奥贡尼妇女联合协会（Federated Ogoni Women Associations, FOWA）<br>阿夸·伊博姆妇女联合协会（Federated Akwa Ibom Women Associations, FAIWA）<br>非洲埃格贝苏男孩（Egbesu Boys of Africa） |

续表

| 类型 | 主要组织 |
|---|---|
| 泛地方民族/地区组织 | 恢复产油社团实际权利组织（Organization for the Restoration of Actual Rights of Oil Communities）<br>非洲少数民族权利组织（Ethnic Minority Rights Organization of Africa, EMIROAF）<br>南方少数民族运动（Southern Minorities Movement, SMM）<br>南方少数民族论坛（Southern Minorities Forum）<br>产油州传统领导人大会（Conference of Traditional Rulers of Oil Producing States）<br>尼日利亚少数民族权利组织（Ethnic Minority Rights Organization of Nigeria）<br>产油州少数民族协会（Association of Minority Oil States）<br>尼日尔河三角洲和平计划委员会（Niger Delta Peace Project Committee）<br>巴耶尔萨州土著人协会（Bayelsa Indigenes Association）<br>巴耶尔萨论坛（Bayelsa Forum）<br>尼日利亚产油和天然气社团保护和生存运动（Movement for the Protection and Survival of Oil Mineral and Natural Gas Producing Communities of Nigeria）<br>尼日尔河三角洲专门职业者（Niger Delta Professionals）<br>尼日尔河三角洲求发展专门职业者（Niger Delta Professionals for Development）<br>尼日尔河三角洲爱国者（Niger Delta Patriots）<br>南南区能力建设阵线（South-South Empowerment Front）<br>南南区人民大会（South-South Peoples Conference）<br>尼日尔河三角洲联盟（Union of Niger Delta）<br>尼日利亚产油区传统领导人（Traditional Rulers of Oil Mineral Producing Communities of Nigeria, TROMPCON）<br>尼日利亚产油社团组织（Organization of Oil Mineral Producing Communities of Nigeria, OOMPCON） |
| 泛地方民族青年组织 | 产油州关切青年（组织）（Concerned Youths of Oil Producing States）<br>泛尼日尔河三角洲革命民兵组织（Pan Niger Delta Revolutionary Militia）<br>契可可运动（Chikoko Movement）<br>产油区学生（Students of Oil Mineral Producing Areas）<br>尼日尔河三角洲青年联盟（Niger Delta Youth Coalition）<br>尼日尔河三角洲妇女求正义组织（Niger Delta Women for Justice）<br>沿海妇女协会（Coastal Women Association）<br>尼日尔河三角洲人民志愿军（Niger Delta Peoples Volunteer Force, NDPVF）<br>尼日尔河三角洲解放运动（Movement for the Emancipation of the Niger Delta, MEND）<br>尼日尔河三角洲解放军（Niger Delta Liberation Army） |

资料来源：Cyril Obi, "Oil and Minority Question," in Abubakar Momoh and Said Adejumobi, eds., *The National Question in Nigeria: Comparative Perspectives*, Burlington: Ashgate Publishing Company, 2002, p. 113; International Crisis Group, "Nigerias Faltering Federal Experiment," *Africa Report*, No. 119, 2006; Augustine Ikelegbe, "Civil Society, Oil and Conflict in the Niger Delta Region of Nigeria: Ramifications of Civil Society for a Regional Resource Struggle," *The Journal of Modern African Studies*, Vol. 39, No. 3, 2001, pp. 444 – 451; Centre for Advanced Social Science, "Enhancing the Capacity of Women Leaders of Community Organizations towards Peace Building in the Niger Delta Region, Nigeria," Port Harcourt, 2005, pp. 31 – 33。

第六章　民族宗教问题与尼日利亚民间社会

20世纪90年代以来，尼日利亚地方民族组织大量涌现，原因大致有以下几方面。

第一，巴班吉达和阿巴查军政权（1985~1998年）对全国性多民族组织的压制和对地区性地方民族组织的鼓励，进一步加强了尼日利亚本已突出的族体认同（ethnic identity）政治。

为了尽可能延长自己的统治，巴班吉达和阿巴查军政权均接二连三颁布法令（decree），对尼日利亚一些全国性多民族组织进行不同程度的禁止和压制，这些组织基本上都是促进尼日利亚实行民主的民间组织，如尼日利亚劳工大会、大学学术人员工会、尼日利亚律师协会、尼日利亚全国学生联合会、尼日利亚记者联盟等。[1] 与此同时，军政权也不可能完全依靠镇压来维持自己的统治，它也需要进行社会动员来维持社会的稳定。因此，鼓励自助性地方民族组织、合作社和妇女组织的发展，成为多届军政权的共同做法，如戈翁军政权时期的旨在促进国家团结的"全国青年服务队"计划、布哈里军政权时期旨在促进国家稳定的"反对无纪律战争"，以及巴班吉达军政权时期的"食品、道路与农村基础设施理事会"计划、美好生活计划（Better Life Programme）以及家庭扶持计划（Family Support Programme）等。[2]

第二，尼日利亚国家政权长期由北方人控制[3]，约鲁巴人和伊博人感到政治上被边缘化，一些人对尼日利亚国家的认同很低，甚至谋求民族独立。

由于结构上的一些缺陷，尼日利亚联邦制并没有达到各族体平等享受

---

[1] Adebayo O. Olukoshi, "Associational Life," in Larry Diamond, Anthony Kirk-Greene, and Oyeleye Oyediran, eds., *Transition Without End: Nigerian Politics and Civil Society under Babangida*, Boulder, CO: Lynne Rienner Publishers, 1997, pp. 388 – 396.

[2] Centre for Advanced Social Science, "Enhancing the Capacity of Women Leaders of Community Organizations towards Peace Building in the Niger Delta Region, Nigeria," Port Harcourt, 2005, p. 29.

[3] 1992年12月，尼日利亚北方知名人士马伊塔马·苏勒（Maitama Sule）在卡杜纳发表题为《为什么要北方领导》（Why the North Leads）的演讲，其中甚至编造了一个神话，认为豪萨-富拉尼人有天定的统治权，其他民族只能统治其他世俗地区。Ukiwo Ukoha, "Politics, Ethno-Religious Conflicts and Democratic Consolidation in Nigeria," *The Journal of Modern African Studies*, Vol. 41, No. 1, 2003, p. 135, Footnote 14.

政府各类资源和让各级政府更接近人民的目的，因而很多尼日利亚人依然保持对所属族体的忠诚，而不是对尼日利亚民族的忠诚，对认为遭受政治或经济边缘化的民族来说更是如此。1993年大选结果被巴班吉达军政府宣布无效后，尼日利亚西部约鲁巴人聚居区民众抗议的时间最长、程度最激烈。许多约鲁巴人认为，赢得大选的约鲁巴人阿比奥拉被剥夺了胜利，不仅表明豪萨－富拉尼人控制的军政权不愿意交权，也意味着约鲁巴人将继续处于被边缘化的境地。1994年，奥杜瓦人民代表大会（OPC）就是在上述大背景下成立的。这个带有鲜明约鲁巴民族主义色彩的地方民族组织将其宗旨定为促进和保护约鲁巴人利益、将约鲁巴人从压迫中解放出来、培育约鲁巴团结、寻求联邦重组等。① 奥杜瓦人民代表大会在活动中使用包括暴力在内的各种手段，它很快被人们认为是尼日利亚最极端的组织之一。奥杜瓦人民代表大会的暴力活动常常包括以维持地方治安的名义同其他族体（如伊乔族、豪萨－富拉尼族）或同约鲁巴人的其他组织发生冲突。1999～2002年，在拉各斯州，奥杜瓦人民代表大会成员借口打击犯罪同豪萨－富拉尼商人发生暴力冲突，导致大量人员伤亡和财产损失。例如，1999年7月，在拉各斯附近的萨加古（Sagamu），一名豪萨－富拉尼妇女因被怀疑亵渎约鲁巴人的奥沃节（Owo Festival）而被杀死，引发冲突，50多人死亡。豪萨－富拉尼柯拉果商人逃回卡诺后讲述了他们在萨加古的恐怖经历，在卡诺引发了针对约鲁巴人的报复行动，数百人死亡。同年11月，约鲁巴人和豪萨－富拉尼商人为争夺拉各斯一处市场的控制权而爆发冲突，据说百余人死亡。② 这几起事件是20世纪90年代以来尼日利亚族际冲突中出现的新情况，因为以往主要族体间的冲突双方是豪萨－富拉尼人和伊博人，而这几次却是豪萨－富拉尼人和约鲁巴人。约鲁巴人同豪萨－富拉尼人的冲突使得这两大族体的

---

① Augustine Ikelegbe, "The Perverse Manifestation of Civil Society: Evidence from Nigeria," *The Journal of Modern African Studies*, Vol. 39, No. 1, 2001, p. 15.

② Ukiwo Ukoha, "Politics, Ethno-Religious Conflicts and Democratic Consolidation in Nigeria," *The Journal of Modern African Studies*, Vol. 41, No. 1, 2003, pp. 121 - 122; Augustine Ikelegbe, "The Perverse Manifestation of Civil Society: Evidence from Nigeria," *The Journal of Modern African Studies*, Vol. 39, No. 1, 2001, p. 16.

## 第六章 民族宗教问题与尼日利亚民间社会

关系进一步紧张，不利于民族国家建构。不仅如此，奥杜瓦人民代表大会的《奥杜瓦权利法案》（Ooduwa Bill of Rights）还提出对尼日利亚联邦进行重组，所有约鲁巴人应组建一个独立政治实体，召开全国大会来决定尼日利亚的政治未来。① 虽然奥杜瓦人民代表大会在1999年被尼日利亚政府取缔，但其影响力依然很大，它和其他类似组织念念不忘的"约鲁巴事业"是尼日利亚国家民族一体化的一大障碍。

1999年5月，约鲁巴人奥巴桑乔当选总统，尼日利亚实现了"权力南移"。尼日利亚北方人对这一事件的反应是，北方的利益受到威胁，而奥杜瓦人民代表大会的所作所为进一步加深了北方人的这种担心。他们很快组建了阿雷瓦人民代表大会（APC），目标包括：保护北方利益，统一北方，反对和防止尼日利亚因众多地方民族组织的活动而分裂，打击任何对北方的威胁。② 与"伊斯巴卫队"的宗教色彩不同，阿雷瓦人民代表大会基本与北方的宗教事务特别是伊斯兰教法保持着一定距离。面对奥杜瓦人民代表大会在拉各斯和奥贡州等地对北方豪萨-富拉尼人的攻击，阿雷瓦人民代表大会的反应往往是"以暴易暴"，让在北方的约鲁巴人付出更为沉重的代价。虽然阿雷瓦人民代表大会宣称在法律允许的范围内活动，不反对尼日利亚联邦政府，也得到北方其他一些民间组织的支持，但其暴力倾向本身就已经对民主制度造成危害。

在尼日利亚东南部，"实现比夫拉主权国运动"（MASSOB）自2000年以来就非常活跃，它其实是一个试图建立伊博人独立国家的分裂组织，其成员经常身穿当年比夫拉士兵的军服，升起比夫拉分裂主义者的旗帜并散发标明"独立比夫拉国家"边界的地图。③ 2006年3月，在尼日利亚人口普查前，该组织袭击了阿南布拉州一处警察局并宣称伊博人不应被统计在内，因

---

① International Crisis Group, "Want in the Midst of Plenty," *Africa Report*, No. 113, 2006, p. 28.
② Augustine Ikelegbe, "The Perverse Manifestation of Civil Society: Evidence from Nigeria," *The Journal of Modern African Studies*, Vol. 39, No. 1, 2001, p. 17.
③ Augustine Ikelegbe, "The Perverse Manifestation of Civil Society: Evidence from Nigeria," *The Journal of Modern African Studies*, Vol. 39, No. 1, 2001, p. 17.

为他们是"比夫拉人"（Biafrans），而不是尼日利亚人（Nigerians）。① "实现比夫拉主权国运动"寻求支持的途径有两个。其一，招收对比夫拉内战没有什么记忆的失业年轻人，因为他们基本上不知道战争的残酷和尼日利亚军方对"一个尼日利亚"的坚定信念，容易被地方民族主义所蛊惑。但正如尼日利亚学者托因·法罗拉所说的那样，"这个国家还能保持统一，未必是因为各个族体希望这样，而是因为使用了武力"②。其二，利用内战后伊博人具有的被排除在尼日利亚政治之外的挫败感来鼓动伊博人地方民族主义，因为即使是不愿意谋求独立的伊博人，"比夫拉共和国"的影子在他们脑海中也不会轻易地被抹去，特别是在民族国家建构程度很低的尼日利亚。③

第三，产油区少数民族普遍感到经济上被边缘化、长期被忽视及基本权利得不到保障。

这一方面的因素集中体现在尼日尔河三角洲少数民族问题上，包括产油区少数民族同尼日利亚国家、同跨国石油公司以及少数民族之间的矛盾和冲突。在这三类矛盾和冲突的背后，就是在尼日尔河三角洲出现的大量少数民族组织。它们大致可以分为两类：一类组织要求得到国家石油收入的更多份额；另一类组织则要求自己控制当地石油资源，这实际上是要求独立。几十年来，尼日尔河三角洲少数民族民间社会以和平方式向尼日利亚政府施加压力，要求出产石油的地方应当对石油资源享有更多控制权，但都遭到政府忽视或镇压，最典型的例子就是1995年阿巴查军政权处决奥贡尼人生存运动领袖肯·萨罗－维瓦等人。长期关注石油与少数民族问题的尼日利亚学者西里尔·奥比（Cyril Obi）指出，20世纪70年代尼日利亚内战结束时，尼日尔河三角洲少数民族就失望地发现，权力和资源过度集中在中央，这表明谁在联邦一级掌权，谁就有能力控制和转移财富。④ 这些少数民族还发现，只

---

① M. Paul, "Job not Easy for Nigerian Census Takers," Associated Press, March 24, 2006.
② Toyin Falola, *The History of Nigeria*, Westport: Greenwood Press, 1999, p. 5.
③ International Crisis Group, "Nigeria's Faltering Federal Experiment," *Africa Report*, No. 119, 2006, p. 16.
④ Cyril Obi, "Oil and Minority Question," in Abubakar Momoh and Said Adejumobi, eds., *The National Question in Nigeria: Comparative Perspectives*, Burlington: Ashgate Publishing Company, 2002, pp. 100 – 101.

## 第六章 民族宗教问题与尼日利亚民间社会

有组织起来,才能维护自己的生存和权利。我们可以举河流州奥贡尼人生存运动和非洲少数民族权利组织的例子对此加以说明。

从20世纪90年代起,河流州奥贡尼人对抗尼日利亚军政府和壳牌石油公司的运动开始受到尼日利亚国内外的广泛关注。1990年,"奥贡尼人生存运动"领导人及奥贡尼人各部落首领向尼日利亚联邦军政府递交了《奥贡尼人权利法案》(Ogoni Bill of Rights),核心内容是要求控制石油资源和保障奥贡尼文化认同。[①] 不难看出,奥贡尼人的这两类核心诉求直击尼日利亚这个国家的经济和政治命脉,因为石油经济已成为整个国家赖以生存的基础,而尼日利亚民族(国族)认同而不是各个族体的认同是维系整个国家统一的政治理念。从组织形式、纲领、规模以及借助国际力量这些斗争策略来看,奥贡尼人生存运动成为尼日尔河三角洲产油区少数民族反对边缘化、要求得到石油收入更大份额运动中具有里程碑意义的代表。[②] 不仅如此,这一运动还将尼日利亚少数民族问题从地区性问题变为全国性问题,甚至是国际性的问题。[③] 它所涉及的尼日利亚国家收入分配问题、国家的实质和尼日利亚联邦制等问题都是尼日利亚面临的诸多难题和许多问题的根源。当时的尼日利亚军政府认为,奥贡尼人生存运动及其领导人肯·萨罗-维瓦对尼日尔河三角洲其他少数民族起了"颠覆性榜样"的作用,因此残酷镇压了奥贡尼人生存运动及其领导人以及一些颇有声望的奥贡尼酋长,甚至对奥贡尼人聚居地实行了"焦土政策",引发国际舆论强

---

① UNDP, *Niger Delta Human Development Report*, Abuja, 2006, p. 119.
② Eghosa E. Osaghae, "The Ogoni Uprising: Oil Politics, Minority Agitations and the Future of the Nigerian State," *African Affairs*, Vol. 94, No. 376, 1995, pp. 325 – 344.
③ 如《奥贡尼人权利法案》还被提交给联合国保护和防止歧视少数民族人权次委员会(United Nations Sub-committee of Human Rights on the Prevention of Discrimination Against and Protection of Minorities)、非洲人权委员会(African Human Rights Commission)以及欧洲一些国际组织(包括环保组织)。总部设在伦敦的雨林行动小组(Rain Forest Action Group)和绿色和平组织(Green Peace Organization)还给壳牌国际公司(Shell International)写信,要求其关注当地环境恶化问题。1992年,奥贡尼人问题还被提交到日内瓦原住人口工作组(Working Group on Indigenous Populations)第十次会议。1993年,该问题被提交海牙"无代表国和人民组织"(Unrepresented Nations and Peoples Organizations)大会讨论。

烈谴责。① 奥贡尼人生存运动与后来出现的众多地方民族组织的一个显著不同在于，它基本上采取非暴力的和平方式来要求自己的权利。② 另外一个影响力较大的少数民族组织是伊乔全国代表大会（INC），他们的主要诉求是地区自治、资源控制和保障民族文化认同。这些也基本上代表了该地区少数民族自决运动的总体要求。

非洲少数民族权利组织是从奥贡尼人生存运动中产生的一个组织，它其实是尼日利亚的一个民间组织，在名称中用"非洲"而不用"尼日利亚"，用意可能有两个：一是表明少数民族问题超越了尼日利亚国界；二是尼日利亚是非洲的一个大国，该组织希望能为非洲遭受类似问题的国家提供一个可资借鉴的框架。③ 非洲少数民族权利组织提出了重组尼日利亚的建议，即按照族体界限创建新的国家来解决尼日利亚旷日持久的政治危机。按照该组织的设想，尼日利亚的以下11个族体应当建立独立的族体国家：伊乔族、约鲁巴族、伊博族、豪萨－富拉尼族、伊比比奥族、卡努里族、埃多族、努佩族、乌罗博族、蒂夫族和格巴伊族（Gbagyi）。尼日利亚应当是由上述各国组成的一个松散联邦，以便实行真正的联邦制，平等对待每一个族体并让其

---

① 关于奥贡尼人生存运动的详细情况可参见 Claude E. Welch Jr., "The Ogoni and Self-Determination: Increasing Violence in Niger," *The Journal of Modern African Studies*, Vol. 33, No. 4, 1995, pp. 635 – 649; Eghosa E. Osaghae, "The Ogoni Uprising: Oil Politics, Minority Agitations and the Future of the Nigerian State," *African Affairs*, Vol. 94, No. 376, 1995, pp. 325 – 344; Sarah Travis Cobb, "Seeking a Common Ground: Environmental Degradation in Ken Saro-Wiwa's Country," *Dialectical Anthropology*, Vol. 22, 1997, pp. 389 – 398; Marion Campbell, "Witnessing Death: Ken Saro-Wiwa and the Ogoni Crisis," *Postcolonial Studies*, Vol. 5, No. 1, 2002, pp. 29 – 39。

② 尼日尔河三角洲地区的一些超越社团和族体界限的妇女组织，如尼日尔河三角洲妇女求正义组织、奥格巴基里妇女和平论坛（Ogbakiri Women's Peace Forum）等也都采取了非暴力的方式进行示威、集会和谈判，已引起包括联合国在内的国际社会广泛关注。一些尼日利亚学者也认为，应当提升妇女在解决当地暴力冲突中的能力。参见 Centre for Advanced Social Science, "Enhancing the Capacity of Women Leaders of Community Organizations towards Peace Building in the Niger Delta Region, Nigeria," Port Harcourt, 2005。

③ E. Ike Udogu, "The Allurement of Ethnonationalism in Nigerian Politics: The Contemporary Debate," *Journal of Asian and African Studies*, Vol. XXIX, No. 3 – 4, 1994, p. 164.

拥有政治自决权与对资源和环境的控制权。① 非洲少数民族权利组织所设想的一些制度性和结构性的东西反映出了其对民族国家的一些设想其实是建立在尼日利亚的民族问题政治化基础之上的。乌都古指出，非洲少数民族权利组织更关心的是国家自然资源的分配问题。尼日利亚石油的开采，在很大程度上牺牲了产油区的利益，引起一些地方民族主义者的不满，他们声称代表本族体的利益而要求独立。②

第四，族体、宗教认同仍容易被政客们操纵并用于政治目的。

在尼日尔河三角洲地区出现的大量地方民族武装组织中，许多组织与一些州的州长保持着密切关系，有的组织本身就是由州政府建立或受州政府资助的。一些组织被州长用来争权夺利、恐吓政治反对派或打击其他族体的分裂组织。例如，"巴卡西民兵"（Bakassi Boys）是伊博人控制的一个地方民族武装组织，虽没有什么明确政治目的，但在尼日利亚一些"大人物"（Big Men）③ 的利用下，蜕变为一个恐怖组织。"巴卡西男孩"自称扮演维持社会治安的角色，但其烧杀劫掠的残忍手段使其臭名昭著，更令当地居民充满恐惧。"巴卡西民兵"不时被一些州用作州治安员，1999～2003 年成为阿南布拉州"合法"的"阿南布拉州治安大队"（Anambra Vigilante Service），但卷入多起政治抢劫、暗杀和绑架事件，被认为是当时州长姆巴迪努朱（Chinwoke Mbadinuju）的暗杀工具。2004～2005 年，姆巴迪努朱的继任者恩基格（Chris Ngige）继续雇用"巴卡西民兵"作为自己和其他政府高官的保镖。④

---

① E. Ike Udogu, "The Allurement of Ethnonationalism in Nigerian Politics: The Contemporary Debate," *Journal of Asian and African Studies*, Vol. XXIX, No. 3 - 4, 1994, p. 165.

② E. Ike Udogu, "The Allurement of Ethnonationalism in Nigerian Politics: The Contemporary Debate," *Journal of Asian and African Studies*, Vol. XXIX, No. 3 - 4, 1994, p. 166.

③ 在尼日利亚政治中，许多领导人的政治生涯始于传统的以族体为基础的权力框架，但他们日后所拥有的巨大财富和门路将其汇聚到一个由全国各地的精英组成的俱乐部，这些人逐步掌控尼日利亚的全国政治。这些"大人物"也被称作"教父"（godfathers），尼日利亚政治也被一些学者称为"教父政治"（godfather politics）。参见 Richard L. Sklar, Ebere Onwudiwe, and Darren Kew, "Nigeria: Completing Obasanjo's Legacy," *Journal of Democracy*, Vol. 17, No. 3, 2006, p. 105。

④ International Crisis Group, "Nigeria's Faltering Federal Experiment," *Africa Report*, No. 119, 2006, p. 17.

阿比亚州也有类似的武装组织。不可否认，这些组织可能对维持地方治安会起到一定作用，但它们受雇于州政府，很容易被用于政治目的。

在尼日利亚北部实行伊斯兰教法（"沙里亚"）的州，多个穆斯林志愿组织打着确保和监督"沙里亚"执行的旗号涌现，其中最主要的是"伊斯巴卫队"。1999年，扎姆法拉州州长萨尼·耶里马率先宣布在该州实行伊斯兰教法。在两年时间里，尼日利亚北方其余11个州纷纷仿效。起初，一些穆斯林认为，严格的伊斯兰教法可以恢复联邦政府和警察无法保证的社会秩序，抵制西方文化价值对尼日利亚传统文化的日益侵蚀，保障广大尼日利亚穆斯林的伊斯兰教认同。尽管"沙里亚"强调政府对公民的责任，但实行"沙里亚"的州大多依然比较贫困，无以为生的穆斯林青年很容易将对政府和社会的不满以极端方式发泄出来。此外，"沙里亚"中的一些酷刑也引起穆斯林民众的一些不满。在卡诺州、扎姆法拉州等地，"伊斯巴卫队"在州长的支持下常常对普通穆斯林民众施以酷刑，并同联邦警察多次发生冲突。2006年，尼日利亚联邦政府宣布"伊斯巴卫队"为非法组织，并逮捕了一些州的"伊斯巴卫队"的领导人，引起这些州州长的不满。例如，卡诺州州长易卜拉辛·谢卡若（Ibrahim Shekarau）就宣称，政府逮捕"伊斯巴卫队"成员有政治目的，企图破坏伊斯兰教法，他同时保证卡诺州政府将继续资助和支持该州的"伊斯巴卫队"。[1]

第五，尼日利亚安全部门的虚弱及小武器泛滥对地方民族组织的"军事化"负有很大的责任。

尼日利亚不仅是人口大国，也是军事大国，尼日利亚军队在塞拉利昂和利比里亚等非洲国家的维和行动中发挥了重要作用。但在尼日尔河三角洲地区，尼日利亚军警往往被当地人视为政府派来保护油气设施的亲信，保护当地民众充其量是他们的次要职责。[2] 在尼日尔河三角洲地区的一些州，特别是河流州、巴耶尔萨州和三角洲州的腹地，许多村镇基本没有常驻警察，他

---

[1] *Nigerian Newsday*, May 22, 2006 (Nasarawa State Weekly News from www.nasarawastate.org).

[2] International Crisis Group, "The Swamps of Insurgency: Nigeria's Delta Unrest," *Africa Report*, No. 115, 2006, p. 5.

第六章　民族宗教问题与尼日利亚民间社会

们都被派驻在星罗棋布的石油矿区。① 尼日利亚军警在当地人心目中印象不佳主要有两方面原因：一方面，他们曾在军政权时期多次镇压过少数民族运动；另一方面，一些州的安全人员待遇低、装备差、士气低，官员经常靠索取贿赂或从事副业养家糊口，军队中的腐败现象非常严重。② 此外，失业青年大量增加，他们对联邦和州政府的允诺感到失望，这些都导致多个武装组织的出现，如"烈士旅"（Martyrs Brigade）、尼日尔河三角洲解放军、尼日尔河三角洲人民志愿军等。这些组织往往通过袭击石油设施、绑架人质索要赎金、盗取和走私原油来换取武器。

第六，尼日利亚政府政策的一些缺陷及面临的诸多难题在短期内很难得到改善和解决。

客观地说，尼日利亚历届政府对尼日尔河三角洲地区少数民族问题高度重视，派出过多个专家调查小组，制定了多项政策，建立了多个旨在帮助当地发展的专门机构，但尼日尔河三角洲地区少数民族问题仍呈愈演愈烈之势。究其原因，主要有以下几方面。首先，尼日利亚政府并没有有效回应少数民族的一些合理诉求，政府并没有将这些少数民族看作一个弱势群体并给予其考虑，导致民众与政府的矛盾日益突出。不可否认，尼日利亚政府在当地基础设施（道路、桥梁、医院、学校等）的建设上取得一定成绩，但离该地区少数民族的要求相差甚远。尼日尔河三角洲的石油生产是全国经济支柱；尼日尔河三角洲的环境因石油和天然气的开采正遭受严重污染，当地人的传统经济生产活动（农业和捕鱼）受到威胁；当地是尼日利亚最贫困的地区之一。考虑到上述事实，少数民族要求分享更多石油收益、要求因失地或水污染而获得赔偿是有合理成分的。其次，尼日利亚打击恐怖组织和犯罪的合理性虽不容置疑，但其决策的随意性削弱了政府的威信。例如，2004年初，道库博-阿萨里（Dokubo-Asari）领导的尼日尔河三角洲人民志愿军威胁要解散尼日利亚联邦，并向石油公司与尼日利亚联邦和州政府发动全面战

---

① International Crisis Group, "The Swamps of Insurgency: Nigeria's Delta Unrest," *Africa Report*, No. 115, 2006, p. 5.
② International Crisis Group, "The Swamps of Insurgency: Nigeria's Delta Unrest," *Africa Report*, No. 115, 2006, pp. 6 - 10.

争,它的破坏活动使得国际油价出现波动。尼日利亚政府逮捕了道库博-阿萨里等人。同年10月,尼日利亚联邦政府赦免了道库博-阿萨里,但在2005年4月又以叛国罪将其逮捕。此举不仅让许多地方民族武装组织对政府解决问题的诚意产生怀疑,还引发更多组织的出现,其中之一就是尼日尔河三角洲解放运动,它要求控制当地的石油资源、释放道库博-阿萨里、政府针对石油污染进行赔偿。最后,尼日利亚政府面临一些结构性、原则性问题的挑战,例如宪法改革、"联邦特征"原则与"当地"原则、收入分配中的"出处原则"(principle of derivation)、中央-州-地方政府关系等问题。这些问题涉及政治改革这一敏感话题。事实上,尼日利亚民间社会一直就这些问题进行着热烈讨论。

## 二 地方民族组织对民主化进程的影响

正如上文所指出的那样,在考察20世纪90年代以来地方民族组织对民主化进程的影响时,我们首先要认真考察这些民间组织的基本情况,然后才能做出一些基本判断。通过上文的分析可以看出,20世纪90年代以来尼日利亚民间社会的兴盛有深刻背景,各个组织的诉求各不相同,采取的手段也有和平与暴力之分,或二者兼有。一些组织采取非暴力的和平方式提出它们的诉求,其中也不乏合理成分,有些涉及尼日利亚政治发展深层次的问题,这些问题也是尼日利亚政治改革不可回避的。这些民间组织的活动,有利于政府了解社情民意,推动政府决策的民主化。例如,2006年,由60多个民间组织组成的"宪法改革公民论坛"(Citizens Forum for Constitutional Reform,CFCR)认为,尼日利亚宪法中对"当地属性"的规定,对培育"一个尼日利亚"的观念非常不利,应当改革。又如,尼日尔河三角洲少数民族组织对少数民族权利、发展和环境的关注,对少数民族权利保护起了促进作用,推动尼日利亚民主化艰难前行。

另外,一些地方民族组织采取极端手段,诉诸暴力,谋求民族独立或国家分裂,有些成为政客们的工具甚至沦为恐怖组织,如尼日尔河三角洲解放军多次威胁要刺杀尼日利亚主要反腐败机构"经济和金融犯罪委员会"

## 第六章　民族宗教问题与尼日利亚民间社会

(Economic and Financial Crimes Commission，EFCC）的主席，要求政府释放涉嫌洗钱的巴耶尔萨州前州长和一些激进组织领导人。上述组织对尼日利亚民主化的负面影响主要表现在以下两方面。

其一，不利于国家稳定和民族国家一体化。

对许多非洲国家来说，国家发展缺少的不是资源，也不是劳动力，而是较长时期的稳定，尼日利亚可以说是一个典型的例子。尼日利亚已经搭建了民主的各种框架，但更重要的是它需要时间去实践、充实和完善。没有政局的稳定，民主化和发展只能是一句空话。对尼日利亚来说，基于族体、地域或宗教（伊斯兰教和基督教）的冲突往往是引发地区乃至全国局势动荡不安的主要因素之一。民族国家建构是一个非常复杂、漫长，甚至痛苦的过程，却是尼日利亚不得不努力去完成的一项艰巨任务。如果没有健全的民族国家，民主化就失去了载体。诸多学者从许多方面对这一问题的复杂性、影响民族国家建构的因素（如民族宗教因素）做了分析，目的是希望尼日利亚早日跨入真正意义上的现代民族国家的行列。但在尼日利亚，一些民间组织却主张按照族体界限来分割国家。例如，"实现比夫拉主权国运动"谋求国家的分裂，奥杜瓦人民代表大会和伊乔青年理事会要求对国家结构进行根本性的重组，若如此，统一的尼日利亚将不复存在。[1] 事实上，民族分裂的危险始终存在，对整个地区局势也可能产生负面影响。"尼日利亚或许可以避免国家分崩离析的悲剧，但考虑到它的面积和资源，其内部冲突的进一步升级无疑会使西非次地区本已脆弱的安全局势更加动荡。"[2]

其二，不利于消除族体性对尼日利亚政治的负面影响。

从大的发展趋势来看，族体性对尼日利亚政治的负面影响正在逐步减弱，但并不排除族体性在某些地域、某个时期内被操纵和强化。20世纪90年代以来，许多有实力的政治家都与日益复杂的民族宗教冲突有牵连。一些涉嫌腐败的官员往往煽动地方民族主义情绪，反对政府的反腐败努力，认为

---

[1] Ukiwo Ukoha, "Politics, Ethno-Religious Conflicts and Democratic Consolidation in Nigeria," *The Journal of Modern African Studies*, Vol. 41, No. 1, 2003, p. 127.

[2] International Crisis Group, "Nigeria's Faltering Federal Experiment," *Africa Report*, No. 119, 2006, p. 1.

政府在反腐败方面搞民族歧视。有些州长违反宪法中关于州不能拥有独立安全部队的规定，私自组建或支持各自州的"治安部队"，这一做法本身就是对民主制度和法治的破坏。此外，一些州长还利用族体民兵或"治安部队"在选举前后为其助阵，打击异己，维护自己的地位。[1] 这些都有悖于民主的基本要求，对民主化的危害不言而喻。

## 结　语

民间社会一直被认为是国家的一种制衡力量，是政治改革和经济改革的核心动力，因而常常被用来考察一个国家的民主化问题。本章在考察民间社会与民主化关系的一般理论以及尼日利亚民间社会与民主化的现实后认为，民间社会对尼日利亚民主化进程既可能起到促进作用，也可能产生不利影响，因此并不必然促进民主化；问题的关键是要对民间社会的确切内容进行深入研究。在尼日利亚，特别是在20世纪90年代以来的尼日尔河三角洲地区，民族宗教问题对民间社会的影响不容忽视。本章即从这一角度来阐述民族宗教问题对尼日利亚民主化进程的影响。

本章考察了尼日利亚独立前地方民族组织兴起和演化的历史，说明地方民族组织是在内忧（部落战争、部落主义和封闭落后）和外患（英国殖民统治所带来的政治奴役、经济剥削和文化侵蚀）的双重压力下，由尼日利亚新兴阶级的代表（律师、医生、商人、政府公务员等）以及一些有远见的酋长建立的，具有反对殖民主义和寻求本民族复兴、和平及发展的一些积极意义。斯克拉指出，从根本上说，这些地方民族组织的价值在于它们突破狭隘的地域、传统观念，具有民族主义的一些特征。[2] 但是，这些地方民族组织的领导人非常清楚，未来这个国家的经济和政治权力并不在他们的聚居地，而在整个国家。因此，这些具有浓厚地方民族主义色彩的组织很快被"政治

---

[1] Ukiwo Ukoha, "Politics, Ethno-Religious Conflicts and Democratic Consolidation in Nigeria," *The Journal of Modern African Studies*, Vol. 41, No. 1, 2003, p. 127.

[2] Richard L. Sklar, *Nigerian Political Parties: Power in an Emergent African Nation*, Princeton：Princeton University Press, 1963, p. 72.

## 第六章 民族宗教问题与尼日利亚民间社会

化",为野心勃勃的政治家们所利用,成为他们争夺独立后尼日利亚国家政权的工具。从 20 世纪 90 年代以前军政权时期的民间社会和民主化的关系可以看出,对民主化起积极推动作用的大多是超越狭隘地域、族体分野的全国性的一些组织,而军政权所倡导的地方民族的一些合作社、自助式发展协会、妇女组织在反对军政权、倡导民主化方面基本没有发挥多大作用。但是,这一阶段地方民族组织的大量发展,为 20 世纪 90 年代以来地方民族组织对尼日利亚民主化施加影响积聚了力量。

20 世纪 90 年代以来,民族问题对尼日利亚民间社会的影响比较复杂。笔者通过研究发现,在军政权时期,以奥贡尼人生存运动为代表的产油区少数民族组织为了维护自己的权益、保护赖以生存的土地和河流免受石油开采带来的灾难性污染以及要求得到国家石油收入的合理份额,以和平方式同军政权进行了斗争。虽然肯·萨罗-维瓦等人被军政权处决,但该事件在少数民族反抗压迫、维护权利的斗争中具有里程碑式的意义。2006 年,奥巴桑乔总统在纪念肯·萨罗-维瓦的一次集会上就赞扬了他反抗军政权独裁统治的英勇精神,称其为"国家英雄"(a national hero)。1999 年奥巴桑乔文官政府上台后,尼日利亚的民族冲突有增无减,民族问题依然比较突出。约鲁巴人、伊博人都建立了一些谋求高度自治甚至独立的民族组织,而豪萨-富拉尼人的宗教组织的暴力活动即使在当地也不得人心。这些组织对民主化是有害的,因为它们借口摆脱政治边缘化的境地,参与了危害国家稳定和民族一体化的活动。对众多产油区少数民族组织来说,一方面,一些以和平方式提出其诉求的组织对推动尼日利亚政治、经济改革和当地的可持续发展,推动政府逐步解决一些结构性或体制上的难题有一定帮助,故而有利于民主化的发展;另一方面,一些地方民族青年民兵组织的暴力活动不仅使尼日利亚的经济基础受到重创,还直接造成地区局势动荡不安及民族关系不睦,对尼日利亚的民主化造成了不利影响。尼日利亚政府只有解决导致这些少数民族民兵组织出现的诸多问题,才有可能逐步消除少数民族的不满,有助于他们对尼日利亚民族国家的认同。

# 结　论

民主是全人类的共同价值，也是世界各国人民为之奋斗的目标。但民主并不是只有一种固定的模式，实现民主的道路也并非千篇一律，历史上如此，现实世界更是如此。历史经验和现实情况告诉我们，民主的多样性可以说是我们这个多元化世界的重要特征之一。世界各国为了实现民主，走什么样的道路，建立什么样的民主体制，以什么具体方式践行民主，一定是由本国人民自己决定的，也一定要同本国的经济社会发展阶段和水平相适应。外来干涉、外部强加的"民主"，事实上不仅不是真正的民主，还有可能引发当事国的政局不稳、社会动荡，甚至是严重内乱和走向分崩离析、国将不国的灾难性后果。

民主虽然是美好的事物，但其往往会被一些势力利用甚至是操弄，从而给一些国家的内政外交带来风险和挑战。以美国为首的西方世界，通过国际话语体系霸权，动辄以"民主灯塔"自居，不顾本国民主乱象丛生的现实，频频以"美式民主"来评判其他国家的民主，进而设定与这些国家关系的基调。事实上，它们并不是真正关心这些国家的民主和民众的福祉，而是出于自身利益的需要来采取种种手段，或拉拢或打压或搞"颜色革命"颠覆，甚至是发动赤裸裸的武力入侵，真可谓无所不用其极。这样的事件在历史上不胜枚举，在当今世界也不鲜见。

在世界百年未有之大变局下，新冠疫情全球大流行，更增加了全球格局的动荡和不确定性。在此背景下，以美国为首的西方国家频频以"民主化"问题对中国和其他发展中国家进行无端指责。2020年12月初，美国总统拜

# 结 论

登召开了"民主峰会",其实质是以美式民主、美国模式拼凑所谓的"民主同盟",试图破坏各国按照自己的国情寻求政治发展包括追求民主的权利,维护美国的全球霸权。非洲大国尼日利亚也是美国极力拉拢的国家之一,尼日利亚等十几个非洲国家也参加了"民主峰会"。尼日利亚民主化究竟怎么样?有什么样的特点?走的是怎样的一条道路?需要应对哪些挑战?它的发展趋势怎么样?本书根据尼日利亚的民主化进程对上述问题进行深入探讨。理解这些问题,有助于我们更好地认识这个国家,更好地认识发展中国家民主的多样性,也有助于批驳美国以美式民主"包揽天下"的企图,为构建更紧密的中非命运共同体贡献绵薄之力。

2023年尼日利亚迎来新一轮的大选,而在举行之前,与大选相关的各类活动也都在紧锣密鼓地展开。我们甚至可以用政治家的"狂欢"来形容这一场景。但对于尼日利亚普通民众来说,他们最期待的可能是,新一届政府能给他们带来和平与安全、体面的生活和参与民主政治的热情。四年一次的大选,能否给这个国家带来更多的希望,各界都在拭目以待,而尼日利亚人民仍旧在探索自己的发展道路,包括走向民主和巩固民主。对尼日利亚民主化进程进行研究,其实还涉及一个非常重要的问题,即如何评价尼日利亚的民主化,它处于一个什么样的阶段,达到了什么样的水平。

对于民主化进程做评价是一个颇具挑战性的话题。首先,最具发言权的当然是尼日利亚人民,而外界所做出的评判离事实真相可能还有较大的距离;其次,民主虽是全人类的共同价值,但民主本身是一个颇具争议的概念,在不同的话语体系下,有着不同的含义;最后,对民主评判的标准见仁见智,可能还会千差万别,所以结果也会不尽相同。但是作为学术研究,我们仍可对尼日利亚民主化的历史进程和现实情况做些评判,这不仅是可能的,也是非常有必要的。理由如下。其一,民主是全人类的共同价值和各国追求的目标,它肯定有一些共同的内涵。其二,从尼日利亚的历史进程看,军政权、民选政府都出现过,不同的政治制度下,尼日利亚的社会状况是不一样的。有这样的比较,我们也能够对民主做出一些评判。其三,政治民主化也是各国政治发展的重要内容,各国之间的交流合作肯定也要涉及不同制度之间的交流。其四，国际社会对于民主也有一些共识。例如，通过定期选举产生新一届政府是民主的基本内涵和形式之一，而以非宪法方式更替政权，不仅不是民主的做法，还会遭到国际社会的谴责，甚至是制裁。公民的各项权利应该得到尊重和保障，这也是对民主制度的一个重要共识。基于此，我们就可以对一国的民主情况做初步评判。根据非洲国家历史演进的特点和政治发展的一般规律，在对其民主化进行评判时，我们还应参照以下三个标准。一是民主化是否有利于国家的和平稳定和民族国家建构，二是民主化是否有利于国家经济社会的发展，三是民主化是否有利于促进各民族的和平共处和整个社会的包容性发展。如果答案是肯定的，我们就可以说这个国家基本上找到了适合自身发展的民主之路；如果答案是否定的，则基本上可以认定这个国家还在探索自己的民主化道路，或者说民主体制上有诸多不完善之处。三个是否有利于的标准虽然不可能面面俱到，但我们基本上据此能做出一些判断。

关于对非洲国家民主化的评价，国内学术界一般有两种看法。一种看法是认为，非洲国家的民主化是西方国家特别是前宗主国强加给非洲的，在非洲会不可避免地遭遇"水土不服"现象，因而非洲国家常常出现"逢选易乱""逢选必乱"，甚至是军事政变频繁发生的乱局。另一种看法则认为，非洲国家的民主化系舶来品是不争的事实，但事实上非洲本土也有民主传统，人们熟知的"大树下的民主"在非洲基层社会非常普遍。非洲传统文化中的"协商""和谐"而不是冲突和对抗，也是民主的应有之义。如今，民主已在非洲扎下了根儿，成为非洲国家的政治现实，民主观念也已深入人心。我们不能因为非洲国家民主化进程中出现的这样或那样的问题，就对非洲民主进行全盘否定，毕竟大多数非洲国家独立也才60多年，即使是西方老牌民主国家，其民主制度和民主的实际效能尚有不少不完备之处，甚至是乱象丛生，何况是非洲国家。客观地讲，目前看来第二种看法已占据主导地位。非洲大多数国家仍在探索适合自身发展的民主化道路，对尼日利亚来说也不例外。

从尼日利亚民主化历史来看，其明显可以分为两个大的阶段，1999年之

结 论

前的大多数时间里，军人执政是常态，文官政府仅仅是点缀。我们姑且暂不讨论军政权在尼日利亚历史上的作用，仅就其废止国家的根本大法宪法而代之以军事法令这一条来看，它与民主体制是背道而驰的。如今，军事政变在尼日利亚发生的可能性不能说完全没有，但事实上已大大降低。自1999年"还政于民"以来，尼日利亚经历了数次大选，政权也都平稳过渡，政局保持了基本稳定。而且，尼日利亚作为西非国家经济共同体（西共体）的领头羊还带头斡旋冈比亚因大选引发的政治危机，布哈里总统也亲自参与调停埃塞俄比亚的危机。非盟、西共体对发生军事政变的科特迪瓦、苏丹、几内亚、马里、布基纳法索等国实施制裁的步调一致，督促这些国家早日实现"还政于民"。由此看来，尼日利亚自身的民主化进程进入了一个相对平稳时期，它还在非洲特别是在西非次区域的民主化进程中发挥着作为稳定器和助推器的积极作用。

从对尼日利亚历次大选的观察来看，"逢选必乱""逢选易乱"的魔咒，似乎也被逐步驱散，虽然历次大选的选前、选中以及选后都在局地有一些不稳定情况或突发情况，甚至是小规模的暴力冲突事件，但从总体看这些情况和问题对整个选举进程产生的负面影响是有限的，"成王败寇"的零和游戏，也在一定程度上受到了削弱，获胜者发表雄心勃勃的施政纲领，失败者有时虽对大选结果表示不满，但基本上也能诉诸法律来解决纷争，而不是鼓动支持者诉诸街头政治或暴力抵制。而一些突发情况也得到处理，如近几次大选由于尼日利亚国内安全形势趋紧，被迫改期，但最终基本上也都涉险过关了。可以说，相较于1999年之前的民主化进程和其他一些非洲国家的大选，如科特迪瓦、肯尼亚、马里等，尼日利亚的民主化的的确确向前迈进了一大步。

从1999年至今，尼日利亚民主体制已延续了20多年。从民族宗教问题对尼日利亚民主化进程的影响趋势来看，以下几点基本上将是常态。其一，南北"轮流坐庄"的局面仍将继续，这是由尼日利亚的政治、民族、宗教等基本国情决定的，也可以说是尼日利亚民主化的一大特点。因为这一制度可以最大限度地安抚南北两大地区的民族宗教情绪，保持国家的统一和稳定。

当然，在东南部，伊博族一直在抱怨本民族自尼日利亚内战后就被边缘化，至今未能产生一位总统。未来在南部，约鲁巴族和伊博族之间的竞争可能会进一步加剧。其二，从选民的投票模式来看，北方居民多为穆斯林，其选择穆斯林总统候选人的态度不会有大的改变。同理，南方居民多信仰基督教，包括天主教和新教，他们倾向于将选票投给基督徒总统候选人。这种投票模式也不会有较大的改变，这是尼日利亚民族、宗教、地域因素高度结合以及民族国家建构程度还比较低这一现实所决定的。其三，民族宗教问题仍是尼日利亚民主化进程中最大的不确定因素。近年来，尼日利亚的非传统安全问题较为突出，其中不少与民族宗教问题有关，或者说这些安全问题都有深刻的民族宗教的背景。尼日利亚的安全问题有明显的地域特征。在东北部，宗教极端势力和恐怖主义，特别是臭名昭著的"博科圣地"的势力在尼日利亚已危害多年，且已蔓延至周边的邻国。我们虽不能将"博科圣地"问题与特定的民族和伊斯兰教挂钩，但它们打着伊斯兰教的旗号，宣扬宗教极端思想，谋求建立伊斯兰神权国家，反对选举，反对民主体制的世俗国家也是它们的基本诉求。

尼日利亚是西非大国，自然禀赋得天独厚，人文传统深厚，但其迈向现代民族国家和民主国家的道路充满坎坷，其中一个主要因素就是国内错综复杂的民族宗教问题。这一问题的根源虽可追溯到英国殖民主义者"分而治之"的间接统治政策及其在尼日利亚独立前的一些政治安排，但我们不应当将尼日利亚独立以来的民族宗教问题都归因于殖民统治。笔者以为，在不同历史时期，尼日利亚民族宗教问题的表现形式和内涵不尽相同，其影响也不能一概而论，要具体问题具体分析。但不管怎么说，民族宗教问题对尼日利亚政治、经济、社会方方面面的影响是不能忽视的，因为这个非洲第一人口大国也是非洲大陆上民族构成和宗教格局最为复杂的国家之一，而独立后建国及民族国家建构的历史才60多年。受多种因素影响，尼日利亚民主化进程呈现出跌宕起伏的轨迹，但总的趋势是朝更巩固、更完善的方向发展。奥巴桑乔总统接受联邦法院裁决，放弃谋求第三个总统任期，就是民主理念在尼日利亚获得胜利的一个新例证，即遵守宪法和法律规定是民主的一项基本要求。如何认识尼日利亚民族宗教问题对民主化进程的影响呢？通过研究，本书得出以下结论。

第一，对民族宗教构成比较复杂、民族宗教问题比较突出的多民族国家尼日利亚而言，民族宗教问题的确会对民主化进程产生深刻影响。民族宗教问题之所以会对民主化进程产生影响，是因为民族宗教问题不仅涉及民族之间、宗教之间乃至宗教内部的矛盾，也涉及民族与国家的矛盾。不同民族、不同宗教之间的矛盾和冲突，不利于民族关系的和睦、宗教关系的和谐与民族国家建构，其结果就是历史很悠久的地方民族认同强于建构历史才半个多世纪的民族国家认同，国家缺乏凝聚力，民众参与国家政治生活的目标主要是维护本民族的利益，而不是从整个国家的利益去考虑；地方民族同国家的矛盾和冲突，不利于国家团结，不利于民众对政府的信任，也不利于国家合法性的建构。

第二，民族宗教问题不利于尼日利亚民族国家建构，从而不利于尼日利亚的民主化进程。依据是，国家的统一和领土完整是一个国家民主化的先决条件，国族意识是尼日利亚民众获得公民意识并参与国家事务的重要条件。本书所论述的尼日利亚的民主化进程，不是指尼日利亚某一个地区，如北、西、东三大区，或南方、北方，抑或所谓的六大地缘政治区的民主化进程，而是指由2亿多人口、200多个族体、90多万平方公里的领土构成的统一主权国家的民主化进程。但是，地方民族主义、宗教矛盾以及国语问题使得尼日利亚国族意识建构缓慢、国家统一受到威胁，这些对民主化进程都产生了不利影响。豪萨-富拉尼族、约鲁巴族和伊博族各自的地方民族主义运动和众多少数民族的地方民族主义运动在尼日利亚历史上都或多或少谋求过自身的独立或高度自治，伊博人谋求独立的运动甚至使国家濒临崩溃，他们建立独立"比夫拉国"的梦想和行动直到现在也没有破灭和停止。比夫拉内战后，主体民族的地方民族主义又在宗教问题和语言问题上得到发展。没有和谐的宗教关系，就不会有和谐的民族关系，也就不会有统一的国族意识和文化。语言在培育统一国民文化和归属感等方面发挥着潜移默化的力量，其作用无可替代，国语问题的政治化状况在短时期内不会得到彻底改变，同样也成为民族国家建构中的一大难题。尼日尔河三角洲地区少数民族同尼日利亚国家、同跨国石油公司以及少数民族之间的矛盾和冲突对尼日利亚的石油生产造成很大冲击，对国家的稳定和团结均构成负面影响，从总体上说不利于整个国家的民主化进程。

第三，民族问题对政党和选举的影响主要表现在：政党更多代表的是地方民族的利益，政治家依赖族体认同来动员民众，民众则按照族体界限来投票以寻求庇护和实惠。"联邦特征"原则虽在一定程度上减轻了地方民族主义对政党和选举的影响，但从1979年和2003年总统选举来看，政治家操纵地方民族主义来动员选民投票的情况仍存在，选民按照族体和宗教界限投票的模式依然比较清晰，候选人在大选结果出现争议时往往不是以整个国家的利益为重，而是极力维护自己和本民族的利益，他们的一些做法与民主所要求的协商、包容、遵守法律的精神相悖。此外，我们也不能排除在今后选举中出现地方民族主义进一步高涨的可能性。

第四，如果不去过多地纠缠"民间社会"这一概念，以及其是否在非洲国家适用等问题，民间社会在尼日利亚的历史可以说是非常悠久的。在尼日利亚民族独立运动中，民间社会就发挥了独特作用。尼日利亚在独立后长期处于军政权的统治下，民间社会所面临的境地更为复杂。一方面，与军人独裁政府斗争、在尼日利亚恢复民主统治，成为民间社会的主要目标之一；另一方面，为加强对社会力量的控制，维持军政权的统治，军政府亦出台鼓励民间社会发展的政策，实际上是试图将民间社会纳入军政府的监管范围之内，或直接让其为军政府服务。但是，民间社会总体上独立于政府，这就决定了其发展的大方向不会受制于军政府的威逼利诱。虽然一些组织的确沦为了军政府的工具，甚至为军人专制统治歌功颂德，但民间社会的主流是要求尼日利亚向民主过渡，保护人权和公民权。在其不懈努力和无畏抗争下，尼日利亚终于在1999年实现了这一目标。民主过渡之后，民间社会的角色更加多元化，其影响遍布国家政治、经济和社会发展的方方面面，无所不包，并在促进尼日利亚社会的整体进步中发挥着重要作用。同时，尼日利亚社会是一个高度分化的社会，这一特点决定了尼日利亚民间社会的角色和影响是

# 结　论

多元和复杂的，不可能是一个整体。但是，捍卫尼日利亚的民主制度，保护各行各业、社会各阶层的利益不受侵害，将长期是尼日利亚民间社会最基本的诉求和职责。只不过一些诉求可能会因民族、宗教、文化、地区间的分歧而发生冲突。尼日利亚民族问题对民间社会的影响主要表现在，地方民族组织（特别是族体青年民兵组织）大量出现，其中一些谋求独立和高度自治，威胁国家生存，不利于民主化进程。地方民族组织虽在尼日利亚独立前就存在并在军政权时期得到迅速发展，但其对尼日利亚民主化进程产生深刻影响则是在20世纪90年代以后。之前，地方民族组织多是军政权所倡导的合作社、自助式发展协会、妇女组织，它们在倡导民主化方面的作用不明显。20世纪90年代以来，民族问题对尼日利亚民间社会的影响比较复杂，对此我们要客观看待。

当然，民族宗教矛盾不仅仅通过民族国家建构、政党政治和民间社会三个路径对民主化进程产生影响，它还可以渗透到军队，引发军事政变，直接颠覆民主政权，如尼日利亚1966年的两次军事政变均带有浓厚民族矛盾的色彩。联邦制是多民族国家缓解民族问题的一种有效形式，但在民族问题等因素的影响下，州和地方政府辖区的数量不断增多，政府机构非常臃肿，不堪重负，还引发更多少数民族要求建立自己的州这一问题。民族问题对尼日利亚经济发展也产生了很多负面影响，而经济发展对民主化进程的促进作用可能没有人会怀疑。此外，在涉及财富分配这一敏感问题时，民族问题的影响也不容忽视。以上几个因素中，有的因素只是在特定历史时期比较突出，如"民族问题与军队、军事政变"；有的因素在学术界已被多部专著探讨，如"民族问题与尼日利亚联邦制"；[1] 还有的因素的资料比较难收集，学术界研究得还较少，如"民族问题与尼日利亚经济"，故本书没有系统地对上述问题展开论述，而是将它们同民族国家建构、政党、选举以及民间社会综合在一起来论述的，一些问题还有待今后做进一步研究。

第五，要客观看待民族问题对尼日利亚民主化进程的影响：一方面，从

---

[1] 参见 Rotimi T. Suberu, *Federalism and Ethnic Conflict in Nigeria*, Washington, D.C.: United States Institute of Peace, 2001。

总体上说，民族问题对尼日利亚民主化进程产生了不利影响；另一方面，在特定条件和特定历史时期，民族问题推动了尼日利亚民主化进程。无论是在军政权时期，还是在文官政府时期，民族问题对尼日利亚民族国家建构、对政党和选举以及对民间社会等都产生了许多负面影响，这些都可视作民族问题对民主化进程的不利影响。但军政权与文官政权毕竟有着本质区别，前者与民主是根本对立的，尽管军政权的一些法令对消除地方民族主义、促进尼日利亚民族国家建构起了积极作用。在军政权时期，以"奥贡尼人生存运动"为代表的产油区少数民族组织为了维护自己的权益、保护环境以及得到国家石油收入的合理份额，基本上以和平方式同军政权进行了斗争，虽然遭到军政权镇压，但这些组织反抗压迫、维护少数民族权利的斗争使得军人独裁政权危机四伏。它们对军政权起了"颠覆性"的作用，因而对民主化进程起了促进作用。在文官政府时期，地方民族组织对民主化进程可能会起到截然相反的作用。一方面，一些地方民族组织以和平方式提出自己的诉求，要求政府进行政治、经济改革，推动政府逐步解决一些结构性或体制上的难题，故而有利于民主化进程；另一方面，一些地方民族组织，借口摆脱政治边缘化的境地，参与了危害国家稳定和民族一体化的活动。对众多产油区少数民族组织来说，一些地方民族青年民兵组织的暴力活动不仅使尼日利亚的经济基础受到重创，还直接造成地区局势动荡不安及民族关系的不睦。它们对尼日利亚民主化进程造成了不利影响。

第六，民族宗教问题对尼日利亚民主化进程的负面影响总体上在减弱，但不排除在特定时期扩大的可能。

在尼日利亚一些有远见的政治家的努力下，民族宗教问题对尼日利亚民族国家建构、对政党和选举以及对民间社会的不利影响虽长期存在，但程度在不断降低，这是尼日利亚民主化迈向正轨的一个积极信号。但是，随着全球化和信息技术的发展，一个国家的民族宗教问题在某种意义上已跃出了本国的疆域，对其他国家都有可能产生一定影响。例如，发生在西方国家的宗教事件在很短时间内就可能引发尼日利亚民族宗教问题迅速升级。又如，尼日尔河三角洲地区的一些少数民族极端组织利用移动电话引爆爆炸物，通过

# 结　论

互联网发布诉求和对石油公司的警告。这些新情况都使这些组织的破坏力更大，造成的后果更严重，对民主化进程的负面影响也就更大。

此外，民族宗教问题与民主化进程之间的关系是双向的，民主化的发展离不开民族宗教问题的解决，而民族宗教问题的解决也有赖于民主化的深化和发展。事实证明，用压制手段解决民族宗教问题，往往适得其反，只会加大一些民族的离心力，国家的凝聚力就会更缺乏。只有通过民主的途径，民族宗教问题才能得到较好的认识和解决。本书虽主要强调了民族宗教问题的负面影响，但并不否认尼日利亚历届政府在解决民族宗教问题、努力进行民族国家建构方面所取得的巨大成绩。

# 参考文献

## 中文部分

### 一 中文著作（包括译著）

〔英〕艾伦·伯恩斯：《尼日利亚史》（中译本），上海师范大学《尼日利亚史》翻译组译，上海人民出版社，1974。

包刚升：《民主崩溃的政治学》，商务印书馆，2014。

丛日云：《当代世界的民主化浪潮》，天津人民出版社，1999。

邓正来、〔美〕亚历山大主编《国家与市民社会：一种社会理论的研究路径》，中央编译出版社，1999。

葛公尚、曹枫编译《西非民族概况》，中国社会科学院民族研究所，1984。

郝时远：《中国的民族与民族问题》，江西人民出版社，1996。

郝时远、阮西湖：《当代世界民族问题与民族政策》，四川民族出版社，1994。

何润：《马克思主义民族理论经典导读》，中央民族大学出版社，1998。

何增科主编《民间社会与第三部门》，社会科学文献出版社，2000。

贺文萍：《非洲国家民主化进程研究》，时事出版社，2005。

黄鸣主编《简明民族词典》，广西人民出版社，1990。

金炳镐：《民族理论通论》，中央民族大学出版社，1994。

金炳镐：《民族理论与民族政策概论》，中央民族大学出版社，2006。

金炳镐主编《中国民族理论研究二十年》，中央民族大学出版社，2000。

金涛、孙运来主编《世界民族关系概论》，中央民族大学出版社，1996。

〔美〕卡尔·科恩：《论民主》，聂崇信、朱秀贤译，商务印书馆，1994。

〔美〕拉里·戴蒙德、理查德·冈瑟等：《政党与民主》，徐琳译，上海人民出版社，2020。

李安山：《非洲民族主义研究》，中国国际广播出版社，2004。

李毅夫、赵锦元：《世界民族概论》，中央民族学院出版社，1993。

陆庭恩：《非洲与帝国主义：1914~1939年》，北京大学出版社，1987。

陆庭恩、刘静：《非洲民族主义政党与政党制度》，华东师范大学出版社，1999。

刘鸿武等：《从部族社会到民族国家——尼日利亚国家发展史纲》，云南大学出版社，2000。

刘鸿武等：《尼日利亚建国百年史（1914~2014）》，浙江人民出版社，2014。

刘军宁等编《直接民主和间接民主》，生活·读书·新知三联书店，1998。

刘军宁编《民主与民主化》，商务印书馆，1999。

〔美〕罗伯特·达尔：《论民主》，李伯光、林猛译，商务印书馆，1999。

〔美〕罗伯特·达尔：《民主理论的前言》，顾昕、朱丹译，生活·读书·新知三联书店，1999。

罗树杰、徐杰舜：《民族理论和民族政策教程》，民族出版社，2005。

马戎：《民族与社会发展》，民族出版社，2001。

宁骚：《民族与国家——民族关系与民族政策的国际比较》，北京大学出版社，1995。

宁骚主编《非洲黑人文化》，浙江人民出版社，1993。

〔美〕塞缪尔·亨廷顿：《第三波——20世纪后期民主化浪潮》，刘军宁译，上海三联书店，1998。

图道多吉主编《中国民族理论与实践》，山西教育出版社，2001。

王希恩：《民族过程与国家》，甘肃人民出版社，1998。

王希恩主编《当代中国民族问题解析》，民族出版社，2002。

王希恩主编《20世纪的中国民族问题》，中国社会科学出版社，2012。

王逸舟：《当代国际政治析论》，上海人民出版社，1995。

〔尼日利亚〕维克托·恩瓦奥齐奇·戚本杜：《尼日利亚同中国的外交关系：1960~1999年》，张世华、张琳译，世界知识出版社，2002。

吴秉真、高晋元主编《非洲民族独立简史》，世界知识出版社，1993。

吴仕民主编《民族问题概论》，四川人民出版社，1997。

徐济明、谈世中主编《当代非洲政治变革》，经济科学出版社，1998。

杨堃：《民族学概论》，中国社会科学出版社，1988。

〔英〕约翰·邓恩编《民主的历程》，林猛等译，吉林人民出版社，1999。

〔美〕熊彼特：《资本主义、社会主义和民主主义》（中译本），绛枫译，商务印书馆，1979。

张宏明：《多维视野中的非洲政治发展》，社会科学文献出版社，1999。

《中国大百科全书·民族卷》，中国大百科全书出版社，1986。

中国社会科学院民族研究所：《马克思恩格斯论民族问题》（上、下）民族出版社，1986。

中国社会科学院民族研究所：《列宁论民族问题》（上、下），民族出版社，1987。

周平：《民族政治学导论》，中国社会科学出版社，2001。

周玉忠、王辉主编《语言规划与语言政策：理论与国别研究》，中国社会科学出版社，2004。

周星：《民族政治学》，中国社会科学出版社，1993。

周海金：《非洲宗教的传统形态与现代变迁研究》，中国社会科学出版社，2017。

〔日〕猪口孝、〔美〕爱德华·纽曼、〔英〕约翰·基恩编《变动中的民主》，林猛等译，吉林人民出版社，1999。

中国现代国际关系研究所：《全球民族问题大聚焦》，时事出版社，2001。

二　中文论文（含译作）

葛公尚：《非洲民族主义与部族主义探析》，《西亚非洲》1994年第5期。

顾章义：《非洲国家政局动荡中的民族问题》，《西亚非洲》1994年第6期。

顾章义：《评非洲"部族"说——兼评斯大林的民族定义》，《中央民族学院学报》1983年第4期。

顾章义：《评非洲"部族"说》，《中央民族学院学报》1983年第4期。

郭雷庆：《聚居型多民族国家民主化困境分析——以尼日利亚和斯里兰卡为例》，《学术探索》2016年第9期。

黄泽全：《尼日利亚的两大难题：民族和宗教矛盾》，《西亚非洲》1993年第3期。

黄泽全、董洪元：《豪萨语和豪萨文的发展演变》，《西亚非洲》1984年第3期。

金炳镐：《论民族发展的诸条件、环境》，《黑龙江民族丛刊》1989年第4期。

李安山：《论西非民族知识分子的形成及其发展》，《西亚非洲》1985年第6期。

李安山：《论西非民族知识分子的特点及其在民族独立运动中的作用》，《世界历史》1986年第3期。

李安山：《西非民族主义思想的产生及其表现形式——西非民族主义思想论纲之一》，《西亚非洲》1995年第5期。

李安山：《非洲民主化与国家民族建构的悖论》，《世界民族》2003年第5期。

李安山：《非洲国家民族建构的理论与实践研究——兼论乌贾马运动对坦桑尼亚民族建构的作用》，《西亚非洲》2002年第4期。

李安山：《非洲民族主义研究述评》，载李保平等主编《非洲：变革与发展》，世界知识出版社，2002。

李安山：《浅析非洲地方民族主义的缘起》，《北大史学》第 8 辑，2001。

李安山：《试析非洲地方民族主义的演变》，《世界经济与政治》2001 年第 5 期。

李安山：《论中国非洲学研究中的"部族"问题》，《西亚非洲》1998 年第 4 期。

李起陵：《走向民族独立和国家统一的尼日利亚》，载吴秉真、高晋元主编《非洲民族独立简史》，世界知识出版社，1993。

李文刚：《论卡诺古城的历史变迁》，硕士学位论文，南开大学，1998 年 6 月。

李文刚：《尼日利亚民主化：特点及问题》，《西亚非洲》2006 年第 5 期。

李文刚：《中国—尼日利亚共建"一带一路"：优势、挑战及前景》，《当代世界》2020 年第 6 期。

李文刚：《"一带一路"背景下尼日利亚宗教格局及宗教风险分析》，《世界宗教文化》2019 第 2 期。

李文刚：《2019 年总统选举与尼日利亚政党政治特点评析》，《当代世界》2019 年第 4 期。

李文刚：《"博科圣地"的演变与尼日利亚反恐政策评析》，《阿拉伯世界研究》2018 年第 4 期。

李文刚：《尼日利亚农牧民冲突：超越民族宗教因素的解读》，《西亚非洲》2018 年第 3 期。

李文刚：《尼日利亚伊斯兰教什叶派初探》，《世界宗教文化》2017 年第 3 期。

李文刚：《尼日利亚面临的挑战与策略选择》，《当代世界》2016 年第 5 期。

李文刚：《历史隐患与现实困扰》，《人民日报》2014 年 12 月 17 日，第 22 版。

李文刚：《浅析非洲伊斯兰教与欧洲殖民主义的关系》，《亚非纵横》2015 年第 1 期。

李文刚:《"联邦特征"原则与尼日利亚民族国家构建》,《西亚非洲》2012年第1期。

李文刚:《尼日利亚地方民族组织的缘起与演化——兼评尼日利亚地方民族组织对民主化的影响》,《西亚非洲》2009年第9期。

李文刚:《浅析尼日利亚少数民族问题——以尼日尔河三角洲地区为中心》,《西亚非洲》2007年第7期。

李文刚:《公民社会对尼日利亚民主化的影响》,《西亚非洲》2004年第4期。

李文刚:《奥巴桑乔喜中有忧的大选结局——2003年尼日利亚大选述评》,《西亚非洲》2003年第4期。

李智彪:《卢加德与北尼日利亚》,《西亚非洲》1988年第1期。

刘鸿武:《论当代黑非洲的部族文化聚合与国民文化重构》,《西亚非洲》1997年第3期。

刘鸿武:《撒哈拉以南非洲民族国家统一构建进程》,《西亚非洲》2002年第2期。

秦晓鹰:《尼日利亚现代民族主义的兴起和特点》,《世界历史》1981年第2期。

王正龙:《西非最大的民族豪萨族及其语言》,《西亚非洲》1982年第5期。

吴秉真:《关于非洲部族问题的探讨》,《西亚非洲》1986年第5期。

吴期扬:《尼日利亚1966年两次军事政变起因探讨》,《西亚非洲》1983年第6期。

牙含章:《马克思主义民族理论与非洲民族形成问题》,《西亚非洲》1983年第1期。

张宏明:《论黑非洲国家的部族问题和部族主义的历史渊源》,《西亚非洲》1995年第5期。

张宏明:《部族主义因素对黑非洲民族国家建设的影响》,《西亚非洲》1998年第4期。

张宏明:《部族主义因素对黑非洲国家政体模式取向的影响》,《西亚非洲》1998 年第 5 期。

张宏明:《部族主义因素对黑非洲国家政治发展的影响》,《亚非发展研究》1999 年第 6 期。

张世华、王冶、李起陵:《尼日利亚部族问题探讨》,《西亚非洲》1982 年第 3 期。

张象、姚西伊:《论英国对尼日利亚的间接统治》,《西亚非洲》1986 年第 1 期。

## 英文部分

### 专著

Abraham, Lawrence, *State Culture and Ethnicity in West Africa (Ghana, Liberia, Nigeria)*, Ph. D. Dissertation, University of Miami, 2001.

Adekson, Adedayo Oluwakayode, *The "Civil Society" Problematique: Deconstructing Civility and Southern Nigerias Ethnic Radicalization*, New York, NY: Routledge, 2003.

Anifowose, Remi, *Violence and Politics in Nigeria: The Tiv and Yoruba Experience*, N. K. Nok Publishers International, 1982.

Attah-Poku, Agyemang, *African Ethnicity*, Lanham: University Press of America, 1998.

Awolowo, Obafemi, *Awo: The Autobiography of Chief Obafemi Awolowo*, Cambridge: Cambridge University Press, 1960,

Badru, Pade, *Imperialism and Ethnic Politics in Nigeria: 1960 – 1996*, Trenton: Africa World Press, 1998.

Bah, Abu Bakarr, *Breakdowns and Reconstitutions: Democracy, the Nation-State and Ethnicity in Nigeria*, Ph. D. Dissertation, New School University, 2003.

Bascom, William, *The Yoruba of Southwestern Nigeria*, New York: Holt, Rinehart and Winston, 1969.

Bekker, Simon, Martine Dodds and Meshack M. Khosa, eds., *Shifting African Identities*, Pretoria: Human Sciences Research Council, 2001.

Clarke, John D., *Yakubu Gowon: Faith in A United Nigeria*, London: Frank Cass, 1987.

Cohen, Abner, *Custom and Politics in Urban Africa: A Study of Hausa Migrants in Yoruba Towns*, Berkeley: University of California Press, 1969.

Coleman, James S., *Nigeria: Background to Nationalism*, Berkeley and Los Angeles: University of California Press, 1958.

Dejene, Dagem, *The Origin of Political Instability in Nigeria: The Case of the First and Second Republic*, Ph. D. Dissertation, The Ohio State University, 1988.

Diamond, Larry, *Class, Ethnicity and Democracy in Nigeria: The Failure of the First Republic*, Hong Kong: Macmillan Pnblishers (China) Ltd., 1988.

Diamond, Larry, *Developing Democracy Toward Consolidation*, The Johns Hopkins University Press, 1999.

Diamond, Larry, Anthony Kirk-Greene, and Oyeleye Oyediran, eds., *Transition Without End: Nigerian Politics and Civil Society under Babangida*, Boulder, CO: Lynne Rienner Publishers, 1997.

Diamond, L., Juan J. Linz and Seymour MartinLipset, eds., *Politics in Developing Countries: Comparing Experiences with Democracy*, Boulder, CO: Lynne Rienner Publishers, 1990.

Dedley, Billy, *An Introduction to Nigerian Government and Politics*, London and Basingstoke: Macmillan Publishers Ltd., 1982.

Doorenspleet, Renske and Lia Nijzink, eds., *Party Systems and Democracy in Africa*, London: Palgrave Macmillan, 2014.

Enwerem, Iheanyi M., *The Politicization of Religion in Modern Nigeria: The Emergence and Politics of the Christian Association of Nigeria (CAN)*, Ph. D. Dissertation, York University (Canada), 1992.

Falola, Toyin, *Violence in Nigeria*, Rochester: University of Rochester Press,

1998.

Falola, Toyin, *The History of Nigeria*, Westport: Greenwood Press, 1999.

Falola, Toyin and Saheed Aderinto, *Nigeria, Nationalism, And Writing History*, Rochester: University of Rochester Press, 2010.

Falola, Toyin and Bukola Adeyemi Oyeniyi, *Africa in Focus: Nigeria*, Santa Barbara: ABC-CLIO, LLC, 2015.

Glickman, Harvey, ed., *Ethnic Conflict and Democratization in Africa*, Atlanta: The African Studies Association Press, 1995.

Hamalai, Ladi and Samuel Egwu, J. Shola Omotola, *Nigeria's 2015 General Elections: Continuity and Change in Electoral Democracy*, Palgrave Macmillan, 2017.

Ikein, Augustine A., *The Impact of Oil on a Developing Country: The Case of Nigeria*, New York: Praeger, 1990.

Ismagilova, R. N., *Ethnic Problems of the Tropical Africa*, Moscow: Progress Publishers, 1978.

Joseph, Richard, ed., *State, Cconflict, and Democracy in Africa*, Boulder, CO: Lynne Rienner Publishers, 1999.

King, Lamont Dehaven, *Ethnicity, the State and the Economy in Precolonial Northern Nigeria*, Ph. D. Dissertation, Temple University, 1996.

Kukah, Matthew Hassan and Toyin Falola, *Religious Militancy and Self-Assertion: Islam and Politics in Nigeria*, Aldershot: Avebury, 1996.

Lergo, Tunga, *Particularism in Voting Behavior in Nigeria: The Post-Independence Electorate*, Ph. D. Dissertation, The Florida State University, 1996.

Levan, A. Carl and Patrick Ukata, eds., *Oxford Handbook of Nigerian Politics*, Oxford: Oxford University Press, 2018.

Mazrui, Ali A. and Michael Tidy, *Nationalism and New States in Africa*, London: Heinemann, 1984.

Miles, William F. S., *Hausaland Divided: Colonialism and Independence in Nigeria and Niger*, Ithaca: Cornell University Press, 1994.

Momoh, Abubakar and Said Adejumobi, eds., *The National Question in Nigeria: Comparative Perspectives*, Burlington: Ashgate Publishing Company, 2002.

Obadare, Ebenezer, *Statism, Youth and Civic Imagination: A Critical Study of the National Youth Service Corps Programme in Nigeria*, Dakar: CODESRIA, 2010.

Obasanjo, Olusegun, *My Command: An Account of the Nigerian Civil War 1967 - 1970*, London: Heinemann, 1980.

Okpu, Ugbana, *Ethnic Minority Problems in Nigerian Politics, 1960 - 1965*, Uppsala: Almgvist and Wiksell, 1977.

Onabadejo, Martins Adekunle, *Class and Ethnicity in a Changing Nigeria*, Ph. D. Dissertation, Temple University, 1987.

Osaghae, Eghosa E., *Crippled Giant: Nigeria since Independence*, London: Hurst and Company, 1998.

Otite, Onigu and Isaac Olawale Albert, eds., *Community Conflicts in Nigeria: Management, Resolution and Transformation*, Ibadan: Spectrum Books, 1999.

Oyediran, Oyeleye, ed., *The Nigerian 1979 Elections*, Lagos: Macmillan Nigeria, 1981.

Paden, John N., *Postelection Conflict Management in Nigeria: The Challenges of National Unity*, Arlington: George Mason University, 2012.

Shoup, John A., *Ethnic Groups of Africa and the Middle East: An Encyclopedia*, Oxford: ABC-CLIO, 2011.

Sklar, Richard L., *Nigerian Political Parties: Power in an Emergent African Nation*, Princeton: Princeton University Press, 1963.

Steaning, Derrick J., *Savannah Nomads*, London: Oxford University Press, 1959.

Suberu, Rotimi T., *Federalism and Ethnic Conflict in Nigeria*, Washington, D. C.: United States Institute of Peace, 2001.

Trager, Lillian, *Yoruba Hometowns: Community, Identity, and Development in*

*Nigeria*, Boulder, CO: Lynne Rienner Publishers, 2001.

Umoren, Joseph A., *Democracy and Ethnic Diversity in Nigeria*, Lanham, MD: University Press of America, 1996.

Uwazie, Ernest E., Isaac O. Albert and Godfrey N. Uzoigwe, eds., *Inter-Ethnic and Religious Conflict Resolution in Nigeria*, New York: Lexington Books, 1999.

Vaughan, Olufemi, *Religion and the Making of Nigeria*, Durham and London: Duke University Press, 2016.

文章

Abubakar, Dauda, "Ethnic Identity, Democratization, and the Future of the African State: Lessons from Nigeria," *African Issues*, Vol. XXIX, No. 1 and 2, 2001, pp. 31 – 36.

Agbese, Pita Ogaba, "Ethnic Conflicts and Hometown Associations: An Analysis of the Experience of the Agila Development," *Africa Today*, Vol. 43, April – June 1996, pp. 139 – 156.

Aguwa, Jude C., "Religious Conflict in Nigeria: Impact on Nation Building," *Dialectical Anthropology*, Vol. 22, 1997, pp. 335 – 351.

Ake, Claude, "Whats the Problem of Ethnicity in Africa," *Transformation*, Vol. 22, 1983, pp. 1 – 14.

Akhaine, S. Odion, "Nigeria's 2011 Elections: The 'Crippled Giant' Learns to Walk?" *African Affairs*, Vol. 110, No. 441, 2011, pp. 649 – 655.

Akinyele, R. T., "States Creation in Nigeria: The Willink Report in Retrospect," *African Studies Review*, Vol. 39, No. 2, 1996, pp. 71 – 94.

Akinyele, R. T., "Power-sharing and Conflict Management in Africa: Nigeria, Sudan and Rwanda," *Africa Development*, Vol. XXV, No. 3 – 4, 2000, pp. 209 – 233.

Alapiki, Henry E., "State Creation in Nigeria: Failed Approaches to National Integration and Local Autonomy," *African Studies Reviews*, Vol. 48, No. 3,

2005, pp. 49 - 65.

Anthony, Douglas, "Islam Does not Belong to Them: Ethnic and Religious Identities Among Male Igbo Converts in Hausaland", *Africa*, Vol. 3, Issue 3, 2000, pp. 422 - 441.

Anugwom, Edlyne E., "Globalisaion, Social Values and Human Rights NGOs in Nigeria," *Africa Insight*, Vol. 32, No. 4, 2002, pp. 21 - 27.

Attah, Mark O., "The National Language Problem in Nigeria," *Canadian Journal of African Studies*, Vol. 21, No. 3, 1987, pp. 393 - 401.

Bach, Daniel, "Indigeneity, Ethnicity, and Federalism," in L. Diamond, A. Kirk-Greene, and O. Oyediran, eds., *Transition Without End: Nigerian Politics and Civil Society under Babangida*, Boulder, CO: Lynne Rienner Publishers, 1997.

Babawale, T., "The Rise of Ethnic Militias, De-legitimisation of the State, and the Threat to Nigerian Federalism," *West African Review*, Vol. 3, No. 1, 2002, pp. 1 - 12.

Campbell, Marion, "Witnessing Death: Ken Saro-Wiwa and the Ogoni Crisis," *Postcolonial Studies*, Vol. 5, No. 1, 2002, pp. 39 - 49.

Cobb, Sarah Travis, "Seeking a Common Ground: Environmental Degradation in Ken Saro-Wiwa's Country," *Dialectical Anthropology*, Vol. 22, 1997, pp. 389 - 398.

Darah, Godwin G., "The Socio Economic and Political Challenges of the Niger Delta," in Peter I. Ozo-Eson and Ukoha Ukiwo, eds., *Challenges of the Niger Delta*, Port Harcourt: Centre for Advanced Social Science, 2001, pp. 27 - 28.

Diamond, Larry, "Nigeria: Pluralism, Statism, and the Struggle for Democracy," in Larry Diamond, Juan J. Linz, and Seymour Martin Lipset, eds., *Democracy in Developing Countries: Africa*, Boulder, CO: Lynne Rienner Publishers, 1998, pp. 33 - 91.

Diamond, Larry, "Review Article: Ethnicity and Ethnic Conflict," *The Jour-

*nal of Modern African Studies*, Vol. 25, 1987, pp. 117 – 128.

Ejobowah, John Boye, "Constitutional design and conflict management in Nigeria," *Journal of Third World Studies*, Vol. 18, No. 1, 2001, pp. 143 – 160.

Ejobowah, J. B., "Who Owns the Oil? The Politics of Ethnicity in Niger Delta Nigeria," *African Today*, Vol. 47, No. 1, 2000, pp. 29 – 47.

Ekeh, Peter, "Political Minorities and Historically-Dominat Minorities in Nigeria's History and Politics", in Oyeleye Oyediran, ed., *Governance and Development in Nigeria: Essays in Honour of Professor Billy J. Dudley*, Ibadan: Agbo Areo Publishers, 1996.

Fubara, Bedford A., "The Politics of the Niger Delta," in Peter I. Ozo-Eson and Ukoha Ukiwo, eds., *The Niger Delta Development Commission: Towards a Development Blueprint*, Port Harcourt: Centre for Advanced Social Science, 2002, p. 28.

Ihonvbere, Julius O., "Are Things Falling Apart? The Military and the Crisis of Democratisation in Nigeria," *The Journal of Modern African Studies*, Vol. 34, No. 2, 1996, pp. 193 – 225.

Ikelegbe, Augustine, "The Perverse Manifestation of Civil Society: Evidence from Nigeria," *The Journal of Modern African Studies*, Vol. 39, No. 1, 2001, pp. 1 – 24.

Ikelegbe, Augustine, "Civil Society, Oil and Conflict in the Niger-Delta Region of Nigeria: Ramification of Civil Society for a Regional Resources Struggle," *The Journal of Modern African Studies*, Vol. 39, No. 3, 2001, pp. 437 – 469.

Isoun, T. T., "Environmental Challenges of the Niger Delta," in Peter I. Ozo-Eson and Ukoha Ukiwo, eds., *Challenges of the Niger Delta*, Port Harcourt: Centre for Advanced Social Science, 2001, pp. 7 – 8.

Jinadu, L. Adele, *Explaining and Managing Ethnic Conflict in Africa: Towards a Cultural Theory of Democracy*, CASS Occasional Monograph, No. 15, Port Harcourt: Centre for Advanced Social Science, 2005.

Joseph, Richard, "Nation-State Trajectories in Africa," *Georgetown Journal of International Affairs*, Winter/Spring 2003.

King, Lamont Dehaven, "State and Ethnicity in Precolonial Northern Nigeria," *Journal of Asian and African Studies*, Vol. 36, No. 4, 2001.

Marenin, Otwin, "Implementing National Unity: Changes in National Consciousness Among Participants in the National Youth Service Corps of Nigeria," *The Journal of Ethnic Studies*, Vol. 17, No. 2, 1989, pp. 23 – 44.

Mazrui, Ali A., "Shifting African Identities: The Boundaries of Ethnicity and Religion in Africas Experience," in Simon Bekker, Martine Dodds and Meshack M. Khosa, eds., *Shifting African Identities*, Pretoria: Human Sciences Research Council, 2001.

Miles, William, "Muslim Ethnopolitics and Presidential Elections in Nigeria," *Journal of Muslim Minority Affairs*, Vol. 20, No. 2, 2000, pp. 229 – 241.

Mustapha, Abdul Raufu, "Ethnic Minority Groups in Nigeria: Current Situation and Major Problems," Paper Prepared for Commission on Human Rights, Sub-Commission on Promotion and Protection of Human Rights Working Group on Minorities, Ninth Session 12 – 16, May 2003.

Mustapha, Abdul Raufu, "Transformation of Minority Identities in Post-Colonial Nigeria," Queen Elizabeth House Working Paper No. 9, University of Oxford, August 1997.

Mustapha, Abdul Raufu, "Ethnic Structure, Inequality and Governance in Nigeria," UNRISD Research Proposal, May 2002.

Naanen, B., "Oil Producing Minorities and the Restructuring of Nigerian Federalism: The Case of the Ogoni People," *Journal of Commonwealth and Comparative Politics*, Vol. 33, No. 1, 1995.

Nmoma, Veronica, "Ethnic Conflict, Constitutional Engineering and Democracy in Nigeria," in Harvey Clickman, ed., *Ethnic Conflict and Democratization in Africa*, Atlanta: The African Studies Association Press, pp. 311 – 350.

Nwosu, Okere Steve, "The National Question: Issues and Lessons of Boundary Adjustment in Nigeria—the Ndoki Case," *Journal of Third World Studies*, Vol. 15, No. 2, 1998, pp. 79 – 101.

Obi, Cyril, "Oil and Minority Question," in Abubakar Momoh and Said Adejumobi, eds., *The National Question in Nigeria: Comparative Perspectives*, Burlington: Ashgate Publishing Company, 2002, pp. 100 – 101.

Omotola, S., "Elections and Democratic Transition in Nigeria under the Fourth Republic," *African Affairs*, Vol. 109, No. 437, 2010, pp. 535 – 353.

Olusanya, G., "The Historical Basis of Nigerian Unity: An Analysis," *The Journal of Business and Social Studies*, Vol. 3, No. 1, 1970.

Osaghae, Eghosa E., "Human Rights and Ethnic Conflict Management: The Case of Nigeria," *Journal of Peace Research*, Vol. 33, No. 2, 1996, pp. 171 – 188.

Osaghae, Eghosa E., "Regulating Conflicts in Nigeria," *Peace Review*, Vol. 14, No. 2, 2002, pp. 217 – 224.

Osaghae, Eghosa E., "The Uprising: Oil Parties, Minority Agitation and the Future of the Nigerian State," *African Studies*, No. 94, 1994, pp. 325 – 344.

Osaghae, Eghosa E., "Managing Multiple Minority Problems in a Divided Society: The Nigerian Experiences," *The Journal of Modern African Studies*, Vol. 36, No. 1, 1998, pp. 1 – 24.

Osaghae, Eghosa E., "The Ogoni Uprising: Oil Politics, Minority Agitations and the Future of the Nigerian State," *African Affairs*, Vol. 94, No. 376, 1995, pp. 325 – 344.

Osaghae, Eghosa E., "The Complexity of Nigerias Federal Character and the Inadequacies of the Federal Character," *The Journal of Ethnic Studies*, Vol. 16, No. 3, 1988, pp. 1 – 25.

Salemone, Frank A., "Ethnicity and Nigeria since the End of Civil War," *Dialectical Anthropology*, Vol. 22, 1997, p. 309.

Sklar, Richard L. , Ebere Onwudiwe, and Darren Kew, "Nigeria: Completing Obasanjo's Legacy," *Journal of Democracy*, Vol. 17, No. 3, 2006, pp. 100 – 115.

Sulaiman, Muhammad Dahiru, "Shiaism and the Islamic Movement in Nigeria 1979 – 1991," in Ousmane Kane et Jean-Louis Triaud, *Islam et islamismes au Sud du Sahara*, Paris: Iremam-Karthala, 1998, pp. 186 – 187.

Tamuno, T. N. , "Separatist Agitation in Nigeria since 1914," *The Journal of Modern African Studies*, Vol. 8, No. 4, 1970, pp. 563 – 584.

Thomas, Jeroma, "Women and the Challenges of the Niger Delta," in Peter I. Ozo-Eson and Ukoha Ukiwo, eds. , *Challenges of the Niger Delta*, Port Harcourt: Centre for Advanced Social Science, 2001, pp. 14 – 16.

Udogu, E. Ike, "The Allurement of Ethnonationalism in Nigerian Politics: The Contemporary Debate," *Journal of Asian and African Studies*, Vol. XXIX, No. 3 – 4, 1994, pp. 159 – 171.

Udogu, E. Ike, "The Issue of Ethnicity and Democratization in Africa: Toward the Millennium," *Journal of Black Studies*, Vol. 29, Issue 6, 1999, pp. 790 – 808.

Ukoha, Ukiwo, "Politics, Ethno-Religious Conflicts and Democratic Consolidation in Nigeria," *The Journal of Modern African Studies*, Vol. 41, No. 1, 2003, pp. 115 – 138.

Welch Jr. , Claude E. , "The Ogoni and Self-Determination: Increasing Violence in Niger Delta," *The Journal of Modern African Studies*, Vol. 33, No. 4, 1995, pp. 635 – 649.

# 后 记

1998年毕业后,我如愿以偿地进入中国社会科学院西亚非洲研究所工作,迈入非洲研究的大门。但由于工作需要和组织安排,我先后在西亚非洲研究所科研处工作一年,在山西省长治市行政学院锻炼近一年。因此,参加工作两年后,我并未真正专心做非洲问题研究。读硕士时我对非洲历史,特别是对尼日利亚的历史虽有一定了解,但与科研要求还有很大的差距。因此,我萌发了继续读书的念头。能进北京大学攻读博士学位,我要感谢所在单位的领导王茂珍书记、崔建民书记、杨光所长、杨立华副所长和张宏明副所长,正是他们的远见卓识和扶植后学的精神,我才能在一个宽松的环境中专心读书。我还要感谢我的同事们对我在工作、生活和学业上的关照和鼓励。

本书是在我的博士学位论文等基础上增补、修改而成的。我要特别感谢我的导师陆庭恩教授和李安山教授的悉心指导。从论文选题到开题,陆老师都倾注了大量心血。在论文写作的关键时期,陆老师不幸患病,无法继续指导我的论文,但在病情稍有好转的情况下,仍多次询问论文进展情况。李安山老师在教学和科研任务本已非常繁重的情况下,毅然担当起了指导我论文写作、预答辩和答辩的工作,李老师逐章审读了我的论文初稿并提出了中肯的修改意见。没有两位导师的关心和指导,完成这篇论文是不可能的。尼日利亚学者吉纳杜(Adele Jinadu)教授向我提供宝贵资料并通过电子邮件解答了我的一些疑问。尼日利亚友人的帮助,使我能了解尼日利亚学者在一些重要问题上的看法,特此致谢。我要感谢我的父母、我的妻子和女儿多年来

# 后 记

对我的关心、理解和支持。他们的关爱和鼓励是我不断进步的动力。

在本书即将定稿之际，本人内心仍忐忑不安。正如伦敦大学英联邦研究所高级研究员理查德·布恩（Richard Bourne）在其著作《尼日利亚：一个动荡世纪的新编历史》的序言中所言，"任何宣称了解尼日利亚的人，要么是被人骗了，要么就是在骗人"[①]，以此来说明书写尼日利亚历史绝非易事。当然，这句话不乏布恩的自谦之词，但尼日利亚的复杂性和多元性，让任何从事尼日利亚国别研究的人心里多少有些不踏实应该是事实。加之民族宗教问题本身的复杂性和敏感性，本书所论及的主题确实让笔者有些底气不足。坦率地讲，本人从事尼日利亚研究多年，陆陆续续发表了一些关于尼日利亚的论文，也被同事、朋友谬赞为"尼日利亚问题专家"，但对于这一点本人更是不敢坦然接受。倒是有一点我应该自我肯定并将坚持下去，那就是选择尼日利亚作为本人的研究对象国。

众所周知，非洲研究越来越成为一门受重视的学问，国内非洲研究的队伍在不断壮大，研究水平在不断提高，但长期坚持区域国别研究的人并不多。在国家有关机构不断强调区域和国别研究的重要性，众多学界同仁纷纷撰文阐释区域国别学问的要旨和路径，国内各高校区域和国别研究中心如雨后春笋般涌现，中国非洲共建"一带一路"高质量发展进入新阶段之际，国别和区域研究的理论意义和现实意义也更加凸显。因此，本书能在这个大背景下同大家见面，也是一件令人高兴的事情。书中错误疏漏，恳请学界同仁批评指正！

最后，笔者要特别感谢本书的责任编辑和文稿编辑、社会科学文献出版社的高明秀女士和邹丹妮女士。她们专业、高效和出色的工作为本书的顺利出版做出了重要贡献！

李文刚

2024 年 3 月

---

① Richard Bourne, *Nigeria: A New History of a Turbulent Century*, London: Zed Books, 2016.

图书在版编目(CIP)数据

多维视野中的尼日利亚民主化研究/李文刚著. --
北京：社会科学文献出版社，2024.5
（中国非洲研究院文库）
ISBN 978 - 7 - 5228 - 3278 - 4

Ⅰ.①多… Ⅱ.①李… Ⅲ.①民主政治 - 研究 - 尼日利亚 Ⅳ.①D743.721

中国国家版本馆CIP数据核字(2024)第035676号

中国非洲研究院文库
## 多维视野中的尼日利亚民主化研究

著　　者／李文刚

出 版 人／冀祥德
责任编辑／高明秀
文稿编辑／邹丹妮
责任印制／王京美

出　　版／社会科学文献出版社·区域国别学分社（010）59367078
　　　　　地址：北京市北三环中路甲29号院华龙大厦　邮编：100029
　　　　　网址：www.ssap.com.cn
发　　行／社会科学文献出版社（010）59367028
印　　装／三河市龙林印务有限公司

规　　格／开 本：787mm×1092mm　1/16
　　　　　印 张：21　字 数：320千字
版　　次／2024年5月第1版　2024年5月第1次印刷
书　　号／ISBN 978 - 7 - 5228 - 3278 - 4
定　　价／128.00元

读者服务电话：4008918866

版权所有 翻印必究